Japan

seine Städte und Provinzen

Wilhelm Blassen, Yuko Kimura,
Hartmut Pohling, Kerstin Teicher

Japan
seine Städte und Provinzen

© KOMET Verlag GmbH, Köln

www.komet-verlag.de

© der Karten: ARTIFEX Computerkartographie & Verlag, Bad Langensalza

Text: Wilhelm Blassen, Yuko Kimura, Hartmut Pohling, Kerstin Teicher

Producing: Hans-Joachim Schneider u. Inga Menkhoff, Köln

Bildredaktion: Hans-Joachim Schneider u. Inga Menkhoff, Köln

Gesamtherstellung KOMET Verlag GmbH, Köln

ISBN 978-3-89836-769-1

INHALT

N
W ⊕ O
S

Koshikijima-
Inseln
Kyûshû
⊞
● Kagoshima

Osumi-
Inseln
Tanega

1935
Yaku

Tokara-
Tokara Str.

O s t c h i n e s i s c h e s

Inseln

M e e r

Amami-

Kyûshû

Inseln

Okinawa

Inseln
Okinawa
⊞

Sakishima-
Yaeyama-
Inseln
Miyako-
Inseln
Inseln

OK
Ins

Chū
Chūgol

Hiroshima ■

SÜDKOREA
Str.
Tsushima

Hibiki
See
Goiyo

Kitakyûshû ■ ⊞
Sûo
See
Hôjo
Inseln
Sh

Korea
Tsushima Str.
Genkai
See
■ Fukuoka
⊞
Beppu
Bucht
Be

Gotô
Inseln
⊞
Ariake
See
1783
Burgo
Sukumo
Bucht
Str.

Kyûshû-
● Kumamoto

Amakusa
Bucht
Kyûshû
Berge

Koshikijima-
Inseln
⊞
Kyûshû

● Kagoshima

P

Osumi-
Inseln
Tanega

RUSSLAND

Sachalin

Aniva Bucht

La Perouse Str.

Ochotskisches

Meer

Rebun

Rishiri

Kutcharo-See

Kitami-

Berge

Daisetsu-Zan
2290

Kussharo-See
Oakan-Dake
1371

Kunashiri

Shibotsu

Nemuro

Nemuro Bucht

Atsukeshi Bucht

Hokkaidō

Ishikari Bucht

Hidaka

Hokkaido

Sapporo

Toya-See

2052

Saru

Gebirge

Uchiura Bucht

Okushiri

Tsugaru Str.

Mutsu Bucht

Ogawara-See

Japanisches

Honshu

Towada-See

Iwate-San
2041

Chōkai-San
2230

Tōhoku

Gassan
1980

Ōu-

Sado Str.

Sado

Gebirge

Sendai

Niigata

Agano

2024

PAZIFISCHER

Shinano

Mikuni

Iwaki-Shiro See

Noto Halbinsel

Toyama Bucht

Shinano

Shirane-San
2678

Kashima See

Meer

Nördliche
Japanische
Alpen

Gebirge

Kantō

Hodaka-Dake
3190

Haku-San
2702

Hida-
Gebirge

Saintama

Tone

Shirane-San
3192

Tokyo

Funabashi

Chiba

Chubu

Kawasaki

Kiso

Fuji-San
3776

Yokohama

ai-Sen
1712

Berge

Kinki

Kyoto Nagoya

Südliche
Japanische
Alpen

Shizuoka

Sagami Bucht

Yuro

Biwa See

Osaka

Higashiōsaka

Hamamatsu

Suruga Bucht

Izu-

ku-

Okayama

Kobe

Tse Bucht

Miya

Inseln

OZEAN

Bisan Inseln

Sakai

Awaji

Hakken-Zan
1815

Kumano

Kii Str.

Kii-
Berge

u-

Tsurugi-San
1955

See

Shikoku

Tosa Bucht

koku

lippinensee

0   250   500   750

km

JAPAN

GEOGRAFIE

Japan besteht aus 6852 Inseln, die im Pazifischen Ozean liegen und vor den Küsten Russlands, Chinas und Koreas vier Inselketten bilden. Diese erstrecken sich zwischen dem 45. und dem 20. Grad nördlicher Breite sowie dem 122. und dem 153. Grad östlicher Länge. Die Gesamtfläche der Inseln beträgt 377 906 Quadratkilometer und ist damit etwas größer als die von Deutschland. 73 Prozent davon sind Gebirge. So mangelt es in Japan an Flachland. Auf nur 10 Prozent der gesamten Landesfläche leben 90 Prozent der gesamten Bevölkerung, auch aufgrund der seit Jahrzehnten und bis heute andauernden Urbanisierung.

Die meisten der 128 Millionen Einwohner (Juni 2007) leben auf der größten Inselkette, deren vier Hauptinseln von Japanern selbst allerdings nicht als »Inseln«, sondern als »Festland« bezeichnet werden. Die nördlichste ist Hokkaido, die größte und zentral gelegene heißt Honshu, die kleinste und südlich gelegene Shikoku, und die südwestliche Kyushu. Die Hauptinsel Honshu mit Japans Hauptstadt Tokyo ist die an Fläche weltweit siebtgrößte Insel, dreimal so groß wie Hokkaido und etwas größer als Großbritannien.

Die Südseeinseln von Okinawa gehören zur tropischen Klimazone, Hokkaido und Regionen auf Honshu am Japanischen Meer sind dagegen im Winter als weltweit meist verschneite Gebiete

FOTO RECHTS:
Japans berühmtester Berg –
der Fuji-san

Blick vom Mount Yoake auf den
Hafen von Futami auf Ogasawara

bekannt. Einzelne Orte der sogenannten »milden« Klimazone erleben vier in ihrer Art und Weise deutlich verschiedene Jahreszeiten, die zusammen mit den Landschaften dem Leben in diesem hochmodernen Industrieland einen natürlichen Charme verleihen.

GEOLOGISCHE ENTWICKLUNG

Ob auf der Landkarte oder dem Globus, wer sich die Formationen der heutigen japanischen Inselgruppen anschaut, erkennt ganz leicht, dass Japan früher keine Insel war, sondern ein Teil des Festlandes, des östlichen Asiatischen Kontinents – so auch die Meinung der meisten Wissenschaftler. Tektonische Platten haben besonders für Japan eine große Bedeutung, verursachen sie doch bekanntermaßen viele Erdbeben in und um das Land herum. Die Geschichte der Plattenbewegungen ist gleichzeitig die Entwicklungsgeschichte dieser Region.

Während des Paläozoikums (Erdaltertum) waren bereits Sand und Schlamm aus der kontinentalen Platte in Richtung Pazifik dorthin transportiert worden, wo das heutige Japan liegt. Dagegen wurden Gesteine, Korallen oder Radiolarien aus der Pazifischen Platte durch Sedimente Richtung Kon-

Der See Chuzenji-ko entstand in Folge eines Ausbruchs des Vulkans Nantai-san, wodurch Abflüsse blockiert wurden. So sammelte sich im Laufe der Jahrzehnte auf über 1250 Metern Höhe der Chuzenji-ko an – der höchstgelegene See des Landes.

tinent transportiert. Diese Sedimentgesteine trafen am Graben auf kontinentalen Sand und Schlamm und bildeten damit zusammen die Urform Japans. Diese Plattenkollision wiederholt sich immer wieder, weshalb die Felsschichten Japans heute auf der Seite zum Japanischen Meer hin älter sind als die auf der pazifischen Seite.

Bis zum Miozän (Abschnitt der Erdneuzeit) existierte diese Japan-Urform, die noch zum Festland gehörte und wie die Gebirgskette der Anden des Lateinamerikanischen Kontinents aussah. Durch die einsetzende Tektonik drehte sich das heutige Südwest-Japan im Uhrzeigersinn und das Nordost-Japan gegen den Uhrzeigersinn. Nach der Eiszeit, spätestens vor 13 000 bis 12 000 Jahren, soll das heutige Japanische Meer gebildet worden sein, durch das sich Japan vom Kontinent trennte und seine heutige Inselform annahm.

GROSSLANDSCHAFTEN UND GEOLOGIE

Der Inselstaat Japan besteht aus vier großen und zahlreichen kleinen Inseln und hat keine Landesgrenze auf dem Festland. Alle Inseln liegen im Nordwestlichen Pazifik. Sie grenzen im Osten und

FOTO RECHTS:
Blick von der Shakotan-Halbinsel
auf das Japanische Meer

FOLGENDE DOPPELSEITE:
Teefelder erstrecken sich zu
Füßen von Japans heiligem Berg,
dem Fuji-san.

Südosten an den Pazifischen Ozean, im Südwesten an das Philippinische Meer, im Nordosten an das Ochotskische Meer, im Nordwesten an das Japanische Meer und im Westen schließlich an das Ostchinesische Meer. Das Japanische Meer grenzt an die Nachbarländer Russland, Nordkorea und Südkorea. Das Ostchinesische Meer liegt zwischen Japan, China und Taiwan. Das Binnenmeer zwischen den drei japanischen Großinseln Honshu, Shikoku und Kyushu nennt sich deutsch »Seto-Inlandsee«, ist aber kein See im geografischen Sinne, sondern ein Meer, das durch drei Meerengen vom Pazifik abgetrennt ist. Der japanische Name dieses Binnenmeeres ist Seto-Nai-Kai (*nai* = innen, *kai* = Meer).

Unmittelbar bei Japan treffen vier sogenannte tektonische Platten aufeinander, die Eurasische, die Nordamerikanische, die Pazifische und die Philippinische Platte (im Uhrzeigersinn). Aus den Bewegungen dieser Platten und den dadurch entstehenden Subduktionen resultieren Gebirgsbildung, Vulkane und auch Erdbeben. Die Zahl der Naturkatastrophen wie Erdbeben oder Vulkanausbrüche hält Japan zwar immer in Atem, aber ohne sie wäre das Land nach den heute vorherrschenden Theorien wohl erst gar nicht entstanden und die Großlandschaften des Landes wären nicht so interessant geworden.

Durch die mitteljapanische Region Chubu verläuft eine tektonische Linie, die das Land topografisch in zwei Großregionen teilt, nämlich Nordost- und Südwest-Japan. Diese Linie verläuft vom Ortsteil Oyashirazu der Stadt Itoigawa in der Präfektur Niigata am Japanischen Meer bis zum Fluss Abe-Kawa in der Stadt Shizuoka in der Präfektur Shizuoka am Pazifischen Ozean. Diese Itoigawa-Shizuoka-Linie, international auch bekannt als ISTL (Itoigawa Shizuoka Tectonic Line), spielt in der japanischen Geologie eine große Rolle. An jener Linie, in der Präfektur Yamanashi, liegt die Gemeinde Hayakawa-Cho, in der deutlich eine große geologische Verwerfung zu erkennen ist. Seit 2001 ist diese Hayakawa-Verwerfung als staatlich anerkanntes Naturdenkmal geschützt.

FUJI-SAN, DER HÖCHSTE BERG

Tatsächlich gehören 73 Prozent der gesamten Landesfläche Japans zu Gebirgen. Die meisten Berge sind sehr steil, 21 Berge sind über 3000 Meter hoch. Der höchste davon ist bekanntermaßen der Fuji-san (3776 Meter), der im Ausland oft fälschlicherweise »Fuji-yama« genannt wird. Das Schriftzeichen für »Berg« wird in Japan in der Kombination mit dem Ortsnamen »Fuji« als san gelesen, während dasselbe Zeichen – wenn es allein steht – als »yama« gelesen wird. Wohl deshalb kam das falsche »Fuji-yama« zustande und wird noch heute so zitiert.

Der Fuji-san liegt an der Grenze zwischen der Yamanashi- und der Shizuoka-Präfektur und ist vom Hauptbahnhof Tokyo ca. 100 Kilometer Luftlinie entfernt. Für seine Schönheit ist der Berg weltweit bekannt und beliebt. Der Fuji-san ist einer der »drei großen religiösen Berge« Japans. Die beiden anderen sind der Tate-yama (3015 Meter) in der Toyama-Präfektur und der Haku-san (2702 Meter) im Grenzdreieck der Präfekturen Ishikawa, Fukui und Gifu. Auf der Spitze dieser Berge stehen Schreine, die Ziel vieler religiöser Bergsteiger und Wanderer sind. Außer diesen drei Bergen besitzen auch zahlreiche andere eine traditionell religiöse, mythische Bedeutung und es gibt viele Sagen, die sich um diese Berge ranken.

LINKE SEITE UND UNTEN:
Die Besteigung des Fuji-san ist für viele Japaner ein Muss. Noch im Dunkeln der Nacht bewegen sich ganze Heerscharen gen Gipfel, um pünktlich zum Sonnenaufgang das Panorama von Japans höchstem Berg in vollen Zügen zu genießen.

FOTO RECHTS:
See in einem Vulkankrater des Kirishima-Massivs – einem vulkanischen Plateau mit zahlreichen aktiven und inaktiven Vulkanen

VULKANE

Der Fuji-san ist einer der zahlreichen Vulkane in Japan. In seiner Urform existierte der Berg bereits im Pleistozän und bildete sich dann nach und nach durch wiederholte Vulkanausbrüche. Der letzte Ausbruch des Fuji-san ereignete sich im Jahre 1707. Er war so heftig, dass sich sogar in Edo – der damaligen japanischen Hauptstadt, die sich dort befand, wo jetzt der Tokyoter Hauptbahnhof liegt – eine ca. 4 Zentimeter dicke Ascheschicht bildete. Im 20. Jahrhundert gingen viele Wissenschaftler davon aus, dass der Fuji-san ein erloschener Vulkan sei und nicht mehr ausbreche. So wurde es an japanischen Schulen noch bis in die 1990er-Jahre hinein gelehrt. Heute jedoch werden immer wieder vulkanische Aktivitäten des Berges gemessen, und so wird er jetzt offiziell zu den 108 aktiven Vulkanen Japans gezählt.

Seit dem 18. Jahrhundert sind in Japan insgesamt 19 große Vulkanausbrüche registriert worden, bei denen es jeweils mehr als zehn Tote gab. Der letzte war der Ausbruch des Unzen-dake in der Nagasaki-Präfektur. Vulkanische Aktivitäten der Unzen-Gipfel registrierte man bereits 1989 und sie dauerten noch bis 1995 an. Besonders gewaltig aber war der pyroklastische Strom vom 3. Juni 1991, bei dem insgesamt 43 Menschen ums Leben kamen. Darunter waren Journalisten, die sich in den Sperrgebieten befanden, aber auch Feuerwehrleute, Chauffeure der Fernsehteams und Bewohner der am Fuße des Berges liegenden Städte und Dörfer, die nicht mehr gerettet werden konnten. Unter den Opfern befand sich auch das Vulkanologen-Ehepaar Krafft aus Frankreich, das gerade den Unzen-dake erforschte.

Vulkane haben aber nicht nur negative Seiten. Positive Begleiterscheinungen der Vulkane sind beispielsweise die »Onsen«, die heißen Quellen, in denen Japaner gerne baden. Nach einer Statistik des Umweltministeriums waren im März 2007 in ganz Japan 28 154 heiße Quellen registriert, 19 237 davon werden von den Menschen aktiv als Onsen genutzt. Ein Onsen-Bad bedeutet für viele Japaner Erholung und ist besonders in Kurzurlauben sehr beliebt. Insgesamt 15 024 Onsen-Einrichtungen fungieren zudem auch als Hotels, in denen jährlich über 137 Millionen Übernachtungen gebucht werden.

ERDBEBEN

Japan ist ein Land, das immer wieder von verschiedenen Naturkatastrophen heimgesucht wird. Insbesondere Erdbeben gehören zum japanischen Alltag. Laut Statistik gibt es pro Jahr weltweit durchschnittlich etwa 1500 Erdbeben über der Stärke 5,0 und 1,45 Millionen Erdbeben über der Stärke 2,0. Etwa jedes zehnte Erdbeben der Welt ereignet sich in Japan. Kleinere Beben, von denen man kaum etwas spürt, gibt es fast jeden Tag irgendwo in diesem Land.

Der 1. September jedes Jahres ist dem Katastrophenschutzes gewidmet. An diesem Tag finden keine Feierlichkeiten, sondern in den meisten Schulen und Büros Sicherheitstrainings statt. Diese Tradition ist auf das Jahr 1923 zurückzuführen. Kurz vor Mittag des 1. September 1923 zerstörte ein großes Erdbeben mit der Stärke 7,9 die Region Kanto, zu der auch die Großstädte Tokyo und Yokohama gehören. Dieses Ereignis wurde später Kanto-Dai-Shinsai (*dai* = groß, *shinsai* = Erdbeben-katastrophe) genannt und war das bislang größte Erdbeben in der japanischen Geschichte. Etwa 105 000 Menschen kamen dabei ums Leben, mehr als 109 000 Gebäude wurden völlig zerstört, über 212 000 brannten während der folgenden 136 Großbrände, die bis zu zwei Tage andauerten, vollständig nieder. Das Hypozentrum lag etwa 80 Kilometer vor der Küste der Sagami-Bucht. Die damals hochmodernen, nach westlichem Vorbild aus Stein gebauten Häuser der nahe liegenden Hafenstadt Yokohama lagen auf einen Schlag in Trümmern.

Auch in den letzten Jahrzehnten erlebte Japan große Erdbeben, wobei sich das größte für die Bewohner in und um Kobe ereignete. Am frühen Morgen des 17. Januar 1995 wurde diese 1,5 Millionen Einwohner zählende Hafenstadt am Binnenmeer Seto-Nai-Kai von einem Erdbeben der Stärke 7,3 erschüttert. Das war das erste Erdbeben in Japan, dessen Hypozentrum direkt unter einer Großstadt lag, und das in nur 18 Kilometer Tiefe. Das Beben forderte 6434 Menschenleben, Sachschäden wurden auf ca. 1 Milliarde Yen geschätzt. Die Wahrscheinlichkeit starker Beben scheint jüngst zu steigen: Ein Fünftel aller zwischen 1996 und 2005 weltweit erfolgten Erdbeben über der Stärke 6,0 trafen Japan. Hier starben von 1980 bis 1999 jährlich im Durchschnitt 280 Menschen durch Erdbeben.

Jedes dieser Erdbeben trägt jedoch nicht nur zu neuen Erkenntnissen, sondern auch zur bewussten Aufklärung und der Erhöhung der Sicherheitsmaßnahmen bei. Vor allem im Bereich der Erdbebenforschung steht Japan an der Weltspitze. Der Japanische Verband der Seismologen zählt über 2000 aktive Wissenschaftler als seine Mitglieder. In den Schulen wird früh und intensiv über Erdbeben unterrichtet. In zahlreichen

FOTO LINKS:

Hochhäuser von Tokyo. Auch Japans Hauptstadt liegt in einem von Erdbeben bedrohten Gebiet – ein Umstand, der bei der Planung von Hochhäusern eine besondere Rolle spielt.

Kobe nach verheerenden Erdbeben von 1995

Bildungseinrichtungen und Büros hat jeder seinen Sicherheitshelm und -rucksack am Tisch. Den vielen Beben ist auch ein sehr strenges japanisches Baugesetz mit unzähligen Vorschriften zuzuschreiben; nicht erdbebensichere Hochhäuser sind in diesem Land undenkbar. In jedem Gebäude sind Fluchtwege deutlich ausgeschildert. Nicht nur in Fernsehen oder Radio, sondern auch unterwegs auf Mobiltelefonen erhält man heute per SMS-Dienst Frühwarnungen zu momentanen oder absehbaren Erdbeben mit Informationen zu Stärke, Hypozentrum oder möglichen Tsunamis. Manche Experten meinen sogar, ein Tod als Folge eines Erdbebens sei inzwischen fast ausschließlich auf die Fahrlässigkeit der Opfer zurückzuführen und hätte in den meisten Fälle durch besseren Schutz vermieden werden können. Bleibt zu hoffen, dass Menschenopfer durch Erdbeben eines Tages der Geschichte angehören.

FLÄCHENNUTZUNG

Etwa zwei Drittel (66,4 Prozent) der Gesamtfläche Japans (377 854,64 Quadratkilometer) sind Wälder, die allerdings kein weites Flachland bedecken – wie man das in Europa kennt –, sondern sehr steile Berge. Dieser Anteil der Waldfläche ist im Vergleich zu anderen Industrieländern zwar sehr hoch, hat aber keineswegs eine gut und erfolgreich funktionierende japanische Forstwirtschaft zur Folge. Wegen der hohen Kosten zogen sich in den letzten Jahrzehnten viele Waldbesitzer aus der Forstwirtschaft zurück. So kommt es, dass Japan heute 75 Prozent des nationalen Holzbedarfs aus dem Ausland importiert.

Von den restlichen Flächen werden 13,2 Prozent landwirtschaftlich genutzt, 4,7 Prozent sind Baugelände, 3,3 Prozent Straßen und 3,5 Prozent Flüsse und Gewässer.

RECHTE SEITE:
Knapp 100 Meter tief stürzt der
Kegon-Wasserfall nahe dem
Chuzenji-See in die Tiefe.

FLÜSSE UND GEWÄSSER

Die sich durch hohe Berge schlängelnden Flüsse Japans sind meist schmal und überwinden steile Gefälle. Die Wasser fließen schnell. Einerseits führt das oft zu Naturkatastrophen wie Erdrutschen oder Hochwasser, andererseits ist das eine gute Voraussetzung für Wasserkraftwerke. Tatsächlich wurde Strom bis in die 1950er-Jahre hinein zum größten Teil durch Wasserkraft gewonnen, aber seit den 1960er Jahren nahm der Anteil der Kohle- und später Atomkraftwerke immer mehr zu. Heute werden nur 9 Prozent des Stroms durch Wasserkraft erzeugt.

Der längste Fluss Japans ist der Shinano-Gawa (367 Kilometer). Der Fluss hat seine Quelle in den Bergen, an der Grenze der drei Präfekturen von Nagano, Yamanashi und Saitama. Er fließt durch die zwei Präfekturen Nagano und Niigata Richtung Norden und mündet in Niigata, der Hauptstadt der Präfektur Niigata, ins Japanische Meer. Eine Besonderheit dieses Flusses ist, dass er zwei Namen trägt. An der Quelle und innerhalb der Präfektur Nagano heißt er Chikuma-Gawa, ab der Grenze zur Präfektur Niigata dann Shinano-Gawa. »Shinano« ist ein alter Name der Region Nagano. Der unterste Teil vom Shinano-Gawa gehört zur Echigo-Ebene. In der japanischen Jomon-Ära (von 14 500 v. Chr. bis 3 000 v. Chr.) war diese Echigo-Ebene noch kein Land, sondern vom Japanischen Meer bedeckt. Shinano-Gawa transportierte viel Sand und Steine, und so wurde die Ebene geformt. Die Echigo-Ebene ist eine der wichtigsten und bekanntesten Regionen des Reisanbaus und der Reiswein-Produktion.

Unter allen Flüssen des Landes weist mit ca. 16 840 Quadratkilometern der Tone-Gawa die größte Fläche auf. Er ist nach dem Shinano der zweitlängste Fluss Japans (322 Kilometer). Seine Quelle befindet sich in den Bergen an der Grenze der zwei Präfekturen Niigata und Gunma. Dann fließt er weiter Richtung Südosten, vereint mehrere Nebenflüsse wie den Azuma-Gawa, den Watarase-Gawa

oder den Kinu-Gawa, und mündet an der Grenze der zwei Präfekturen Chiba und Ibaraki in den Pazifischen Ozean. Ein Teil des Flusses fließt Richtung Süden als Flussarm namens Edo-Gawa in die Tokyo-Bucht. Der Tone-Gawa ist die wichtigste Wasserquelle für Menschen und Industrie der Region Kanto, in der die Hauptstadt Tokyo und viele weitere Großstädte liegen.

Der größte See in Japan ist der Biwa-Ko (670,33 Quadratkilometer), der gut ein Sechstel der Fläche der Präfektur Shiga in der Region Kinki einnimmt. Der See ist die Quelle eines Flusses, der je nach Einzugsgebiet drei Namen hat, nämlich Seta-Gawa (Präfektur Shiga), Uji-Gawa (Kyoto) und Yodo-Gawa (Osaka). Er mündet in die Osaka-Bucht des Seto-Nai-Kai. Der Biwa-Ko entstand bereits vor sechs bis vier Mio. Jahren und ist nach dem Baikalsee in Russland und dem Tanganijkasee in Zentralafrika der drittälteste See der Welt.

KLIMA

Japans Inseln liegen zwischen dem 45. und dem 20. Grad nördlicher Breite sowie dem 122. und 153. Grad östlicher Länge. Drei der vier größten Inseln – Honshu, Shikoku und Kyushu – sowie mit einigen Ausnahmen die Nansei-Inselgruppe gehören zum Bereich der warmgemäßigten Klimazonen. Hokkaido und nördliche Regionen auf Honshu gehören zu den Subpolarzonen und die Südseeinseln der Kazan-Inselgruppe, Minami-Tori-Shima, Okino-Tori-Shima, die Yaeyama-Inselgruppe, Tarama-Jima und Oki-Daito-Jima zu den Tropen. Fast überall erlebt man deutlich vier verschiedene Jahreszeiten.

Aber auch zwischen Orten innerhalb der gleichen Zone gibt es große Klimaunterschiede.

Dabei spielt die große gewundene Gebirgskette vom Norden der Insel Honshu bis zur Mitte der Insel Kyushu meteorologisch eine große Rolle, teilt sie Japan doch in zwei Seiten: in die zum Pazifik und die zum Japanischen Meer hin gelegene. Besonders im Sommer ist die relative Luftfeuchtigkeit in Japan sehr hoch und liegt im Durchschnitt bei 75 bis 85 Prozent.

Die 1629 Meter lange Naruto-Brücke überspannt die Naruto-Meerenge zwischen den Regionen Shikoku und Kinki.

TEMPERATUREN

Bei den Temperaturen gibt es ein klares Nord-Süd-Gefälle. Die Hauptstadt der Präfektur Hokkaido ist Sapporo. Diese Stadt hat 1,9 Millionen Einwohner und war im Jahre 1972 Austragungsort der Olympischen Winterspiele. Nach der amtlichen, von der Japan Meteorological Agency herausgegebenen 30-Jahre-Statistik (1970 bis 1999) hat diese Stadt eine Jahresdurchschnittstemperatur von 8,5 °C, im Januar durchschnittlich Minus 4,1 °C.

In Tokyo liegt die Jahresdurchschnittstemperatur bei 15,9 °C. Die Stadt erlebt zwar einen deutlich milderen Winter als Sapporo, kämpft im Sommer allerdings auch mit drückend-heißen Temperaturen. Im August erreicht die durchschnittliche Höchsttemperatur 30,4 °C, die Tiefsttemperatur 24,2 °C. Fast zu jedem japanischen Haushalt gehört eine Klimaanlage. Die Zahl dieser Anlagen stieg in den letzten Jahren gewaltig an: Ein Fünftel aller Haushalte verfügt sogar über mehr als fünf Klimaanlagen. Aber die heiße Abluft der Klimaanlagen heizt die Stadt paradoxerweise noch mehr auf, ein Phänomen, das Stadtklima oder »Heat Island Phenomenon« genannt wird und das nicht nur in Tokyo oder Osaka, sondern auch in vielen anderen japanischen Großstädten zu beobachten ist.

Die Südseeinsel Ishigaki-Jima, eine Insel der Nansei-Inselkette, gehört zu den Tropen und hat eine Jahresdurchschnittstemperatur von 24 °C. Diese Insel hat etwa 45 000 Einwohner und liegt 410 Kilometer entfernt von der Präfekturhauptstadt Naha, aber nur 270 Kilometer von Taiwan.

SONNE

Die meisten japanischen Städte verzeichnen zwischen 1500 bis 2000 Sonnenstunden im Jahr. Tokyo (1847,2 Stunden), Sapporo (1774,8 Stunden) oder die Südseeinsel Ishigaki-Jima (1852,6 Stunden) liegen dabei dicht beieinander. Deutlich kürzer zeigt sich die Sonne auf der Seite des Japanischen Meeres. Die Stadt Maizuru in der Präfektur Kyoto verzeichnet nur 1533,2 Stunden Sonnenscheindauer. Dagegen können die Leute in der Stadt Miyazaki, in der sich die deutsche Fußball-Nationalmannschaft vor und während der Weltmeisterschaft 2002 einquartiert hatte, mit durchschnittlich 2108,4 Stunden im Jahr mehr Sonnenschein genießen.

Bisher gibt es in Japan nur eine Zeitzone, allerdings wird in jüngster Zeit immer wieder über die Einführung der Sommerzeit diskutiert. Die »Japan Standard Time« (JST) ist auf den 135. Grad östlicher Länge ausgerichtet und der koordinierten Weltzeit (UTC) neun Stunden voraus. Auf dieser Linie liegt zum Beispiel die Stadt Akashi, eine Nachbarstadt der Stadt Kobe.

Am Tag des meteorologischen Sommeranfangs geht die Sonne in der Stadt Naha, Hauptstadt der Präfektur Okinawa und eine der südwestlichsten Städte in Japan, um 5.27 Uhr auf und um 19.27 Uhr unter. In der östlichsten Stadt von Hokkaido, im 30 000 Einwohner zählenden Nemuro, geht die Sonne sogar schon um 3.27 Uhr auf und um 19.02 Uhr unter. So scheint die Einführung der Sommerzeit sinnvoll, besonders für die Bewohner Nordost-Japans.

Sommerliche Impressionen: Die Insel Ishigaki-jima liegt nur rund 270 Kilometer entfernt von Taiwan. Mit dieser geografischen Lage sind der Insel tropische Sommer und milde Winter gewiss.

NIEDERSCHLÄGE

Japan ist mit durchschnittlichen 1800 Millimetern pro Jahr eines der niederschlagsreichsten Länder der Erde. Außer auf Hokkaido gibt es im Sommer durch lang anhaltende Wetterfronten eine Regenzeit, die »Tsuyu« genannt wird. Tsuyu beginnt und endet in Südjapan früher (Ende Mai bis Anfang Juli) als in Nordjapan (Anfang Juni bis Mitte Juli). Während dieser Zeit ereigneten sich wiederholt auch Naturkatastrophen. Das schlimmste Beispiel ist wohl die große Wasserkatastrophe in Nagasaki vom Abend des 23. Juli 1982 (»Nagasaki-Dai-Suigai«). Innerhalb einer Stunde fielen im Norden der Stadt 181 Millimeter Regen, ein bisher unerreichter japanischer Rekord. An diesem Abend starben 282 Menschen durch Hochwasser und Erdrutsche.

Als einer der regenreichsten Orte in Japan ist die Stadt Owase in der Präfektur Mie bekannt. Dort fallen im Durchschnitt 3922,4 Millimeter Regen im Jahr. Interessanterweise liegt der regenreichste

Dichter Regenschleier vor einem Schrein in der historischen Hafenstadt Kamakura

Monat dort – der September (717,6 Millimeter) – außerhalb der Regenzeit. Das ist sowohl auf den typisch regenreichen Herbst, auf die Lage dieser Region, aber auch auf die über dem Pazifik entstehenden Taifune (japanisch »Taifu«) zurückzuführen. Die Westküsten der vier großen japanischen Inseln werden jährlich von drei bis vier Taifunen erreicht, die Orkanwinde und viel Regen mit sich bringen. Obwohl Tokyo ebenso wie die Stadt Owase auf der pazifischen Seite liegt, hat die Metropole im Durchschnitt nur 1466,7 Millimeter Regen im Jahr zu verkraften.

Als weltweit verschneiteste Regionen bekannt sind Hokkaido und die dem Japanischen Meer zugewandte Seite der Insel Honshu. Die Gemeinde Yuzawa in der Präfektur Niigata liegt fast in der Mitte der 300 Kilometer langen Strecke des Schnellzuges (»Shinkansen«) zwischen Tokyo am Pazifik und der Stadt Niigata am Japanischen Meer und ist einer der beliebtesten Skiorte in Japan. Yuzawa hat jährlich im Durchschnitt 2151,3 Millimeter Niederschlag, von denen mehr als die Hälfte als Schnee fällt: insgesamt 1218 Zentimeter im Durchschnitt.

Mit durchschnittlich 1800 Millimetern zählt Japan zu einem der niederschlagsreichsten Ländern der Erde. Feiern wie Gion Matsuri finden deshalb nicht selten bei heftigen Regenfällen statt.

RECHTE SEITE:
Blühendes Rapsfeld vor Kirschbäumen. Im Hintergrund erhebt
sich eine Gebirgskette auf der
Insel Kyushu.

FOLGENDE DOPPELSEITE:
Viele Mythen ranken sich um den
Ginkgo-Baum, dessen Blätter im
Herbst eine leuchtendgelbe Farbe
annehmen. Die Früchte der weiblichen Exemplare finden als Nah-
rungs- und Heilungsmittel viel-
fache Verwendung.

FLORA UND FAUNA

FLORA

Japan erstreckt sich vom nördlichen Hokkaido
bis zur südlichsten der Ryukyu Inseln vom 45.
bis zum 20. Breitengrad, d. h. über insgesamt
25 Breitengrade. Übertragen auf Amerika wäre
dies in etwa vom kanadischen Montreal bis hinunter nach Guantánamo, zur südlichen Spitze
des sonnigen Kuba.

Diese riesige Nord-Süd-Ausdehnung sowie das
komplexe Gebirgssystem mit Gipfeln alpiner
Höhen bestimmen die großen Unterschiede und
die reiche Artenvielfalt japanischer Flora. Japan
verzeichnet über 1000 verschiedene Bäume und
Sträucher sowie mehr als 9000 Blütenpflanzen.
Japan ist ein Land der Wälder, ca. zwei Drittel
der Landfläche sind mit Wald bedeckt.

Generell findet man in Japan eine Vegetation
der gemäßigten Klimazone mit Ausnahme von
subarktischen Formen im Norden bzw. in höheren Gebirgsteilen sowie subtropischen Arten
im äußersten Süden der Inselkette.

Beginnend im Norden Hokkaidos und in den
Gebirgsregionen des nördlichen Honshu präsentiert sich eine arktisch-alpine Pflanzenwelt.
Charakteristisch sind hier die mandschurische
Zwergkiefer, buschartige Bestände niedriger Erlen, vereinzelte Birken und Vogelbeerbäume.
Eine baumlose, tundraähnliche Vegetation findet man nur in einigen Gipfellagen. Fast nahtlos
geht diese Zone in die kühl gemäßigte, sogenannte boreale Zone über. Hier in höheren
Gebirgslagen Honshus sowie im restlichen Hokkaido überwiegen Nadelwälder mit verschiedenen Tannen- und Fichtenarten. Als Laubbäume gedeihen in dieser Zone mächtige Birken,
Erlen, Ahorn und die japanische Buche. Diese
ursprüngliche Landschaft zeigt sich heute noch

Wälder prägen das Bild großer Teile Japans – so auch in den Gebieten am Fuße des Fuji-san.

im »Buchenwald von Shirakami« in der Präfektur Aomori, Nord-Honshu. In diesem 170 Quadratkilometer großen Naturpark steht der letzte zusammenhängende Siebold-Buchen-Urwald. Dieses herrliche Terrain mit zahlreichen Wasserfällen und imposanten Schluchten wurde deshalb zum UNESCO-Welterbe ernannt. Insgesamt ähnelt das Vegetationsbild Hokkaidos sowie auch Nord-Honshus sehr dem Mitteleuropas.

In der folgenden Vegetationsstufe, der eigentlichen gemäßigten Zone, finden sich Mischwälder mit sommergrünen Laubbäumen und Nadelhölzern. Hier wachsen Eichen, Birken, japanische Buchen sowie zahlreiche Ahornarten mit ihrer wunderschönen Herbstfärbung, die neben der Kirschblüte im Frühjahr zu den großen Naturschönheiten des Landes zählen. Zu den Nadelhölzern dieser Region gehören Sicheltannen, Zypressen, Fichten, Eiben, Lärchen und die für Japan so typischen Kiefern. Die Kiefer symbolisiert in Japan Ausdauer und langes Leben. Viele Gegenden sind berühmt wegen der ästhetischen Schönheit ihrer knorrigen Kiefern. Hierzu zählt z. B. Matsushima, eine der drei schönsten Landschaften Japans. Die so bezeichnete Bucht liegt im nördlichen Honshu bei Sendai und bietet dem Betrachter 249 winzige Inseln aus weißem Stein, die mit Kiefern bewachsen sind. Die gemäßigte Vegetationszone erstreckt sich vom südwestlichen Hokkaido über weite Teile des nördlichen Honshu bis in kühlere Gebirgsregionen in Richtung Süden.

In der sich anschließenden warmgemäßigten Zone, d. h. in den Küstenregionen des südlichen Honshu, auf Shikoku und an der pazifischen Seite von Kyushu finden sich vor allem immergrüne

Laubwälder aus verschiedenen Lorbeergewächsen, Eichenarten, Palmen, Aralien, Baumfarnen und Kampferbäumen. Hier gedeiht auch der für Ostasien symbolträchtige Bambus, der durch seine Biegsamkeit zum Symbol für Anpassungsfähigkeit geworden ist. In Japan wachsen allein 50 verschiedene Bambusarten unterschiedlicher Höhen und verleihen der Natur stellenweise tropische Aspekte. Auf den Ryukyu- und Ogasawara Inseln schließlich findet man eine Flora vor, die für subtropische Klimazonen typisch ist: So schmücken z. B. Mangrovenwälder, Palmen und Palmfarne die Küstengebiete.

Man kann den Vegetationsverlauf von Nord nach Süd sowie in die Vertikale der Gebirge folgendermaßen zusammenfassen: Im Norden und in höheren Lagen überwiegen die Nadelwälder, gefolgt von Mischwäldern mit sommergrünen Laubbäumen bis zu immergrünen Laubwäldern im Süden und subtropischer Flora auf den südlichen Inseln Japans.

Im Verlauf der japanischen Geschichte hat sich das Bild der natürlichen Flora wesentlich verändert, eine naturbelassene Vegetation gibt es in Japan kaum noch. Das heutige Bild ist im Wesentlichen durch die Bedürfnisse der Wirtschaft bestimmt. Die Bäume der dichten Wälder wurden schon seit der Frühgeschichte für die Holzverarbeitung verwendet. Heute prägen vor allem die Nutzhölzer der Sicheltanne und der Zypresse das Bild japanischer Wälder. Auch die Umwandlung großer Flächen in Kulturland zur intensiven landwirtschaftlichen Nutzung, verdrängte das natürliche Pflanzenkleid. Hier ist vor allem der Reisanbau zu nennen, der weite Flächen beansprucht, aber auch Getreide-

Was wie ein Foto aus Kanada zu Zeiten des Indian Summer wirkt, ist tatsächlich eine Herbstimpression aus einem Waldgebiet von Izumi nahe Sendai.

FOLGENDE DOPPELSEITE:

Die Blüte der Kirschbäume versetzt Japaner jedes Jahr aufs Neue in Euphorie. Wenn sich die weiß- bis purpurfarbenen Blüten für wenige Tage öffnen, finden viele Feste und Zeremonien statt.

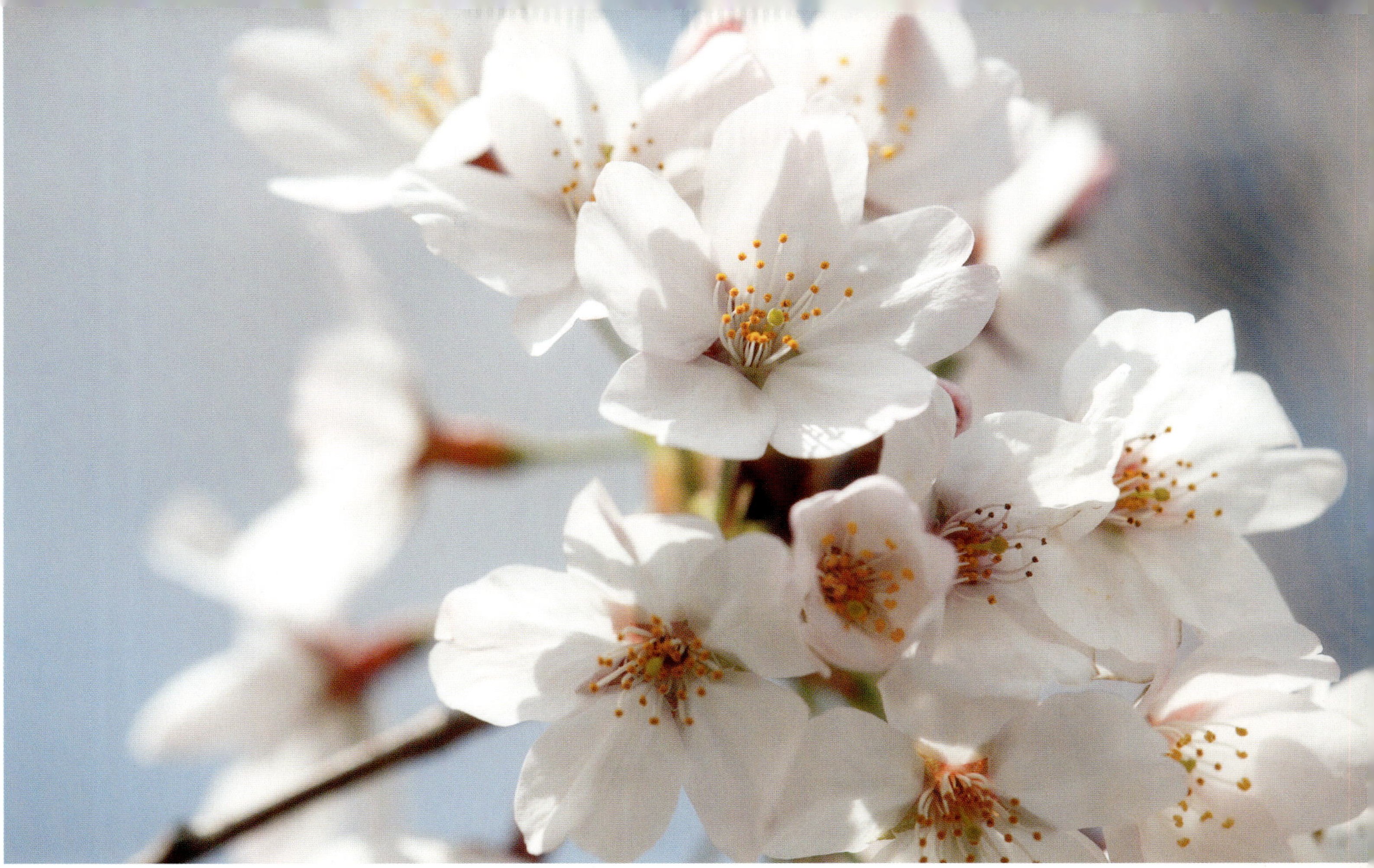

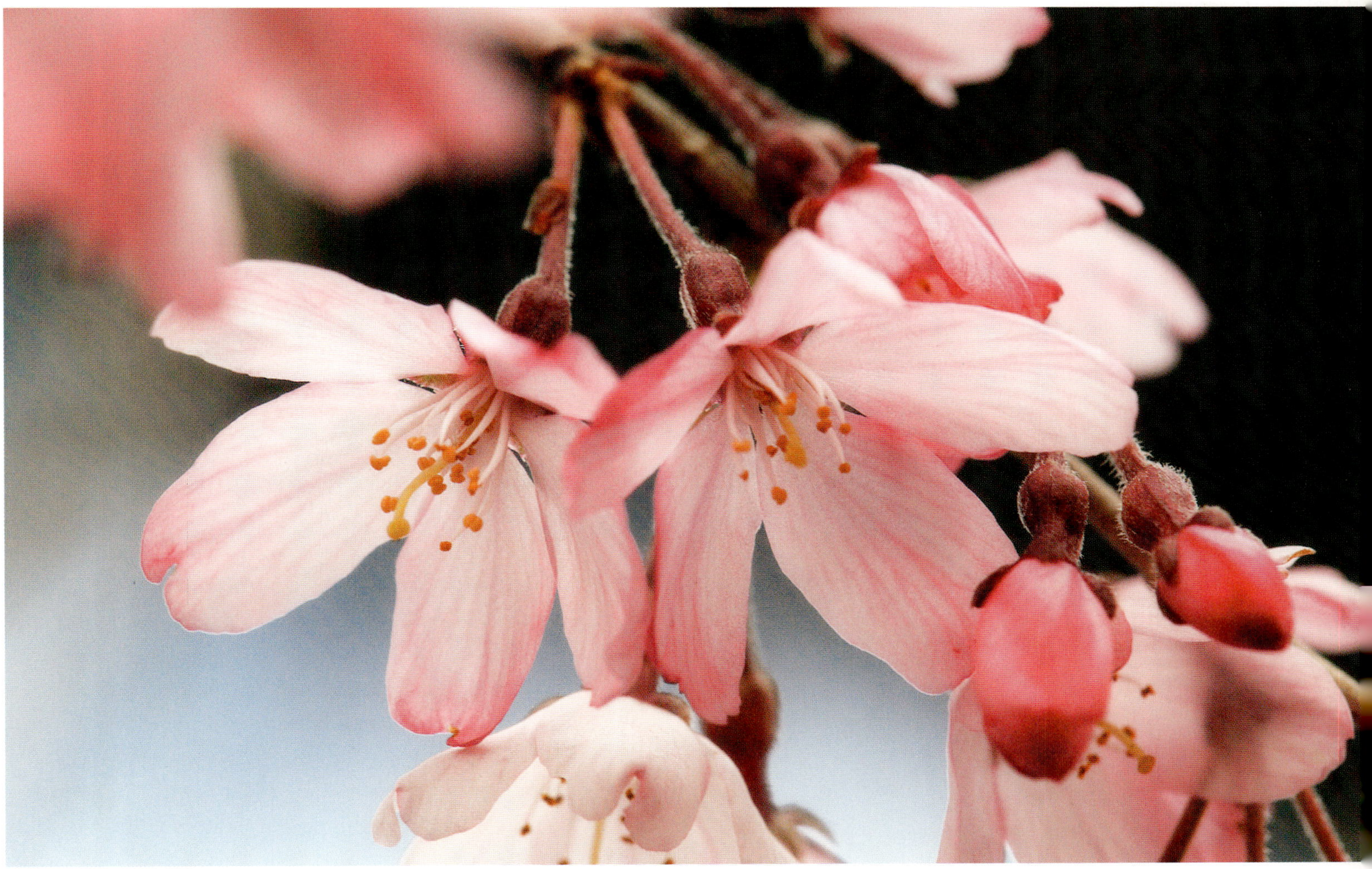

anbau weiterer Sorten, Teeanbau, Obst und Gemüse sowie Flächen für die Viehwirtschaft vor allem in Nord-Honshu und Hokkaido. Im Süden gedeihen Südfrüchte und Zuckerrohr, und der Reisanbau ermöglicht mehrere Ernten pro Jahr.

Dieser Wandel von einer Natur- in eine Kulturlandschaft hat zu Beginn des 20. Jahrhunderts auch in Japan zur Schaffung von Nationalparks geführt. Inzwischen gibt es 28 Nationalparks und 55 Quasi-Nationalparks. Die ersten drei Nationalparks wurden am 16. März 1934 gegründet. Es waren der Setonaikai, der große Teile der herrlichen Inlandsee einschließt, der Kirishima-Yaku- und der Unzen-Amakusa-Nationalpark im westlichen und südlichen Kyushu. Der jüngste Nationalpark liegt im östlichen Hokkaido und wurde erst 1987 vom Umweltministerium ausgewiesen. Die National- wie auch Quasi-Nationalparks bieten auf einer Fläche von ca. 3,3 Millionen Hektar atemberaubend schöne natürliche Landschaften und sind für den japanischen Tourismus ein sehr wichtiger Faktor.

Graureiher in Kyoto

TIERWELT

Die Tierwelt Japans ist mit der europäischen verwandt, da die Klimate großer Teile Japans denen Mitteleuropas entsprechen. Vor der Eiszeit lebten in Japan, ähnlich wie in Europa, Elefanten, Bisons, große Hirsche, Tiger, Panther, Leoparden und der gefürchtete »Rote Hund«, den man heute noch in Südchina findet. Während der Eiszeit wanderten diese Tiere nach Süden ab. Die Fauna, die den eiszeitlichen Regionen im Norden entkam, siedelte sich in Japan, Korea und auf dem westlichen Festland an. Zu dieser Zeit war Japan noch über eine Landbrücke mit Nordchina und Korea verbunden. Viele dieser eingewanderten Tiere konnten sich ihre Heimatregionen nach der Eiszeit nicht mehr zurückerobern, wurden heimisch und passten sich den hiesigen Verhältnissen an.

Großräumlich gehört die japanische Tierwelt auf den Hauptinseln Hokkaido, Honshu, Shikoku und Kyushu der Paläarktischen Region an. Eine tiergeografische Untergliederung in vier Subregionen ordnet Japan etwas spezifischer der mandschurischen Zone zu. Im Norden Hokkaidos geht die Fauna in subarktische Formen über, während im Süden Japans tropische, sogenannte »indo-malaiische« Arten zu finden sind. Auch hat sich die Tsugaru-Straße, die Meerenge zwischen Hokkaido und Honshu, für manche Tierarten als

Grenze erwiesen. Nördlich hiervon, in Hokkaido, bestehen engere Beziehungen zur sibirischen Fauna, während südlich eine stärkere Verwandtschaft mit der chinesischen Tierwelt festzustellen ist.

Charakteristisch für Hokkaido ist immer noch der Braunbär, aber auch der Zobel, der Schneehase und das Schneehuhn. Südlich der Tsugaru-Straße, in Tohoku, leben z. B. die Rotgesichtsmakaken, die nördlichste Affenpopulation der Welt. Weitere Säugetiere Japans sind verschiedene Arten von Hirschen, japanischen Füchsen, Kragenbären, Wildschweinen, Gämsen und der berühmte Waschbärhund (*tanuki*), der oft auch als »Dachs« übersetzt in der Literatur erscheint. Eine Besonderheit in Japan ist die Iriomote-Katze, eine wilde Katzenart, die nur auf der südlichen Ryukyu Insel Iriomote lebt. Sie wurde erst in den 1960er-Jahren als besondere Spezies erkannt und wissenschaftlich beschrieben. Sie steht heute unter Naturschutz.

Natürlich gibt es auch ein reiches Vorkommen von Vogelarten, Reptilien, Amphibien und Insekten. In diesem Zusammenhang ist der japanische Riesensalamander hervorzuheben, der mit seiner Länge von ca. 1,50 Meter zu einem der weltgrößten Amphibien zählt. Er lebt in den klaren Gebirgsflüssen von West-Honshu und Nord-Kyushu.

FOLGENDE DOPPELSEITE:
Rotgesichtsmakaken sind mittlerweile ein Wahrzeichen Japans. Berühmt sind die Bilder der in heißen Quellen badenden Primaten. Ihr Fell scheint sie selbst vor den widrigsten Witterungen zu schützen.

Hirsche im Nara-Park auf der Insel Honshu.

Nicht zu vergessen ist in einem Inselreich wie Japan die vielfältige Meeresfauna. Durch den Zusammenfluss von kalten und warmen Meeresströmungen entwickelte sich eine reiche maritime Tierwelt besonderer Schönheit. Haie, Delfine, Krebse und allein 30 verschiedene Walfischarten leben in japanischen Küstengewässern. Im Süden, an den von Korallen umlagerten Inseln, findet sich eine Tierwelt mit überwältigendem Formen- und Farbenreichtum. Als Besonderheit sind hier eine Seeschlange und eine kleine Giftnatter zu nennen, die es nur in Regionen mit hohen Wassertemperaturen an den Küsten des Pazifiks und Indischen Ozeans gibt.

Für den Japaner ist das Meer eine wunderbare Speisekammer. Der weltgrößte Fischmarkt in Tokyo zeugt vom großen Fischkonsum. In diesem Zusammenhang gerät Japan immer wieder in die Schlagzeilen der internationalen Presse, z. B. mit seiner fortgesetzten Jagd auf die bedrohten Walfischgründe. Zwei weitere Delikatessen auf dem japanischen Speiseplan sind eine japanische Riesenkrabbe, die in ausgestreckter Lage über 3 Meter messen kann und in mehr als 100 Metern Tiefe vor der pazifischen Küste Japans lebt, sowie der hochgiftige Kugelfisch, der als Gericht (Fugu) inzwischen weltweit bekannt ist. Nicht richtig zubereitet führt das Gift des Fisches innerhalb weniger Minuten zum Tode.

Japans Unterwasserwelt bietet dank der weit verstreuten Inseln des Landes spektakuläre Einblicke. Diese Anemonenfische haben ihr Zuhause in einem Korallenriff der Ishigaki-Insel. Die gleichnamige Hauptstadt des Eilandes ist zugleich Japans südlichste Stadt und reicht nahe an die Grenze zu Taiwan heran.

Wie auch in der Pflanzenwelt ist in den vergangenen Jahrhunderten ein Großteil der rezenten Fauna ausgestorben bzw. stark dezimiert worden. Vor allem die Meiji-Restauration brachte vielen Tieren den Garaus durch zwei entscheidende Maßnahmen. Zum ersten kam es zur »Befreiung der Jagdrechte« vom Adelsprivileg, was zum Einzug südeuropäischer Jagdbräuche führte. Man denke nur an Sizilien, wo es durch die beliebte Jagd fast keine Singvögel mehr gibt. Aber auch durch die Urbarmachung riesiger Gebiete für die Landwirtschaft sowie einer intensiveren Besiedlung der Küstenlandschaften verschwanden ganze Biotope der faunenreichen Küstenmarschen.

Vor 100 Jahren lebten noch tausende Japan-Ibisse im ganzen Land. In den 1970er-Jahren war der landesweite Bestand dieses berühmten Vogels auf 15 Exemplare geschrumpft: Diese lebten auf der Insel Sado, bis 2003 der letzte von ihnen starb. Auch der asiatische Weißstorch ist mittlerweile ausgestorben; darüber hinaus zählt der Mandschurenkranich zu den stark bedrohten Tierarten Japans. Erwähnenswert ist auch der letzte Wolf. Er wurde 1905 bei Nara gefangen. Das Aussterben von Tierarten bedroht nicht nur das ökologische Gleichgewicht und die Umwelt, sondern es ist auch ein Verlust kultureller Werte. Bleibt zu hoffen, dass Japan in Sachen Naturschutz bald höhere Prioritäten setzt. Im Klimaschutz sieht Japan bereits heute die größte Herausforderung des 21. Jahrhunderts.

Rotfeuerfisch (*Pterois volitans*) an einem Korallenriff vor der Ishigaki-jima Insel

GESCHICHTE

Japanische Geschichte lässt sich grob in fünf Zeiträume einteilen, die von der Frühgeschichte (ca. 18 000 v. Chr.–300 n. Chr.) und dem Altertum (300–1185) über das Mittelalter (1185–1573) und die Frühmoderne (1573–1868) zur Moderne (1868–1989) und Gegenwart führen (diese Ära ab 1989 wird als »Heisei« bezeichnet, »vollendeter Frieden«). Zur Vor- und Frühgeschichte ist unbedingt die mythische Entstehungszeit hinzuzufügen, gibt sie doch erste Einblicke ins durchaus vielschichtige japanische Seelenleben.

Den ersten schriftlichen Quellen (Kojiki 712, Nihonshoki 720) zufolge war es das göttliche Geschwisterpaar Izanagi und Izanami no Mikoto, welches auf der Himmelsbrücke (Regenbogen) stehend aus Kurzweil einen Speer ins unendliche Weltenmeer stieß. Als sie ihn empor zogen entstand aus den herabfallenden Tropfen die Insel Onogoro (»die durch sich Geronnene«), auf die sie hinabstiegen, um dort eine Vielzahl weiterer Inseln und Gottheiten zu zeugen, wie etwa die der Berge, Flüsse, Felder, Bäume, Kräuter usw. Bei der Geburt des Feuergottes verletzte sich Izanami tödlich, so dass sie in die Unterwelt hinabsteigen musste. Als der Bruder ihr folgte (s. Orpheus und Eurydike), trieb sie ihn in die Welt zurück, um so Leben und Tod ortsbezogen zu manifestieren. Izanagi wusch sich die Schmach des »Hades« vom Leibe und schuf so drei Hauptgottheiten, nämlich die des Mondes, des Meeres (auch Sturm) und der Sonne. Die Sonnengöttin (Amaterasu o Mikami) galt fortan als Japans Stammmutter und Urgottheit. Der rote Kreis auf Japans Nationalflagge ist ihr Symbol und offenkundiges Zeichen hoher Verehrung.

Haniwa-Tonfiguren als Grabbeilage stammen aus der Kofun-Zeit.

Dem Mythos nach sandte die Sonnengöttin ihren Enkel (Niniji no Mikoto) auf das Inselland, gab ihm als Insignien der Macht Spiegel, Schwert und Edelstein mit auf den Weg sowie den Auftrag, ihr so »gelobtes« Land zu besiedeln. Niniji betrat auf dem Gipfel des Berges Takachiho in Kyushu die japanische Welt und gründete die Dynastie der Tenno (»Himmelssöhne«), deren erster Vertreter der sagenhafte Jimmu Tenno wurde. Er gilt als erster göttlicher Kaiser Japans.

Jimmu Tenno führte sein Volk von Kyushu aus ins fruchtbare Land Yamato, das auch heute noch so genannt wird und sich großräumig um die ehemaligen Hauptstädte Nara und Kyoto erstreckt. Diese Region gilt als Keimzelle der historischen Entwicklung Japans. Naturverbundenheit, Götternähe sowie Hierarchiegläubigkeit und Loyalitätsgebot sind hier schon als wesentliche Aspekte japanischer Mentalität erkennbar. Jedoch verlief die tatsächliche Entstehung Japans weit weniger spektakulär, auch wenn man vermuten möchte, dass bei einigen realen historischen Ereignissen die unabwägbaren Götter die Hand mit im Spiel hatten.

FRÜHGESCHICHTE

DIE JOMON-, YAYOI-, KOFUN-PERIODEN

Der Beginn japanischer Geschichte liegt im Dunkel der Zeit verborgen. Altsteinzeitliche Funde, die ca. 30 000 Jahre alt sind, bekunden die Existenz von frühgeschichtlichen Siedlern. Ob diese vom asiatischen Festland kamen, ob es sich um bereits länger Ansässige handelte und ob sie gar Vorfahren

Rekonstruierte Siedlung aus der späten Jomon-Zeit in der Ausgrabungsstätte Shijimizuka in Hamaamatsu.

der heutigen Japaner sind, bleibt bis heute ungeklärt. Nachweisbar ist, dass mit dem Ende der letzten Eiszeit (ca. 18 000 v. Chr.) zahlreiche Volksbünde vom benachbarten Kontinent über eine noch bestehende Landbrücke einwanderten. Sie vermischten sich mit den Einheimischen und trugen durch mitgebrachtes Werkzeug und Wissen zur Entwicklung des Landes bei. Aus dem 12. Jahrhundert v. Chr. stammen erste Funde von Tongefäßen. Form und Dekor verfeinerten sich im Laufe der Zeit. Aufgrund ihres typischen Schnurmusters wurden sie als »Schnurkeramik« (Jomon, 4. Jahrhundert v. Chr.) bezeichnet und gaben dieser Periode ihren Namen.

Die Menschen dieser frühen Zeit waren Nomaden und lebten als Jäger (Fische, Rotwild, Wildschweine etc.) und Sammler (Pflanzen, Früchte etc.) Bis sie sich in fest angelegten Siedlungen niederließen, vergingen Jahrhunderte. Bis ca. 300 v. Chr. sollte es dauern, bis Japan eine selbstbestimmte Geschichte vergönnt war.

Ausgrabungen in einem Stadtviertel von Tokyo (Yayoi 300 v. Chr.–300 n. Chr.) bezeugen nicht nur den Übergang zur Sesshaftigkeit, sondern vor allem den Wechsel zur Agrarwirtschaft. Letztere fußte auf zwei revolutionären Neuerungen, nämlich zum einen der Bronzeherstellung (Pflüge, Waffen etc.) und zum anderen der Technik des aus China/Korea stammenden Nassfeldreisanbaus.

Infolge des Reisanbaus kam es zunächst auf der südlichen Insel Kyushu zu größeren Ansiedlungen, aus denen sich allmählich Dörfer und städtische Gebilde formten. Damit in Verbindung stand die Ausbildung einer sozialen Struktur, die das Entstehen von Clans mit unterschiedlichen Macht- und Arbeitsdominanzen bewirkte. Die Basis zur Staatenbildung war gelegt. Und tatsächlich bezeugen erste schriftliche (d. h. nachweisbare) Erwähnungen in zeitgenössischen, chinesischen Berichten (300 n. Chr.), dass Japan – dort genannt als »Land WA« – ins noch schummrige Licht der Geschichte getreten war. Davon zeugen ebenfalls die Berichte über eine erste (japanische) Königin, Pimiko, die über Kyushu herrschte, sowie die Erwähnung einer japanischen Kolonie in Korea, deren Existenz darauf hinweist, dass sich im Schatten des allmächtigen China ein Völkchen mauserte, von dem noch eine Menge Gutes, aber leider auch Böses ausgehen würde.

Die ersten großen Schritte in die Geschichte setzte Japan ab dem 4. Jahrhundert n. Chr. Die mit Kofun bezeichneten Hügelgräber sind stille Zeugen einer Zeit (Kofun-Zeit 300–710 n. Chr.), die durch folgendes einschneidendes Ereignis gekennzeichnet war: Aus den Clans der zahlreichen Kleinstaaten etablierte sich das Tenno-Geschlecht zur Führungssippe, die fortan den Kaiser (tenno = »himmlischer Herrscher«) als oberste staatliche Instanz des neu geformten Bundes stellte.

Das Zentrum des Staatenbundes verlagerte sich daraufhin von Kyushu nach Zentraljapan (Yamato), ein Gebiet um die heutigen Städten Osaka, Nara und Kyoto. Der hierarchischen Stellung entsprechend wurden Hügelgräber (kofun) angelegt. Eindrucksvolles Beispiel ist die Grabstelle des Kaisers Nintoku in der Nähe Osakas, die aus der Zeit des beginnenden 5. Jahrhunderts stammt. Grabfunde (u.a. Pferdegeschirr) weisen darauf hin, dass ein wahrscheinlich aus Korea stammendes Reitervolk um diese Zeit in Japan einfiel und die Machtstruktur der führenden Clans veränderte.

Weitere Grabfunde wie Bronzeglocken, Zeremonialschwerter und Tonfiguren (Haniwa) dokumentieren die Entstehung eines religiösen Kultes, in dessen Zentrum Natur- (u. a. Sonnen-) und Ahnengottheiten standen. Der Schamane als ein Phänomen ostasiatischer Religiosität – ein Mittler zwischen

Korridor im Kasuga-Taisha-Schrein

Mensch und Gottheit – agierte im Mittelpunkt dieser Naturreligion, die später unter der Bezeichnung »Shinto« (Weg der Götter) zum religiösen Selbstverständnis vieler Japaner wurde.

Gegen Ende der Kofun-Zeit, etwa um die Mitte des 7. Jahrhunderts erhielt das junge Staatswesen seine erste Hauptstadt (Asuka), die in der Nähe der heutigen Stadt Nara liegt. Asuka wurde zwar nach dem Tod des dort herrschenden Kaisers zerstört, doch blieb der Name als Zeitbezeichnung erhalten, denn es geschahen zwei für die Staatenbildung wichtige Ereignisse.

Der Buddhismus gelangte von China und Korea nach Japan und revolutionierte das Denken der damaligen Eliten. Buddhistische Intellektualität, wie etwa die Vorstellung eigener Erlösungskraft, stand dem ursprünglicheren Naturkult Shinto gegenüber. Es brauchte seine Zeit, bis beide Religionen zueinander fanden.

Förderer des Buddhismus und Manager eines durchweg einseitigen Kulturaustausches mit China war Prinz Shotoku Taishi (573–621), der für seine Tante, Kaiserin Suiko (554–628), die Staatsgeschäfte führte und zum Wegbereiter eines »modernen« Japans emporstieg. Ihm verdankt Japan seine Geburt als Nation. Er verfasste 17 Artikel, die die Grundlagen menschlichen Zusammenlebens dokumentieren. Harmonie und die Akzeptanz einer naturgegebenen Ordnung, die Loyalität des Jüngeren nebst der Fürsorgepflicht des Älteren sind Bestandteile einer buddhistisch-konfuzianischen Ethik, die mit Shotokus Artikeln im 6. Jahrhundert entstand und auch heute noch das familiäre sowie das berufliche Leben eines jeden Japaners prägt.

ALTERTUM

NARA-ZEIT (710–794)

Zur Bildung eines soliden Staatsgefüges bedurfte es der Entwicklung eines Regierungssitzes. Die vorausgehende Taika-Reform (645) hatte zur Etablierung eines gesetzlich fundierten Gesellschaftssystems geführt, das neben einer hierarchisch geordneten Beamtenschaft über eine Vielzahl von Ministerien und Ämtern verfügte, die u. a. durch Zivilrechtssprechung und Verwaltungsreform dem japanischen Volk eine erste feste Struktur gaben.

Nach Vorbild der damaligen chinesischen Hauptstadt Ch'angan (heute Xian) entstand Nara, eine schachbrettartig angelegte Metropole mit Kaiserpalast, Regierungssitz und einer stetig steigenden Zahl buddhistischer Klöster (u. a. Horyu-ji, ca. 607). Sieben Kaiser herrschten hier. Sie förderten Künstler und Wissenschaftler, die danach strebten, das von China Gelernte dem Geschmack und der Denkweise Japans anzugleichen.

Erste Gedichtsammlungen (Mannyoshu) und Reichsannalen (Kojiki/Nihonshoki) entstanden. Die chinesische Schrift (*Kanji*) blieb dabei einziges schriftliches Ausdrucksmittel. Ihr Gebrauch wurde zwar später durch die Silbenschriften Hiragana und Katakana erweitert, doch dokumentiert dies trefflich den chinesischen Einfluss auf viele Bereiche japanischen Lebens, der bis in die heutige Zeit reicht. Der junge Staat setzte sich aus 66 Provinzen zusammen, in denen ca. 6 Millionen Menschen lebten.

Der Bau des gewaltigen buddhistischen Tempels Todai-ji und die Einweihungsfeierlichkeiten der in ihm residierenden riesigen Statue des Buddha Vairocana sollten vor allem dem Ausland gegenüber die Geburt einer »Neuen Nation« bezeugen. Stolz nannte man sich Nihon, was den Zeichen nach »Sonnenursprung« bzw. »Land der aufgehenden Sonne« bedeutet.

Einziger Wermutstropfen im jungen, aufstrebenden Staat waren die buddhistischen Klöster, die sich nicht nur ständig vermehrten, sondern deren Klerus steigenden Einfluss am Kaiserhof anstrebte. So war es der Mönch Dokyo, der gar den Kaiserthron besteigen wollte, indem er die Gunst der Kaiserin Shotoku (reg. 764–770) erlangte. Diese Affäre bewirkte, dass – mit Ausnahme der Kaiserin Myojo im 17. Jahrhundert – nie wieder eine Frau zur Kaiserin gewählt wurde.

Wenige Jahre später (784) verlegte Kaiser Kammu den Regierungssitz zunächst nach Nagaoka, sodann in die neu gebaute Hauptstadt Heian-kyo, das heutige Kyoto. Auch Heian-kyo (»Hauptstadt des Friedens«) wurde nach chinesischem Vorbild schachbrettartig angelegt und wuchs nicht nur zur politischen Metropole, sondern darüber hinaus zum Zentrum japanischer Kultur heran.

HEIAN-ZEIT (794–1185)

Die Stadt Heian war bis zur Mitte des 19. Jahrhunderts Regierungssitz und Kaiserresidenz. Sie symbolisiert bis heute japanischen Intellekt, künstlerische Eleganz und Kreativität. Durch ihre zahllosen Tempel, Gärten und Paläste weht der zarte Wind japanischen Kunstschaffens, dessen Wirken vom dahin geworfenen Zeichen (Kalligrafie) über die Ahnung eines Gedichts (Haiku) zum eben noch gehauchten Ton (Shakuhachi) reicht und der Welt ein Universum nie geahnter Kunstfertigkeit bescherte.

Einer einzigen Familie, den Fujiwara, oblag es, diesen Jahrhunderten kultureller Brillanz einen politisch geordneten Hintergrund zu liefern. Ihr Einfluss reichte in alle Bereiche des höfischen und bürgerlichen Lebens. Indem sie ihre Töchter mit oft noch jugendlichen Kaisern vermählten, schufen sie ein Vormundsystem indirekter Herrschaft, das der Scheu des Japaners vor dem Rampenlicht auch heute noch entspricht. Jedoch verblich der Glanz der Fujiwara-Herrschaft über die Jahrhunderte. Zu sehr ruhte ihre Dominanz auf einer stetig steigenden Besteuerung der Landbevölkerung, zu wenig kümmerte sich der Staat um die Verwaltung der Provinzen, zu gewaltig waren die finanziellen Verluste aus aufwendigem Staatshaushalt und verfehlter Landreform. Denn diese Landreform ermöglichte dem niederen Adel und den Klöstern, ihren Privatbesitz zu erweitern, ohne dem Hof dafür Abgaben zu schulden.

Die »neue« Gesellschaftsschicht der Ritter – im Japanischen »Samurai« genannt – betrat die historische Bühne. Ihre erfolgreichen Kämpfe gegen die nördlichen Eindringlinge, die Ainu, und gegen ein verheerendes Piratenunwesen führten zur folgenschweren Dominanz zweier Kriegerclans, der Genji und der Heike. Ihre schonungslosen Auseinandersetzungen um die Macht im Land, dokumentiert auch im Epos »Heikemonogatari«, führten zum Niedergang des Heian-Adels und zum Aufstieg des Kriegsherrn Minamoto Yoritomo aus der Familie der Genji (1147–1199). Er scheute sich nicht, seinen jüngeren Bruder, Kriegshelden und Sieger der Schlacht bei Dannoura, Minamoto Yoshitsune, in den Tod zu treiben und errichtete bald darauf in dem kleinen Dorf Kamakura, unweit des heutigen Tokyo, eine neue zentrale Macht, das Shogunat (Militärregierung). Diese Entscheidung sollte die Geschichte Japans über die folgenden 700 Jahre bestimmen.

MITTELALTER

KAMAKURA-ZEIT (1185–1333)

Als im Jahre 1192 Minamoto Yoritomo der Titel Shogun verliehen wurde, begann er zielstrebig, die Macht der Kriegerschicht gegenüber dem Heian-Hof zu zementieren. Er wählte abseits von Heian, ca. 50 Kilometer vom heutigen Tokyo entfernt,

Grabstätte von Minamoto Yoritomo in Kamakura

seinen neuen Regierungssitz Kamakura, wo er das erste Shogunat, d.h. die erste Militärregierung Japans, errichtete. Er stationierte über das Land verteilt Truppen und sicherte so seine Führungsposition.

Jede Provinz erhielt Militärgouverneure und Landverwalter, die dem Shogunat untergeordnet und u.a. für das Eintreiben der Steuern zuständig waren. Ethische Grundlage seiner Gefolgsleute, der Samurai, wurde der Ehrenkodex des Bushido, der sogenannte »Weg des Ritters«. Ihm zufolge gehörten Loyalität, Pflichterfüllung, Selbstlosigkeit und Disziplin zu den hehren Tugenden eines Ritters, den auch der Tod nicht schreckte, wenn es der Dienst für den Herrn oder die Familie verlangte.

Die buddhistische Glaubensrichtung des Zen, deren Ideale ebenfalls von Disziplin und Selbstüberwindung geprägt sind, wurde vom Shogunat unterstützt und es entstanden in der Folge dieses Mäzenats in und um Kamakura zahlreiche Zen-Tempel und Gärten, die heute noch Ziel vieler Gläubiger und Reisender sind.

FOLGENDE DOPPELSEITE:
Gebäude in der Tempelanlage in Kamakura (linke Seite); Bronzeskulptur des Großen Buddha in Kamakura (rechte Seite). Die Errichtung dieser berühmten Figur begann bereits im 13. Jahrhundert. Ursprünglich befand sich die 13,35 Meter hohe Skulptur in einer Tempelanlage, die jedoch 1498 durch einen Tsunami vollständig zerstört wurde.

Hase-Kannon-Tempel in Kamakura

So erfolgreich Yoritomos Politik auch war, seine untauglichen Nachfolger verstanden es nicht, das Geschaffene fortzusetzen. Machtkämpfe waren die Folge, aus denen die Familie seiner Ehefrau, Hojo no Masako (1157–1225), als Sieger hervorging. Masakos Vater wurde zum »Staatsvorsitzenden« ernannt. Die Macht wechselte somit zum Hojo-Clan, der fortan das Regiment übernahm. Seine Herrschaft wird als ungewöhnlich gerecht und sozial beschrieben, was vielleicht ein Grund dafür gewesen sein mochte, dass sie nicht lange währte.

In die Zeit der Hojo fällt der Versuch des Mogulkaisers Kublai-Kahn, durch die Entsendung einer riesigen Schiffsarmada mit 140 000 Mann Japan zu erobern. Zweimal war Japan trotz tapferer Gegenwehr der Übermacht des Feindes rettungslos ausgeliefert, doch zweimal (1274 und 1281) rettete ein Taifun das schutzlose Reich der aufgehenden Sonne, indem er die gegnerische Flotte zerstörte. Im Gedenken daran entstand der Begriff *kamikaze*, »Götterwind«. Viele Jahre später diente diese Bezeichnung den unglückseligen Kampffliegern, die ihre Maschinen als »lebende Bomben« auf amerikanische Schiffe stürzen ließen.

Auch die Nachkommen der Hojo-Familie waren vom Glanz der Macht geblendet. Sie regierten grausam und ungerecht. Die Folgen waren Hungersnöte, Aufstände und ständige Übergriffe marodierender Soldaten. Der Begriff »mappo«, den der buddhistische Priester Genshin (942–1017) einst prägte und der besagt, dass der Mensch unfähig sei, das buddhistische Gesetz der Friedfertigkeit zu verstehen, bewahrheitete sich im Schicksal unzähliger Opfer, die der Unbill von Seuchen und Krieg schuldlos ausgeliefert waren.

Vor dem Hintergrund dieser Entwicklungen ist es nicht verwunderlich, dass der Heian-Adel die Schwäche der Hojo-Familie nutzte. Kaiser Godaigo plante einen Regierungssturz – ein Versuch, der anfänglich zu glücken schien, denn die Hojo wurden entmachtet. Doch bald darauf forderte Godaigos Waffenbruder, Ashikaga Takauji, die Macht für sich. Der Kaiser floh in das südlich von Heian gelegene Yoshino. Das Reich zerfiel in zwei Hälften: die südliche mit Tenno Godaigo und die nördliche mit einem Gegenkaiser, den Ashikaga Takauji einsetzte. Letzterer ernannte sich 1338 zum Shogun, verließ Kamakura und verlegte 1378 den Regierungssitz nach Muromachi, einen Stadtteil von Heian. Schon allein dieser Schritt macht den Anspruch Takaujis deutlich, nicht mehr ein Schattendasein im fernen Dorf Kamakura zu führen, sondern durch seine Präsenz in Heian Kaiser, Adel und Krieger unter eine zentrale Machtdomäne zu einen.

MUROMACHI-ZEIT (1333–1573)

Auch Ashiaga Takaujis Nachfolger konnten seine Machtpolitik nicht fortsetzen. Zwar erreichten die Ashikaga eine Wiedervereinigung der rivalisierenden Kaiserhöfe, doch waren sie nie in der Lage, der Unruhe im Land Herr zu werden. Hungersnöte, Seuchen, Aufstände und Provinzkriege nahmen kein Ende. In den Provinzen waren es bisher unbedeutende Kriegerclans, »Warlords« wie Takeda oder Mori, die stetig an Macht gewannen und zu einflussreichen Feudalherren (*daimyo*) heranwuchsen. Ihre Machtkämpfe untereinander bestimmten eine Epoche, die trotz erwähnter Wirren durch Fortschritte in der Landwirtschaftstechnik, Zunftgründungen, beginnender Geldwirtschaft und Aufblühen der Städte gekennzeichnet war.

Waren die Machtkriege noch nahezu auf Heian beschränkt, weiteten sich die Rivalitäten der Feudalherren zu einem Bürgerkrieg aus, der das ganze Land überzog und fast 100 Jahre andauerte (Sengoku 1481–1573). Neben unbeschreiblichem Elend in der Bevölkerung führte sein Ende endlich zur Reichseinigung und lang währendem Frieden. Die Familie Ashikaga, die zu Beginn dieser umwälzenden Epoche dem Lande vorstand, wurde 1568 vom Feldherrn Oda Nobunaga (s. u.) vernichtet.

Doch trotz aller politischer Schwäche hielten die Ashikaga-Shogune einen erhabenen Platz in Japans Geschichte, allen voran Ashikaga Yoshimitsu (1358–1408). War es doch seinem Mäzenat zu verdanken, dass Künste wie etwa das No-Spiel, die Kalligrafie, die Malerei und die Teekunst erblühten. Sie geben, neben allen Schrecken der Kriege, Zeugnis von immenser Kreativität, deren Licht über so viel Dunkel bis weit in unsere Zeit reicht.

Noch ein weiteres geschichtliches Ereignis begleitete die Wirren dieser Zeit. Im Jahre 1542 landete der Portugiese Mendez Pinto als wohl erster Europäer auf der Insel Tanegashima, südlich von Kyushu gelegen. Ihm folgte u. a. der Jesuiten-Missionar Franz Xavier. Fortan haben die Konfrontationen mit dem Westen zu beiderseitigen Lernprozessen geführt, die zwar zeitweise eine Ausweisung nahezu aller Fremder mit sich brachte, jedoch grundlegend war für eine bis heute dauernde, Grenzen überwindende Völkerverständigung.

Der Zen-Tempel Ryoan-ji wurde 1499 – in der Muromachi-Zeit – im Nordwesten von Kyoto errichtet. Er besitzt einen Zen-Garten, bestehend aus einer fein gerechten Kiesfläche, auf der 15 Steine platziert sind.

FRÜHMODERNE

AZUCHI-MOMOYAMA-ZEIT (1573–1603)

Skulptur von Tokugawa Ieyasu nahe der Burg Hamamatsu-jo, die er im 16. Jahrhundert übernahm.

Trotz ihrer zeitlichen Kürze bereitete diese Epoche eine der größten Umwälzungen in der Geschichte Japans vor. Sie gilt deshalb als die impulsivste Zeitspanne der gesamten japanischen Historie. In ihren Verlauf fällt der Wechsel vom ehemaligen Vielfürstenstaat zum zentral gelenkten »Polizeistaat«, an dessen Spitze über ca. 250 Jahre hinweg die Fürstenfamilie Tokugawa stand. Es waren drei ehrgeizige Feldherren, denen es gelang, Japan zu einigen: Oda Nobunaga (1534–1582), Toyotomi Hideyoshi (1536–1598) und Tokugawa Ieyasu (1542–1616).

Eine zeitgenössische Anekdote beschreibt deren gegensätzliche Charakterzüge: Alle drei gehen in einen Wald, sehen einen Kuckuck und versuchen, ihn zum Singen zu animieren. Nobunaga will ihn zum Singen zwingen, Hideyoshi versucht, ihn zu überreden, während Ieyasu geduldig wartet, bis er von selbst singt.

Der als ehrgeizig und egozentrisch beschriebene Nobunaga war es, dem es als Erstem gelang, von seiner Stammresidenz Azuchi (s. o.) aus eine Anzahl von Landesfürsten unter seine Kontrolle zu bringen. Im Jahre 1568 zog er in Kyoto ein und entmachtete den letzten, nur noch provisorisch regierenden Shogun Ashikaga. Er sympathisierte mit christlichen Missionaren, weniger des Glaubens als der Feuerwaffen wegen. Sein plötzlicher Tod entsprach seinem exzessiven Lebenswandel. Von einigen Gefolgsleuten bedrängt soll er sich 1582 das Leben genommen haben.

Nobunagas politische Passion wurde von seinem General, dem angeblichen Bauernsohn Toyotomi Hideyoshi, fortgesetzt. Durch sein strategisches Geschick, seine hohe Intelligenz und einen »Löwenmut« besiegte Hideyoshi weitere rivalisierende Fürstentümer und zwang sie bis 1590 zur Allianz unter seiner Führung. Er ließ Wehrburgen und Schlösser errichten, von denen die bekanntesten sein Wohnsitz in Momoyama und die nahezu uneinnehmbare Festung in Osaka sind. Weiterhin gerühmt wurde sein Kunstverstand, der ihm u. a. die Freundschaft des bekannten Teemeisters Senno Rikyu (1522–1591) eintrug. Als er jedoch versuchte, Korea und Teile Chinas zu erobern, überschätzte er seine Kraft und sein Kriegsglück. Er starb im Jahre 1598.

Landesfürst Tokugawa Ieyasu war es, der mit politischer Raffinesse und Kaltblütigkeit die Nachfolge Hideyoshis antrat. Es gelang ihm, Hideyoshis Sohn Hideyori unter Kontrolle zu halten. In der entscheidenden Schlacht von Sekigahara im Jahre 1600 besiegte er die noch verbliebenen gegnerischen Fürsten. Mit dem stets vorsichtig und klug taktierenden Ieyasu, zu dessen Beratern auch der englische Seefahrer William Adams (1564–1620) zählte, begann eine Ära, die ca. 250 Jahre dauerte und Japan zwar Frieden, aber auch Abgeschlossenheit bescherte und das Land auf seinen Weg in die Moderne vorbereitete.

Historischer Schauplatz der Schlacht von Sekigahara. Im Vordergrund sind die Wimpel der verfeindeten Gruppen zu sehen.

EDO-ZEIT (1603–1868)

Im Jahre 1603 ließ sich Tokugawa Ieyasu zum Shogun ernennen und wählte Edo, das heutige Tokyo, zu seinem Regierungssitz. Er sicherte seine Herrschaft u. a. durch den Aufbau eines strikten Polizeiapparates, der jeden seiner noch verbliebenen Gegner aufspürte und eliminierte. So wurde einer seiner Hauptgegner, Hideyoshis Sohn Hideyori, 1615 in Osaka besiegt und ausgeschaltet. Ieyasu und seine Nachfolger verstanden es, die Feudalfürsten an sich zu binden und dem Shogunat gegenüber zu verpflichten, was Letztere durch angeordnete Besuche in Edo unter Beweis stellen mussten.

Das von Ieyasu so begründete zentralistisch geleitete Machtsystem wurde von seinen Söhnen und deren Nachkommen ausgebaut und auf ein langes Bestehen hin gefestigt. Es umfasste eine Vielzahl gesetzgebender repressiver Einrichtungen, die die Bezeichnung »Polizeistaat« rechtfertigen. Japans sogenannte »Abschließung«, die Ausweisung der Fremden (außer der Holländer auf der Insel Dejima bei Nagasaki) und eine Vielzahl oft kleinlicher Gesellschaftsverordnungen waren Beschlüsse, die zum »Schutz« des Staatswesens erlassen wurden.

Trotzdem oder gerade deshalb entwickelte sich eine Vielzahl oft sozialer Neuerungen, die Japans Weg in die Moderne vorbereitete, wie etwa eine auf konfuzianischer Tradition fußende Gesellschaftsordnung, die ganz nach hierarchischem Vorbild eine Stufung von Samurai, Bauern, Handwerkern und Kaufleuten vorsah. Ein Zeichen der »Neuen Zeit« war es, dass die Kaufleute trotz niedriger Standeszuweisung immer mehr Einfluss gewannen, denn der andauernde Frieden förderte den Handel, während die Samurai zu verarmen drohten.

Der zunehmenden Macht der Kaufleute verdankten Städte wie Edo oder Osaka ihre Blüte. Edo brachte es bereits auf ca. 1 Million Einwohner und zählte damit schon damals zu den größten Städten der Welt. Die Abschließung des Landes förderte auch eine Konzentration auf sich und dadurch sowohl ein stetig wachsendes Nationalbewusstsein und als auch ein wachsendes Misstrauen gegenüber allem Fremden, was die Missionierungsarbeit

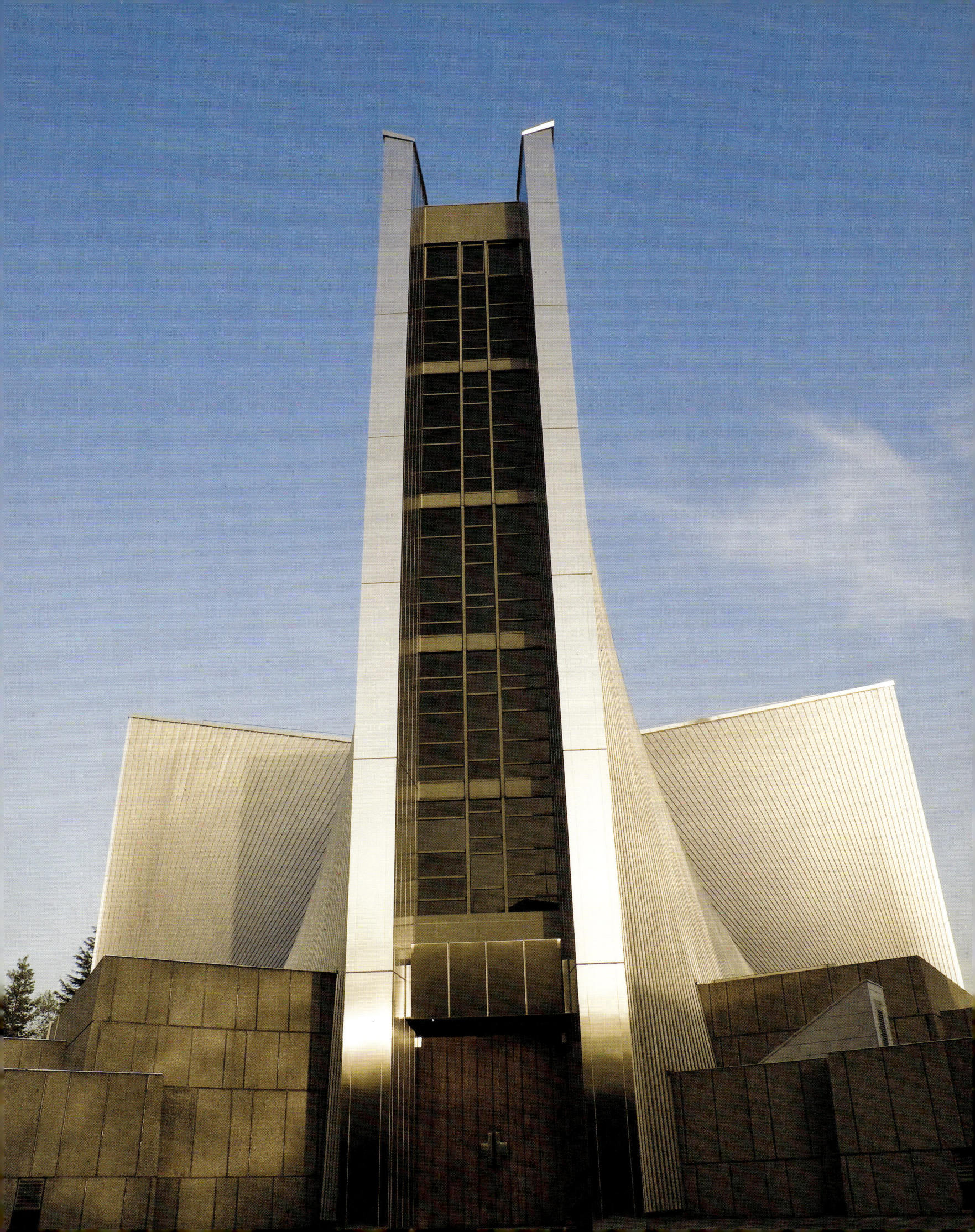

christlicher Glaubensrichtungen beinahe unmöglich machte. Ausweisung und Verfolgung christlicher Priester waren zu dieser Zeit üblich.

In die Edo-Zeit fällt zudem die Entstehung zahlreicher, meist von Kaufleuten mäzenierter Künste, wie etwa des Farbholzschnitts (*ukyo-e*), des Puppenspiels (*bunraku*) und des Kabuki-Theaters. In Edos Vergnügungsvierteln – z. B. in Yoshiwara – blühte eine urbane Kunst, die von Gesang, Tanz bis zur modischen Extravaganz reichte und bis in die Gegenwart überliefert wurde.

Nicht zuletzt führte die kaufmännische Dominanz zur Errichtung der ersten Warenhäuser, Vorboten der später entstehenden Unternehmergruppen, den sogenannten *zaibatsu*, wie etwa Mitsui und Mitsubishi. Die freigesetzte merkantile Energie suchte folgerichtig nach immer weiteren Betätigungsfeldern und musste über kurz oder lang die staatlich verordneten Ketten sprengen. Dazu gesellten sich eine zunehmende Führungsschwäche der Tokugawa-Shogune sowie ein stetig wachsender internationaler Druck, der die Öffnung des Landes forderte.

Im südlichen Teil der Tokyo Bay, in der heute riesige Hafenanlagen Japans Wirtschaft am Laufen halten, landete Commodore Perry im Jahre 1853 mit seinen »schwarzen Schiffen« und erzwang damit die Öffnung Japans.

Es war schließlich der amerikanische Commodore Perry, der 1853 mit seinen »schwarzen Schiffen« die Öffnung der japanischen Häfen erzwang. Ihm folgte 1857 der erste amerikanische Konsul Townsand Harris und mit ihm 1858 der erste Handelsvertrag mit Amerika.

Skulptur des Kaisers Meiji

Wirtschaftlicher Unternehmergeist, beginnende Globalisierung und steigende Neugierde auf das Fremde erforderten 1868 den Rücktritt des letzten Shogun Tokugawa Yoshinobu. Das Tor zur »Freiheit« wurde allerdings nicht allzu weit geöffnet, denn Japans Kaiser sollte zunächst die Macht übernehmen und von seiner hierarchisch hohen Position aus sein Volk in eine neue, moderne Zeit führen.

MODERNE

MEIJI-ZEIT (1868–1912)

Japans Aufbruch in die Moderne begann ganz traditionell: Im Jahre 1868 bestieg Kaiser Meiji (1852–1912) den Thron und gab seiner Epoche ihren Namen. Zunächst verlegte er den Amtssitz nach Edo, was zur Umbenennung Heian-kyos in Kyoto und Edos in Tokyo, »östliche Hauptstadt«, führte. Nach vielen Jahren Herrschaft der Shogune übernahm nun wieder der Kaiser die Macht und es entstand eine parlamentarische Monarchie.

Die anschließende Meiji-Reform besiegelte das Ende des Feudalstaates und bescherte Japan 1889 eine erste Verfassung, die nach preußischem Vorbild ein Zweikammersystem zur Grundlage hatte. Die Modernisierung des Staates, der vorsichtige Abbau traditioneller Klassenschranken, breite Bildungsmöglichkeiten sowie der Ausbau von Industrie und Armee standen im Zentrum innerpolitischer Aktivitäten. Dabei war die kaiserliche Devise »Auf der ganzen Welt soll nach Wissen geforscht werden ...« richtungweisend.

Der Westen, u.a. auch Deutschland, wurde als Vorbild und Lehrer entdeckt. Unter Anleitung sogenannter *gaijin*, »Menschen von außen«, entwickelte sich neben der Seiden-, Baumwoll- und Reisproduktion vor allem die Schwerindustrie, die wiederum den rapiden Aufbau u.a. der Marine und der Eisenbahn zur Folge hatte.

Das öffentliche Leben wurde mehr und mehr von westlichem Geschmack beeinflusst. Zylinder und Anzug tragende Japaner und nach Pariser Mode gekleidete Japanerinnen bestimmten das neue Straßenbild. Amerikanische und europäische Musik und Tänze wie z. B. der Wiener Walzer gehörten zum Trend. Japaner lernten fleißig und setzten das Erworbene tatkräftig um. Dabei stießen humanistisches sowie aufgeklärt liberales Gedankengut auf weniger Interesse als nationalistische, vom Gedanken der Disziplin und Hierarchie geprägte Ideen. Das Bewusstsein der Notwendigkeit einer starken Armee war tief verwurzelt, fußte es doch auf der jahrhundertealten Tradition der Samurai.

Im Zuge der Fördermaßnahmen für die produzierende Industrie wurden Unternehmen wie etwa Mitsui, Mitsubishi und Sumitomo privilegiert. Aus ihnen bildeten sich die *zaibatsu*, die Großkonzerne.

Nationalistische Strömungen, aber auch der Stolz und das Selbstbewusstsein einer jungen ehrgeizigen Gesellschaft, führten alsbald zur aggressiven Auseinandersetzung mit dem benachbarten Ausland. Aus Streitigkeiten um die Präsenz in Korea entwickelte sich 1894 ein Krieg gegen China, den Japan gewann. China musste u. a. die Insel Taiwan, damals noch Formosa, an Japan abtreten. Gegen Russland kämpfte Japan 1904 und gewann auch diesen Krieg, was zur Übernahme von Sachalin und wenig später zur Annektierung von Korea führte.

VORHERIGE DOPPELSEITE, FOLGENDE DOPPELSEITE UND LINKE SEITE:

Der Meiji-Schrein wurde im Gedenken an Kaiser Meiji errichtet, der die Öffnung Japans durchsetzte. Der in Tokyo gelegene Schrein ist nicht nur Ziel tausender Touristen. Viele Prozessionen und auch Hochzeiten werden hier abgehalten.

Hölzerne Wunschtafeln im Meiji-Schrein

Tenno Meiji starb 1912. Er hinterließ ein Reich, das fleißig (vielleicht zu fleißig) und schnell (vielleicht zu schnell) vom Westen gelernt hatte. Dabei wurde vorrangig das übernommen, was ins geistige japanische Rüstzeug passte. Die Früchte der Liberalität wurden nur zögerlich genossen. Anziehender und der japanischen Seele näher waren die der Disziplin, der Hierarchie und Machtentfaltung. Wie bitter diese Früchte schmecken können, ahnte man zu dieser Zeit noch nicht.

TAISHO-ZEIT (1912–1926)

FOTO LINKS:

Als Kaiser Taisho den Thron bestieg, befand sich Japan auf dem steilen Weg nach oben. Man nannte diese Zeit »ero-guro nansensu jidai«, was »erotisch-groteske Nonsens-Epoche« bedeutet, in der junge Japaner als »modern girl« (*moga*) und »modern boy« (*mobo*) westliche Vorbilder bis zur Geschmacksverzerrung imitierten. Eine neue Mittelschicht begann sich vor allem in den Städten zu etablieren. Ihrer Kreativität entsprangen neue Medien wie etwa Zeitung, Radio und Film. Sie entdeckte den westlichen Sport, Baseball und Golf, sowie westliche Literatur bzw. Philosophie. Vorsichtig erklang aus der Mitte der Ruf nach einer Anerkennung der Frauen, die erste Jobs als Lehrerinnen und Krankenschwestern bekleideten. Breitenbildung wurde gefördert, doch blieben Studium und Karriere zumeist noch Domänen der Adligen. Der wirtschaftliche Aufschwung hielt weiter an und überdauerte zunächst den Ersten Weltkrieg, in dem Japan als Verbündeter Englands gegen Deutschland kämpfte. Man erhielt dafür u. a. das deutsche Pachtgebiet in China, Tsing-tau. Vor allem Japans Mitgliedschaft im Völkerbund dokumentiert seine steigende internationale Anerkennung.

Die erste Parteienregierung unter Ministerpräsident Hara Kei konnte jedoch die aufkommenden Unruhen in der Bevölkerung nicht verhindern. Soziale Spannungen aufgrund wachsender Reispreise, um sich greifende Armut in Stadt und Land, aber auch eine immer selbstbewusster werdende Mittelschicht ließen vor dem Hintergrund einer drohenden Weltwirtschaftskrise einen ersten Schatten auf Japans Fortschritt fallen.

Das große Kanto-Erdbeben im Jahre 1923, dem ca. 150 000 Menschen zum Opfer fielen und das Tokyo nahezu vollständig zerstörte, verschärfte die latent depressive Stimmung im Volk und steigerte dessen Akzeptanz populistischer Einflüsse. Das Militär als einzig legitime Vertretung des Tenno erntete landesweite Zustimmung. Machtbesessene Generäle propagierten ein »dai nippon«, ein Großjapan, und torpedierten die Politik der Regierung. Ähnlich wie in Deutschland verfestigte sich im Volk der Antiparlamentarismus, was im Jahre 1921 dazu führte, dass Ministerpräsident Hara Kei einem Mordanschlag zum Opfer fiel. Der geisteskranke Kaiser Taisho starb 1926. Ihm folgte Hirohito, der – ob verschuldet oder nicht – sein Volk beinahe in den totalen Untergang führen sollte.

Yokohoma. Die Stadt, die sich heute als florierendes Wirtschaftszentrum präsentiert, wurde 1923 beim Kanto-Erdbeben bis auf wenige Gebäude vollständig zerstört. Dasselbe Schicksal ereilte die Hauptstadt Tokyo. Trotz der Verwüstung und Ausnahmezustände entschied der Kaiser, dass Tokyo weiterhin Hauptstadt des Landes bleiben solle. Damit wurde ein umfassenden Wiederaufbauprogramm in Gang gesetzt.

風　雄

SHOWA-ZEIT (1926–1989)

An der Spitze Japans stand der neue Kaiser Hirohito. Die Bezeichnung »Showa« bedeut »leuchtende Harmonie«. Harmonisch verlief diese Epoche jedoch ganz und gar nicht. Waren nämlich in vorausgegangener Taisho-Zeit Tendenzen zu einem demokratischen Staatswesen durchaus erkennbar, so fiel Japan spätestens ab 1930 in die Hände einer absolut autoritär ausgerichteten Miliz. Der »japanische Geist« (*yamato damashii*) durchzog mit althergebrachten Idealen von Pflicht und Treue, nationaler Machtorientierung sowie einem penetranten Antiparlamentarismus nahezu alle Sparten staatlichen wie bürgerlichen Lebens. Die unbedingte Loyalität zu Kaiser und Land diente Militärs zum Vorwand ihrer aggressiven Politik, die von Teilen des Klerus, hier vor allem des Shintoismus, unterstützt wurde.

Im Jahre 1931 drangen japanische Truppen in die Mandschurei ein und erklärten das Gebiet zum japanischen Protektorat Mandshukuo. Das westliche Ausland reagierte mit Ablehnung, sodass Japan umgehend den Völkerbund verließ und – seiner Vorstellung der Einzigartigkeit durch göttliche Herrschaft folgend – 1937 China angriff und weite Teile des Landes in Besitz nahm. Gräueltaten, die vonseiten der Okkupanten an der chinesischen Zivilbevölkerung begangen wurden, sorgen noch heute für Spannungen zwischen beiden Ländern.

Dem Fanal einer »Paxjaponica«, einer asiatischen Wohlstandsregion unter japanischer Führung folgend, aber vor allem von der Notwendigkeit getrieben, sich möglichst viele Energiequellen wie Erdöl anzueignen, bombardierte Japan 1941 amerikanische Schiffe in Pearl Harbour. Ein Krieg gegen Amerika war die unausweichliche Folge. Ein Jahr vorher hatte man sich dem Dreiländerpakt von Italien und Deutschland angeschlossen.

Japan erweiterte seinen Machtbereich immer weiter, von Teilgebieten Chinas über Korea, Burma, Sumatra, Philippinen, Borneo, Neuguinea bis zu den Gilbert-Inseln und den Aleuten. Danach verebbte die Eroberungswelle, denn natürlich war dieser Krieg, spätestens ab 1944, zum Scheitern verurteilt. Amerika erwies sich als überlegener Gegner, der die japanischen Kampfverbände, trotz »heldenhafter« Gegenwehr (s. Kamikaze) immer weiter zurückdrängte.

Doch brachte erst der Einsatz von Atombomben in Hiroshima am 06.08.1945 und in Nagasaki am 09.08.1945 die japanische Führung zur Einsicht, dass dieser Krieg verloren war. Die unselige Verbindung von Stolz und Verblendung und die Arroganz einer längst verlorenen Macht verhinderten lange Zeit die Feststellung, die Kaiser Hirohito am 15.10.1945 über Rundfunk verkündete: »Dem

LINKE SEITE:

Politisch nicht unumstritten ist der Yasukuni-Schrein, der im Gedenken jener Menschen errichtet wurde, die für das Land ihr Leben ließen. Neben den berühmten Kamikaze-Piloten werden auch jene geehrt, die aufgrund von Gräueltaten in Kriegsverbrecherprozessen zum Tode verurteilt wurden.

Das Mahnmal mit Mutter und Kindern wurde im Gedenken an den Atombombenabwurf in Hiroshima erbaut.

VORHERIGE DOPPELSEITE:
Friedensdenkmäler in Hiroshima
(links) und Nagasaki (rechts)

Der sogenannte »A-Dom« in Hiroshima. Direkt über diesem Gebäude explodierte am 6. August um 8.15 Uhr in 400 Metern Höhe die Atombombe.

Diktat der Zeit und des Schicksals folgend kamen wir zum Entschluss, den Weg des Friedens für alle uns folgende Generationen zu öffnen, indem wir das Unerträgliche ertragen und das Unleidbare erleiden …«.

Ein rasanter Wirtschaftsaufstieg unter amerikanischer Protektion katapultierte Japan nach dem Krieg in die vorderste Riege reicher Industrieländer. Amerika führte den Krieg gegen den Kommunismus (Korea-Krieg) weiter und bedurfte schon allein deshalb eines stabilen Stützpunktes in Asien. Im Verlauf der totalen Merkantilisierung verwestlichte Japan immer mehr und erreichte intern wie extern einen hohen internationalen Standard, der u. a. durch folgende weltweit beachteten Ereignisse

dokumentiert ist: 1964 – Ausrichtung der Olympischen Sommerspiele in Tokyo und Mitgliedschaft in der OECD (Organisation for Economic Cooperation and Development); 1970 – Weltausstellung in Osaka; 1972 – Ausrichtung der Olympischen Winterspiele in Sapporo, Hokkaido und schließlich 1986 – Weltwirtschaftsgipfel in Tokyo.

Nicht nur diese erwähnten Ereignisse, sondern auch der friedliche und unermüdliche weltweite Einsatz unzähliger japanischer Ökonomen ließen Japan in die Liga der zivilisierten Welt zurückkehren. Das Vertrauen in eine erfolgreiche, gesicherte Zusammenarbeit veranlasste immer mehr ausländische Firmen, sich in Japan niederzulassen.

Als Kaiser Hirohito im Jahre 1989 starb, hatte sich die Devise seiner Amtszeit »leuchtende Harmonie« zu ihrem Ausklang hin zumindest ansatzweise bewahrheiten können. Tod und Wiedergeburt, Untergang und Aufstieg erlebte Japan in einer einzigen Epoche und spiegelt damit die japanische Mentalität, die nun den mittleren Weg idealisiert, weil die Verderbnisse der Extreme blutig erfahren wurden.

Kinderfriedensdenkmal in Hiroshima. Rund um das Denkmal befinden sich Glaskästen mit Papierkranichen. Auf diese Weise wird auch Sadako Sasaki gedacht, die an den Spätfolgen des Atombombenabwurfs starb. Einer japanischen Legende zufolge wird dem, der 1000 Papierkraniche faltet, ein Wunsch zuteil. Noch während ihres vielmonatigen Krankenhausaufenthaltes begann Sadako damit, diese Kraniche zu falten. Sie starb im Alter von 12 Jahren.

HEISEI-ZEIT (AB 1989)

Gegenwärtig erleben wir die Ära Heisei »Frieden verwirklichen«. Es regiert – wenn auch nur noch symbolisch – Kaiser Akihito nebst Ehefrau Owada Michiko in einer parlamentarischen Demokratie.

Akihitos Ära wollte den Wirtschaftsaufschwung der Nachkriegsjahre übernehmen und nahtlos fortführen. Doch geriet der Aufstieg zur ökonomischen Weltmacht ins Trudeln. Vielleicht geschah er – wie so oft in Japan – zu schnell. Vor allem brachten die 1980er- und 1990er-Jahre wirtschaftliche Probleme, die mit dem rapiden Ölpreisanstieg begannen und über die stetige Yen-Aufwertung sowie den Kollaps der »Dot-Com-Blase« nebst hausgemachten Bankenskandalen zur Implosion der Finanzmärkte führten. Zudem sorgten hohe Arbeitslosigkeit, Stellenkürzungen und eine wachsende Zahl von Aussteigern für eine gesellschaftliche Depression.

Die Alten legten die Misere den faulen, verwestlichten Jungen zur Last – die Jungen beschimpften die Alten und bemängelten deren »hemmungsloses« Altwerden. Darüber hinaus bewirkte das Erdbeben von Kobe im Jahr 1995 sowie kurz darauf der Giftgasanschlag der Endzeit-Sekte AUM für besorgte, d. h. in japanischer Auslegung negative Resonanz in der Welt. Japan schien der eigenen Courage nicht mehr zu trauen.

Doch mit der Wahl des populären LDP Politikers Junichiro Koizumi zum Ministerpräsidenten (Regierungszeit 2001–2007) wurde der Abwärtstrend gestoppt. Koizumis Charisma und überraschend

RECHTE SEITE UND UNTEN:

Die 1980er- und 1990er-Jahre waren in Japan von Wirtschafts- und Gesellschaftskrisen geprägt. Der grenzenlose Optimismus an der Börse (unten) und der Bauboom in Japans Städten erlitten einen Einbruch. Hinzu kamen das Erdbeben von Kobe sowie der Giftgasanschlag der AUM-Sekte im Jahe 1995. Sie führten Japan in eine tiefe Depression, von der sich das Land erst im neuen Jahrtausend erholen konnte.

RECHTE SEITE:
Deutsch-Französischer Pavillon
auf der Expo 2005 in Japan

FOLGENDE DOPPELSEITE:
Japan ist im 21. Jahrhundert an-
gekommen. Dies zeigt Tokyos
Stadtteil Shinjuku eindrucksvoll.

DARAUFFOLGENDE
DOPPELSEITE:
Maikos und moderne Jugendliche
– Sinnbild für die Tradition und
Moderne Japans

Kaiser Akihito und Kaiserin
Nagako auf der Expo 2005

eigenwilliger Regierungsstil führten zu Veränderungen im gesellschaftlichen sowie wirtschaftlichen Leben und motivierten so erneut den japanischen Unternehmergeist. Nachhaltig erholte sich Japans Industrie, allen voran der Toyota-Konzern, der sich mit seinem TPS genannten Produktionssystem weltweit zum Vorreiter einer neuen Autogeneration (Hybrid) emporschwang.

Medienträchtige Ereignisse wie etwa die Fußball-WM 2002 und die EXPO 2005 in Nagoya spiegelten eindrucksvoll den neuen Aufwärtstrend wieder, obwohl Koizumis Besuche am Kriegsveteranenschrein Yasukuni den Zorn Chinas und Koreas entfachten. Ein Rest von Unergründlichkeit des japanischen Wesens bleibt erhalten. Die Privatisierung der Post, der damit verbundene Abbau staatlichen Einflusses aufs Wirtschaftsgeschehen und der Abbau bürokratischer Hürden für ein Japanengagement ausländischer Industrien zeigten Koizumi erneut als Vorreiter einer Entwicklung, die Japan als erstarkten vertrauenswürdigen Partner westlicher Wirtschaft sieht.

Yasuo Fukuda, der am 13.09.2007 Koizumis Amtsnachfolger wurde, wird sicherlich einige Zeit und einige Erfolge benötigen, um aus dem langen Schatten seines Vorgängers herauszutreten.

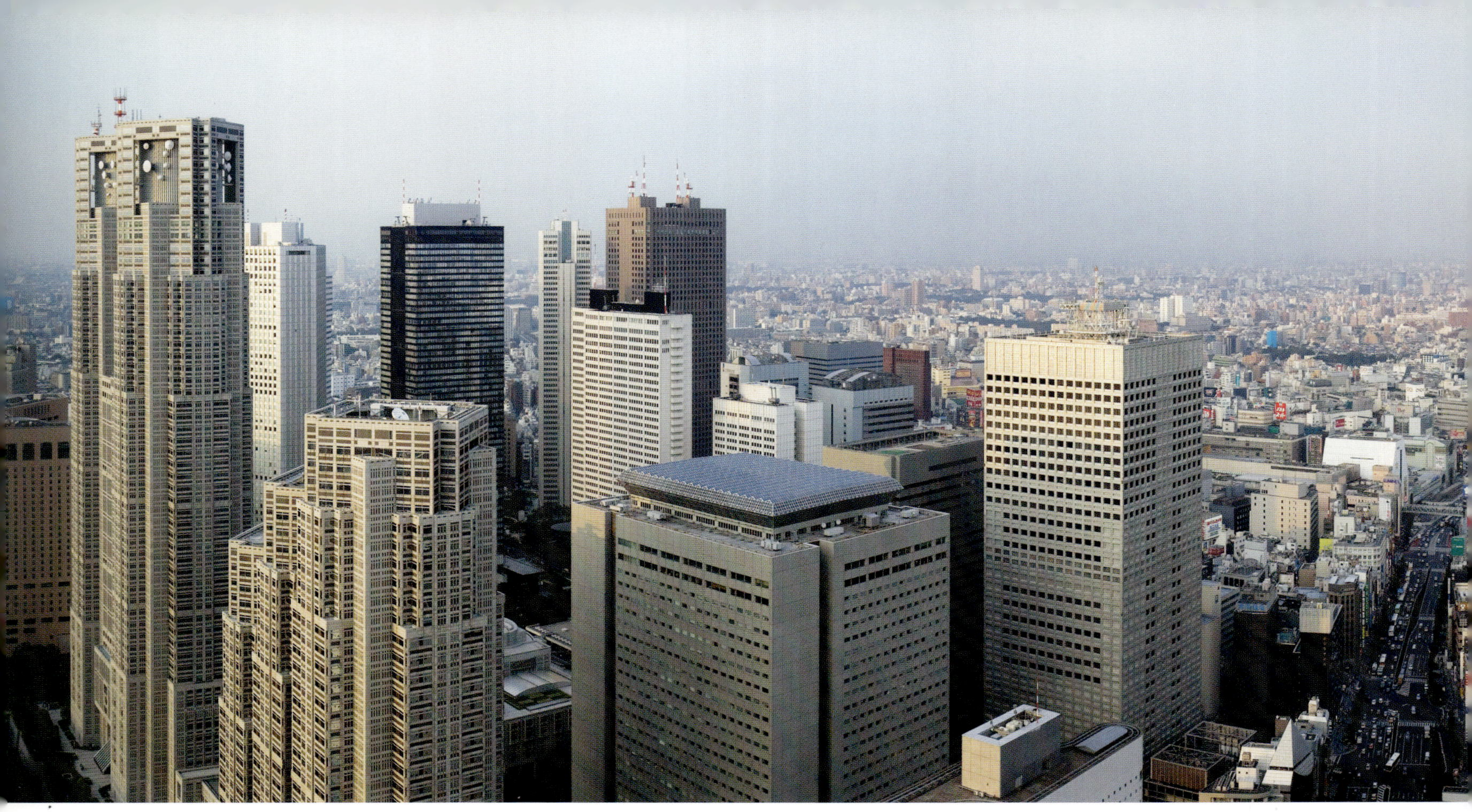

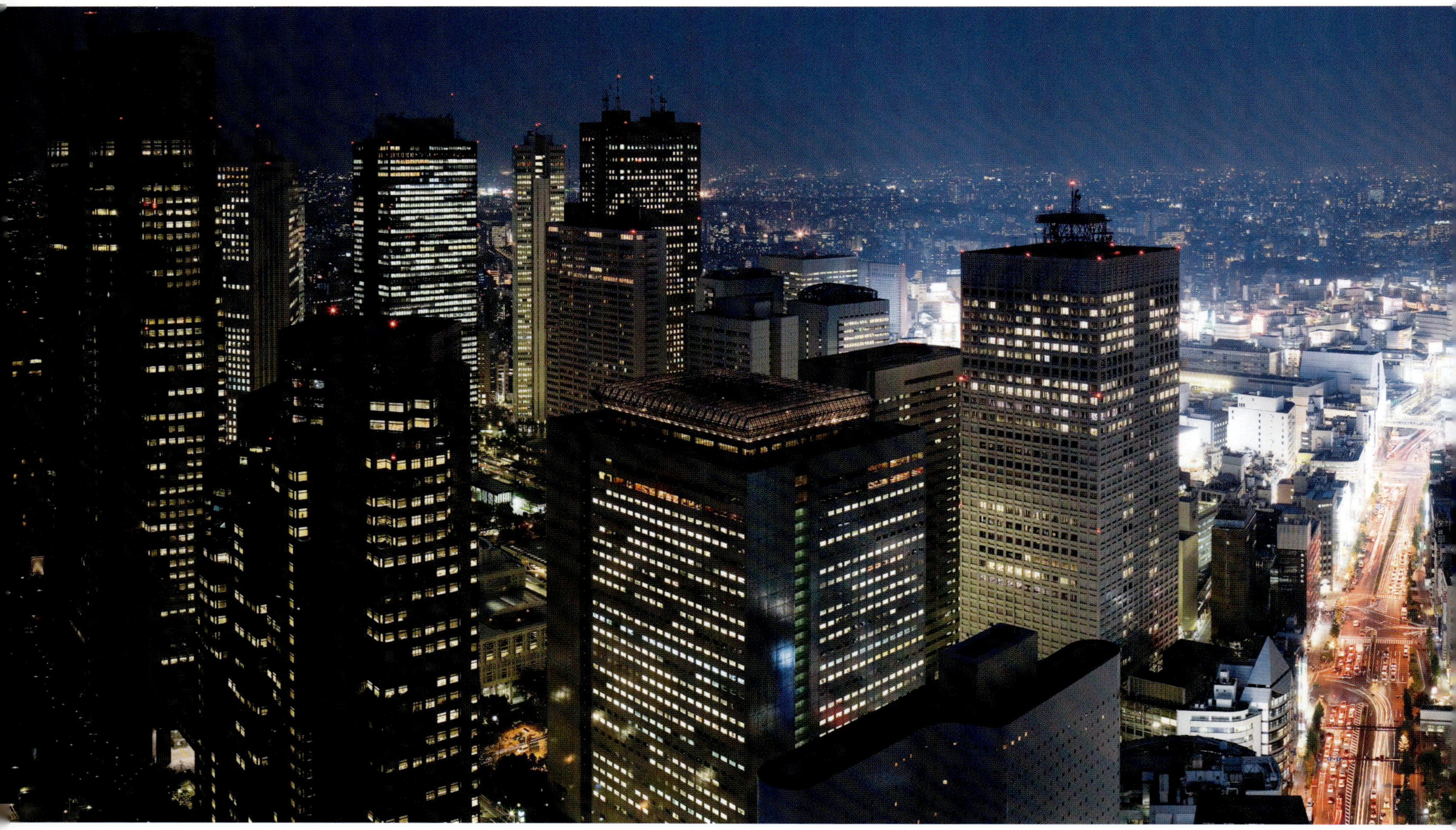

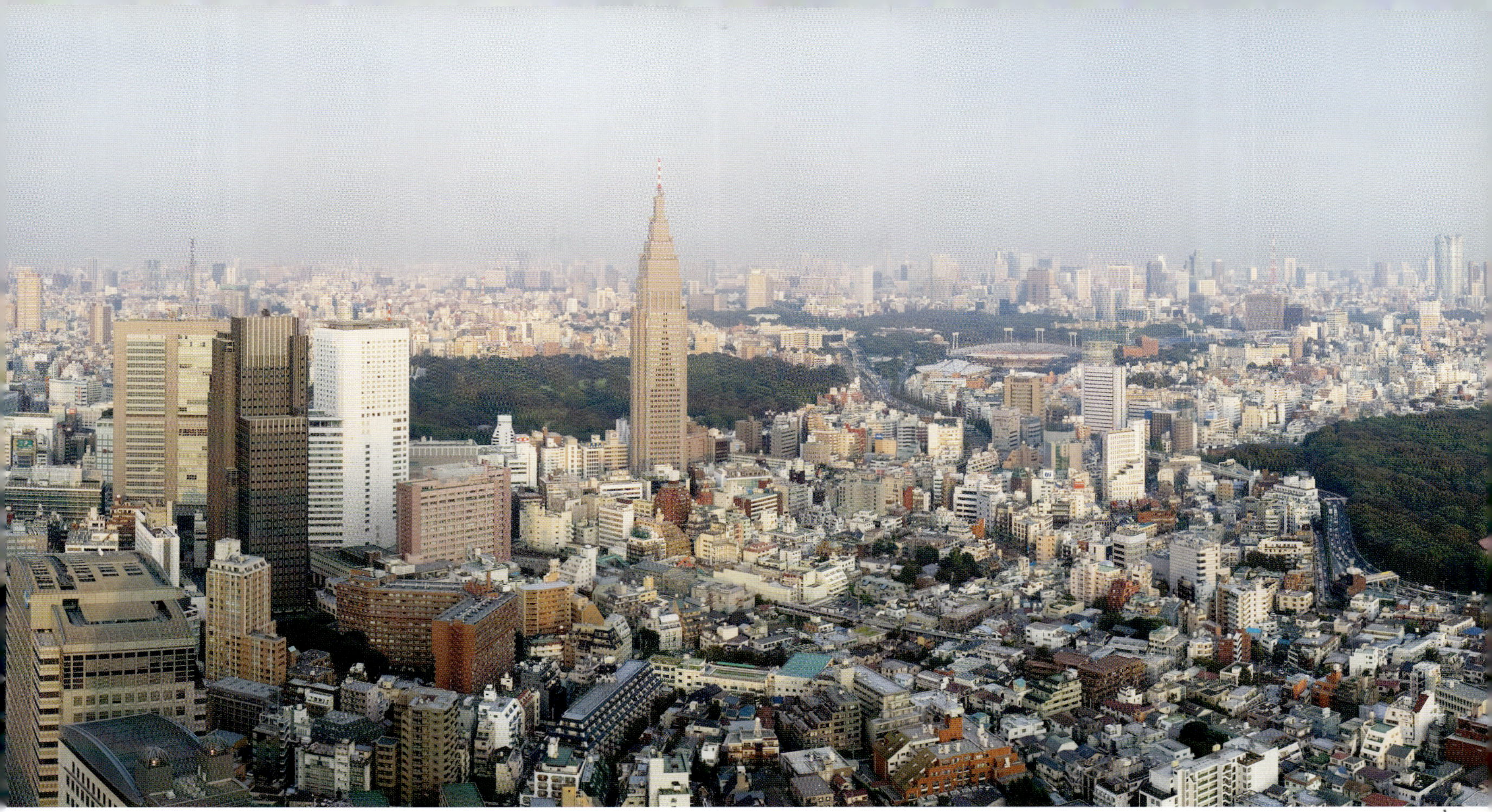

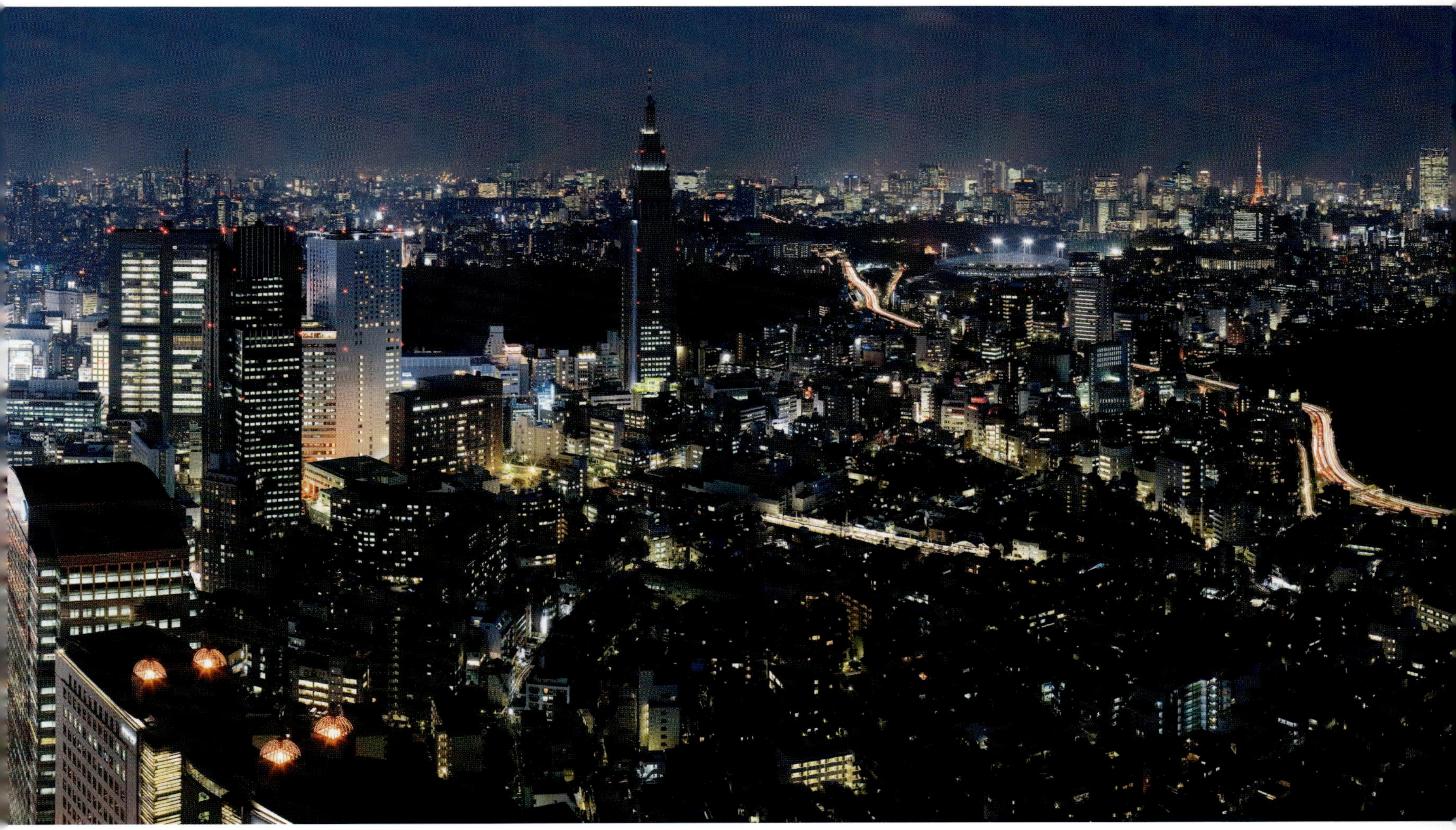

POLITIK

STAATSAUFBAU

Am 03.05.1947 trat eine neue Verfassung in Kraft, nach welcher die höchste Macht nicht mehr vom Kaiser, sondern vom Volk ausgehen sollte. Japan wurde zu einer parlamentarischen Demokratie mit monarchischer Repräsentanz. Während also der Kaiser nur noch als Staatssymbol fungierte, übernahm das Parlament (*diet* bzw. *kokkai*) als gewählter Vertreter des Volkes die Regierungsaufgaben (Exekutive).

Nach britischem Vorbild besteht das Parlament, dessen Sitz in Tokyo liegt, aus dem für die Gesetzgebung (Legislative) zuständigen Unterhaus und dem nur beratenden Oberhaus. Das Unterhaus verfügt über 500 Sitze, das Oberhaus umfasst 252 Sitze. Das Parlament wird vom Volk gewählt. Für das Unterhaus finden die Wahlen alle 4 Jahre statt, für das Oberhaus alle 6 Jahre, genauer gesagt alle 3 Jahre wird je eine Hälfte gewählt. Das Mindestalter für das Stimmrecht beträgt 20 Jahre. Frauen dürfen seit dem Ende des Zweiten Weltkriegs an Wahlen teilnehmen.

Ostteil der Gartenanlage des Kaiserlichen Palasts in Tokyo. Der Palast ist Wohnsitz des Kaiserpaares, das die repräsentativen Aufgaben des Landes übernimmt.

Erste Kompetenz des Parlaments ist die Wahl des Premierministers. Dieses Amt hat seit September 2007 Yasuo Fukuda von der Liberal-Demokratischen Partei inne. Der Premierminister bestellt sein Kabinett, das momentan aus 18 Ministern besteht. Das Kabinett ist gegenüber dem Parlament verantwortlich. Die Aufgaben der Rechtssprechung (Judikative) werden vom Obersten Gerichtshof wahrgenommen. Weitere Gerichtsinstanzen sind u.a. Bezirksgerichte und Familiengerichte.

Von der Verfassung werden Rede-, Presse- und Religionsfreiheit garantiert. Darüber hinaus verzichtet Japan weitgehend auf nationale Streitkräfte und das Recht der Kriegsführung. Allerdings kam es angesichts nordkoreanischer Aufrüstung zur Bildung einer Selbstverteidigungsarmee. Ihr Einsatz u. a. im Irak-Krieg stieß im Volk auf Unverständnis und Kritik.

Der japanische Staat setzt sich aus 47 Präfekturen zusammen, die zentral verwaltet werden. Jeder Präfektur steht ein Präfekt nebst Parlament und Verwaltungsinstanzen vor.

Japans Parteienlandschaft wird seit Kriegsende von der konservativen Liberal-Demokratischen Partei (LDP) bestimmt. Letztere bildet fast uneingeschränkt die Regierung, wobei sie jedoch gegenwärtig einer Koalition mit der buddhistisch-sozial orientierten Neuen Komeito Partei bedarf. Der jetzige Premier Yasuo Fukuda entstammt wie oben bereits erwähnt der LDP. Die Opposition setzt sich aus der Sozialdemokratischen Partei (SDP) und der kommunistischen Partei zusammen.

Parlamentsgebäude in Tokyo

INNENPOLITIK

Die führende Liberal-Demokratische Partei (LDP) ist traditionell in diverse, oft konkurrierende, innerparteiliche Gruppierungen (sog. Faktionen) geteilt. Man unterscheidet z. B. stark konservative, national orientierte und mehr sozial ausgerichtete Parteiflügel. Der jeweilige Ministerpräsident und sein Kabinett sind oft einem oder mehreren Faktionen verpflichtet. Sie sind deshalb in ihrem Entscheidungsumfang oft eingeschränkt. Stark dominiert wird Japans Innen- und Außenpolitik vom Kompromiss und der Notwendigkeit zu harmonischer Übereinstimmung. Letzteres und erwähnte Fraktionsbindung haben zur Folge, dass japanische Politiker wenig im Rampenlicht stehen und im Vergleich zu ihren auf Publicity konzentrierten westlichen Kollegen oft wie graue Parteifunktionäre wirken .

Wie schon ihre Vorgänger in der Heian-Zeit (794–1185) agieren japanische Politiker lieber aus dem gesicherten Hintergrund. Lediglich der ehemalige Ministerpräsident Koizumi löste sich aus der Kette der Unscheinbaren und brachte eine individuelle Note ins graue Allerlei japanischer Politik. Da sind zunächst seine innenpolitischen Entscheidungen, die er oft ohne Absicherung seiner Partei durchsetzte: Zu nennen sind u. a. die Entflechtung von Politik und Wirtschaft und damit verbunden die Privatisierung der Post.

Sein Nachfolger Yasuo Fukuda wird diese Politik fortsetzen, wobei die von seinem Vorgänger begonnene Sanierung des Bankwesens und die Rationalisierung staatlicher Einrichtungen im Vordergrund stehen. Die Organisation eines »schlanken Staates«, der sich noch uneingeschränkter dem globalen Business öffnet, gehört zum unbedingten Muss einer modernen japanischen Politik. Die fortschreitende Emanzipation der Frau, ihre langsame Etablierung in den Führungsetagen der Wirtschaft wird Japans dominant-männliche Politikerriege dabei hoffentlich nicht vor unlösbare Aufgaben stellen. Die anstehende, notwendige Erhöhung der Verbrauchersteuer hatte Koizumi nicht durchgeführt und diese unpopuläre Entscheidung seinem Nachfolger überlassen.

AUSSENPOLITIK

Die Außenpolitik ist durch eine feste Bindung an die USA geprägt. Mögen auch die Amerikaner im japanischen Volk nicht unbedingt als Sympathieträger gelten, ist die Allianz

Auch wenn die weiße Flagge mit dem zinnoberroten Kreis als Symbol für die Sonne erst am 13. August 1999 offiziell zur Nationalflagge erklärt wurde, hatte sie diesen Stellenwert doch bereits schon zur Zeit der Meiji-Restauration inne.

mit dem »Großen Bruder« unumstößlich. So schickt Japan nach wie vor Truppen und technisches Know-how u. a. nach Afghanistan und dem Irak. Politisches Ziel ist eine Sicherheitspolitik des Vertrauens, die die Partnerschaft mit dem Westen und den Ausgleich der Beziehungen zu den Nachbarstaaten wie etwa China und Korea sucht.

Die Europäische Union und hier vor allem Deutschland, Frankreich und Großbritannien sind wichtige Partner Japans, auch im Rahmen der G8. Japan, das 2008 die G8-Präsidentschaft innehatte, lud vom 7.–9. Juli 2008 zum Gipfeltreffen nach Hokkaido ein. Themen waren u. a. Umweltschutz, Klimawandel sowie die weltwirtschaftliche Lage angesichts der Zustände in Afrika. Als zweitgrößte Volkswirtschaft der Welt unterstützt Japan die Arbeit der Vereinten Nationen und beteiligt sich mit erheblichen finanziellen Mitteln am Wiederaufbau eben erwähnter Länder wie Irak und Afghanistan. Angestrebt ist ein ständiger Sitz im Sicherheitsrat der Vereinten Nationen.

Eine der derzeitigen Hauptinteressen japanischer Diplomatie gilt der Vertiefung der Beziehung zur Volksrepublik China. Natürlich sieht Japan mit Sorge das ständige Anwachsen chinesischer Marktdominanz in der Welt. Man weiß zwar um die noch bestehende Führungsstellung in Asien nach dem

Plenarsaal des Parlamentsgebäudes in Tokyo

Grundsatz, was in Japan Erfolg hat, reüssiert auch in China und anderswo, doch sucht man die chinesische Nähe. Japan erhofft sich dadurch ein Erstarken eigener Wirtschaftskraft. Eine möglichst enge ökonomische Verflechtung auch mit Südkorea und später mit Nordkorea, ist vorrangiges Ziel japanischer Außenpolitik. Die Wunden ehemaliger Kriegsgräuel müssen dazu aber erst geschlossen werden. Letzteres wird von japanischen Politikern einen ungehemmten Blick auf die Vergangenheit, klare Worte der Entschuldigung und die Erkenntnis abverlangen, dass Japan nicht mehr uneingeschränkt das einzige asiatische Land ist, dem die Zukunft gehört.

WIRTSCHAFT

DIE ANFÄNGE

Früher war Japan ein Agrarland. Nutzbar war allerdings nur eine relativ kleine Fläche. Das die Inseln durchziehende Gebirge ließ nicht mehr als ca. 16 Prozent Anbaufläche zu. Beginnend mit den

Showroom von Nissan im Hauptsitz in Tokyo

aus China übernommenen Nass- und Trockenanbau-Techniken (ab ca. 300 v. Chr.) bildeten sich Zentren wirtschaftlichen Lebens. Die Haupterzeugnisse beider Anbauarten waren vorrangig Reis sowie Weizen, Gerste und Hirse. Dazu gesellten sich Holz- und Metallverarbeitung sowie die Herstellung und Veredlung von Keramik, Lack und später Porzellan. Aus dem 9. Jahrhundert stammen u.a. der Tee- und der Maulbeerbaumanbau. So wurden Seidenraupenzucht und Seidenherstellung zu einem weltberühmten landestypischen Gewerbe. Die Anfänge von Fischfang und -handel reichen ebenfalls bis in die japanische Frühgeschichte zurück.

INDUSTRIEZEITALTER

RECHTE SEITE UND UNTEN:
Fischerei und Fischverarbeitung sind nach wie vor ein nicht zu unterschätzender Wirtschaftsfaktor in Japan.

Das moderne industrielle Zeitalter begann in der Meiji-Zeit (1868–1912), als westliches Know-how und japanische Schaffensdynamik eine fruchtbare Allianz eingingen. Schon in der vorausgegangenen Edo-Zeit (1603–1868) waren es die Großhändler (tonya), die als zunftähnliche Organisationen auftraten und für die Fertigung und den Vertrieb von Leder-, Papier- und Holzartikeln zuständig waren.

Dieses frühe gewerbliche Betriebssystem bildete die Grundlage für die Formierung einer Meiji-zeitlichen Unternehmerschaft mit der Bezeichnung »Wirtschaftssyndikat« (zaibatsu). Namen dieser ersten Familienkonzerne waren u.a. Mitsui, Mitsubishi, Sumitomo. Sie gehören noch heute zu den weltweit agierenden japanischen Wirtschaftsunternehmen. Mitsui war zunächst auf Schwerindustrie spezialisiert, Mitsubishis Domäne lag beim Schiffsbau, Sumitomo war ursprünglich im Bergbau engagiert. Schon bald sollten diese Unternehmen zu Zentren ganzer Firmenkonglomerate heranwachsen, indem sie neue Produktionsgebiete erschlossen und mehr und mehr Zulieferbetriebe auf sich einschworen.

Im aufkommenden Militarismus der Showa-Zeit (1926–1989) spielten diese Großkonzerne eine äußerst unrühmliche Rolle, indem sie sich als Handlanger einer stetig wachsenden Kriegsmaschinerie betätigten. Nach Kriegsende 1945 war dann auch von der Siegermacht Amerika ihre Auflösung vorgesehen. Doch zwang die Fortsetzung des Krieges gegen Korea im Jahre 1950 die USA zur Abminderung dieses Vorhabens. Das zur Eindämmung der »zaibatsu-Macht« geplante Antimonopolgesetz wurde 1949 und 1953 umformuliert und ermöglichte schon bald die annähernde Wiederbelebung der alten Konzerne unter der Bezeichnung »Firmen-Konglo-

VORHERIGE DOPPELSEITE:
Ausdruck der Moderne:
Yurakucho Station im Ginza-
District von Tokyo

RECHTE SEITE UND UNTEN:
Lebensalltag im industriellen
Zeitalter Japans: Bürokomplex
in Tokyo (Foto unten) und Fabrik-
anlage vor dem Fuji-san
(rechte Seite)

merate« (*keiretsu*). Zu den erwähnten Unternehmensverbänden Mitsui, Mitsubishi und Sumitomo gesellten sich weitere Keiretsu, wie etwa Fuyo, Sanwa und Dai-ichi-kangyo. Der Produktionsumfang
dieser Großunternehmen, die alle über eigene Banken- und Versicherungsgesellschaften verfügen,
reicht heute von der Stahlerzeugung über Kraftfahrzeugbau und Elektronikherstellung zu Glas- und
Seidenproduktion sowie zu einer Beteiligung im Spielzeugbau und Tourismuswesen.

Dass sich die japanische Industrie bis 1951 in einer Rekordzeit von sechs Jahren wieder auf Vor-
kriegsniveau aufschwang und in den 1970er-Jahren in ein Wirtschaftswunder steigerte, ist zum einen dem erfolgreichen Engagement dieser Firmenimperien, zum anderen amerikanischem Protek-
tionismus sowie einer kaum zu steigernden Konsumfreudigkeit aller Japaner zu verdanken. Darüber
hinaus erhöhte man das Auslandsengagement ständig und wurde u. a. auf dem Automobil- und
Elektronikmarkt zur harten Konkurrenz einheimischer westlicher Unternehmen – sozusagen der Beginn der Globalisierung. Japanische Manage-
ment- und Produktionskonzepte, wie etwa
»das Gebot ständiger Veränderung« (*kaizen*)
sorgte weltweit für Furore und westliche
Nachahmer.

Diesen goldenen Jahren japanischer Wirtschaft folgte bis zum Jahrtausendwechsel
eine Zeitspanne der Stagnation und gesell-
schaftlicher Krisen. Ölpreiserhöhungen, Yen-
Aufwertung und vor allem die Implosion der
aufgeblähten Finanzmärkte (»bubble-econo-
my«) sorgten für ein weltweites Wirtschafts-
debakel, das auch Japan erreichte und über
den Zusammenbruch des Aktienmarktes zu
Bankpleiten, Firmenschließungen und Ent-
lassungen führte. Das weltweite Platzen der
»Dot-com-Blase« trug wesentlich zur Ver-
schärfung einer Rezessionsphase bei, die bis
in die heutige Zeit hineinreicht.

Die depressive Stimmung minderte den ehemals legendären Arbeitsethos, bescherte vielen den Stresstod am Arbeitsplatz (*karoshi*)
und führte zu unerbittlichem Konkurrenz-
denken und Mobbing. Die tief greifende Verflechtung von Politik und Wirtschaft beding-
te einen um sich greifenden Nepotismus
(Vetternwirtschaft), der bereits in der Ausbildung begann und sich bis in die Führungsetagen fortsetzte. Japans Ansehen in der internationalen Gesellschaft litt beträchtlich.

RECHTE SEITE:
Computertechnik ist eines der
wichtigsten wirtschaftlichen
Standbeine Japans. Auf der EXPO
2005 wurde u.a. »Wakamaru«,
ein Haushaltsroboter, vorgestellt.

Toyota-Pavillon auf der EXPO
2005 in Aichi/Nagoya

WIRTSCHAFTLICHE SITUATION DER GEGENWART

Doch sollte schon bald die Sonne wieder über Japans Businesswelt aufgehen. Der von Premierminister Koizumi 2001 eingeleitete Strukturwandel in der Finanzindustrie, die von ihm und der Privatwirtschaft auch in Krisenzeiten geförderten Forschungsprogramme und nicht zuletzt der Abbau staatlicher Einflussnahme u.a. durch die Privatisierung der Post sorgen für nachhaltigen Aufschwung. Die Spitzenstellung des Toyota-Konzerns im globalen Automobilmarkt ist einer nimmer müden Forschungstätigkeit (Hybrid-Motor) und weltweit erfolgreichen Produktionskonzepten zu verdanken.

Dazu bewirkt die Lockerung bürokratischer Schranken eine Welle von Investitionen ausländischer Unternehmen wie u.a. IKEA, Triumph und zahlreicher Automobilkonzerne. Den hohen Service-Ansprüchen japanischer Kundschaft zu entsprechen – wie z.B. dem Franzosen Carlos Ghosn, der durch den erfolgreichen Zusammenschluss von Nissan und Renault nicht nur in Japan zu großem Ansehen gelangte – ist Ansporn mancher international bekannter Topmanager.

Vor allem aber ist es der Aufstieg Chinas, der Japans Wirtschaft aufgerüttelt hat. Es scheint, als werde man sich plötzlich bewusst, dass die Nachbarländer nicht schlafen, sondern sich zu ernsthaften Konkurrenten auf dem Weltmarkt entwickeln. Die Nummer eins in Asien und nach den USA die zweite Weltwirtschaftskraft zu bleiben, sich also gegen die Konkurrenz von nebenan zu behaupten, ist wohl mehr Grund zur Leistung als jeder andere weltweite Wettbewerb.

Japans Ziel ist nach wie vor, die Spitzenposition in Bereichen wie Stahlerzeugung, Kraftfahrzeug- und Schiffsbau, Unterhaltungselektronik und Computertechnik zu behaupten. Selbstverständlich und absolut vorrangig ist das Engagement in sogenannten Zukunftsbranchen wie etwa Bio-, Nano- und Telekommunikationstechnologie sowie der längst erfolgte Einstieg in die Welt der Robotik, die durch eine Entwicklung »intelligenter Maschinen« unser Leben in den nächsten Jahrhunderten bereichern soll.

BILDUNGSWESEN

FOTO LINKS:
Grundschülerinnen in
Schuluniform

Traditionell legen Japaner großen Wert auf Bildung. Wie in den meisten ostasiatischen Ländern liegen die Wurzeln hierfür im Konfuzianismus. Heute wird die »Bildung« in Japan allerdings nur noch als Voraussetzung für ein Berufsleben betrachtet und steht oft als Synonym für Schulbildung. Für viele japanische Eltern ist es die wichtigste Lebensaufgabe überhaupt, ihren Kindern eine gute Schulbildung und eine gute Basis für ein Angestelltenleben zu ermöglichen. Denn bei einer Firma fest angestellt zu sein, hat in Japan einen großen Stellenwert, Selbstständige oder Freiberufler sind immer noch eine Seltenheit und gelten manchmal als Aussteiger.

Ohne einen Universitätsabschluss hat man in der japanischen Gesellschaft schlechte Karten. Die Universitäten werden nach ihrem Ruf und dem Schwierigkeitsgrad ihrer jeweiligen Aufnahmeprüfung bewertet. Später bei der Rekrutierung der Firmen spielt es eine große Rolle, an welcher Universität man studiert hat und wo auf der Skala diese Universität rangiert. Ziel eines jeden Schülers ist das Bestehen der Aufnahmeprüfung der Oberschulen und Universitäten; deshalb konzentriert sich die japanische Schulbildung auf Wissen. Kritisches Denken, Kreativität, Kommunikationsfähigkeit oder Verhandlungsfähigkeit werden dagegen weniger gefordert und weniger gefördert. Das ist inzwischen auch international bekannt und national längst ein heißes Diskussionsthema.

SCHULEN

Ein hoch entwickeltes japanisches Schulsystem, das so genannte 6-3-3-System, gibt es seit 1947: sechs Jahre Grundschule, drei Jahre Mittelschule und drei Jahre Oberschule. Da alle Ganztagsschulen sind, ist das Schulleben für jeden Japaner von großer Bedeutung, vermittelt es doch auch ein gutes Stück japanischer Kultur.

Mädchen in Schuluniform vor dem Torii eines Schreins (Foto rechts) Statue von Ninomiya Kinjirô – Japans Vorzeigeschüler – der durch Fleiß und Ehrgeiz vom Bauernjungen zu einem wichtigen Regierungsberater aufstieg.

Der Besuch der Grundschule und der Mittelschule ist Pflicht. Ein Schuljahr beginnt – wie auch das Geschäftsjahr der meisten Firmen – im April. Stichtag der Einschulung ist der 1. April. Das strenge Bildungsgesetz, nach dem jeder Schüler gerecht behandelt werden muss, verbietet sowohl eine frühere als auch eine spätere Einschulung sowie das Überspringen einer Klasse und das Sitzenbleiben. So kommen praktisch alle Kinder, die bis zum 1. April sechs Jahre alt geworden sind, gemeinsam in die Schule und beenden nach neun Jahren gemeinsam die Schulpflicht. Da ist es nicht zu vermeiden, dass es spätestens nach diesen neun schulpflichtigen Jahren innerhalb einer Klasse einen gravierenden Leistungsunterschied gibt und dass leistungsschwache Schüler unter enormem Druck stehen.

95 Prozent der 15-Jährigen gehen nach der neun Jahre umfassenden Schulpflichtphase auf die »freiwillige« Oberschule. Jede Oberschule hat eine Aufnahmeprüfung, die zum Teil sehr schwierig ist. Zur Vorbereitung besuchen die meisten Mittelschüler, teils auch schon Grundschüler, nach der normalen Schule eine private Abendschule, die *juku*. Das Niveau der *jukus* ist sehr unterschiedlich und reicht von der einfachen Nachhilfe bis hin zur Elitebildung. Es gibt zwar Oberschulen, die den Charakter einer Berufsschule haben, die meisten sind jedoch so genannte Highschools, in denen man sich – wie auch weiterhin in den Jukus – drei Jahre lang auf die noch schwierigere Aufnahmeprüfung der Universitäten vorbereitet.

Noch in den 1960er-Jahren bestand eine Schulklasse aus mehr als 50 Schülern, heute ist die Zahl auf maximal 40 gesunken, aber damit immer noch sehr hoch. Aus diesem Grund sind nicht nur die Reduzierung der Schülerzahl einer Klasse und die Qualitätsverbesserung der Lehrer wichtige Themen der Bildungspolitik. Diskutiert werden auch der enorme Leistungsdruck und gesellschaftliche Probleme wie Mobbing, die zu den Ursachen der hohen Selbstmordrate unter Teenagern gezählt werden.

Im Vergleich zu den westeuropäischen Schulen gibt es an den japanischen Einrichtungen nur bescheidene Möglichkeiten zum Erlernen einer Fremdsprache. In der Mittelschule und auch in der Oberschule ist dies zwar Pflicht, doch bieten nahezu alle Schulen in Japan nur Englisch als Fremdsprache an. Schriftliches Englisch – Lesen, Grammatik und Schreiben – wird bis zu einem gewissen Grade vermittelt, mündliche Fähigkeiten werden

Die 1875 gegründete Doshisha-Universität in Kyoto ist die älteste Privatuniversität Japans und eine der angesehensten akademischen Institutionen des Landes.

aber oft stark vernachlässigt. Das hat allerdings nicht nur mit mangelnden Fähigkeiten der Lehrer zu tun, sondern auch mit der phonetischen Eigenheit der japanischen Sprache. An den Universitäten ist es dann aber durchaus möglich, eine zweite Fremdsprache zu erlernen.

Besonderheiten des japanischen Schulsystems sind die traditionelle Schulspeisung und das tägliche, gemeinsame Putzen der Schuleinrichtung. Die Schulspeisung wurde bereits im 19. Jahrhundert eingeführt, um Kinder aus armen Verhältnissen zu ernähren bzw. die Ernährung aller Kinder in der Nachkriegszeit sicherzustellen. 1954 trat landesweit das Schulspeisungsgesetz in Kraft und das System wurde weiterentwickelt. Seitdem werden in den Kindergärten, Grund- und Mittelschulen, heute zum Teil sogar in den Oberschulen, ernährungswissenschaftlich durchdachte, ausgewogene und hygienisch streng kontrollierte Mittagsgerichte eingenommen, die zu einer guten körperlichen Entwicklung der japanischen Kinder beitragen sollen.

Auch das Putzen ist in Japan fester Bestandteil der Erziehung und wird täglich verrichtet. Die Schüler einer Schule putzen nicht nur ihre Klassenräume, sondern auch andere Einrichtungen wie Toiletten und Materialräume. Das gemeinsame Speisen und Putzen hat im japanischen Schulsystem einen hohen Stellenwert und fördert die Disziplin und das »Wir-Gefühl«.

Tokyo National University of Fine Art and Music

RELIGIONEN

Im Kölner Dom kniete ein Japaner vor der mit Perlen geschmückten Madonnenfigur und betete. Dieser Japaner war bekennender Buddhist. Auf die Frage, warum er der fremden Gottheit huldige, antwortete er lächelnd: »Es kann nicht schaden.« So kennt japanische Religiosität wenig Gottesfurcht. Man kommuniziert ungehemmt, aber respektvoll mit der Gottheit. Und ebenso ungehemmt gehören viele Japaner meistens zwei Religionen an, nämlich dem Shintoismus und dem Buddhismus. Dazu ist man, ob bewusst oder nicht, auch noch Konfuzianist. Nur die Anzahl japanischer Christen ist mit ca. 1,5 Millionen gering.

Diesem großen, offenen Herzen für die Gottheiten entspricht der rege Zulauf zu neuen Religionen, die allein in Tokyo wie Pilze aus dem Boden schießen.

Diese Vielfalt religiöser Zugehörigkeit sprengt die Grenzen folgender Betrachtung, die sich deshalb auf die Erläuterung von Shintoismus und Buddhismus beschränken muss und Konfuzianismus sowie neue Religionen nur kurz erwähnt.

SHINTOISMUS

Die Bezeichnung »Weg der Götter« (*shinto*) entstand im 6. Jahrhundert n. Chr. Sie diente zur Unterscheidung dieser einheimischen Religion von dem aus China übernommenen Buddhismus.

In den Jahrhunderten davor verehrten die Japaner eine nahezu unendliche, mit 800 Myriaden bezifferte Vielzahl von »Gottheiten« (*kami*). Eine davon war ihr »göttlicher Kaiser«, der »himmlische Herrscher« (*tenno*). Der Ur-Shinto entstammte der Beziehung des Menschen zu Land und Meer. Es waren die Erfahrung der Beseeltheit einer übermächtigen Natur (Animismus) und der Versuch, mit ihren Kräften in Verbindung zu treten (Schamanismus), die das religiöse Denken und Handeln des frühgeschichtlichen Japaners beherrschten. Durch das Ritual, das u.a. Speise-

opfer und ekstatische Tänze beinhaltete, trat der Priester (Schamane) in Kontakt mit der Gottheit, um diese günstig zu stimmen. Auch war er in dieser Besessenheit in der Lage, Weissagungen zu äußern. Die ihn heimsuchenden *kami* sind mit »Gottheiten« nur unzureichend übersetzt. Dem Verständnis zuträglicher ist ihre Deutung als »Energie von Oberen«. Diese veritablen, übernatürlichen »Energiebündel« wohnten und wohnen den gesamten Phänomen dieser Welt inne, wie etwa Ge-

steinen, Bergen, Flüssen, Bäumen, Tieren oder Menschen. Alles Seiende beherbergt einen *kami*, der die notwendige Lebensenergie (*tama*) liefert.

Als oberste Gottheit wird die Sonne verehrt. Ihr zu Ehren errichtete man ca. ab dem 6. Jahrhundert den Schrein von Ise, der als Hauptheiligtum des Shinto gilt. Weitere Schreine sind in großer Vielfalt über das Land verteilt. Ihre Bezeichnung variiert zwischen –jinja, -jing und miya. Zu ihnen gehören wichtige Staats- und Hauptgötter-Schreine, an denen u.a. Rituale zu Neujahr, Thronbesteigung und kaiserlicher Geburtstag abgehalten werden.

Eine weitere größere Zahl von mitunter kleinen, unbedeutenden Schreinen gehört der bunten Götterwelt des Volksshinto an. In Stadt- und Landesschreinen wird eine wahre Götterschwemme verehrt. Zu ihr gehören *kami* der Berge und Flüsse, *kami* der Fruchbarkeit, des Reichtums sowie unzählige Gottheiten zur Schadensabwehr. Auch Ahnengottheiten werden an bedeutenden Schreinen sowie auf dem heimischen Familienaltar verehrt. Die Grenze zum buddhistischen Totenritual (*obon*) ist hier fließend. Shinto-Rituale werden zu Erntedank und Firmengründungen begangen und reichen sogar bis zu Schutzzeremonien für neu erworbene Laptops, Autos und weiteren Hausbedarf.

FOTO LINKS UND UNTEN:
Shinto-Zeremonien finden in Japan in den vielfältigsten Formen statt. Was für Europäer seltsam anmuten mag: Schutz- und Segensrituale beziehen sich nicht nur auf Menschen, sondern schließen Haustiere (Foto unten), Gebrauchsgegenstände wie Autos und Computer sowie Firmen und Börsenmärkte mit ein.

FOLGENDE DOPPELSEITE:
Während der Feierlichkeiten zum Kanda-Sai – dem hohen Fest der shintoistischen Gemeinde des Kanda-Moyjin-Schreins in Tokyo

VORHERIGE DOPPELSEITE:
Das wohl berühmteste und meist-
fotografierte Torii Japans ist das
des Itsukushima-Schreins auf der
Insel Miyajima nahe Hiroshima.

Gang aus zinnoberroten Torii im
Fushimi Inari Taisha Schrein in
Kyoto

Bei einem Schreinbesuch durchquert der Besucher zunächst ein *Torii* bezeichnetes Eingangstor. Es besteht aus zwei zumeist hölzernen Pfosten, auf denen ein Querbalken ruht. Die Farbe ist rot oder naturbelassen. Das Torii begrenzt den heiligen Bereich des Schreins. Vor seinem Betreten sollte man sich in einem Wasserbecken aus Stein Mund und Hände reinigen.

Weitere schreintypische Merkmale sind u. a.
1. Strohseile (*shimenawa*) und gezackte Papierstreifen. Sie werden am Haupteingang und Schreingebäude angebracht und sollen böse Einflüsse bannen.
2. Votivbilder – *ema* genannte Holztäfelchen, die man im Schreinbüro erwirbt, mit einer Bitte versieht und am dafür vorgesehenen Platz anbringt.
3. »Weissagungszettel« (*o-mikuji*), die der Besucher je nach Gefallen an heiligen Sakaki-Bäumen
befestigt.

4. Opferkästen und Strohseile vor dem Hauptgebäude, wo man dreimal in die Hände klatscht, um den Kami zu rufen.

5. Der *gohei* genannte Papierwedel, mit dem der Priester seinen Segen spendet.

Ein shintoistisches Ritual unter vielen ist das Schreinfest (*matsuri*). Es beinhaltet eine Prozession, bei der der nicht sichtbare Gottesleib (*shintai*) in einem Schrein (*mikoshi*) durch den Tempelbezirk getragen wird. Begleitet wird dieser Umzug von Priestern, Trägern, Musikanten und Tänzern, die Darbietungen zur Unterhaltung und Freude der Gottheit aufführen.

Im Verlaufe eines Matsuri erfolgen Speiseopfer, rituelle Reinigung und Segnung sowie Rituale zur Schadenabwehr. Oft gleicht ein Matsuri mehr einem Volksfest. Shinto-Feiern sind populär. Der Reiswein kreist und lässt das Zusammengehörigkeitsgefühl wachsen.

Ema – kleine Holztäfelchen, auf denen persönliche Wünsche und Bitten aufgeschrieben werden – im Kasuga Taisha-Schrein in Nara

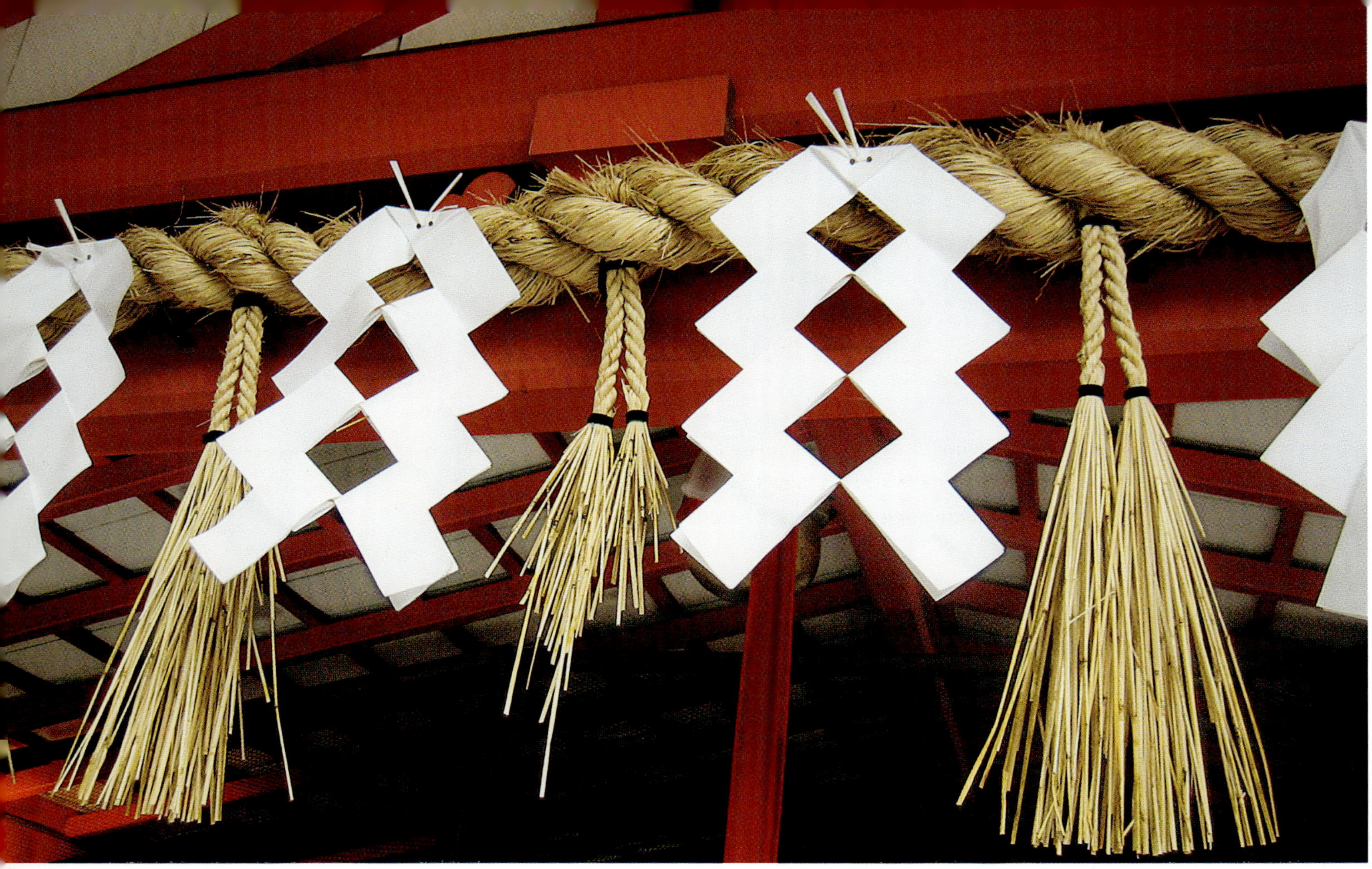

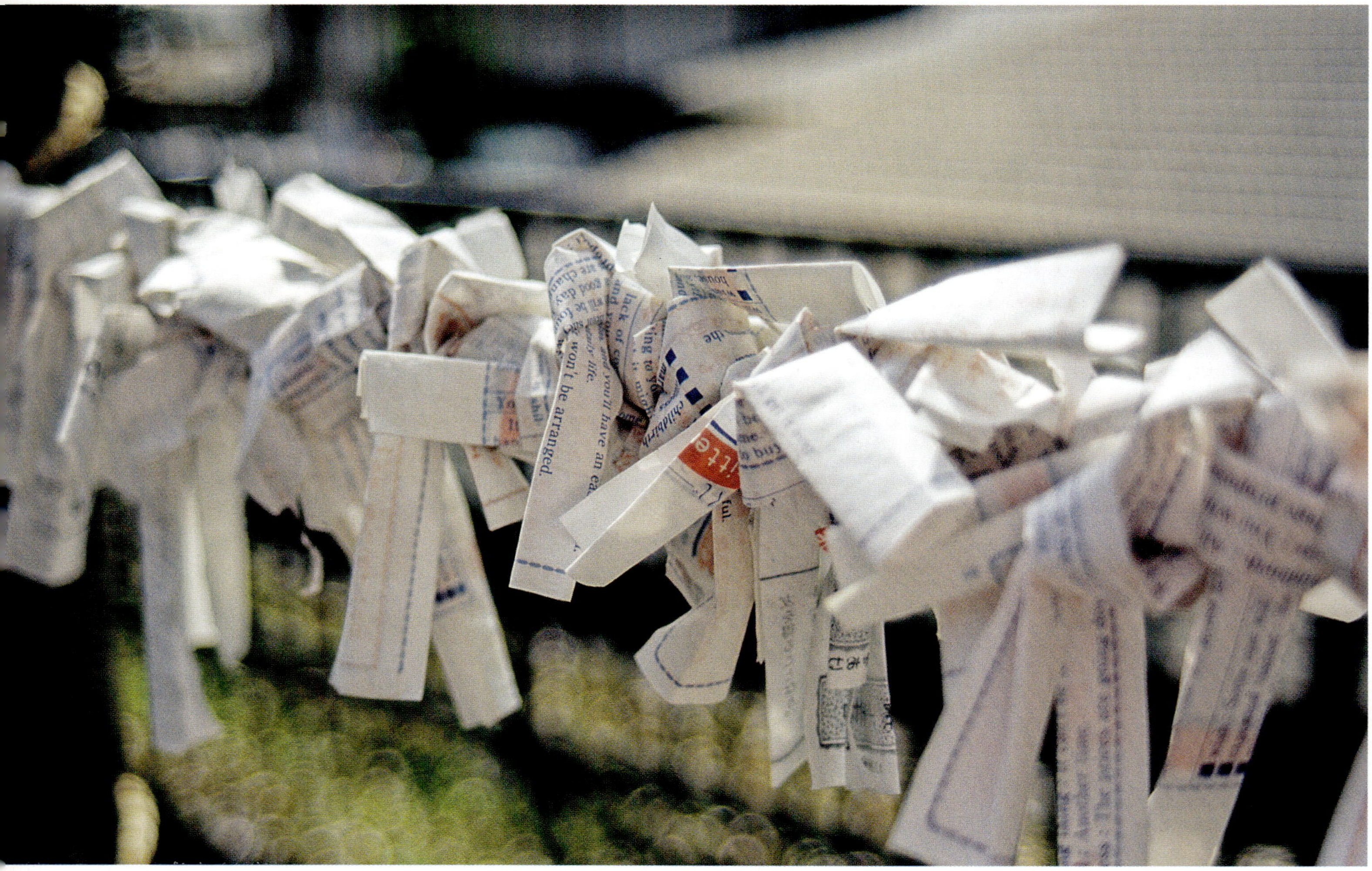
won't be arranged.

Zum Shintoisten kann ein Japaner nicht werden. Er ist und bleibt es von Geburt an. Die Shinto-Ethik kennt keine Sünden und außer dem Gebot der Reinheit bestehen keine Vorschriften. Shinto-Ideale beziehen sich auf das Leben in der Gruppe. Sie postulieren ein »unschuldiges« (*kiyoi*), »heiteres« (*akarui*) und »rechtschaffenes« (*shojiki*) Leben. Aufrichtigkeit, Treue und vor allem »Loyalität« (*makoto*) sind dem Shinto heilige Werte, die die Harmonie untereinander festigen. So ist das höchste Shinto-Gut das harmonische Zwischenmenschliche, das die Menschen verbindet. Diesem idealen Miteinander, als vielleicht höchstem aller *kami*, wird täglich in Familie und Beruf gehuldigt. Treue und Loyalität zur Gruppe sind dabei die vornehmsten Kennzeichen einer Religion, die in ihrem tiefsten Wesen japanisch ist.

Strohseile (*shimenawa*) und gezackte Papierstreifen sollen vor schlechten Einflüssen schützen (Foto links oben). »Weissagungszettel« (Foto links unten)

FOLGENDE DOPPELSEITE:
Sanja Matsuri-Fest in Tokyo

Ohara Matsuri-Festival

平安
婦人
列

VORHERIGE DOPPELSEITE:

Im Jahre 1895 wurde im Rahmen der Einweihung des Schreines Heian-jingû auch der Beschluss gefasst, der 1100 Jahre zurückliegenden Gründung der Hauptstadt Kyoto zu gedenken. Fortan fand immer am 22. Oktober – dem Gründungstag – ein großes Fest statt. Der Höhepunkt dieser als *jidai-matsuri* bezeichneten Feier ist eine Prozession mit farbigen, historischen Kostümen der unterschiedlichen Epochen und von berühmten Persönlichkeiten der japanischen Geschichte. Tomoe-Gozen (Foto links), Prinzessin Kazu (Foto rechts)

RECHTE SEITE:
Buddha-Statue in den Zao-Bergen im Gebiet der Präfekturen Yamagata und Miyagi

BUDDHISMUS

Der Buddhismus geht zurück auf den ehemaligen Prinzen Siddharta aus dem Geschlecht der Shakya, der um ca. 560 v. Chr. im damaligen indisch-nepalischen Grenzland Lumbini geboren wurde. Im Angesicht menschlichen Leids beschloss der Prinz sein luxuriöses Leben zu beenden, um fortan einen Weg des Erlösung vom Leiden zu suchen. Nach Jahren der Askese fand er, unter einem Buddhi-Baum in Bodhgaya meditierend, seine Erleuchtung und begann als »Erwachter« (*buddha*) eine ca. 45 Jahre dauernde Wander- und Lehrtätigkeit. Im Alter von 80 Jahren verstarb Buddha im Kreise seiner Schüler.

Seine Lehre von der Aufhebung menschlichen Leids spaltete sich in zwei Hauptrichtungen. Die eine »der kleine Wagen« (*Hinayana*) lehrt den exklusiven Erlösungsweg für Eingeweihte, d.h. für Gelehrte, Mönche und Eremiten. Der andere Weg bestand im »großen Wagen« (*Mahayana*) und gestand allen fühlenden Wesen Erlösungsmöglichkeit zu. Der Mahayana erweiterte sich seinerseits zum magisch angereicherten »Diamant-Fahrzeug« (*Vajrayana*). Er gelangte in all seiner Vielfalt im Verlauf des 6. Jahrhunderts über China und Korea nach Japan.

Buddhas Lehre basiert auf der Erkenntnis, dass die Existenz aller Wesen vom Leiden geprägt ist. Ursache des Leidens ist die Begierde, die nie gestillt werden kann, da sie stets aufs Neue entflammt. Erlösung findet nur der, dem es gelingt, sich vom Begehren zu befreien. Ihm öffnet sich der Weg der Erleuchtung, der endlich zum »Erlöschen« (*Nirvana*) führt, wo sich sein Ich im Nicht-Ich auflöst und er den Idealzustand des vollkommenen Eingehens ins Nichts erreicht. Er gleicht dabei einem Wassertropfen im Meer, der zwar existiert, seine Gestalt jedoch verliert und sich im Unendlichen auflöst.

Hilfe auf seinem Erlösungsweg bieten ihm die Empfehlungen zur Lebensführung des achtfachen Pfades, die von Enthaltsamkeit über Sittlichkeit bis zur geistigen Versenkung reichen. Bis er zum Zustand völligen Erlöschens gelangt, wird der Mensch stetig wiedergeboren. Seine Taten des Vorlebens (*karma*) begünstigen oder verschlechtern seine aktuelle Existenz. Sie geben ihm ein gewisses »Startkapital«, das es ihm ermöglicht, sich über weitere Wiedergeburten hinaus ins Nirvana hineinzuentwickeln, aus dem es dann keine Wiedergeburt mehr gibt.

FOLGENDE DOPPELSEITE:
Buddhistische Tempelanlage
Hory-ji in Ikaruga. Hier befinden
sich bedeutende buddhistische
Heiligtümer, so unter anderem
die Shakyamuni-Dreiergruppe,
die Buddha und seine Begleiter
Monju Bosatsu und Fugen Bosatsu darstellt.

Helfer auf seinem Weg sind im Mahayana-Buddhismus die »Erleuchtungswesen« (Bodhisattva, jap. *bosatsu*). Sie haben auf ein Eingehen ins Nirvana verzichtet, um die Menschen bei der Erlösungssuche zu unterstützen. In Japan sehr populär sind u.a.: Kannon bosatsu, der Boddhisattva der Barmherzigkeit. Er wird oft mit weiblichen, madonnenähnlichen Zügen und mehrköpfig dargestellt, um seine vielseitige Hilfsbereitschaft zu bekunden. Ebenso häufig anzufinden ist Jizo -bosatsu, der Bodhisattva der Reisenden und verstorbenen Kinder. Oft mit rotem Mützchen und Hirtenstab versehen begleitet er die Seelen abgetriebener Kinder ins Jenseits. Traurige Mütter legen Spielzeug vor die Jizo-Figuren als naiv unschuldiger, letzter Gruß an die Ungeborenen.

Folgende Buddhas (*nyorai*) werden in Japan hauptsächlich verehrt: der historische Buddha (*shaka*), der Erlöser-Buddha des Reinen Landes (Paradieses) Amidha, der allumfassende Lichtbuddha (*dainichi nyorai*) sowie der Buddha der Zukunft (*miroku nyorai*), dessen mildes Lächeln die liebe Buddhas spiegelt, und nicht zuletzt der heilende Buddha (*yakushi nyorai*), den man bei Krankheit um Hilfe bittet.

Nach Japan gelangte der Buddhismus im 6. Jahrhundert in der Form des Mahayana. Er verdankte seine Etablierung und Verbreitung dem Engagement des Shotoku Taishi, der ihn zur Staatsreligion erklärte. Der Bau erster Tempel, wie etwa Horyuji (607) und Todaiji (728) in Nara, festigten Macht und Einfluss dieser neuen Religion. Mit seinem grundlegend pessimistischen Weltbild stand zwar

Geschmückte Jizo bosatsu-Figuren im Gedenken an tote Kinder

der Buddhismus dem das Diesseits bejahenden Shinto entgegen. Trotzdem sollten sich beide Richtungen im Ryobu-Shinto finden, wo die shintoistischen *kami* den buddhistischen Gottheiten gleichgesetzt wurden.

Nach der Etablierung des Buddhismus während der Nara-Zeit (710–794), als er durch sechs verschiedenen Schulen vertreten war, kam er zu Beginn des 9. Jahrhunderts mit der Gründung zweier Großschulen zu seiner ersten Blütezeit.

Nach einem Studienaufenthalt in China gründete der Mönch Saicho (auch Dengyo Daishi, 767–822) die Tendai-Schule. Gründer der vorrangig esoterischen Richtung Shingon war der legendäre Kukai (auch Kobo Daishi, 774–835).

Die Schule der »himmlischen Basis« (*Tendai*) hat auch heute noch ihr Zentrum in der mächtigen Tempelanlage Enryaku-ji bei Kyoto. Ihre Lehre verbindet das Lotos-Sutra der universellen Erlösung mit magischen und meditativen Elementen. Letztere wurden Hauptbestandteil der späteren Zen-Schulen. Im Zentrum der »Schule des reinen Wortes« (*shingon*) steht neben der Rezitation magischer Formeln (*mantra*) das Mandala (s. Malerei) und die damit verbundene Verehrung des großen Sonnenbuddhas als Symbol allumfassender Wahrheit. Gegen Ende der Heian-Zeit (12. Jahrhundert), als Kriege das Land verwüsteten, wuchs die Vorstellung einer Endzeit (*mappo*), in der die Menschen Buddhas Botschaft nicht mehr verstehen. Ebenso ging das Vertrauen in den Klerus verloren, dessen Lehre als viel zu kompliziert und elitär empfunden wurde. Der Sinn stand nach Ehrlichkeit und Vereinfachung. Weniger komplizierte Erlösungswege fanden offene Ohren.

»Die Schule vom reinen Land« (*Jodo-Shu*), vom Priester Honen (1133–1212) gegründet, lehrte die Möglichkeit, durch die bloße Anrufung des Buddha Amidha (Namu Amidha Butsu) in dessen westlichem Paradies bzw. reinem Land wiedergeboren zu werden. Das Paradies gilt als Vorstufe zum Nirvana, das in der darauf folgenden Wiedergeburt erreicht werden kann. Honens Schüler Shinran (1173–1262) erweiterte die Lehre, indem er den rei-

Kannon bosatsu – der Boddhisattva der Barmherzigkeit – im Tempel Saidai-ji

Der Bau der Tempelanlage Todaiji in Nara (728) war ein bedeutender Schritt im Etablierungsprozess des Buddhismus in Japan.

nen, unerschöpflichen Glauben an Amidha zum vorbehaltlosen, bereits erfolgten Erlösungsgrund aller Menschen erkannte, wobei es keine Rolle spielte, ob sie über ein gutes oder schlechtes Karma verfügten. Diese als »wahre Schule des reinem Landes« (*Jodo Shinshu*) bezeichnete Lehre ist heute die am meisten frequentierte buddhistische Schulrichtung Japans.

Eine weitere buddhistische Lehre wurde vom Mönch Nichiren (1222–1282) vertreten. Im Zentrum stand die Erlösungskraft des Lotos-Sutra. Allein die Rezitation seines Titels führte unter Voraussetzung eines in der Gemeinde sozialen Lebens zur Erlösung. Nichiren war von streitbarem Gemüt und stand oft mit der Regierung in Konflikt. Seine Religionsrichtung ist nicht weniger doktrinär und betreibt auch in Deutschland aktive Missionsarbeit. Sehr populär und aktuell ist die Bewegung in Japan, wo sie sogar als politische Partei (Komeito) in der gegenwärtigen Regierung vertreten ist.

Dritte Kraft im Bunde der »Vereinfachungsreligionen« war der Zen-Buddhismus. Obwohl die Zahl seiner Anhänger heute weit unter der der Amidha-Buddhisten liegt, hat Zen das Japan-Image vorrangig geprägt, indem das Sport- und Kunstschaffen (siehe Malerei) weitgehend davon beeinflusst ist. Zen und die Japaner bilden offenbar eine Einheit, obwohl Zen in Japan nicht entstanden ist. Legendärer Begründer des Zen war der im 5. Jahrhundert n. Chr. lebende Mönch Bodhidharma (*daruma*). Er brachte diese besondere Lehre von Indien nach China, wo sie mit *chan* bezeichnet wurde. Bodhidharma soll in einem Shaolin-Kloster neun Jahre ununterbrochen meditiert haben. Der Legende nach schnitt er sich, um wach zu bleiben, die Wimpern ab. Dort wo sie auf die Erde fielen, wuchsen Teepflanzen. Der Tee fand später als gesundes Aufputschmittel Verwendung bei der Meditation. Bodhidharma-Puppen mit großen, wimperlosen Augen, denen man die Pupille aufmalt, sind in Japan als Kinder- und Erwachsenenspielzeug seit Langem in Mode.

Der chinesische Chan-Buddhismus wurde von den Mönchen Eisai (1141–1215) und Dogen (1200–1258) nach Japan gebracht. Während sich die Rinzai-Schule auf Eisai beruft, nennt die Soto-Schule Dogen als ihren Begründer. Dass Zen zunächst von den Kriegerfamilien ausgeübt und gefördert wurde, lag am askesenahen, stoischen und disziplinären Wesen dieser Religionsrichtung. Sie lehnt jedes Intellektualisieren durch Buch- und Sutren-Weisheit ab. Ihre vorrangige Grundlage ist die Meditation. Diese bewirkt zunächst das Erkennen des Ichs durch den Prozess kontemplativer Versenkung. Der weitere meditative Weg führt zur allmählichen Lösung vom Ich. Kein logisches Denken, sondern nur noch bloßes Empfinden ist die Folge. Paradox erscheint die geistige Situation, wenn das Ich vom Du nicht mehr unterscheidbar ist und das Erlebnis der All-Einheit als Idealzustand der Meditation erreicht ist. Die Grenzen der Logik sind hier längst überwunden. Die als *Koan* bezeichnete paradoxe Meditationshilfe ist demnach mit dem Verstand nicht zu lösen.

Ein Koan lautet: »Wenn zwei Hände zusammenklatschen, entsteht ein Ton. Was ist der Ton der einen Hand?« Logik ist hier fehl am Platz. So sucht das Paradoxe eine tiefere, unbewusste Schicht des Geistes, wo sich Denken von Kausalität befreit und der Meditierende zum Konzentrat seiner selbst wird. Ein erhabenes Beispiel dieses Zustandes bietet der Zen-Garten des Ryoanji in Kyoto. Er wurde vermutlich von Soami im Jahr 1499 gestaltet und besteht aus nichts als Sand und bemoosten Steinen. Letz-

Buddhistische Mönche in Koya-san

RECHTE SEITE:
Fünfstöckige Pagode in der bud-
dhistischen Tempelanlage von
Kofuku-ji

tere sind in Gruppen über die Sandfläche verteilt. Dieser Garten wird als Mekka des Zen bezeichnet und ist visueller Ausdruck des meditativen Zustands. Sobald man den Garten betrachtet, ob als Zen-Geschulter oder nicht, kehrt Frieden ins Gemüt ein.

Beim Besuch eines buddhistischen Tempels stehen neben den Haupt- und Gebetshallen folgende drei Bauwerke im Zentrum der Betrachtung: zunächst die mächtigen Eingangstore, an deren Seiten grimmig schauende Wächterfiguren das Böse fernhalten. Des Weiteren der aus einer kleinen, offenen Halle bestehende Glockenturm. Die Glocke besitzt keinen Klöppel, sondern wird mit einem außen hängenden Holzstamm angestoßen. Wenn zu Neujahr die Glocken läuten und ihr »schwerer« Ton durch die Nacht hallt, gemahnt jeder der 108 Schläge an die unheilvolle diesseitige Verstrickung menschlicher Natur. Zentrum eines Tempelbezirks ist schließlich die drei- oder fünfstufige Pagode. Ihre Spitze beherbergt eine Reliquie als geistiges Konzentrat des Tempels. Der Mittelpfeiler ist in japanischen Pagoden oft freihängend, um mögliche Erdbeben auszupendeln. Pagoden sind Symbole des Absoluten, das sich in Buddha spiegelt.

Tempelglocke von Todai-ji. Sie hat einen Durchmesser von 2,70 Metern und wiegt über 26 Tonnen.

NEUE RELIGIONEN & KONFUZIANISMUS

LINKE SEITE:
Bettelmönch am Kiyomiizu-dera-Tempel in Kyoto

Eine jede Erörterung japanischer Religiosität bleibt unvollständig, die nicht auf die neuen Religionen und nicht zuletzt auf den Konfuzianismus eingeht. Besonders nach dem Krieg sind eine Vielzahl moderner Sekten entstanden, die das Bedürfnis vor allem der Jugend nach Wiederbelebung der Sinnfrage deutlich macht. Von alten schamanistischen Vorstellungen, z.B. bei der »Tanzenden Religion« (*odoru shukyo*), bis zum Endzeitszenario der Horrorgruppe Aum reichen die Aktivitäten unzähliger Sekten, die der Angst der Menschen vor Einsamkeit und Isolation entspringen.

Eine Antwort auf diese Ängste ist uralt. Sie stammt vom chinesischen Meister Kung Fu Tse (522–479 v. Chr.), dessen religiöse wie gesellschaftliche Theorien für Japaner aktueller erscheinen als je zuvor. Der auf ihn zurückgehende Konfuzianismus postuliert zum Zwecke staatlicher Stabilität das strikte Befolgen hierarchischer Strukturen im privaten wie im öffentlichen Leben. Die Loyalität zur Gruppe, die aus Familie, Firma oder Staatswesen besteht, ist wichtigster Teil einer Selbstkultivierung, die bereits im Kindesalter beginnt. Sich in die Gruppe einzuordnen, eigene Bedürfnisse zu unterdrücken, dem hierarchisch Oberen Gehorsam zu zollen und sich seiner Fürsorge anheimzustellen, sind unbedingte Regeln konfuzianistischer Ethik. Japanische Erziehung verwirklicht auch heute noch ab dem Eintritt in den Kindergarten diese oft mit Drill verbundenen Tugenden. Trotz der Dominanz eines modernen westlichen Lebensstils bleiben die Hierarchie, ihre Erhaltung und ihre möglichst harmonische Anwendung Pfeiler konfuzianistischer Lehre. Sie sind ebenso selbstverständlich Pfeiler der japanischen Gesellschaft.

Ein Konvoi von Minivans mit Mitgliedern der Sekte Pana Wave Laboratory in Izumi. In Japan sorgt die bizarre Weltuntergangssekte, die vor angeblich katastrophalen Folgen durch elektromagnetische Strahlung warnt, für Schlagzeilen.

KULTUR – EINFÜHRUNG

Japanische Kultur ist in vielen ihrer Äußerungen dem Kleinen, Unscheinbaren verpflichtet. Kaum etwas ist zu riesig, zu gewaltig oder allzu überzogen.

Der eine Blütenzweig beim Ikebana, die kurz hingeworfene Linie beim Tuschbild, das Bündel Worte beim Haiku-Gedicht, die kurze, kaum wahrnehmbare Geste beim No-Spiel, der hingehauchte Ton der Shakuhachi, die wenigen Steine eines Zen-Gartens – sie verkörpern die Essenz von künstlerischem Schaffen. Sie sind nicht veränderbar. Sie entsprechen dem Gefühl für das letztgültig Schöne, das sein Abbild im kaum mehr Sichtbaren hat. Japan hat dieser Kultur der scheinbaren Leere ein berauschend schönes Denkmal gesetzt.

Japanische Kunst und Kultur lebt nicht zuletzt von ihren Gegensätzen. Wo viele moderne japanische Kunstformen auf das Grelle, Überladene setzen, zeigt sich insbesondere die traditionelle Kunst zurückhaltend und ist eher dem Unscheinbaren verpflichtet.

SPRACHE & SCHRIFT

SPRACHE

Fragt man nach der Herkunft der japanischen Sprache, muss man sich auch heute noch mit wenig eindeutigen Antworten begnügen. Erwiesen ist lediglich die Verwandtschaft mit dem Ryukyuanischen (u. a. Okinawa). Belegt ist weiterhin, dass weder eine Beziehung zur Ainu-Sprache (Hokkaido) noch eine zum Chinesischen besteht, sieht man von der Übernahme zahlreicher Lehnwörter ab. Mit dem Koreanischen teilt Japanisch grammatische Übereinstimmungen und hat damit lose Verbindung zu den altaischen Sprachen (u. a. Mongolisch, Türkisch). Am wahrscheinlichsten ist eine Entstehung aus dem durch Völkerwanderungen bedingten Ineinanderfließen altaischer und austro-

Japanische Schriftzeichen auf
Wunschsteinen

nesischer Sprachelemente (u. a. Indonesien, Philippinen, Hawaii) und dem sich daraus entwickeln-
den eigentümlichen Insel-Japanisch, welches sich bis ca. 500 n. Chr. zurückverfolgen lässt.

Das heute gesprochene Japanisch orientiert sich weitgehend am Tokyo-Dialekt. Es hat sich im
Verlauf seiner jüngeren Entwicklung eine Vielzahl von zumeist englischen Lehnwörtern einverleibt,
wie etwa *takushi* (Taxi), *rentakaa* (rent a car, Mietwagen) oder *gasorin sutando* (gasoline station,
Tankstelle).

Typisch für Japaner und damit auch für den Sprachgebrauch ist die Orientierung am Ansprechpart-
ner. Je nach Geschlecht, Alter oder sozialer Stellung verfügt Japanisch über eine Du-Anrede, Sie-An-
rede und darüber hinaus über Sprachfacetten, die u. a. Höflichkeit bzw. tiefe Ehrerbietung ausdrük-
ken. So besteht die gesprochene Sprache aus einer Vielzahl von Höflichkeits-
floskeln, mit denen formvollendet Dank, Entschuldigung, Vorstellung und Ab-
schied geäußert werden; z. B. heißt *domo arigato gozaasu* auf Deutsch »vielen
Dank«. Die zeitgleich ausgeführten mimi-schen und gestischen Mittel reduzieren
sich auf ein vieldeutbares Lächeln, das von einer mehr oder weniger tiefen Verbeugung begleitet wird.

Die japanische Sprache wird von einer grundlegenden Subjekt-Objekt-Verb-Struk-
tur bestimmt. Das Prädikat steht meistens am Satzende. Unterschieden werden un-
veränderbare und veränderbare Wörter. Unveränderbar sind u. a. Substantive wie
etwa *neko* (Katze) oder *kodomo* (Kind). Diese Wörter haben keine Pluralform, sodass *neko* auch »die Katzen« bedeuten kann.

Veränderbare Wörter sind u. a. Verben, die sich je nach Aussageinhalt und gewählter Sprachart erweitern (agglutinie-ren). So kann sich z. B. aus dem Verb
miru (sehen) *minakereba na rimasen deshita* (musste nicht sehen) bilden.
Postpositionen, also nachgestellte Wör-ter, geben an, ob es sich beim Substantiv
beispielsweise um ein Subjekt (*neko ga...*), einen Genitiv (*neko no...*), einen

出発ロビー
Departure Lobby
起飞大厅　출발로비

搭乗口
Gates
登机口　탑승구
3　4・4A

出口　手荷物受取所

Exit　　Baggage Claim
出口 行李提取处　출구 수하물 받는곳

到着ロビー
Arrival Lobby
到达大厅　도 착로비

観光・総合案内所　レンタカー
Information　Rent a Car 租赁汽车 렌터카
ホテル予約
询问处　안내　Hotel Reservation 订房间（旅馆）호텔 예약접수

ご搭乗手続　Check-in
登机手续　탑승수속

Dativ (*neko ni…*) oder Akkusativ (*neko wo…*) handelt. *Kodomo ga neko wo minakeraba narimasen deshita* heißt dann beispielsweise: »Das Kind musste die Katze nicht sehen.«

Diese den Wörtern innewohnende Kraft der Veränderung, ihre dadurch stets variierende Klangbreite und reizvolle Ähnlichkeit ihrer Aussprache (*matsu* = »Kiefer«/«warten« oder *hana* = »Blüte«/»Nase«) ließen die Japaner des Altertums an die magische Potenz der Sprache glauben. Der Begriff »Wunderkraft des Wortes« (*kototama*) bekundet die innige, hoch emotionale Verbindung von Mensch und Wort. Letzteres findet über die alltägliche Kommunikation hinaus im Lied bzw. Gedicht ein geniales Medium, um die ihm innewohnende Magie zu übertragen. Die Kraft (*tama*) des Wortes (*koto*) erscheint grenzenlos, vermag es doch Wut zu läutern, Sehnsucht zu erwecken und Hoffnung zu stimulieren.

… doch schon der Schilderwald in Großstädten wirft bei den meisten Europäern viele Fragen auf.

SCHRIFT

Der geschriebene japanische Satz besteht aus einer Mischung von Begriffsschrift (*kanji*) und den beiden Silbenschriften Hiragana und Katakana. Bis ins 5. Jahrhundert hinein waren die Japaner ein schriftloses Volk. Chinesische Schriftzeichen wurden ca. ab dem 6. Jahrhundert übernommen. Diese mit *kanji* (Schriftzeichen aus *KAN/HAN* = China) benannten Zeichen tauchen in der chinesischen Geschichte bereits ca. 2000 Jahre früher auf. Sie bestehen aus Strichkombinationen, die bis zu 64 Striche beinhalten können. Es existieren chinesische Lexika mit einem Umfang von über 40000 Zeichen. Japanische Lexika weisen bis ca. 15000 Zeichen auf. Man unterscheidet Einzelzeichen und die Kombination von Zeichenreihen. Texte in reiner *kanji*-Schrift (*kanbun*), wie etwa buddhistische Sutren oder Gesetzeskodizes, stammen meist aus dem japanischen Altertum (um 1000 n. Chr.). Ursprünglich sind *kanji* mehr oder weniger stilisierte Bildsymbole ihrer Umwelt, gehen jedoch oft über diesen Zusammenhang hinaus. Konkrete Bildähnlichkeit besteht oft, z. B. bei den Zeichen für Auge, Fluss, Mensch und sehen.

Zur näheren grammatischen Kennzeichnung chinesischer Begriffszeichen wurde im Verlauf des 8. Jahrhunderts die heute 46 Grundzeichen umfassende Silbenschrift Hiragana entwickelt. Sie war zunächst eine reine Frauenschrift, wurde dann aber bald den *kanji* zugeordnet und markiert in heutiger Erscheinungsform u. a. die erwähnten Änderungen der Verbformen.

Ein weitere, ebenfalls 46 Grundzeichen umfassende Silbenschrift namens Katakana entstand im 10. Jahrhundert und dient heute zur Kennzeichnung ausländischer Namen, Produkte und weiterer Fremdwörter. Geschrieben wird traditionell von oben nach unten und von rechts nach links. Heutige Schriftstücke folgen jedoch oft der westlichen Schreibrichtung.

Wie das gesprochene Wort den Gesang, fand auch die Schrift ihre künstlerische Entsprechung in der Kalligrafie. Vor allem der Bildcharakter der chinesischen Zeichen führte zum Versuch, die ihr innewohnende Schönheit durch den Pinselstrich nachzuempfinden. Im Laufe des 14. Jahrhunderts war es vor allem der Zen-Buddhismus und die ihm nahestehende Teezeremonie, die den »Weg der Schriftkunst« (*shado*) als geistesverwandten Ausdruck ihrer Philosophie der verfeinerten Einfachheit (*wabi/sabi*) förderten.

Schon Jahrhunderte früher – wie u. a. in den Sutren angewandt – entwickelten die Zen-Meister eine Schriftkunst, die sie »Tuschespur« (*bokuseki*) nannten. Schwarze Tuschzeichen auf weißem Papier wurden nicht nur zu Symbolen ihrer bildhaften Bedeutung, sondern machten darüber hinaus die geistige Tiefe ihres Schöpfers deutlich. Kurz hingeworfene Strichkombinationen, oft bis an die Grenze der Unlesbarkeit spontan variiert, lassen beim Betrachter die Essenz eines imaginierten Bildes lebendig werden und führen ihn behutsam in den Bereich kontemplativer Harmonie. Einer der berühmtesten japanischen Kalligrafen war der Zen-Mönch Hakuin Ekaku (1685–1768), dessen ausdrucksstarke »Tuschespur« in heutiger Zeit zahlreiche Nachahmer findet.

Die hölzernen Tore im Inari-Schrein in Kyoto mit japanischen Schriftzeichen

FOLGENDE DOPPELSEITE:
Die Zeichnung aus der Zeit um 1770 zeigt eine Geisha aus der Edo-Zeit, die sich der Kunstform der Kalligrafie widmet (linke Seite). Wie in Europa wird auch in den asiatischen Ländern in Klöstern und anderen religiösen Einrichtungen die Kalligrafie perfektioniert. Das Foto zeigt einen Mönch im nördlichen Honshu (rechte Seite).

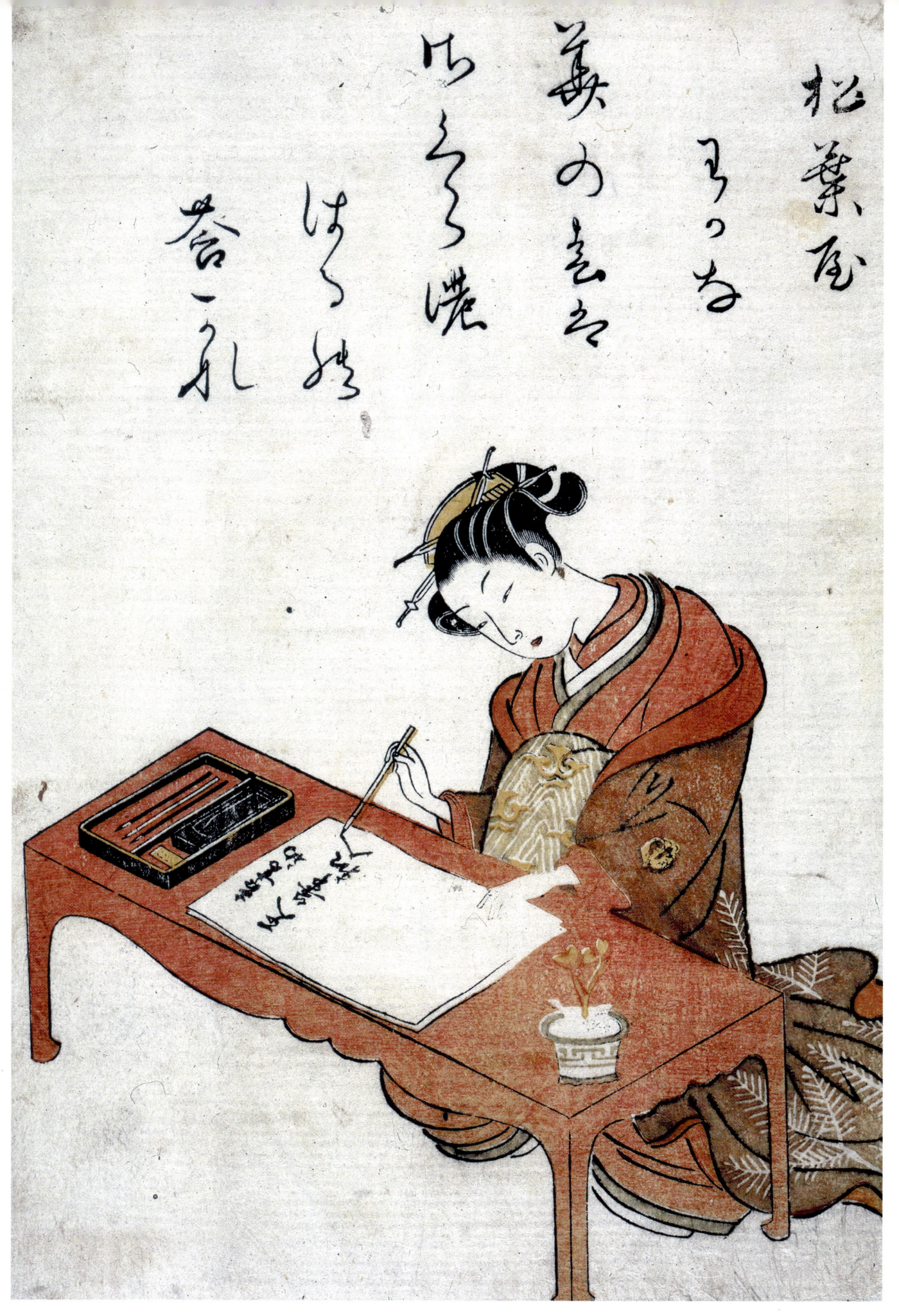

MUSIK

Die bereits erwähnten frühzeitigen Geschichtsannalen Kojiki und Nihongi belegen für das 8. Jahrhundert die Existenz eines japanischen Liedguts. Genannt werden eine Vielzahl von Gesängen und Tänzen, die zur Begleitung von Instrumenten wie etwa Flöten (*fue*), Hand- und Beckentrommeln (*tsuzumi*), oboen- und zitherähnlichen Instrumenten (*nichiriki* und *wagon*), Mundorgeln und Lauten (*biwa*) am kaiserlichen Hofe sowie an Tempeln und Schreinen vorgetragen wurden. Populäre Volkslieder dieser Zeit waren die saibara genannten Pferdetreiberlieder. Letztere entstammten wie so viele weitere Musikgattungen indischer, koreanischer und chinesischer Musiktradition, die ab dem 7. Jahrhundert nach Japan gelangte.

Die 13-saitige Koto erlebte im 17. Jahrhundert ihre Blütezeit. Doch auch noch heute ist sie ein vielverwendetes Instrument in der japanischen Musik.

Dazu gehörten höfische Musik und Tanzdarbietungen (gigaku), deren Programmverlauf auch eine Löwentanzpantomime enthielt, die u. a. von großen farbenprächtigen Trommeln, Gongs und Flöten begleitet wurde. Von den Instrumenten, die damals unter dem Etikett »elegante Hofmusik« (gagaku) gespielt wurden, entwickelten sich die harfenähnliche *koto* und die einer Mandoline gleichende Laute (*biwa*) zu populären, für Japan typischen Instrumenten. Die *koto* wurde wahrscheinlich aus Korea eingeführt. Sie verfügt über 13 Saiten, die über einen länglichen Resonanzkörper gespannt sind, der leicht gewölbt auf dem Boden steht. Mithilfe von elfenbeinernen Ersatzfingernägeln werden die Saiten in Schwingung und zum Klingen gebracht. *Koto*-Musik hatte ihren Höhepunkt in den bürgerlichen Kreisen des 17. Jahrhunderts, ist aber bis in die heutige Zeit populär. Komponisten wie z. B. Miyagi Michio und Ikuta Ryu sind mit modernen *Koto*-Kompositionen berühmt geworden.

FOLGENDE DOPPELSEITE:
Musikalische Darbietung von
Geishas

Trommeln sind ein wichtiges
Element in der traditionellen
japanischen Musik.

VORHERIGE DOPPELSEITE:
Trommlerin an einer Taiko-
Trommel (linke Seite);
Überall auf der Welt faszinieren
japanische Trommlergruppen
das Publikum, wenn sie musikali-
sches Können mit teils sportlichen Höchstleistungen verbinden. Besonders bekannt sind u.a.
die Trommlergruppen »Kodo«
oder »Yamato« (rechte Seite),
die – wie hier auf dem Berliner
Bebelplatz – auch oft in
Deutschland gastieren.

*NACHFOLGENDE DOPPEL-
SEITE:*
Die westlichen Einflüsse auf die
Musikwelt Japans sind insbesondere in Großstädten unüberseh-
bar: Punkrock, Heavy Metal und
andere Musikrichtungen begeis-
tern viele Jugendliche, aber auch
klassische Musik findet viel An-
klang.

Die lautenähnliche *biwa* ist ein viersaitiges Instrument mit drei bis fünf Stegen und einem kürbis-förmigen, hölzernen Resonanzbogen. Sie wird mithilfe eines Plektrums gespielt. Man unterscheidet verschiedene *biwa*-Größen. Die *biwa* erklingt zumeist als Begleitung zum Gesang, der im Hoch-Mittelalter eine Domäne blinder Balladensänger (*biwahoshi*) war.

Die *No*-Spielmusik des japanischen Theaters entstand im 14. Jahrhundert. Sie entwickelte sich u. a. aus Heian-zeitlichen liturgischen Hymnen des Buddhismus (*shomyo*), die aus einem Wechselge-sang von Vorsänger und Chor bestanden. Jedoch trugen auch andere Quellen wie alte Volkslie-der und Tänze sowie der als »Jazz« seiner Zeit bezeichnete *Kusemai*-Gesang zu ihrer Entstehung bei. Der No-Gesang und -Tanz wurden von einer Flöte (*fue*), Handtrommeln (*tsuzumi*) und Be-ckentrommeln (*taiko*) begleitet. Seit frühester Zeit glaubte man, dass der Klang der Flöte Götter und Geister anlockten. So beginnt jedes No-Spiel mit einem Flötensolo. Ihm folgen über die Büh-nenbrücke, die Jenseits und Diesseits verbindet, die Akteure. Sie verkörpern oft Totengeister und Dämonen. Ihr wilder Tanz, den sie auf der Hauptbühne vollziehen, wird u. a. von der großen Be-ckentrommel begleitet. Mit harten stakkato-ähnlichen Schlägen treibt der Trommler Musik und Tanz voran. Das ganze Spektakel endet oft in einem von Schreien der Mittrommler begleiteten Trommelfurioso.

Ein Hauptinstrument des Puppenspiels (*bunraku*) und des Kabuki-Theaters ist die *shamisen*. Auch sie gelangte von Indien über China nach Japan. Die Shamisen ähnelt dem Banjo. Sie besteht aus ei-nem mit Katzenfell überzogenen Holzgestell, zu dem ein länglicher, mit drei Saiten bespannter Steg führt. Die Saiten sind etwa 80 Zentimeter lang, bestehen aus feinster gezwirnter Seide und erzeu-gen aufgrund unterschiedlicher Stärke verschiedene Töne. Die Shamisen ist vielseitig verwendbar. Sie begleitet z. B. den Tanz der Geisha. Im Kabuki und Puppenspiel untermalt sie den Auftritt der Helden, Hofdamen und Schurken in ihren Liedern von Glück, Leid und stillem Sehnen.

Die 50,8 Zentimeter lange Bambusflöte *shakuhachi* mag als eins der typischsten japanischen Mu-sikinstrumente gelten. Sicher ist, dass ihr einer der schönsten Klänge entspringt, die die Welt der Musik hervorbringt. Auch wenn die Shakuhachi zuweilen im Orchesterensemble gespielt wird, ist sie eher ein Soloinstrument. Ihre Musik wurde besonders von den wandernden Bettelmönchen ge-pflegt. Die Shakuhachi besteht aus einem Bambusrohr, das am unteren Ende mit einem Stamm-knoten abschließt und leicht aufwärts gebogen ist. Sie verfügt über fünf Löcher, vier auf der Ober-seite, eins auf ihrer Rückseite. Verschiedene Klangfarben eines Tons erreicht der Spieler durch gebremste Luftzufuhr sowie durch das Heben und Neigen des Kopfes. Wie der Ton einer Shakuha-chi klingt, übersteigt die Möglichkeit wörtlicher Beschreibung. »Sanft« und »klangvoll«, »manchmal ge-flüstert« sind nur notdürftige Annäherungen. Man sollte sich in einen Bambushain begeben und dort längere Zeit still verharren. Ein Hauch von Wind streicht durch die Stämme und bewegt kaum merk-lich ihre Blätter. Plötzlich erklingt die Shakuhachi. Sie erzeugt den Ton, der Japan ist!

Während der Meiji-Zeit (1868–1912) startete – wie in der Literatur – eine immense Übernahmewel-le westlicher Musik. Vor allem klassische Musik wurde mit Begeisterung aufgenommen und gepflegt. Es entstanden u. a. Kompositionen japanischer Musiker, die Klavier, Geigen und Shamisen verein-ten. Aber es waren auch europäische Komponisten wie Benjamin Britten (1913–1976) oder Johan-nes Fritsch (geb. 1941), die japanische Musik in ihre Werke integrierten. Im Jahre 1880 wurde in

Tokyo vom Wiener Rudolf Dittrich eine Musikhochschule gegründet, deren Hauptziel die Popularisierung westlicher Musik war. 1873 lud sogar der musikbegeisterte Fürst Ito den Komponisten Johann Strauss nach Japan ein. Auch Militärmusik und Nationalhymne sind von deutschen Musikern (u. a. Franz Eckert) mitgeprägt.

Das Philharmonische Orchester in Tokyo entstand – wie auch die japanische symphonische Gesellschaft – 1915. Über Radio waren vermehrt Sendungen mit Aufnahmen orchestraler Musik zu hören. Heute ist eine Vielzahl international bekannter japanischer Symphonieorchester sowie weltberühmte Instrumentalsolisten und Sänger weit über die Grenzen Japans tätig. Ungemein populär auch unter jungen Musikfans ist z.B. die japanische Violinistin Vanessa Mae. Sie genießt »Kultstatus«.

Populäre Musik, ob als Volkslied oder Rocksong, ob Jazz, Musical oder Experimentalmusik, erfreut sich überall in Japan hoher Beliebtheit. Bemerkenswert dabei ist, dass die traditionelle Musik weiterhin gepflegt wird. Nicht selten unternimmt man Versuche, sie in moderne Kompositionen zu integrieren.

Vergleicht man Japans Metropolen, so denkt man bei Tokyo und Osaka oft an Heavy Metal, vielleicht aber auch an den Swing eines Benny Goodman. Kyoto gleicht eher sanfter Musik, bei der Geige und Shakuhachi ein treffliches Ensemble bilden. Verlässt man die Stadt, begibt sich zum Berg Fuji und betrachtet seine überirdisch harmonische Form, erklingt vielleicht das Spiel der No-Flöte und jeder weiß, dass die Götter nicht mehr fern sind.

Musikalische Darbietung mit traditionellen japanischen Instrumenten

TRADITIONELLES THEATER

Wie so viele japanische Kunstgattungen hat auch die Schaukunst ihre Wurzeln im frühgeschichtlichen Ritual. Mit Kagura, Bugaku, Sarugaku, No, Bunraku und Kabuki werden im Folgenden Theaterformen beschrieben, die zum Teil auf eine über 2000 Jahre alte Tradition zurückreichen. Umso erstaunlicher ist es, dass sie heute alle noch aufgeführt werden, wenn auch in einigen Fällen in variierter Form.

KAGURA

Hatte – wie im Musikkapitel erwähnt – der Klang der Flöte die Götter herbeigelockt, sollten sie durch Musik und Tanz (*kagura*) unterhalten werden. Kagura-Tänze wurden zu diesem Zweck seit der japanischen Frühzeit aufgeführt. Sie finden in den erwähnten Geschichtsannalen kojiki und nihonshoki (s. Kapitel Geschichte) erste Erwähnung. Die Mythen um die Sonnengöttin, die sich aus

LINKE SEITE:
Man Nomura als Daimyo-Fürst spielt im Kyogen-Spiel »Kazumo« (Ringkampf mit einem Moskito).

Ichikawa Ennosuke III. in dem Kabuki-Stück Futa-omote-dojoji

Ärger über ihren wilden Bruder in eine Höhle zurückzieht und sich durch den wilden Tanz der nackten Göttin Uzume wieder herauslocken lässt, ist grundlegendes Thema der Kagura-Schaukunst. In weiteren Tanzauftritten wird sodann die Gottheit dazu bewegt, sich in dem mitgeführten Requisit eines Sakakizweiges niederzulassen. Sie soll von dort aus die Darbietung wohlwollend betrachten und fortan den Menschen ihre Gunst in Form von Fruchtbarkeit, langem Leben etc. schenken. Schamanistische Wurzeln der Geisterbesessenheit und Tanzekstase, die bis weit in die gegenwärtige Schaukunst (s. Butoh) reichen, sind hier bereits offenkundig.

Kagura wird noch heute am kaiserlichen Hof, an Shinto-Schreinen und auf dem Land aufgeführt. Gerade dort wird die lokale Tradition intensiv gepflegt und die Tänze sind oft durch komische, derb-erotische Possen ergänzt. Begleitet werden die Darbietungen von Instrumentalmusik, die aus Schlag-, Zupf- und Blasinstrumenten besteht. Zum volksnahen Kagura kann auch der »Löwentanz« (*shishi-mai*) gezählt werden. Hierbei tritt ein als Löwe oder auch als Drache maskierter Tänzer auf, dessen Vortrag, von Akrobaten begleitet, der Glückserflehung dient.

BUGAKU

Die aus China stammende »Tanz- und Musikaufführung« (*bugaku*) umfasste neben dem Kagura die Gesamtheit der vom 8. Jahrhundert am kaiserlichen Hof dargebotenen Schaukunst. Sie bestand aus »Links-Tänzen« mit chinesisch-indischem Ursprung sowie aus »Rechts-Tänzen« aus koreanisch-mandschurischer Tradition. Das Repertoire umfasste (und umfasst noch heute) würdevolle Zeremonialtänze zum Lob und Erhalt des Landes. Darüber hinaus wurden wildere Kriegs-, Dämonen- und Knabentänze aufgeführt. Die festgelegten Tanzschritte und -bewegungen haben auf die spätere Schaukunst Einfluss genommen.

LINKE SEITE UND UNTEN:
Bugaku-Aufführungen im Meiji-Schrein in Tokyo (linke Seite) und im Heianjingu in Kyoto (Foto unten)

SARUGAKU

Ebenfalls chinesischen Ursprungs waren die zunächst als »vermischte Spiele« (*sangaku*), später dann als »Affenmusik« (*sarugaku*) bezeichneten, volksnahen Spiele. Sie enthielten u. a. artistische und magische Auftritte sowie Zwergenringkämpfe, Affentänze und erste burleske Possenspiele. Letztere wurden durch das Mäzenat buddhistischer Tempel inhaltlich erweitert und dramatisch akzentuiert. So entwickelte sich im 14. Jahrhundert aus den einst zünftigen Affenspielen das hoch vergeistigte No-Spiel, das als Höhepunkt theatralischen Schaffens bezeichnet werden kann.

NO-SCHAUKUNST

Senjo Nomura als Taro-kaja, des Fürsten Diener, bei einer Aufführung in Hamburg im Kyogen-Spiel „Kazumo" (Ringkampf mit einem Moskito)

Der Begriff »no« bedeutet Meisterschaft bzw. höchste geistige Fähigkeit. Die Begründer waren Kanami Kiyotsuga (1333–1384) und sein Sohn Zeami Motokiyo (1368–1443). Vom Shogun Ashikaga Yos-

himitsu gefördert entwarf Zeami das Konzept einer Masken-Schaukunst, deren Tradition auch heute noch von fünf verschiedenen No-Schulen (Kanze, Komparu, Hosho, Kita, Kongo) gepflegt wird.

Auf einer dreigeteilten Bühne mit Vorbereitungsraum, Bühnenbrücke und Hauptspielplatz wurden bzw. werden zur Begleitung von Orchester (Trommeln und Flöte) und Chor Mysterien japanischer Frühzeit, alte Heldenepen sowie Moritaten menschlicher Tragik dargeboten. In fünf verschiedenen Spieltypen um Götter, Krieger, Frauen, Wahnsinnige und Dämonen offenbart sich in hoch lyrischer Wortwahl die Verstrickung des Menschen in seine Wünsche, Hoffnungen, Begierden und Neurosen. Erlösung wird nur dem zuteil, der das Wunder buddhistischer Glaubenstiefe erfährt, Liebe, Hass und Rachedurst abschwört und sich dem Genuss wunschloser Genügsamkeit überlässt.

Alle Rollen werden im No von Männern gespielt. Das Tanzgeschehen rankt sich um den Auftritt des Hauptdarstellers (*shite*), der dem Nebenspieler (*waki*) oft im Traum erscheint. So ist die irreale Wirklichkeit des Traums der wahre Spielort des No, denn dem Traum entspringen seine Protagonisten,

Traditionelle No-Masken

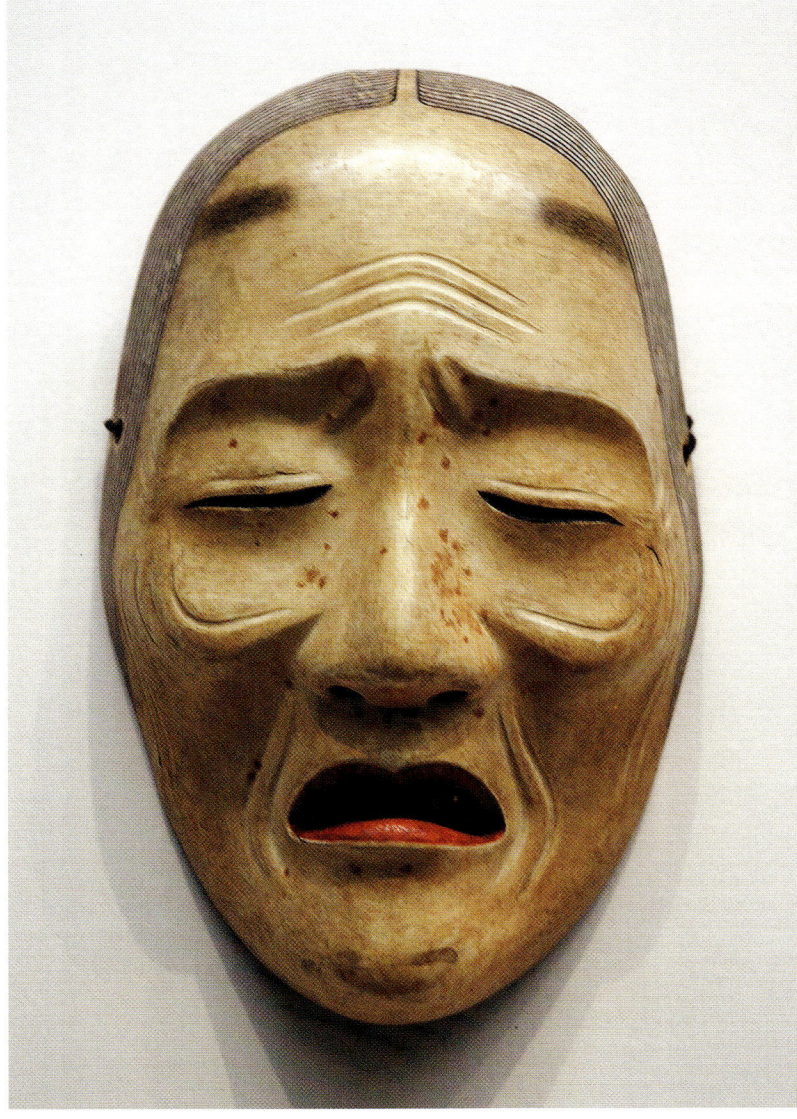

wie etwa Erlösung suchende Krieger, Dämonen und Menschen, die das Schicksal bis über den Tod verfolgt und ihre rachsüchtigen Seelen ins Diesseits treibt. Sie treffen auf den schlafenden Mönch, attackieren ihn und werden durch die Kraft seiner erlösenden Worte (Exorzismus) ins Jenseits zurückgeschickt.

Beim Bunraku sind die Puppenspieler oft komplett in Schwarz gekleidet, um das Augenmerk ganz auf die Puppen zu lenken.

Dies geschieht in einem von langsamen Bewegungen getragenen Tanz. Jeder Schritt, jede Geste ist definiert und vorgeschrieben. Masken, Kostüme und Musik beschwören eine Atmosphäre unwirklicher Schönheit (*yugen*). No ist die Meisterschaft einer gezähmten Ekstase, die göttliche Besessenheit nicht durch Raserei, sondern durch kühle Schönheit, sinnliche Beherrschtheit und einen Gesang offenbart, der an die Grenzen menschlicher Hörerfahrung reicht. Das Traumtheater No entzieht sich so einer rationalen Erklärung. Es kann daher nur – ebenso wie der Traum – annähernd gedeutet werden. Dieses meisterhafte Konstrukt aus Ritual, Tragödie und Weltflucht hat eine Vielzahl von Künstler aus der westlichen Welt, wie etwa Berthold Brecht, Benjamin Britten und William B. Yeats, beeinflusst.

KYOGEN

Ergänzt wird das No-Programm von lustigen Farcen bzw. »verrückten Worten« (*kyogen*), die ebenfalls im 14./15. Jahrhundert entstanden. Als pausbäckiges Alterego buddhistischer Dramatik karikierte es in lockeren, stegreifähnlichen Szenen neureiche Landfürsten, tumbe Bauern oder eitle Priester. Gespielt wurde und wird auf der gleichen No-Bühne.

BUNRAKU

Schöpfte No seine Inhalte aus Mystik, Legenden und Poesie, spiegelten die ca. zweihundert Jahre später entstandenen Schaukünste Bunraku und Kabuki das bürgerliche Zeitalter der Edo-Zeit (1603–1867) wider. Dem gesellschaftlichen Aufstieg der Kaufleute und ihrem Mäzenat verdankte zunächst das Puppenspiel (*bunraku*) seine wachsende Popularität. Es ging zurück auf die balladeske Rezitationskunst (*joruri*) blinder Wandermönche (*biwa-boshi*), die neben alten Kriegslegenden Lieder über Liebe und Liebesleid der Prinzessin Joruri vortrugen. Sie begleiteten ihre Gesänge auf der Biwa, später auf der Shamisen (s. Musikkapitel). Zum Vortrag gehörte seit dem 16. Jahrhundert etwa ein Puppenspiel, das allmählich immer mehr Beliebtheit gewann. Die goldene Zeit des Puppenspiels begann mit dem Dramatiker Chikamatsu Monzaemon (1653–1725), der bürgerliche Dramen (*sewamono*) um Liebe, gesellschaftliche Zwänge und Doppelselbstmord für das Puppentheater schrieb. Berühmte Puppenspieler wie etwa Yoshida Bunzaburo und Rezitatoren wie etwa Takemoto Gidayu erhoben das Puppenspiel zur anerkannten Bühnenkunst, die erst im Jahre 1811 nach dem Theaterdirektor Uemura Bunrakuten mit der Bezeichnung »bunraku« bedacht wurde.

Aus den früher üblichen kleinen Handpuppen sind heute bis zu 1,20 Meter große Puppen geworden. Sie werden von drei in schwarz gekleideten Puppenspielern auf einer ca. 21 Meter breiten von zwei Balustraden durchzogenen Bühne geführt. Die Balustraden dienen als Szenendekoration und Spielraumbegrenzung. Der Haupt-Puppenspieler bewegt Kopf, Körper und rechte Puppenhand. Die übrigen Körperteile bedienen seine zwei Begleiter. Rezitatoren und Shamisen-Spieler sitzen erhöht rechts neben der Bühne.

Die Haupt- und Nebenspieler präsentieren sich nach einer Bunraku-Vorführung dem Publikum.

Die Meisterschaft des Puppenspiels besteht in der harmonischen Kombination von Gesang, Musik und Puppenspiel. Vor allem die alle Stimmlagen bzw. auch alle Emotionen wiedergebende Rezitationskunst erschafft im Duett mit den Puppen eine Atmosphäre märchenhafter Unwirklichkeit. Die Puppen scheinen zu leben. Der Zuschauer verfolgt gebannt in ihrem Augenspiel Zornausbrüche, Liebessehnen und Liebeskummer. Er überlässt sich, wie von unsichtbaren Fäden gezogen, der Puppenwelt, die immer mehr an Wirklichkeit gewinnt. Sich verlieren im Spiel heißt mit den Puppen lachen, weinen, trauern und hassen. Die Identifikation geht so weit, dass der Zuschauer unbewusst eine Puppenbewegung nachahmt. Die Illusion ist perfekt.

LINKE SEITE:
Man Nomura als Daimyo-Fürst (rechts) und Manzo Nomura im Kyogen-Spiel »Kazumo« (Ringkampf mit einem Moskito)

KABUKI

Vorrangig der Illusion verpflichtet ist Kabuki – der heutigen Schreibweise nach – annähernd mit «Meisterschaft in Gesang und Tanz» zu übersetzen. Kabuki ist ein Kind der Edo-Zeit (1603–1867) und kaum eine andere Schaukunst entspricht so der These, dass Theater immer auch ein Mikrokosmos

Ichikawa Ennosuke III. – einer der bekanntesten zeitgenössischen Kabuki-Darsteller Japans – in »Kyokanoko-musume-dojoji«.

der Gesellschaft ist, in der es spielt. Die zu Einfluss gelangten Kaufleute schafften sich zum einen mit Puppenspiel und Farbholzschnitt (s. Kapitel Malerei), zum anderen mit Kabuki eine Identifikationskunst, die bis ins Detail ihre Lebensgewohnheiten widerspiegelte.

Kabuki geht zurück auf die Darbietungen der Tänzerin und Prostituierten O-kuni, deren anspielungsreiche, pantomimische Tänze (*furyu*) als »zügellos« (*kabuku*) bezeichnet wurden. Schon bald nach ihrem Tod (ca. 1610) entstand eine Vielzahl weiblicher Tanzgruppen, die die exaltierten Auftritte O-kunis fortsetzten und Kabuki immer mehr zu einer Tanzrevue formten, der die Bezeichnung »Freudenmädchen-Kabuki« (*yujo-kabuki*) zukam. Tumulte im Publikum führten 1629 zum Verbot der Vorstellungen. Auch das folgende »Lustknaben-Kabuki« (*wakashu-kabuki*) führte mit der allzu realistischen Darbietung homoerotischer Szenen zu ähnlichen Auswüchsen und fiel 1652 ebenfalls der Regierungszensur zum Opfer. Erst das reine »Männer-Kabuki« (*yaro-kabuki*) entsprach den strengen Vorstellungen staatlicher Zensur und hat sich in etwa dieser Form bis heute erhalten. Wie im No-Spiel treten auch im Kabuki nur Männer auf.

Die ehemalige Tanzrevue erfuhr durch namhafte Autoren allmählich eine inhaltliche Aufwertung. Historienspiele (*jidaimono*) und Trauerspiele entstanden. Viele wurden vom einstigen Puppenspiel-Autor Chikamatsu Monzaemon (s. Bunraku) geschrieben. Im Mittelpunkt seiner Stücke, dem bürgerlichen Trauerspiel eines Lessings ähnlich, stand der Stadtmensch mit all seinen Problemen und Ängsten. Sein Schicksal, an dem er nur allzu oft zerbrach, bestand aus dem Konflikt zwischen »bin-

FOTO LINKS:
Das japanische Traditionstheater Heisei Nakamura-za gastierte 2008 im Haus der Kulturen der Welt in Berlin. Das Bild zeigt eine Szene aus der Probe zur europäischen Erstaufführung von »Ein Spiegel von Osaka«.

RECHTE SEITE:
Die Veränderung der Gesichter durch Schminke ist ein wesentliches Element des Kabuki.

FOLGENDE DOPPELSEITE:
Tanz von Geishas in Honshu

dender, sozialer Herkunft« (*giri*) und der »Neigung des Herzens« (*ninjo*). Der Samurai oder Ehemann, der einer Kurtisane verfällt und mit ihr aus dem Leben scheidet, um im Jenseits vereint zu sein, ist tragisches Beispiel einer bürgerlichen, mehr dem Diesseits verpflichteten Schaukunst.

Mit wachsender Erweiterung des dramatischen Inhalts und dem steigenden Publikumsinteresse an populären Stimulanzien wuchs die Notwendigkeit des Bühnenausbaus. So wurde die der klassischen Oper ähnliche Hauptbühne durch einen ins Publikum reichenden Bühnensteg (*hanamichi*) und eine Drehbühne nebst aufzugartiger Hebevorrichtung erweitert. Denn Kabuki lebt vom Effekt, dem alles weitere Bühnengeschehen untergeordnet ist. Folgende technische wie künstlerische Mittel wurden und werden eingesetzt:

Der Frauendarsteller (*onnagata*) bezaubert sein Publikum durch Falsettstimme, Gestik und eine perfekte Schminkmaske. Die Totengeister mit braunvioletter Schminke und aufgelöstem Haar schweben über der Bühne und lehren selbst dem erfahrenen Zuschauer das Gruseln. In farbenprächtigen Kostümen treten die Helden und Hofdamen auf. Der sekundenschnelle Kostümwechsel, z.B. von einem Greis in einen Dämon, macht die atemberaubende Explosivität des Kabuki spürbar. Die Begleitmusik wird von Shamisen, Trommeln und Flöten gespielt. Auch Glocken und Gongs sowie Klangimitationen, u.a. von Regen, Sturm und Gewitter, sind üblich. Äußerst effektvoll ist das Zusammenschlagen zweier Holzblöcke, die u. a. Heldenauftritte und deren starre Tanzposen akustisch untermalen. Die Tänze, die zu den Dialogszenen aufgeführt werden, bestehen aus einer Vielzahl stilisierter, pantomimennaher Bewegungen, die oft in einer starren Tanzpose (*mie*) münden, wobei der Tänzer zur lebenden Skulptur erstarrt und die körperlich spürbare Spannung soweit überdehnt, dass sich der Zuschauer durch laute Beifallsschreie Luft macht.

Die Tendenz zu immer aufwendigeren Produktionen setzte sich zu Beginn des 19. Jahrhunderts fort. Mit dem Dramatiker Tsuruya Namboku (1755–1829) erweiterte sich das bürgerliche Trauerspiel zum Horrorspektakel. In seinem Stück »Gespenstergeschichten aus Yotsuya am Tokaido« verfolgt der monströse Geist der getöteten Ehefrau Oiwa ihren treulosen Mann und treibt ihn in den Tod.

Politischer Verfall zum Ende der Edo-Zeit, soziale Depression und Japans typischer Hang zur pathologischen Überspitzung finden ihren Ausdruck im Kabuki jener Tage. Letzter bedeutender Dramatiker war Kawatake Mokuami (1816–1893), der Stücke schrieb, in denen der einfache Mensch soziale Verantwortung übernimmt und damit Japans Weg in die moderne Gesellschaft des 20. Jahrhunderts dokumentiert. Kabuki ist immer ein Spiegelbild der japanischen Seele geblieben. Denn wenn sich die schöne Hofdame in einen Tierdämon verwandelt, wenn Totengeister im Dämmerlicht erscheinen und das gespitzte Blutegelmündchen der Kurtisane so Vieles versprechen mag, dann zeigt diese Schaukunst ihr pittoresk-groteskes Innenleben, was zugleich Spiegel ihrer Zuschauer ist.

Kabuki hat später auf die modernen Medien wie Film und Fernsehen enormen Einfluss ausgeübt. Allein der in Japan populäre Horrorfilm verdankt Kabuki unzählige Anregungen. So auch die Schaukünste der Gegenwart wie etwa »Neues Drama« (*shingeki*), *Butoh* oder das *angura* genannte Underground-Theater. Sie sind alle immer dann mit Herzblut erfüllt, wenn traditionelle japanische Theaterelemente miteinbezogen werden. Dabei spielt das Maß der Verfremdung und Stilisierung eine untergeordnete Rolle.

LITERATUR

LITERATURSCHAFFEN DER VERGANGENHEIT

Literatur ist ein fester Bestandteil des japanischen Bildungsideals. So ist es nur konsequent, dass die Statuen des Vorzeigeschülers Ninomiya Kinjirô diesen immer mit einem Buch in der Hand zeigen.

Die ersten literarischen Zeugnisse Japans stammen aus dem 8. Jahrhundert. Bis dahin waren die Japaner schriftlos und tradierten ihre Erzählungen über Götter, Krieger und Dämonen mündlich. Mit den »Aufzeichnungen alter Geschehnisse« (*kojiki*, 712 n. Chr.) und den 720 folgenden »japanischen Chroniken« (*nihonshoki*) beginnt die schriftliche Literatur. Beide Publikationen sind in chinesischer Schrift verfasst und enthalten u. a. Berichte und Erzählungen zum Götterzeitalter, die Ereignisse um Gottkaiser Jimmu-tenno und die Geschichte des nach ihm folgenden Kaisergeschlechts bis 628. Geschrieben wurden beide Werke zur Untermauerung des Herrscheranspruchs des Tenno-Clans. Ergänzt werden die Berichte von Liedern und Gedichten über Heldentaten, Trauerfeiern und Trinkgelage. Die für japanische Literatur typische Verflechtung von Prosa und Lyrik ist hier bereits vorweggenommen.

Eine Sammlung von Shinto-Gebeten (*norito*), die diversen Reinigungsritualen entstammen, sowie fünf »Aufzeichnungen aus Provinzen« (*fudoki*) über geografische und bevölkerungsspezifische Besonderheiten ergänzen den Kanon frühgeschichtlicher Literaturen, als deren Höhepunkt und deshalb letztgenannt die »Gedichtsammlung der 10000 Blätter« (*man'yoshu*) gilt. Sie wurde ca. Mitte des 8. Jahrhunderts von Yakamochi Otomo zusammengetragen. Ebenfalls in chinesischer Schrift geschrieben umfasst diese Lyriksammlung annähernd 4500 Gedichte, von denen die ältesten aus dem 4. Jahrhundert stammen. Formal dominieren die 31-silbigen Kurzgedichte (*tanka*), die u. a. von Langgedichten (*nagauta*) ergänzt werden. Im Gegensatz zu späteren Gedichtsammlungen sind im Man'yoshu viele soziale Stände als Verfasser vertreten, wie z. B. Bauern, Bettler, Prostituierte, aber auch Adlige und Kaiser. Die Gedichtinhalte reichen von Liebes- und Trinkliedern über Naturbetrachtungen bis zu wehmütigen Gesängen über Vergänglichkeit und Weltentsagung. Buddhistische Einflüsse lassen sich zaghaft spüren. Es ist nicht übertrieben zu behaupten, dass das Man'yoshu auf die nachfolgende japanische Literatur bis in die heutige Zeit einwirkt.

Repräsentativ für die folgenden Jahrhunderte ragen aus der Fülle stetig wachsenden Literaturschaffens zwei Werke hervor: Die zu den frühesten Romanen der Weltliteratur gehörende »Erzählung vom Prinzen Genji« der Hofdame Murasaki Shikibu (*genji monogatari*, ca. 1010), sowie das älteste Denkmal japanischer Miszellen bzw. Essay-Literatur (*zuihitsu*), das »Kopfkissenbuch« (*makura no soshi*) der Hofdame Sei Shonagon, aus dem Jahre 1000.

Die Geschichten um den Kaisersohn Genji und seinen angeblichen Sohn Prinz Kaoru führen den Leser ins damalige höfische Leben und berichten u. a. vom Lieben und Leiden zahlreicher Hofdamen. Die Schicksale der Protagonisten sind oft traurig und erfüllt von Einsamkeit und Verbitterung. Buddhistisches Gedankengut wie etwa wehmütige Weltentsagung im Angesicht menschlicher Dekadenz bestimmt das Denken und Handeln der zahlreich auftretenden Personen und lassen diesen Roman als reiche Quelle frühgeschichtlichen Hoflebens erscheinen. In Aphorismen und Anekdoten

Der berühmte Tempelkomplex Kiyomizu-dera im Osten von Kyoto beherbergt mehrere Shinto-Schreine. Aufgezeichnete Shinto-Gebete gehören zu einem der frühgeschichtlichen literarischen Zeugnisse Japans.

wird hier von den Trivialitäten des Palastalltags erzählt und in scharfzüngiger bis zickiger Weise die manierierte Welt des Adels karikiert.

Beide Werke stehen am Beginn typisch japanischer Literaturgattungen, der erzählenden (*monogatari*) und der Miszellen-Literatur (*zuihitsu*). Letztere steht ihrerseits wieder im Zusammenhang mit einer dritten Prosaform, den »Tagebüchern« (*nikki*). Darüber hinaus beschreiben umfangreiche Epen (u. a. Heike monogatari ca. 1220) den Aufstieg und Fall mächtiger Kriegergeschlechter. Zum Symbol innerer Einkehr und Weltflucht wurde das Werk des Einsiedlermönchs Yoshida Kenko, »Aufzeichnungen aus Mußestunden« (Tsuretsuregusa, ca. 1330). In kurzen Anekdoten und Reflexionen beschwört er die Einsamkeit als Quell wahrer Empfindung, die Vergänglichkeit alles Schönen (*aware*) und die seelische Befreiung, die das Loslösen vom Weltlichen bewirkt. Neben einigen anderen Werken (wie z. B. Natsume Soseki, »Kokoro«, 1914) spiegelt das Tsuretsuregusa vielleicht am trefflichsten die tief empfindende japanische Seele wider.

Der soziale Aufstieg der Kaufleute sowie die damit verbundene städtische Lebensart kreierten ab dem 17. Jahrhundert neue Formen der Literatur. Der Theaterschriftsteller Chikamatsu Monzaemon (1653–1724) verfasste für das Puppenspiel Bunraku und die Kabuki-Schaukunst bürgerliche Dramen über unüberwindbare Gesellschaftszwänge, soziale Verpflichtungen und Liebesnöte. Sein Zeitgenosse Ihara Saikaku (1642–1693), vermutlich Sohn eines reichen Kaufmanns, erschuf im Schelmenroman »Ein Mann der Wollust« (*koshoku ichidai otoko*, 1682) ein bürgerlich-triviales Gegenstück zur erwähnten Genji-Geschichte. Das Geschehen seiner Prosa nimmt nicht mehr den Adelshof zum Mittelpunkt, sondern reflektiert in oft ungeschminkter Darstellung die unstete, fließende Welt der Stadtmenschen.

Eine ganz andere Fährte verfolgte dagegen die Haiku-Dichtung des Matsuo Basho (1644–1694). In kürzester lyrischer Form – in 17-silbigen Haikus – schuf er dichterische Meisterwerke wie z. B. «das Affenmäntelchen» (*sarumino*, 1690), die seine Beobachtungen auf Reisen und Wanderungen präzise wiedergeben. Es sind spontan wirkende lyrische Geistesblitze, die, genial in Worte gefasst, den Leser auf eine Reise in die Sensibilitäten der Innenwelt schicken und ihm so eigene Kreativität und Empfindungsreichtum schenken.

Natsume Soseki (1867–1916)

MODERNE LITERATUR AB DEM 20. JAHRHUNDERT

Mit Beginn des 20. Jahrhunderts gelangte vielerlei westliche Literatur nach Japan und wurde dort von den Intellektuellen gerne aufgenommen und verarbeitet. Natsume Soseki (1867–1916) studierte zeitweise englische Sprache und Literatur in London. In seinem kulturkritischen Roman »Ich, die Katze« (*wagakai wa neko de aru*, 1905/06) erzählt ein Kater in der Ich-Form über das »moderne« Familienleben, den Einbruch westlichen Denkens und die daraus folgenden komischen Verwirrungen japanischer Intellektueller. Die Beschäftigung mit dem Ich, u.a. initiiert durch den Kontakt mit Freud'scher Psychoanalyse, wirkte nahezu wie ein Erdbeben in der japanischen Geisteslandschaft. Fortan sollte das Ich-Erleben der Autoren bei vielen Prosaschöpfungen im Mittelpunkt stehen.

Mishima Yukio (1925–1970) ist einer der Autoren, die ihre Biographie, ihre Ängste und Zweifel ins Zentrum ihres literarischen Schaffens stellen. Die leidvolle Selbstfindung ist Thema seines Romans »Geständnis einer Maske« (*kamen no kokuhaku,* 1949). Die Erzählung »Der goldene Pavillon« (*kinkakuji,* 1956) handelt von einem Priester, der an dem Anspruch, Kunst und Leben harmonisch abzustimmen, scheitert und daraufhin verzweifelt den goldenen Pavillon in Kyoto, ein Symbol absoluter Schönheit, in Brand setzt.

Buchladen in Tokyo

Mishima, der immer weniger Person und Schaffen zu trennen vermochte, verfiel mehr und mehr abstrusen, nationalistischen Vorstellungen und beging 1970 nach traditioneller Art (*seppuku*) Selbstmord. Ähnliches internationales Ansehen wie Mishima erreichte sein Zeitgenosse Kawabata Yasunari (1889–1972). Ihm wurde 1968 der Literaturnobelpreis zugesprochen. Seine Prosa ist durchdrungen von traditionell japanischen Sehnsüchten des Liebesleids und der Todesnähe, wie etwa im Roman »Schönheit und Trauer« (*utsukushisa to kanoshimi to*, 1961). Auch Werke wie »Die schlafenden Schönen« (*nemuru bijo*, 1960) oder die frühe Erzählung »Schneeland« (*yukiguni*, 1947) machen seine Verwurzelung in altjapanischer Ästhetik und buddhistisch orientierter Weltentsagung spürbar. Vielleicht war es die Erfordernis einer letzten moralischen Konsequenz, die auch Kawabata dazu führte, im Jahre 1972 Selbstmord zu begehen.

Die gegenwärtige Literaturszene umfasst eine Vielzahl von Autoren und zunehmend auch Autorinnen. Zunächst ist der zweite Literatur-Nobelpreisträger von 1994, Oe Kenzaburo (geb. 1935) zu nennen, dessen Werk über Japan hinausreichende, politisch engagierte Aspekte enthalten, wie etwa im Roman »Die Brüder Nedokoro« (1967), wo er die Anpassungsschwierigkeiten junger Menschen in einer mehr und mehr seelenlosen, industriellen Gesellschaft beschreibt. Die Beziehung zu seinem mit Gehirnhernie geborenen Sohn Akira hat Oe in seinem wohl intimsten Werk »Eine persönliche Erfahrung« (1964) zum Ausdruck gebracht. Neben Oe prägt eine Vielzahl weiterer bekannter Schriftsteller wie etwa Abe Kobo, Tanizaki Junichiro und Inoue Yasushii die neuzeitliche Landschaft japanischer Literatur.

Als meisterliche Frauenliteratur gilt Enchi Fumiko (1905–1986). Ihr Werk (u. a. »Frauen, Masken«, 1958) beschwört ähnlich wie Kawabata eine vergängliche, scheinbar morbide Atmosphäre, in der die Frau und ihre Masken (Emotionen) ein dem Mann unerreichbares Eigenleben führen. Im Geiste Enchis schreibt die 1962 geborene Ogawa Yoko, deren Werke (u. a. »Liebe am Papierrand«, Yohaku no ai, 1993) eine kaum fassbare, im wahrsten Sinne unheimliche Stimmung kreieren und zumindest den männlichen Lesern die unergründbare, irritierende Welt weiblicher Gefühle vor Augen führen.

Die beiden Autoren Murakami Haruki und Murakami Ryu gehören zu den Stars der heutigen japanischen Literaturszene. Murakami Haruki, 1949 geboren, ist einer der international gefeierten, mit Preisen ausgezeichneten Schriftsteller. Seine Prosa ist nahezu vollständig in die deutsche Sprache übersetzt, wie etwa »Afterdark«, 2005. In der unlösbaren Verstrickung von Wirklichkeit und Irrationalität, von Diesseits und Jenseits führt er

Mineko Iwasaki auf der Frankfurter Buchmesse im Jahre 2002. Dort stellte die berühmte Geisha dem Publikum ihren Bestseller »Die wahre Geschichte der Geisha« vor, der auch verfilmt wurde.

RECHTE SEITE:
Kamakura Literaturmuseum

FOLGENDE DOPPELSEITE:

Manga – die japanische Bezeichnung für Comics – sind nicht nur in Japan äußerst populär. Die Mischform zwischen Literatur und darstellender Kunst erreicht phänomenale Verkaufszahlen und machte im Jahr 2002 über 38 Prozent aller Druckwerke aus. Deutsche Manga-Fans auf der Frankfurter Buchmesse (links); großes Manga-Plakat in einer Japaner Buchhandlung (rechts)

Ishikawa Museum für Moderne Literatur in Kanazawa

den Leser in eine Zwischenwelt, wo man den Verstand an der Garderobe lässt und einen Saal verwirrendster Schatten und Lichter betritt. Aber plötzlich kann sich scheinbare Wirklichkeit auftun, sei es auch nur in der Erwähnung eines Beatles Songs (wie etwa »Norwegian wood«).

Murakami Ryu wurde 1952 geboren. In Deutschland noch wenig bekannt und übersetzt (u. a. »In der Misosuppe«, 2006), gehört er in Japan zu den angesagtesten Autoren der heutigen Zeit. In seinen Werken outet sich eine junge japanische Generation, die weder Halt noch Wärme noch Hoffnung kennt. Ihr Leben, Denken und Fühlen erschöpft sich in Banalitäten. Die Flucht in die vermeintliche Coolness einer trendigen »Markenwelt« bestimmt ihren Alltag. Beziehungen und Emotionen sind zu bloßen Schablonen geworden, wenn eine neue Jeans mehr bedeutet als menschliche Nähe. Und plötzlich, als hätte man es die ganze Zeit gewusst, greift Gewalt um sich, wird sie ins Splatterhafte gesteigert und verliert sich wieder im Neo-Nichts, wo nur die Einsamkeit herrscht. Nur hier vermittelt sie im Gegensatz zu den »Aufzeichnungen aus Mußestunden« (s. Yoshida Kenko, 14. Jahrhundert) keine wahre Empfindung, sondern folgt der ernüchternd zeitgemäßen Devise: »Aus dem Nichts kommt Nichts«. Aber selbst dieses Nichts vermag junge japanische Literatur in eine irritierend magische Botschaft im Sinne der »magical mystery tour« zu verwandeln.

FILM

Neben einer Fülle international ausgezeichneter Filme, Regisseure und Schauspieler sind es folgende, preisgekrönte Produktionen, die als so genannte Meilensteine japanischer Filmkunst bezeichnet werden dürfen: Zunächst ist es Akira Kurosawas Film »Rashomon«, der 1951 in Venedig mit dem Goldenen Löwen und ein Jahr später mit dem Oskar für den besten ausländischen Film prämiert wurde. 1997 gewann Takeshi Kitano mit dem Film »Hana Bi« erneut die höchste Auszeichnung in Venedig. Und schließlich war es Hayao Miyazaki, der mit »Chihiros Reise ins Zauberland« 2003 den Oskar für den besten Animationsfilm (Anime) bekam. Davor, dazwischen und danach lässt sich eine bis heute bunte und aufregende Filmlandschaft beobachten, von der im Folgenden kurz berichtet werden soll.

Der älteste, heute noch erhaltene japanische Film ist die Bühnendokumentation des 1899 aufgeführten Kabuki-Stücks »Momijigari«. Es erstaunt nicht, dass es sich dabei um einen Horrorstoff handelt, ist doch die Begeisterung für Übernatürliches in Japan stets schnell zu entfachen. »Momijigari« erzählt die später oft variierte Geschichte vom tapferen Ritter und der schönen Frau, die sich nur allzu bald als Dämon entpuppt. Diesem frühen Filmereignis voraus ging 1897 die Vorstellung eines Kinematographen in Osaka.

Der japanische Film der Gründerjahre war eng verknüpft mit seinen Bühnenvorläufern No, Kabuki und Bunraku. In deren Tradition wurde das Filmgeschehen von der Person des »erzählenden Filmerklärers« (*benshi*) beherrscht, dessen Kunst darin bestand, die stumme Handlung zu erläutern, zu kommentieren und zu interpretieren. Der *benshi* war der Star. Sein Namenszug prangte auf jedem Filmplakat. Seine Erzählkunst entschied darüber, ob ein Film beim Publikum ankam oder nicht.

Beliebt waren Samurai-Filme mit ausladenden Schwertkampfszenen. Jedoch wurden auch schon ausländische Filme wie etwa »Das Kabinett des Dr. Caligari« von Robert Wiese (1919/20) aufgeführt. Als es in den Jahren 1912 und 1920 zur Gründung der Produktionsfirmen Nikkatsu und Shochiku kam, war der Grundstein für ein organisiertes Filmschaffen gelegt. Dabei beschränkte sich die Kreativität zunächst auf zwei Stoffgebiete, die auch wieder der Kabuki-Schaukunst entnommen waren, nämlich zum einen die »Historienstücke« und zum anderen die »Gegenwartsstücke«.

Trotz der steigenden Anzahl von Eigenproduktionen wurde die Kinolandschaft zunehmend von ausländischen, vorwiegend amerikanischen Filmen geprägt, wie etwa von Griffith, Lubitsch, Murnau und Chaplin. Dennoch wagte sich die erwähnte Produktionsfirma Shochiku an experimentelleren Filmstoff und ersetzte die traditionell männlichen Frauendarsteller (*onnagata*) durch »echte« Schauspielerinnen, von denen Harumi Hanayanagi die erste japanische Kino-Schauspielerin wurde.

Ungeachtet der Rückschläge, die das Tokyo-Erdbeben von 1923 mit sich brachte, lebte das japanische Filmschaffen weiter. 1927 kam es schließlich zur Gründung des ersten Tonfilmstudios (*showa*

FOLGENDE DOPPELSEITE:
Werbeplakate für Filme im japanischen Kino

Szene aus »Letters from Iwo Jima«

Die japanische Schauspielerin Aya Irizuki auf der Berlinale 2008. Im Rahmen der 58. Internationalen Filmfestspiele wurde Doris Dorries Film »Kirschblüten – Hanami« gezeigt, in welchem u.a. Aya Irizuki mitwirkt.

Einsamkeit, die Unfähigkeit, sich auf Menschen einzulassen, und Kontrollsucht sind die Themen von »Tony Takitani« – die erfolgreiche filmische Umsetzung des gleichnamigen Romans von Haruki Murakami.

kinema). Der Siegeszug des Tonfilms bewirkte alsbald den Untergang der bislang gefeierten Filmerzähler und eine zunehmende Emanzipation des Films vom Theater. Japans erster Tonfilm war Heinosuke Goshos Werk »Madame und meine Gattin« (1931), eine Farce um westliche Jazzmusik und Liebeswirren.Beim Publikum beliebt waren Dramen um tragische Liebesfälle oder um das Geschick des »Kleinen Mannes«, der sich in den Problemen des Alltags bewährt. Yasujiro Ozu (1903–1963) hieß jener Regisseur, der der japanischen Mittelschicht ein filmisches Denkmal setzte. Seine sozial orientierten Filmstoffe, die neuartigen Schnitttechniken und Kamerapositionen haben westliche Regisseure bis in die Gegenwart hinein beeinflusst.

Mit dem Beginn der Showa-Zeit (1926–1989) wuchs der politische Druck auch auf das Filmschaffen. Die Politisierung des Films zum Zweck der Agitation für ein totalitäres Militärregime wurde programmatisch betrieben. So wurden ab 1937 Importbeschränkungen für ausländische Filme durchgesetzt. An ihre Stelle traten einheimische Produktionen mit patriotischen Themen wie etwa Tasako Tomotakas Film »Erde und Soldaten« (1939). Gefördert wurden linientreue Dokumentarfilme und staatlich gelenkte Wochenschauen. Eine neue Produktionsfirma mit Namen Toko wurde gegründet. Auch der später berühmte Regisseur Akira Kurosawa schuf zeitgemäß positive Werke wie etwa den Film »Am allerschönsten« (1944).

Der Demokratisierungsprozess, welcher mit der Kapitulation Japans 1945 einsetzte, führte zu einer Neuorientierung des Filmschaffens unter amerikanischer Aufsicht. Das Civil Information and Education Office (CIE) förderte Filmvorhaben, die zu antikommunistischen Aktionen aufriefen. Im Jahre 1950 kam es schließlich zum Berufsverbot aller in der Filmbranche tätigen Kommunisten und zur Produktion von solch Demokratie fördernden Werken wie »Feinde des Volkes« von 1946.

Der Wiederaufbau Japans hatte begonnen. Man verlangte nach positiver Unterhaltung. Mütterfilme, in denen »Trümmerfrauen« selbstlos handelten, oder die in den 1960er-Jahren geschaffenen »Tora-san«-Komödien sorgten für Tränen der Rührung und der Freude. Erste Filmküsse (1959) eröffneten ein Zeitalter der Offenheit, wobei der allzu nackte Leib zwar weiterhin tabuisiert blieb, Filmthemen jedoch oft den Weg unter die Gürtellinie suchten. Als Akira Kurosawa 1950 mit »Rashomon« reüssierte (s. o.), begann der Siegeszug des japanischen Films als internationales Kunstprodukt und Trendsetter. Von Altmeister Kurosawa, in dessen Werk sich Ost und West ein Stelldichein geben, stammen u. a. »Die sieben Samurai« (1953/54) – ein Film,

der John Sturges' »Die glorreichen Sieben«
(1960) als Vorlage diente – und »Yojimbo«
(1961), dessen illusionsloser Held, der von
Toshiro Mifune verkörpert wird, die Vorlage
für Clint Eastwood in Sergio Leones Western
»Für eine Handvoll Dollar« (1964) lieferte.
Weiterhin verfilmte Kurosawa Dostojewskis
Roman »Der Idiot« (1951), Gorkis »Nachtasyl«
(1957) und Shakespeares »Macbeth« (1957).

Mit dem Trauma des Atombombenabwurfs
beschäftigten sich sogenannte Monsterfilme
wie z.B. »Gojira« (1954), die zwar keinen Wert
auf künstlerischen Anspruch legten, dafür
aber vom japanischen Konsumenten umso en-
thusiastischer aufgenommen wurden. Ihre
Protagonisten sind Alptraumkinder und Angst-
visualisierungen der Atomverseuchung wie
Godzilla, Gameru oder Mothra, die die
Menschheit bedrohten und zu Prototypen
weltweit bekannter Monstergestalten wurden.

Postmoderne Ängste und Neurosen, der Horror von Isolation und Einsamkeit sowie die
Leere einer illusionslosen, gewaltbereiten Gesellschaft spiegeln – im Stile des »film noire« –
die Gangsterfilme von Takeshi Kitano wider,
so z. B. sein Film »Hanabi« (1997). Sie ähneln
in ihrer kühlen Resignation Werken wie »Le
Samourai« (1967) von Jean-Pierre Melville.

Ein weiteres typisch japanisches Trauma,
nämlich die Angst vor dem Weiblichen, durchzieht die gesamte japanische Kulturgeschichte
und wurde vorzugsweise vom Film adaptiert.
Der Vamp bzw. die wilde, emanzipierte Frau
rüttelt empfindlich an den Grundfesten einer
selbstverliebten Männerwelt. Diese Frau ist
ein »Verwandlungswesen« (jap. »bakemono«,
dt. »Dämon«). Nichts an ihr ist echt. Ihre wahre Natur ist die einer Katze oder eines Fuchses. Nichts ist ihr heilig außer ihrer destrukti-
ven Enthemmtheit. Sie rächt sich am Mann für
erlittenes Unrecht oder gar aus momentaner

VORHERIGE DOPPELSEITE:

Tadanobu Asano und Sayuri Yo-
shinaga im Jahre 2008 auf der
Berlinale. Beide Schauspieler sind
in dem japanischen Familien-
drama »Kabei – Our Mother«
zu sehen (linke Seite).
Hiroyuki Sanada (rechte Seite) ist
einer der Darsteller in dem Spiel-
film »Last Samurai«.

Szenenfoto aus dem Zeichen-
trickfilm »Digimon – Der Film«.
Ursprünglich wurden die Digi-
mons als Cartoonserie für das
Fernsehen entwickelt, die sensa-
tionelle Einschaltquoten in den
Vereinigten Staaten und Japan
erreichten.

Laune. Sie spielt mit ihm, wie die Katze mit der Maus. Wieder liegen die Wurzeln in alten Schau-
künsten, wie etwa im No- und im Kabuki-Theater, in denen weibliche Rachegeister empfindsame
Männerseelen peinigen. So auch im Kabuki-Spiel von Tsuruya Nanboku, »Gespenstergeschichten
aus Yotsuya« (1825), in dessen Verlauf der Geist der geschundenen Ehefrau O-Iwa ihren bösen Ehemann in den Tod treibt. Diese bluttriefende Geschichte wurde mehr als zwanzigmal verfilmt.

Ein weiteres Beispiel, das von den Umtrieben emotional entfesselter Frauen berichtet, ist »Im Reich
der Sinne«, der Skandalfilm von Nagisa Oshima aus dem Jahre 1976. Dort steigert sich die Wollust
einer liebenden Frau in sexuelle Tollwut, die bewirkt, dass sie den Geliebten entmannt. Auch hier
werden Männerängste vor fleischlicher Lust, femininer Sinnlichkeit und vor Potenzverlust in Szene
gesetzt. Und es ist nur ein kurzer Schritt bis zu den Filmen des Trendregisseurs Takashi Miike. Sein
Film »Audition« von 1999 erzählt die schaurige Geschichte eines Witwers auf Brautschau. Er begegnet der schönen Unbekannten, verfällt ihr und muss ihr Opfer werden. Die Opferung gerät zum
Rausch, die Sinne schreien nach Blut, der Dämon Frau zelebriert die ihm eigene Destruktivität, die
die Männerwelt erzittern lässt.

Horror, Magie, Fantasie und Sciencefiction sind auch Themen der »Anime« genannten Zeichentrick-filme. Letztere sind, neben Amerika, eine Domäne japanischen Kulturschaffens, die weit über die Grenzen des eigenen Landes hinaus andere Kulturen beeinflusst. Es ist eine Subkultur aus eigener Bild- und Zeichensprache, eigenen Texten, eigenen Denkprozessen und Emotionen, die der Außen-stehende kaum mehr zu entschlüsseln vermag.

Anime entstand zu Beginn des 20. Jahrhunderts und erlangte nach dem Zweiten Weltkrieg interna-tionale Anerkennung mit Produktionen des Studios Ghibli, die auch im Ausland für Furore sorgten. Zu erwähntem Studio gehört der Anime-Künstler Hayao Miyasaki, aus dessen Schmiede Filme wie »Prinzession Mononoke« (1997) oder »Chihiros Reise ins Zauberland« (2001) stammen.

Aufgrund seiner Popularität und der medialen Verbreitung, die Kinder, Jugendliche und Erwachsene zu treuen, aber auch süchtigen Anhängern werden lässt, verfügt dieses moderne Filmgenre über nahezu unkontrollierbare Macht und Einflussstärke. Letztere kann als kunstvolle Fantasiestimulans positive, als faschismusnahe Banalunterhaltung aber leider auch negative Auswirkungen haben.

»Das wandelnde Schloss« – ein Anime-Film des Studios Ghibli – erschien 2004 in den Kinos. Der Anime-Film hat das Kinderbuch »Sophie im Schloss des Zaube-rers« als thematische Grundlage.

RECHTE SEITE:
Buddhistisches Mandala aus
Tibet. Mandalas haben neben
dem künstlerischen Effekt vor
allem einen Status als Hilfsmittel
im Bereich der Meditation.

FOLGENDE DOPPELSEITE:
Bildrolle aus dem 17. Jahrhundert. Es zeigt eine Illustration zu
der berühmten »Legende über
den Fischer Urashima«. In diesem
Märchen wird die Geschichte eines Fischers erzählt, der zum
Dank für die Rettung einer Schildkröte von einer Meeresprinzessin
in ihren Unterwasserpalast einge-
laden wird. Als er nach einiger
Zeit wieder an Land geht, muss
er feststellen, dass die Zeit auf
Erden um ein Hundertfaches
schneller vergangen ist als in dem
Palast, sodass er nichts mehr so
vorfindet, wie er es verlassen hat.

MALEREI

Gleich vielen anderen Kunstgattungen (u.a. Plastik, Theater, Musik)
war auch die Malerei in ihrer frühen Form religiös, d.h. hauptsächlich
buddhistisch ausgerichtet. Sie stand vorwiegend unter chinesischem
bzw. koreanischem Einfluss, entwickelte aber später durchaus ein ei-
genständiges Profil. Gemalt wurde vorzugsweise auf Papierrollen. Darüber hinaus dienten auch Seide, Stellschirme, Fächer und bisweilen
Schiebewände als Malgrund.

Will man die verschiedenen Formen japanischer Malerei erläutern, sind
u.a. fünf charakteristische Mal-Genres zu erwähnen, das Mandala, das
Yamato-Bild (*yamato-e*), das Tuschbild (*sumi-e*), die Dekormalerei und
der Farbholzschnitt (*ukiyo-e*).

Das Mandala entstammt neben Porträts von Buddhas und Heiligen der
frühgeschichtlichen (ca. 9. Jahrhundert), buddhistisch orientierten Malerei. Es handelt sich um ein grafisches Diagramm, in dem der weiter-
verzweigte, hierarchisch geordnete Kosmos buddhistischer Gottheiten
dargestellt ist. Dazu gehören Buddhas (jap. *butsu, nyorai*), Erleuchtungswesen (*bodhisattva*, jap. *bosatsu*) und eine Vielzahl von Him-
melskönigen, Schutzgottheiten und Patriarchen. Sie alle gruppieren
sich um den im Zentrum befindlichen Großen Sonnenbuddha (jap. *Dainichi nyorai*), zu dessen Seiten weitere Buddhas etc. angeordnet sind.

Das Mandala gehört zur Ritualtradition esoterisch-buddhistischer Schulen (u.a. Shingon) und dient vorrangig als Hilfsmittel zur Meditation.
Eine zeitlich spätere buddhistische Schulrichtung (Jodo-shin-shu, ca.
13. Jahrhundert) verehrte in ihrem Mandala den Erlöserbuddha Amidha nebst seines zukünftigen Paradieses des »Reinen Landes« (jap. *Jodo*).

Mit den »genuin japanischen Bildern« (*yamato-e*), deren Blütezeit im
12. bis 14. Jahrhundert lag, löste sich die Malerei von religiös geprägter
Gebundenheit. Die Thematik wechselte zur Naturdarstellung im Wandel
der vier Jahreszeiten. Dazu gehören auch die Wiedergabe von Hof-
empfängen, Tanzvergnügen und weiteren Geselligkeiten. Letztere wurden vorzugsweise auf so genannten farbigen »Rollbildern« (jap. *e-maki-
mono*) festgehalten. Man betrachtete sie von rechts nach links und ließ
so das Auge über Bilder des höfischen Lebens der damaligen Zeit
schweifen.

Berühmt sind die im Original erhaltenen Bildrollen, die die Geschichte
des Prinzen Genji (s. Kapitel Literatur) in Szene setzen. Der Sinn für das
farblich Dekorative, die ausgewogene Komposition der verschiedenen

Figurengruppen sowie die Motive der dachlosen Häuser, in die man wie aus der Vogelperspektive schaut, lassen diese Genji-Bilder zu einer intimen Demonstration der damaligen höfischen Zeit werden. Sie sind Vorläufer einer späteren japanischen Malerei, die bis in die Comiczeichnungen unserer Tage reicht.

Ein weiterer Malstil, mit dem sich japanisches Empfinden vielleicht am direktesten identifiziert, ist die Kunst der Tuschebilder. Sie hatten ihre Blütezeit in dem vom Zen-Buddhismus beeinflussten Kunstschaffen der Muromachi-Zeit (1333–1573). Tuschmalerei bedarf wenig Aufwands: Papier, schwarze Tusche, einen hart- oder weichborstigen Pinsel, dazu die vorausgehende geistige Ver-

Dieses Bild aus dem 12. Jahrhundert gehört zu den frühesten Meisterwerken der japanischen »Yamato-e«-Kunst. Es ist eines von insgesamt vier als »Choju Giga« (Tierrollen) bezeichneten Papierrollen im Kozan-ji-Temple in Kyoto. In dieser Persiflage werden anthropomorphisierte Tiere dargestellt.

senkung und der sich daraus ergebende, sich plötzlich freisetzende, gestalterische Akt. In meist kurzen, prägnanten Pinselschichten und unendlich möglichen Variationen der Schattierung werden z.B. ein Bambuszweig nebst Sperling wie durch Magie aufs Papier gezaubert. Zu sehen ist nur das unbedingt Nötige, ansonsten bleibt die Fläche frei. Der Blick des Betrachters verweilt auf dem spärlich Gezeigten. Beide, Maler und Betrachter, durchleben Prozesse des Gewahrwerdens kaum mehr vermittelbarer Wirklichkeit. Es ist ein Austausch in stummer, bewegungsloser Ekstase.

Wenn sich der nur skizzenhaft angedeutete Wanderer in Sesshus winterlicher Bergwelt in den Strichkombination der ihn umgebenden Landschaft verliert, kann der Betrachter die Energie verspüren,

«Sumi-e«-Bild von Shugetsu.
Mit nur wenigen Pinselstrichen
wird der Fischreiher zu Papier
gebracht.

die die Natur in sich birgt, wenn man sie spirituell zu empfinden vermag. Die den Tuschbildern oft beigefügten Kalligrafien sind von gleicher Art. Sie scheinen dem Abgebildeten zu entspringen, so wie das Abgebildete ein Teil ihrer selbst ist.

Mit den Tuschbildern nicht verwandt, aber zeit- und wesensnah ist die Dekorative Malerei der Momoyama-Zeit (1573–1603), eine weitere Seite japanischen Kunstschaffens. Ihre Themenkreise rankten sich u. a. um die farbenfrohe Darstellung von Blumen, Kiefern, Pflaumenbäumen sowie Vögeln, Löwen und Tigern. Diese wurden auf Blattgold-Untergrund pompös, leicht aufdringlich aufgemalt

Kunstvolle Gestaltung eines Fächers. Diese Schwarz-Weiß-Abbildung zeigt ein Werk der Tosa-Schule im Bereich der dekorativen Malerei.

und schmückten so die Schiebetüren diverser Paläste. Führende Meister der Kano- und Tosa-Schulen folgten damit dem Wunsch ihrer Auftraggeber, weltlichen Besitz augenfällig zu bekunden. Das prunkvoll Dekorative zeigte ungehemmt den diesseitig ausgerichteten Geschmack seiner Zeit und spielte ungeniert mit Tuschbildelementen, wobei der Trend zum späteren Farbholzschnitt durchaus erkennbar ist. Natürlich lassen sich Tuschmalerei und Dekorkunst nicht vereinen, sie gehören jedoch zu einer nicht nur japanischen Seele, die Paradoxien genüsslich in sich vereint.

Mit den in der Edo-Zeit (1603–1868) aufkommenden Bildern der fließenden, vergänglichen Welt (*ukiyo-e*) schuf sich das zu Einfluss gelangte Bürgertum neben Kabuki und Puppen-Schaukunst ein gelungenes Selbstporträt.

Der Farbholzschnitt entstand teilweise als krasses Abziehbild urbanen Vergnügens. Seine Themen kreisen um die Welt der Kurtisanen, zeigen Schauspieler- und Sumo-Porträts, dokumentieren das schauderhafte Treiben der Dämonen und wenden sich vor allem in späteren Bildern der Naturbetrachtung zu. Farbholzschnitte entsprechen damit dem allzu profanen Interesse ihrer Auftraggeber. Sie galten kaum als Kunst, sondern wurden eher wie Gebrauchsgut behandelt. Der Rahmen ihres Erschaffens spannte sich von Hishikawa Moronobus Schwarz-Weiß-Bildern über die raffinierten Drukktechniken der Holzschnittmeister Suzuki Harunobu (1725–1770) und Kitagawa Utamaro (1753–1806) bis zu

六十余州名所図会

播磨
舞子の浜

RECHTE SEITE:

»Flirt am Wasserfall« von Harunobu Suzuki (1725–1770)

FOLGENDE DOPPELSEITE:

»Die große Welle vor Kanagawa«
von Katsushika Hokusai ist eines
der bekanntesten Bilder Japans.
Es stammt aus der Bildserie
»36 Ansichten des Berges Fuji«,
die zwischen 1830 und 1836
entstand.

Ein Exemplar aus der Reihe von
»36 Ansichten des Berges Fuji«
von Katsushika Hokusai

den Werken von Katsushika Hokusai (1760–1849) und Ando Hiroshige (1797–1858). Waren Moronobus Drucke noch ungelenk und handkoloriert, steigerte sich die Herstellungstechnik bei Harunobu zu sogenannten »Brokatbildern«. Toshusai Sharaku, dessen Leben weitgehend unbekannt ist,
war Vertreter einer bereits psychologisierenden Kunst, die nicht nur den dargestellten Schauspieler,
sondern darüber hinaus seine Rolle deutlich machte.

Die beiden letzten großen Holzschnittgenies, Hokusai und Hiroshige, stehen für empfindsame Naturbetrachtungen, wie etwa Hokusais »36 Ansichten des Berges Fuji«. Einflüsse europäischer Kunst
mit perspektivischen Komponenten sind bereits erkennbar. Dahingegen wurde Hiroshiges Pflau-
menblütenbild im Jahre 1887 von Vincent van Gogh in Ölfarben nachgemalt. Original und Kopie
sind reizvolle Zeugen einer westöstlichen Unvereinbarkeit.

Letztere bewahrheitet sich oft in der zeitgenössischen japanischen Malerei, in der der Künstler, sobald er eben erwähnte Traditionen pflegt, auf sicherem, identitätsnahem Terrain arbeitet. Die Verwurzelung im japanisch Alten und das Studium des westlich Neuen lassen Bilder entstehen, wie sie
etwa Higashiyama Kaii (1908–1999) schuf, der als herausragender Vertreter moderner japanischer
Landschaftsmalerei gilt. Sein Bild »Abendstille« ist dem westlichen Auge zwar vertraut, doch mag es
auch als geniale Hommage an die japanische Maltraditionen gelten.

ARCHITEKTUR

Der frühgeschichtliche japanische Mensch sah sich den Naturgewalten oft schutzlos ausgeliefert. Todbringende Erdbeben, Taifune und Vulkanausbrüche, aber auch lebensspendende Sonne und Regen begleiteten sein Leben. Die häuslichen vier Wände boten im Katastrophenfall wenig Schutz, obwohl auch schon im Altertum annähernd erdbebensicher gebaut wurde, denn die tragenden Eckpfeiler eines Hauses waren so angebracht, dass sie durch Mitschwingen leichtere Erdstöße ausglichen.

Der zerstörenden Kraft der Natur bewusst, verzichtete der Mensch auf das Wohnhaus als Obdach. »My home is my castle« entspringt einer europäischen Vorstellung, die Japanern fernliegt. Vielmehr bauten sie leichte, zerbrechliche, jedoch zweckmäßige Wohnmodelle, die zwar vor Hitze schützten,

Japanische Architektur zeichnet sich durch Einfachheit, Ausgewogenheit und klare Struktur aus.

den Naturgewalten aber kein Hindernis boten. Die Floskel *shikata ga nai* – »da kann man nichts machen« – verdeutlicht nicht nur Resignation, sondern nimmt vielmehr das Unglück zum Anlass, Neues zu kreieren. Das Material, das zum Hausbau verwendet wurde, war vorrangig Holz, denn davon lieferten die dicht bewaldeten Bergregionen im Überfluss.

Grundlegend für die japanische Architektur sind Einfachheit, Ausgewogenheit, klare Struktur und Eleganz. Die raue Wirklichkeit verbietet malerisches Dekor und architektonische Verspieltheit. Vier Eckpfosten zur Erdbebensicherung auf Steinplatten gesetzt tragen eine aus weiteren Pfeilern und Balken bestehende, offene Raumkonstruktion, die ca. 50 Zentimeter über dem Erdboden angebracht ist. Die Pfahlbaukonstruktion südostasiatischer Länder stand hier Pate. Sie fördert nicht nur die Zirkulation der Luft zwischen den Räumen, sondern beugt darüber hinaus der Verschimmelung des Holzes vor.

Ein dekoratives Element in der traditionellen japanischen Architektur sind bemalte Schiebetüren.

Großzügige Fenster und Schiebetüren lassen die Grenzen zwischen Innen und Außen fließend werden und geben den Blick frei auf die kunstvoll gestalteten Gärten.

Weitere Elemente des ländlichen Hauses sind lehmverputzte Wände und verschiebbare weiße Papiertüren (*fusuma*) und -fenster (*shoji*). Aufgrund der Beweglichkeit dieser Bauelemente kann das Innere des Hauses variiert werden, indem man z. B. aus einem kleinen Wohnraum durch Verschieben der Wände eine größere Halle schafft. Der Boden besteht aus gepressten Strohmatten, sogenannten *tatami*. Ihre Größe beträgt üblicherweise 1,64 Quadratmeter, kann aber je nach Region unterschiedlich ausfallen. Die Größe eines Raumes ist daher nicht in Quadratmetern, sondern in der Anzahl der ausgelegten Matten ausgewiesen.

Zum Mobiliar zählen ein Tisch, diverse Sitzkissen und Wandschränke, in denen neben Kleidung, Hausgeräten usw. auch die Schlafmatten (*futon*) untergebracht sind. Letztere werden abends herausgeholt und ausgerollt, der Tisch zur Seite geschoben, die Sitzkissen aufgestapelt – fertig ist das Schlafzimmer. So kann auch ohne großen Aufwand ein Gästezimmer eingerichtet werden.

Von den vier Grundpfeilern gestützt ist das Dach, welches früher aus Reet, heute zumeist aus Ziegeln besteht. Gekrönt wird das Dach oft von der Nachbildung eines Fischs, der der Abwehr von Feuer dient.

Weiterhin charakteristisch für das japanische Haus sind der Eingangsbereich (*genkan*) und die Schmucknische (*tokonoma*). Vom ebenerdig gelegenen Eingangsbereich gelangt der Besucher über ein paar Stufen ins Haupthaus. Im *genkan* wird er vom Hausherrn empfangen bzw. verabschiedet.

Hier entledigt er sich seiner Schuhe und schlüpft in bereitstehende Besucherpantoffeln, die im »San-dalenschrank« (*getabako*) aufbewahrt werden.

Äußerer Schrein im Ise-Schrein, der im 6. Jahrhundert errichtet wurde

Die Schmucknische (*tokonoma*) verkörpert die »Seele« des Hauses. Sie ist oft der ganze Stolz der Fa-milie und sollte vom Besucher dementsprechend gewürdigt werden. Sie befindet sich meistens im Wohnzimmer. In ihr ist ein Rollbild mit Naturmotiven angebracht, das der Jahreszeit entsprechend ausgewechselt wird. Des Öfteren stehen dort auch ein Räuchergefäß oder eine Keramikvase even-tuell mit Blumenarrangement (*ikebana*).

Vorbilder dieser bis in die japanische Frühzeit reichenden Architektur sind die shintoistischen Schrei-ne. Als deren Hauptheiligtum gilt der Schrein von Ise aus dem 6. Jahrhundert n. Chr., der der Son-nengöttin (*amaterasu o mikami*) geweiht ist. Die aus zwei Hälften bestehende Anlage verfügt über ca. 200 Gebäude, von denen ein Teil alle 20 Jahre abgebaut und mit neuem Holz wiedererrichtet wird. Der nächste Wiederaufbau findet 2013 statt. Charakteristische Bauelemente sind das Sattel-dach, die gekreuzten Giebelsparren (*chigi*), auf dem Dachfirst angebrachte Röhrenelemente (*kat-suogi*) und die leichte, offene Bauweise.

Als einen Höhepunkt traditioneller japanischer Architektur lässt sich die kaiserliche Villa (*katsura rikyu*) in Kyoto bezeichnen. Sie wurde ca. 1590 auf Anordnung des Feldherren Toyotomi Hideyo-shi (1536–1598) vom Künstler und Baumeister Katori Enshu gebaut. Die drei stufenartig aneinander gefügten Bauten (alter, mittlerer und neuer Bau) bilden mit dem sie umgebenden Garten eine perfekte Einheit. Dem Betrachter ist es nahezu unmöglich, Häuser und Garten getrennt zu betrachten, obwohl jedes Haus für sich ein Kunstwerk ist. Allein das Althaus mit seiner Mondbetrachtungsterrasse besticht durch vollendete Proportionen. Vor allem seine Einfachheit und schmucklose Unaufdringlichkeit bescheren dem Betrachter ein Bild kunstvoller Harmonie. Der deutsche Architekt Bruno Traut (1880–1938) zeigte sich bei ihrem Anblick tief beeindruckt. Tatsächlich hat die kaiserliche Villa die moderne Architektur immens beeinflusst.

Natürlich brachten neue Materialen wie etwa Stahl und Beton sowie neue Techniken zur Errichtung erdbebensicherer Bauwerke auch neue architektonische Stilrichtungen hervor. Hochhäuser mit un-

vorstellbaren Ausmaßen werden gebaut oder sind geplant. Doch der Blick zurück auf eine leichte, unaufdringliche und umweltorientierte Bauweise ist geblieben. Nach wie vor bleibt der Respekt vor der Natur und das Bewusstsein ihrer Allmacht ist nie verschwunden. Vor allem aber hat die moderne, risikofreudige Baukunst in ihren Glanzwerken das Gefühl für den architektonischen Rhythmus, der in den kaiserlichen Villen spürbar ist, behalten.

Ein Beispiel dafür ist das 1983 von Oe Hiroshi erbaute No-Nationaltheater in Tokyo. Auch hier hat man verstanden, eine Komposition von Häusern zu schaffen, die eine ähnliche Harmonie wie die kaiserliche Villa ausstrahlen. Ihre scheinbar sachliche Gestaltung ist durchdrungen von nahezu Zen-buddhistischem Gespür für das Wesentliche, von dem unnötiger Zierrat abgefallen ist.

Kaiserliche Katsura-Villa – angelegt im späten 16. Jahrhundert, vollendet ca. 1624. Zu sehen sind der Teich, das Gebäude Kosho-in und der Pavillon Geppa-ro.

FOLGENDE DOPPELSEITE:
Das National Art Center in Tokyo
wurde von dem japanischen
Architekten Kisho Kurokawa
entworfen.

Schon bald nach Ende des Zweiten Weltkriegs entstand, den neuen Möglichkeiten folgend, eine Vielzahl moderner Gebäude, wie etwa das Spiralbuilding in Tokyo/Aoyama (1985) und das Tokyo Metropolitan Government (Architekt Kenzo Tange/1991). Sie verkörpern den kühlen Stil zweckmäßiger, einfacher Eleganz, die ergänzt wird vom japantypischen Formgefühl. Daneben dominieren in den Großstädten allerdings hässliche Massensiedlungen, die bei aller Begeisterung, die die neue Baukunst entfacht, wie Pilze aus dem Boden sprießen.

RECHTE SEITE UND UNTEN:
Das traditionelle Dorf Shirakawa-
go steht seit 1995 auf der Welt-
kulturerbe-Liste der UNESCO. Zu
sehen sind historische Gebäude
im Gassho-zukuri-Stil.

Tokyo ist und bleibt aber ein Eldorado architektonischer Inspiration. Der 2003 fertiggestellte Wohnkomplex Roppongi-Hill ist z. B. eine Oase inmitten der unüberschaubaren Stadtlandschaft. Den Plänen des Milliardärs Mori folgend wurde ein Komplex aus Wohnungen, Geschäften, Büros, Bars etc. gebaut, der allen Ansprüchen ökologischen Wohnens entspricht und damit richtungweisend für eine Stadtplanung urbaner Erneuerung steht. Zentraler Punkt dieses Viertels ist der 2003 errichtete Mori Tower.

RECHTE SEITE:
Mori Tower in dem Tokyoter
Stadtviertel Roppongi

FOLGENDE DOPPELSEITE:
Das aktuelle Projekt des japani-
schen Architekten Tange Kenzo:
Der 205 Meter hohe Tokyo Mode
Gakuen soll 2009 fertig gestellt
werden (linke Seite).
Tokyo Dome (rechte Seite)

Straßenkreuzung in Roppongi
mit dem Shinjuku Park Tower
im Hintergrund

Ähnliche Bauwerke, die die Energie und Erfindungskraft japanischer Architekten demonstrieren, finden sich in nahezu jeder Großstadt des Landes, wie etwa das 170 Meter große Umeda-Sky-Building, eine von Friedensreich Hundertwasser 2001 fertig gestellte Recyclinganlage in Osaka, sowie das berühmte Olympiastadion oder die Marienkathedrale (beide von Kenzo Tange) in Tokyo. All diese Gebäude verkörpern den Ideenreichtum moderner japanischer Architektur. Ihre frische Eleganz und ihre vom Zen beeinflusste Schlichtheit erinnern trotz ihrer zuweilen gigantischen Ausmaße an bereits erwähnte kaiserliche Villa, denn auch sie scheinen nie gegen, sondern immer mit der Natur gebaut worden zu sein.

Doch wie steht es mit Bauvorhaben, die zukünftig auf den künstlich geschaffenen Inseln der Tokyo-Bucht entstehen sollen? Wie wird sich der geplante Millenium-Tower mit seiner Höhe von 840 Metern und bewohnt von 50 000 Menschen noch in den Reigen der schlichten und naturbezogenen Bauwerke einreihen lassen? Wie wird der Mensch auf eine Robotik reagieren, die das Funktionieren in diesem Bauwerk regelt? Und wie antwortet die Natur auf eine solche Gigantomanie?

MEDIEN

Japanische Massenmedien sind weitverbreitet, berichten meist objektiv und sehr detailliert und haben großen Einfluss auf Meinungsbildung und Konsum. Der Wettbewerb zwischen einzelnen Medien um Sensationen, Aktualität und Ausführlichkeit ist dementsprechend hart und nimmt zunehmend unethische Ausmaße an. So wird seit Jahrzehnten die Notwendigkeit eines strengen Medienkodexes diskutiert, um die Privatsphäre und die Anonymität von Prominenz, Kriminalitäts- oder Katastrophenopfern und anderen Betroffenen zu wahren.

Die Nutzung des Internets zur Informationsbeschaffung nimmt – wie in allen anderen Ländern der Welt – stetig zu. Im Jahr 2006 verfügten bereits über 85 Prozent aller Haushalte über einen bzw. mehrere Internetzugänge, davon mehr als 72 Prozent per Breitband.

ZEITUNGEN UND ZEITSCHRIFTEN

Mit täglich 52 Millionen. Exemplaren – davon 5 Millionen Boulevard- und Sportzeitungen (2007) – hat Japan die weltweit höchste Lesequote von Tageszeitungen. Bemerkenswert ist dabei der hohe Anteil an Abonnements: Fast 95 Prozent aller Exemplare werden allmorgendlich von Zeitungsboten ausgeliefert (2007). Diese Zahl ist allerdings rückläufig. Im Jahre 1997 wurden in jedem Haushalt noch durchschnittlich 1,18 Zeitung gelesen. Innerhalb von zehn Jahren ist diese Zahl auf 1,01 gesunken.

Neben den Tageszeitungen finden auch Zeitschriften guten Absatz. Im Gegensatz zu Zeitungen kauft man sie meist an Bahnhofskiosken oder in Buchhandlungen. Zwölf große Wochenzeitschriften (Comics ausgenommen) haben eine Auflagenstärke von insgesamt 4,6 Millionen, vier große Fotowochenzeitschriften eine von 1,5 Millionen (2007). Inhaltlich rangieren die Tageszeitungen eher auf dem Niveau der Boulevardpresse, die monatlich erscheinenden Zeitschriften dagegen liefern Qualität.

RUNDFUNK UND FERNSEHEN

Radio hören ist nicht mehr so beliebt wie früher oder wie in andereng Ländern. Heute beschäftigen sich Japaner mit ca. vier Stunden pro Tag (2006) weltweit am längsten mit dem Fernsehen. Das heißt, dass außerhalb der Arbeits- und Schlafstunden fast die ganze Zeit ferngesehen wird. Dementsprechend vielfältig sind die angebotenen Programme. Bereits im Jahre 1960 war es in Tokyo möglich, mit einem Farbfernseher neben der 1925 gegründeten öffentlich-rechtlichen Rundfunkanstalt NHK vier Privatsender zu empfangen.

Wie andere elektrische oder technische Geräte oder Autos werden in Japan auch Fernsehgeräte häufig neu gekauft, wenn ein neues Modell auf den Markt kommt. In manchen Familien steht deshalb in fast jedem Zimmer ein Fernseher. Bei Naturkatastrophen wie Erdbeben dienen Radio und Fernsehen als wichtigste Informationsquellen. Das System ist dabei hochentwickelt: Unmittelbar nach einem Erdbeben z. B. werden Stärke, Epizentrum und mögliche Tsunami-Gefahren im Fernsehen eingeblendet.

Japanische Wirtschaftsmagazine

FOTO RECHTS:
Kimono – das traditionelle
Kleidungsstück Japans

*NACHFOLGENDE
DOPPELSEITE:*
Zu festlichen Anlässen tragen
nicht nur junge Frauen, sondern
auch Kinder die farbenprächtigen
Kimonos.

KLEIDUNG

Ein traditionelles japanisches Kleidungsstück ist der Kimono. Wörtlich übersetzt bedeutet er »Anziehsache« und wird sowohl von Männern als auch von Frauen getragen. Er hat einen schlichten, geraden, rechteckigen Schnitt. Die Ärmel sind sehr weit und ebenfalls rechteckig geschnitten, wodurch das Kleidungsstück seine so genannte T-Form erhält. Grundsätzlich gibt es Kimonos nur in einer Einheitsgröße. Erst beim Anziehen wird er je nach Körpergröße und -umfang gefaltet und durch den *obi*, einen meist breiten Gürtel aus Stoff, an der Taille zusammengehalten. Der Kimono lässt sich aufgrund seiner Form leicht zusammenlegen und wird gefaltet in einer großen, aber nur ein paar Zentimeter tiefen, speziellen Schublade im Kleiderschrank aufbewahrt.

In der Geschichte taucht der heutige Kimono spätestens in der Heian-Ära (794–1192) als Kleidung der Adeligen auf, wobei man immer noch nicht genau weiß, was das damalige Volk trug. Was die Frauen im Kaiserhaus trugen, ist hingegen bekannt: die *Junihitoe*, eine elegante, aufwendige und buchstäblich vielschichtige Version des Kimonos, die obendrein ausgesprochen schwer war. *Juni* (gesprochen: Dschuh Ni, *ju* = zehn, *ni* = zwei) bedeutet zwölf. Die Junihitoe ist eine zwölfschichtige Robe, die bis zu 20 Kilogramm schwer sein kann. Bei der Hochzeit des Kronprinzen Naruhito im Juni 1993 trug die ehemalige Elite-Diplomatin und jetzige Kronprinzessin Masako eine solche Junihitoe als offizielles Brautkleid. Die Bilder wurden weltweit übertragen.

Das Hakama ist seinem Namen nach ein breites Beinkleid, das um 1600 entstand und in der Edo-Ära von den Samurai als Beinschutz getragen wurde. Heute wird das Hakama nur noch bei Zeremonien oder von Künstlern des traditionellen Tanzes, der Musik oder von Sportlern der traditionellen Kampfsportarten wie Kendo, Kyudo, Aikido oder Naginata getragen.

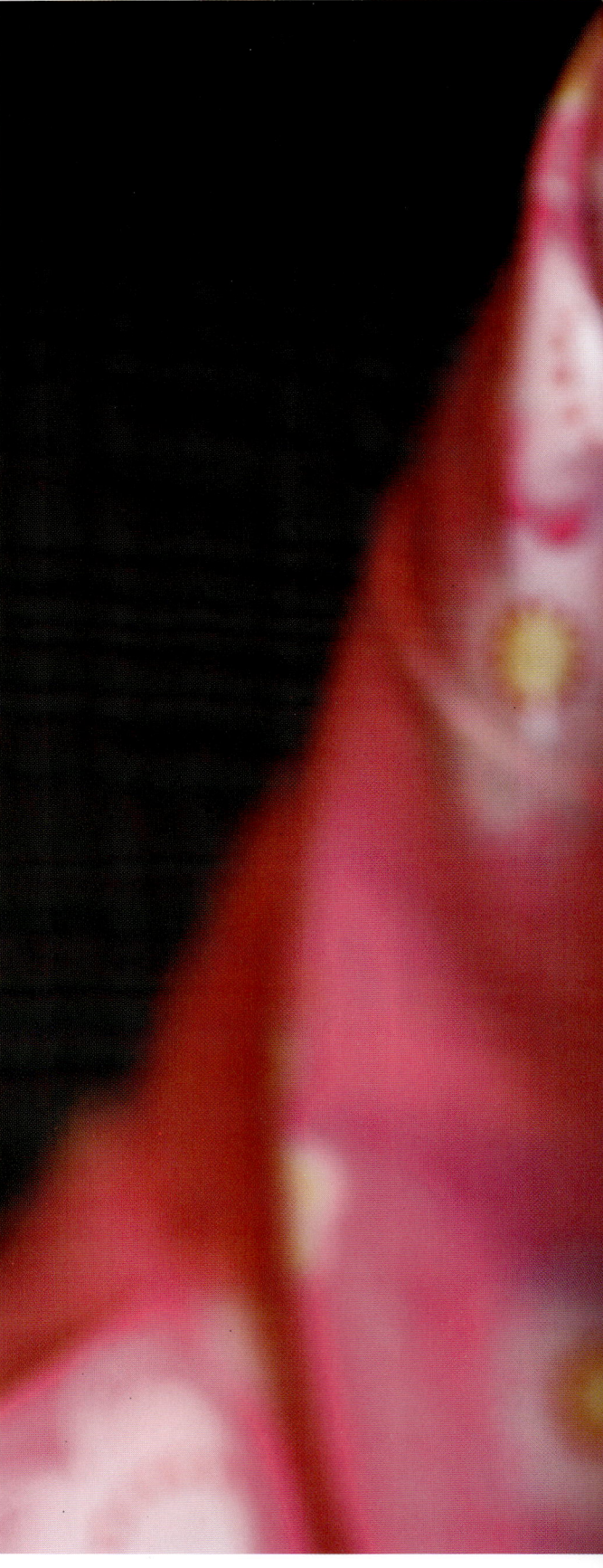

RECHTE SEITE:

Kimonos sind aus dem Straßenbild Japans fast verschwunden.
Neben älteren Frauen sind es vor
allem Geishas und Maikos, die
das Gewand nach wie vor tragen.

UNTEN UND NACH-
FOLGENDE DOPPELSEITE:

Jungen und Mädchen tragen Kimonos im Rahmen der Feierlichkeiten zum »Shichi-Go-San«-Fest.

Im Alltag wird der Kimono heute nur noch von sehr wenigen älteren Frauen getragen, von Männern kaum noch. Als Berufsbekleidung hingegen taucht der Kimono z. B. bei Meistern der Teezeremonie, bei Kellnerinnen der traditionellen Restaurants oder Hotels (*Ryokan*), und natürlich bei
den Geishas auf, bei denen aber nicht nur die Kleidung, sondern vor allem auch die passende Fri-
sur und die Schminke wichtig sind.

Bei feierlichen Anlässen ist der Kimono jedoch auch heutzutage immer noch beliebt. Zur »Omiya-
Mairi«- Feier, dem allerersten Schreinbesuch eines Babys im Alter von einem knappen Monat, wird
dem Kind zum ersten Mal in seinem Leben ein Kimono angezogen. Die Feier ist etwa vergleichbar
mit einer Taufe. Auch zur *Shichi-Go-San*-Feier (Sieben-Fünf-Drei) besuchen sieben-, fünf- und drei-
jährige Kinder Mitte November einen Schrein und tragen
dabei oft einen Kimono.

Mit zwanzig Jahren dann wird man in Japan volljährig. Jedes Jahr am zweiten Sonntag im Januar versammeln sich
die 20-Jährigen in den Festsälen der Städte und Kommunen
und feiern *Seijin-Shiki* (*Seijin* = Erwachsene, *Shiki* = Zeremonie). Nicht wenige junge Frauen gehen anlässlich dieser
Feier in bunter *Furisode*, einem Kimono für noch ledige
Frauen mit besonders weiten Ärmeln. Auch bei einer Hochzeit im traditionellen Stil feiert nicht nur das Brautpaar, sondern auch die Mütter des Paares, die weiblichen Verwandten und die Freundinnen im Kimono.

Ein solcher Kimono aus Seide als feierliche Kleidung (nicht
nur als Brautkleid) ist im Laufe der Zeit hochwertiger und
teurer geworden. So entstanden in den letzten Jahrzehnten
viele Kimono-Vleih-Geschäfte. Und weil die meisten Japaner heute nicht mehr in der Lage sind, selbst einen Kimono ordnungsgemäß anzuziehen, ist die Frisurmeisterin oft
auch als Kimono-Anziehgehilfin tätig. Außerdem gibt es in
den meisten Städten Privatkurse, in denen man lernen
kann, wie man einen Kimono richtig anzieht.

Das ganz normale japanische Wort für Kleidung ist heute
nicht mehr Kimono, sondern *Yofuku*, was wörtlich »westliche Kleidung« bedeutet. Äußerlich gibt es in Bekleidungs-
fragen kaum mehr einen Unterschied zwischen Europäern
und Japanern, ganz gleich, ob Mann oder Frau, jung oder
alt. Historiker vermuten, dass »the Treaty of Amity of Com-
merce«, der Handelsvertrag zwischen den USA und Japan
von 1858, ein erster Anlass war für die beginnende Verbreitung des Yofuku in einem Land, das bis dahin nichts
als Kimonos kannte. Nach diesem Vertrag wurden mehre-

FOTO RECHTS:
Traditionelles Schuhwerk
einer Geisha

VORHERIGE DOPPELSEITE:
Maikos mit klassischer
Schminke, Kopfschmuck und
Bekleidung

*NACHFOLGENDE DOPPEL-
SEITE:*
Aus den westlichen Einflüssen,
die seit Jahrzehnten die Modewelt Japans beeinflussen, sind
mittlerweile eigene Stilrichtungen entstanden. Für die Jugend
der Millionenmetropolen spielen
neben exklusiver Prêt-à-porter-
Mode französischer und italieni-
scher Designer auch Punk und
Gothic eine große Rolle.

re japanische Häfen für das Ausland geöffnet und Be-
amte und Dolmetscher waren die ersten Japaner, die
anlässlich der Verhandlungen mit Amerikanern oder
Europäern Yofuku trugen. 1871 wurde nach kaiserli-
chem Erlass die Armeeuniform auf den neuen westlichen Stil umgestellt, danach folgten andere Berufe.
Beim Jahrhundert-Erdbeben (»Kanto-Daishinsai«) in
Tokio im Jahre 1923 kamen mehr als 100 000 Menschen ums Leben, darunter viele Frauen, die noch Kimonos trugen und dadurch nicht so beweglich waren
wie diejenigen in Yofuku. Dieses Erdbeben führte unter anderem dazu, dass sich auch nicht berufstätige
Frauen aus praktischen Gründen westlich kleideten.

Bis zum Beginn der Nachkriegszeit bedeutete Yofuku
nur Haute Couture, also Produktion nach Bestellung.
Danach kam die Zeit des Prêt-à-porter und Mode »von
der Stange« aus Europa wurde importiert. Verantwortlich dafür war der Japan-Besuch von Pariser Designern
wie Christian Dior (1953) oder Pierre Cardin (1958).
Ihre Modenschauen wurden von einem privaten Desi-
gner-College Tokyos veranstaltet, in dem junge kreative Japaner studierten. In den 1960erJahren, als in Japan die Yofuku-Massenproduktion begann, gingen
diese Studenten wie Kenzo Takada, Issei Miyake oder
Yoji Yamamoto nach Paris und feierten Jahrzehnte später nicht nur in Japan großen Erfolg.

1985 wurde von 32 Designern der »Council of Fashion
Designers, Tokyo« gegründet, der seitdem jedes Jahr im
April und im November die Modeschau »Tokio Collection« veranstaltet. Parallel zum Wirtschaftsaufschwung
Japans hat sich Tokyo zu einer der wichtigsten Städte
der Modewelt entwickelt und die Tokio Collection ist
nicht nur für internationale Fachleute von großer Bedeutung. Aber Designerkleidung, Marken oder Modein-
dustrie sind nur ein Teil dessen, was die japanische
Modewelt bietet. Seit den 1970er-Jahren z. B. gilt der
Stadtteil Harajuku in Tokio, in dem sich die Jugendlichen versammeln und in dem die erste japanische
Street-Fashion entstand, als Geheimtipp für Modema-
cher. Heute beobachten kreative Köpfe aus allen Bran-
chen und allen Ländern die dynamische Modebewe-
gung der Hauptstadt.

SPORT

SUMO

Wo Sumo-Größen aufeinander treffen, sind die Hallen stets gefüllt. Der Kampfring befindet sich unter dem Dach eines Shinto-Schreins.

Einen von der Regierung offiziell bestätigten Nationalsport hat Japan nicht. Aber Sumo ist wohl die traditionsreichste, international bekannteste und weithin als »typisch japanisch« verstandene Sportart. Historikern zufolge gab es diesen Sport schon vor der Asuka-Ära (6. bis 8. Jahrhundert) in Japan. Sumo hat nicht nur als Sport, sondern vor allem auch als Ritual und Fest eine große Bedeu-

tung. Dass er eng mit dem Shintoismus verbunden ist, sieht man noch heute an der Zeremonie und der Art und Weise des Spiels. Das Wort *sumo* geht zurück auf *sumafu* (dt. sich wehren) und steht synonym für »direkter Zweikampf ohne Waffe«. Dabei gibt es wiederum verschiedene Unterarten wie den *Yubi-Zumo* (Finger-Sumo) oder den *Ude-Zumo* (Arm-Sumo).

Was heute weltweit als Sumo bekannt ist, heißt *O-Zumo* (großer Sumo) und ist ein professionell geführter Kampfsport, bei dem zwei Sumo-Ringer (*Sumotori*, auch *Rikishi* = dt. Kraftmensch) in einem Kreis (*dohyo*) kämpfen. Sie sind dabei fast nackt und lediglich mit einem Lendenschurz (*Mawashi*) aus reißfestem Leinen bekleidet, der je nach Körperumfang des Ringers 6-8 Meter lang ist, vier Mal

FOLGENDE DOPPELSEITE:
»Dohyo-iri« – der zeremonielle Einzug in den Sumo-Ring

Vor dem Kampf findet ein Reinigungsritual des Rings mit Salz statt.

Sumo-Großmeister Hakuho während einer Zeremonie im Meiji-Schrein in Tokyo im Jahre 2007

gefaltet wird und bis zu 8 Kilogramm schwer sein kann. Wer zuerst aus dem Kreis gedrängt wird oder mit einem anderen Körperteil als den Fußsohlen den Boden berührt, verliert den Kampf. Seit 1958 wird O-Zumo sechsmal im Jahr in vier japanischen Großstädten ausgetragen: in Tokyo (im Januar, Mai und September), in Osaka (im März), in Nagoya (im Juli) und in Fukuoka (im November), jeweils 15 Tage lang und wirtschaftlich konstant erfolgreich. Das Spiel wird von der öffentlich-rechtlichen Rundfunkanstalt NHK im Fernsehen und im Mittelwelle-Radio live übertragen und besonders von älteren Generationen verfolgt. Die große Sumo-Halle von Tokyo mit einer Kapazität von 10 000 Zuschauerplätzen heißt übrigens verheißungsvoll »Kokugi-Kan«, deutsch »Nationalsport-Halle«.

JUDO

Budo, in der Edo-Ära (1603–1867) Bushido (Bushi = Samurai, Do = Weg) genannt, ist heute ein Sammelbegriff für japanische Traditionssportarten wie Judo, Kendo, Kyudo, Sumo, Aikido oder Karate. Ziel all dieser Sportarten ist eine Persönlichkeitsstärkung durch Übung und Wettkampf. Unter den verschiedenen Budo-Sportarten ist Judo relativ jung (seit 1882). Seit es in den Sommerspielen von 1964 in Tokyo als olympische Sportart ausgetragen wurde, genießt Judo aber unter den Budo-Künsten die weltweit größte Popularität, besonders in Europa. In Frankreich sind mittlerweile sogar mehr aktive Judo-Athleten registriert als im Mutterland Japan.

VOLKSSPORT BASEBALL

Parallel mit der Modernisierung zum Beginn der Meiji-Ära (1868–1912) kamen auch westliche Sportarten nach Japan. Im Jahr 1872 führte ein Gastdozent aus den USA an der heutigen Tokyoter Universität einen für Japaner völlig unbekannten Sport ein. Dies war der Beginn der erfolgreichen Geschichte vom japanischen Baseball. Die Studenten waren offenbar hellauf begeistert und fingen an, Universitätsmannschaften zu bilden. Bereits 1905 machte das Team der elitären Waseda-Universität in Tokyo, heutiger Profi-Ausbilder, sein erstes Trainingslager in den USA und erlernte dort die »aktuelle Baseball-Technik«, schreiben die Geschichtsbücher. Im Sommer 1915 begannen die beliebten Highschool-Meisterschaften, die seit 1924 auch im Frühling ausgetragen werden. Neun Jahre nach der Gründung der Tokyo-Roku-Daigaku-League (Liga aus sechs Universitätsmannschaften aus Tokyo), im Jahr 1925, nahm die erste japanische Profi-Liga aus sieben Clubs ihren Betrieb auf. Nach dem Zweiten Weltkrieg wurde sie in zwei Ligen, die Central-League und die Pacific-League, mit jeweils sechs Clubs umstrukturiert. Heute betreibt NPB (Nippon Professional Baseball) den erfolgreichsten Profisport in Japan. Die Spiele werden z.T. sogar in modernen, überdachten »Dome«-Stadien ausgetragen.

Ein Stadion, dessen Spielfeld nicht überdacht ist, ist das »Koshien« in Amagasaki – zwischen den zwei Metropolen Osaka und Kobe –, das über 50 000 Zuschauer fasst. Das ist das Heim der »Hanshin Tigers«, einem der beliebtesten Profi-Clubs. Das Stadion ist oft ausverkauft und zugleich der Traum aller jungen Baseballspieler der über 4000 Highschool-Mannschaften, weil hier die Endturniere der Highschool-Meisterschaften ausgetragen werden.

Spiel der Dragons gegen die Bay Stars am 21. August 2005 im Nagoya Dome

Jedes Spiel der beiden Ligen, ohne die die heutige japanische Sportwelt undenkbar ist, wird – wie O-Zumo auch – in voller Länge im NHK live übertragen. Die Printmedien berichten ebenfalls detailliert. Nicht nur für passive Fans, sondern auch aus Sicht der hohen Zahl von aktiven Sportlern (ca. 15 Millionen) ist Baseball Japans Volkssport Nummer eins.

In den letzten 70 Jahren wurden viele nationale Helden gefeiert, wie die Homerun-Könige Shigeo Nagashima oder Sadaharu Oh (beide Yomiuri Giants). Im 21. Jahrhundert hat sich das Interesse der heimischen Fans allerdings auf die USA verlagert. Verantwortlich dafür ist Japans ganzer Stolz namens Ichiro Suzuki, der nun auch in der MLB (Major League Baseball) – den beiden nordamerikanischen Baseball-Profiligen – ein großer Starspieler geworden ist. Bereits 2001, in seinem ersten Jahr in der MLB, gewann der fleißige Außenfeldspieler der Seattle Mariners mit der Rückennummer 51 höchste Auszeichnungen wie den MVP (America's Most Variable Player, Spieler des Jahres), Rookie of the Year oder Batting Champion. Auch in den folgenden Jahren brach Ichiro mehrere MLB-Rekorde. Neben diesem in allen Bereichen überragenden Mann ohne Staralüren sind in der Saison 2008 in verschiedenen MLB-Mannschaften 19 japanische Profi-Baseballer aktiv.

VOLKSSPORT NUMMER ZWEI: GOLF

Arthur Groom (geb. 1846 in London) kam 1868 (mit 21 Jahren) nach Japan, um eine neue Filiale der Firma seines Bruders in Kobe zu betreuen. Nach drei Jahren ging die Firma bankrott, aber der junge Engländer heiratete eine Japanerin und gründete in Kobe seine eigene Handelsgesellschaft, die japanischen Tee exportieren und Ceylon-Tee nach Japan importieren sollte. In der Hafenstadt Kobe wohnten damals viele Ausländer, die in Japan einen großen Markt für ihre Geschäfte fanden. Für ihre aktive Freizeitgestaltung gründeten sie den Sportverein Kobe Regatta & Athletic Club, in welchem europäische Sportarten wie Fußball, Rugby oder Fechten in Japan ihre Geburtsstun-

de feierten. Einer dieser ausländischen Geschäftsmänner, jener Arthur Groom, baute 1895 auf dem Berg »Rokko-san«, direkt am Nordrand der Hafenstadt, sein Ferienhaus. Da er und seine Clubfreunde noch immer nach einem geeigneten Flecken zum Golfspielen suchten, legten sie schließlich selbst Hand an schufen im Garten des Ferienhauses 1901 den allerersten Golfplatz Japans. Der Vier-Loch-Platz wurde später auf neun erweitert. 1903 wurde dort der erste Golfclub »Kobe Golfclub (GC)« gegründet.

Da der Kobe GC auf einer Höhe von 850 m über dem Meeresspiegel wegen winterlichen Schneefalls vier Monate im Jahr geschlossen bleiben musste, eröffnete ein sechs Jahre jüngerer Freund von Groom und leidenschaftlicher Hobbygolfer aus England, William John Robinson, im Flachland von Kobe den zweiten japanischen Golfplatz. Robinson engagierte einen Bauern aus der Nachbarschaft als Platzwart. So konnte man auch im Winter spielen, das Privathaus des Platzwartes wurde als Clubhaus genutzt. Bei der Eröffnung des Clubs 1904 war einer der Söhne des Platzwartes erst zwölf Jahre alt. Dennoch wurde er Robinsons Caddie (Golfjunge) und erhielt Unterricht. Aus diesem jungen Caddie wurde der erste japanische Golfprofi: Kakuji Fukui.

Golfplatz beim Kirishima-Schrein,
Kyushu, Miyazaki

Langsam entwickelte sich Sportart Golf in Japan. Bereits 1907 fand in Kobe GC die erste Meisterschaft statt, die heutige »Japan Amateur Golf Championship«. Auch die Kaiserfamilie entdeckte ihre Leidenschaft für Golf. 1920 ließ sie eigens für sich selbst mitten in Tokyo, auf dem Gelände des Shinjuku-Palastes, einen Sechs-Loch-Platz bauen, der später über die anderen Paläste hinaus erweitert wurde. Nach der Gründung des Nationalverbandes Japan Golf Association (JGA) im Jahre 1924 wurden neben dem ersten Golfclub für Damen (1926) auch Meisterschaften wie Japan Pro Golf Championship (1926) oder Japan Open Championship (1927) ins Leben gerufen. Neben diesen in Japan mit »Major« betitelten Meisterschaften werden heute auch wöchentlich stattfindende Profiturniere live im Fernsehen übertragen.

Nach dem Zweiten Weltkrieg erlebte man mit der wirtschaftlichen Entwicklung auch einen Golf-Boom. Ob Großkonzern oder Mittelstand, zahllose Firmen kauften sich sogenannte »Golf-Kai-In-Ken« (*Kai-In* = Mitglied, *Ken* = Abk. von Kenri, Recht), Mitgliedsrechte eines Golfclubs also, dessen Preise sehr hoch sind. Und wofür? In erster Linie für die Unterhaltung ihrer Geschäftskunden, und zwar genauer für die *Settai*, wörtlich übersetzt »den Empfang«, der in der japanischen Businesswelt eine bedeutende Rolle spielt.

Die populärste Art von Settai ist das Geschäftsessen, also Speis und Trank. Dabei findet nicht immer eine tatsächlich geschäftliche Verhandlung statt, diese folgt meist zu einem späteren Zeitpunkt. Beim Settai ist gutes Amüsement wichtiger, deshalb findet er meist abends in noblen Restaurants und nicht selten auch in exklusiven Bars mit Hostessen statt. Heute jedoch hat sich das Golfspiel zur beliebtesten, sportlichen Art des Settai gemausert. »Settai-Golf« ist im Neujapanischen

Shigeki Maruyama, einer der besten Profigolfer Japans, bei den British Open Golf Championships

zum festen Begriff geworden, ohne ihn wäre die gewaltige Golfentwicklung in Japan unmöglich gewesen.

So stieg auch die Zahl der Golfplätze: 1957 hatte das Land 116 Golfplätze, heute sind es mehr als 2400. Damit steht Japan nach den USA weltweit auf Platz zwei. Dies ist erstaunlich, denn Japan fehlt es an ursprünglichem Flachland. So mussten und müssen viele Bäume der großen Wälder gefällt werden, was wiederum zu erhöhten Baukosten führt und aus Sicht des Umweltschutzes alles andere als unbedenklich ist. Mehr als 90 Prozent der Plätze sind private Golfclubs, die vor allem Luxus und Exklusivität bieten. Die amerikanische Zeitschrift »Golf Digest« veröffentlicht alle zwei Jahre Golfplatz-Ranglisten. In der Kategorie »100 Beste Plätze außerhalb der USA« vom Mai 2007 sind fünf der besten japanischen Plätze aufgelistet.

Golfplatz in ausgezeichneter Lage
vor der Kulisse des Fuji-san

Was die Zahl der Übungsplätze betrifft – ausgenommen der direkt am Golfplatz gelegenen Driving Ranges – ist Japan wohl längst Weltmeister. Nach einer Statistik aus dem Jahre 2006 sind es ganze 3 818. Viele davon haben gute Flutlichtanlagen, einige sind sogar rund um die Uhr geöffnet, andere verfügen über Abschlagplätze auf drei Etagen oder rund 300 Meter lange Übungswiesen, wieder andere befinden sich auf dem Dach eines Hochhauses.

Die Zahl der Übungsplatz-Besucher belief sich 2006 auf 97,4 Millionen. Nach einer offiziellen Regierungsstatistik (2003) liegt die absolute Zahl der aktiven Golfspieler in der Bevölkerung bei ca. 12,5 Millionen, Tendenz steigend. Getragen wird diese Entwicklung nicht zuletzt von Nachwuchsspielern und vor allem weiblichen Golfprofis: Unter den Top 100 der Weltrangliste der weiblichen Golfprofis »Women's World Golf Rankings« vom 17.06.2008 sind 20 professionelle Japanerinnen platziert.

FUSSBALL

Kemari ist eine Art des Fußballs, die in der Heian-Zeit entstand und seine Vorläufer im chinesischen Cuju findet. Noch heute sind Kemari-Spiele in Japan anzuschauen, die in traditioneller Kleidung gespielt werden.

Die Geburtsstunde des japanischen Fußballs fällt – wie im obigen Kapitel zu Golf erwähnt – vermutlich auf das Jahr 1872 in den Ort Kobe. Am Anfang spielten dort nur Engländer, erst später wurden an den Universitäten in Kobe oder Tokyo Teams gebildet, in denen auch Schullehrer ausgebildet wurden. Das hatte den großen Vorteil, dass diese später wiederum Fußball an Schulen vermitteln konnten, allerdings war von einer großen Verbreitung damals noch nichts zu ahnen.

Dann erhielt die Football Association (FA), der 1863 gegründete führende Fußballverband in England, plötzlich eine Falschmeldung: »In Japan wurde ein Fußball-Nationalverband gegründet und es wird eine Meisterschaft ausgetragen.« Deshalb schickte die FA 1919 einen silbernen Pokal nach Japan. Die Japaner waren vom unerwarteten Geschenk verwirrt, aber um dieser Freundlichkeit Dank zu zollen oder vielleicht um die Erwartung der Engländer zu erfüllen, reagierte man drei Jahre später mit der Gründung des Nationalverbandes, der Vorgängerorganisation der heutigen Japan Football Association (JFA), der unter den bestehenden Uni-Mannschaften den noch heute bekannten Tenno-Hai (Kaiser-Pokal) startete.

Anfangs nutzte man den englischen Begriff »Association Football«, später wurde der Einfluss aus den USA größer und der Sport in Japan in »Soccer« umbenannt. Im Gegensatz zu Baseball und Golf war

Fußball eine der offiziellen olympischen Sportarten und wurde vor den ersten Olympischen Sommerspielen in Japan (1964 in Tokyo) massiv gefördert. 1960 – inzwischen war Fußball nicht mehr nur ein »Studentensport« – gewann erstmals eine Betriebsmannschaft (Furukawa-Denko) den Kaiser-Pokal. Dettmar Kramer, der von 1960 bis 1964 japanischer Nationaltrainer war, nahm daraufhin einige grundlegende Strukturänderungen vor.

1965 startete die Japan Soccer League (JSL) mit acht Betriebsmannschaften der führenden Industriefirmen wie Furukawa, Mitsubishi Heavy oder Hitachi. Der Meister der ersten Saison hieß Toyo-Kogyo, später folgte die Automobilfirma Mazda. Der Gewinn der Bronzemedaille bei den Olympischen Sommerspielen 1968 in Mexiko war dann der Höhepunkt der Fußballnationalmannschaft und auch der Höhepunkt der Popularität innerhalb Japans. Die Liga erlebte später keine großen wirtschaftlichen Erfolge mehr. Zu einem Spiel kamen durchschnittlich nicht mehr als 1000 Zuschauer.

In den 1980erJahren begann die Planung zur Gründung einer Profiliga, um den japanischen Fußball wieder zu stärken, auch als Reaktion auf den Vorschlag des damaligen FIFA-Präsidenten Joao Havelange, nach welchem die erste Fußballweltmeisterschaft Asiens in Japan stattfinden solle. Eine Phase der guten Konjunktur war bereits angebrochen, als 1993 die J-League mit zehn Clubs und relativ großem Budget gegründet wurde. Das Land, das bis dahin als Profisport nur Sumo, Baseball und Golf kannte, erlebte eine Sensation. Bereits im zweiten Jahr schon kamen durchschnittlich

Fußballtraining zwischen blühenden Kirschbäumen

FOLGENDE DOPPELSEITE:
Das japanische Nationalteam vor dem Spiel Australien – Japan während der Fußballweltmeisterschaft in Deutschland im Jahre 2006. In dem Spiel unterlag Japan mit 3:1.

An Fußballfans mangelt es in Japan nicht. Diese Fans feuern ihre Nationalmannschaft während des Vorrundenspiels gegen Australien an (Fußballweltmeisterschaft 2006).

19 600 Zuschauer zu einem Spiel, und auch heute noch besteht reges Interesse. Einer der Gründe ist die Verpflichtung der zahlreichen ausländischen Stars, wie Pierre Littbarski und Guido Buchwald (Deutschland), Salvatore Schilacci (Italien), Gary Lineker (England), Zico, Jourginho und Dunga (Brasilien) oder Dragan Stojkovic (Serbien). Diese Spieler brachten der jungen Fußballliga nicht nur Popularität, sondern auch ihren japanischen Mitspielern Motivation und einen großen Leistungsschub.

Die WM 2002 verbesserte vor allem die Infrastruktur und das Verhältnis zwischen den beiden Gastgebern Japan und Korea. Die insgesamt zehn Spielorte in Japan erhielten fast alle komplett neue Stadien, die zum Teil finanzielle Last, aber auch die Entwicklung des örtlichen Profifußballs mit sich brachten. Wirtschaftlich war das Turnier insgesamt ein großer Erfolg. 2004 startete die JFA ein großes Projekt, nach dem Japan im Jahre 2015 5 Millionen und im Jahre 2050 10 Millionen Spieler haben soll. Zur Zeit sind ca. 0,9 Millionen (2007) Spieler bei der JFA registriert.

OLYMPIA

Wie für viele andere Länder sind die Olympischen Spiele auch für Japan eine Messlatte des sportlichen Erfolgs. Die ganze Nation fiebert während der Spiele krampfhaft um den Erfolg der Landsleute, Reporter schreien in die Mikrofone, Zeitungen berichten mit großen Fotos und fetten Schlag-

Und auch die Jugend begeistert
sich für den Fußballsport.

zeilen. Nicht selten wird in diesem Zusammenhang diskutiert, dass dabei der starke Nationalismus der Japaner zum Vorschein komme, der auch 60 Jahre nach dem Ende des Zweiten Weltkriegs noch immer ihre Mentalität prägt. Nicht nur bei den Olympischen Spielen, sondern auch bei anderen Wettkämpfen ist dies deutlich zu bemerken: Ein Erfolg japanischer Sportler im Ausland, egal ob im Baseball, Golf oder Fußball, wird in der Heimat fanatisch gefeiert. Er stärkt das nationale Selbstbewusstsein eines Landes, das politisch und wirtschaftlich vielleicht nicht so erfolgreich ist, wie man es erwartet.

Drei Sportarten, bei denen Japan seinen Erfolg oft beweisen kann, sind Schwimmen, Turnen und Langstreckenläufe wie Marathon. Schwimmen und Turnen sind Sportarten, die im Gegensatz zu anderen seit Jahrzehnten in den Vereinen traditionell gut gepflegt wurden. Dass Marathon ein Volkssport wurde, hat einen historischen Grund. Bereits in der Zeit vor der Nara-Ära bis zur industriellen Revolution gab es in Japan ein besonderes Personenbeförderungssystem für Botschafter der Regierung. Wer über Land wollte, fand ca. alle 16 Kilometer Strecke eine Station, die eine Unterkunft bot und an der das nächste Pferd bereit stand. Aus diesem System wurde Anfang des 20. Jahrhunderts eine Sportart namens »Ekiden« (*eki* = Bahnhof, *den* = mitteilen) entwickelt.

Heute ist Ekiden vom Internationalen Leichtathletikverband (IAAF) als Staffel-Marathon anerkannt. Dabei wird eine Strecke von 42,195 Kilometern von einer Mannschaft mit sechs Athleten gelaufen.

RECHTE SEITE:
Eine Japanerin führt im Rahmen
der Olympischen Winterspiele
von Nagano 1998 im Internationalen Pressezentrum einen traditionellen Tanz im Kimono vor.

Der erste Ekiden-Wettbewerb in Japan fand 1917 statt, von Kyoto bis Tokyo auf der sogenannten Tokaido-Strecke auf 508 Kilometern mit 23 Etappen, die ohne Pause durchgelaufen wurde und für die ein Team fast zwei volle Tage brauchte.

In der Folge wurden Langstreckenläufe, besonders Marathon, immer beliebter. Heute verfügt das Land über eine beeindruckende Anzahl von passiven und auch aktiven Marathonliebhabern. Zahl-reiche Citymarathons werden veranstaltet. Besonders beim Frauenmarathon gewann Japan von den Spielen 1992 in Barcelona bis 2004 in Athen vier Mal in Folge eine olympische Medaille und hält weiterhin ein weltweit hohes Niveau.

Bislang war Japan dreimal Gastgeber der Olympischen Spiele, im Sommer 1964 in Tokyo, im Win-ter 1972 in Sapporo und im Winter 1998 in Nagano. Das Internationale Olympische Komitee (IOC) wählte im Juni 2008 neben Chicago (USA), Madrid (Spanien) und Rio de Janeiro (Brasilien) auch Tokyo als einen der vier Gastgeberkandidaten für die Sommerspiele 2016. Entschieden wird im Oktober 2009.

Olympiasporthalle in Nagano
während der Olympischen
Winterspiele im Jahre 1998

CHUBU

EINLEITUNG

Das Gebiet westlich und südlich von Kanto bildet das Zentrum der Hauptinsel Honshu und wird Chubu (»mittlerer Abschnitt«) genannt. Die Großregion umfasst neun Präfekturen: Niigata, Toyama, Ishikawa, Fukui, Yamanashi, Shizuoka, Aichi und die zentralen Bergpräfekturen Nagano und Gifu. Die Grenzen der Teilregion sind nicht klar definiert, deshalb findet man in manchen Quellen unterschiedliche Zuordnungen. Teilweise wird Niigata noch zu Tohoku gezählt oder die südliche Mie-Präfektur dem Chubu-Raum angefügt.

Durch Chubu führen zwei der bekanntesten alten Überlandstraßen Japans, Tokaido und Nakasendo. Diese Routen, die die Provinzen im Land mit der Hauptstadt verbanden, galten als Amtswege und waren mit Wegstationen zur Rast und für den Postverkehr ausgestattet. Als Edo, das heutige

Leuchtend grüne Teefelder in der Präfektur Shizuoka – im Hintergrund erhebt sich der Fuji-san

Tokyo, in der Tokugawa-Zeit (1603–1868) Hauptstadt wurde, entwickelten sich diese Routen zu Hauptverbindungswegen. Sie dienten den Daimyo, den Fürsten der Provinzen, und ihrer Gefolgschaft als Wegstrecke für ihre steten Reisen zum Shogunatssitz, denn die Mitglieder der fürstlichen Familien wurden regelmäßig zu längeren Aufenthalten in Edo gezwungen, damit sich in den Provinzen außerhalb keine Aufstände gegen die Regierung entwickelten.

Die wichtigste dieser Routen, der Tokaido, der bis in die Gegenwart die Hauptverkehrsader zwischen Tokyo und Kyoto geblieben ist und auf dem der berühmte Schnellzug Shinkansen beide Städte heute im 15-Minuten-Takt verbindet, verläuft bis Nagoya entlang der Pazifischen Küste und biegt dann ins Landesinnere Richtung Kyoto.

Der Nakasendo verläuft in seiner Wegführung quer durch die gebirgige Mitte von Chubu und lässt in alten restaurierten Poststationen, wie z. B. in den Dörfern Tsumago und Magome (Präfektur Nagano) das alte Japan wieder aufleben.

Begleiten Sie uns durch ein Gebiet, das widersprüchlicher nicht sein kann. Modernstes Hightech in und um die Hauptstadt der Region Nagoya, in der auch der weltgrößte Automobilkonzern Toyota seine Zentrale hat, bis in die tiefen Täler der Japanischen Alpen mit herrlichen Landschaften und oft noch sehr traditionellen Strukturen.

Japans Hochgeschwindigkeitszug Shinkansen verbindet u. a. die beiden Städte Tokyo und Kyoto miteinander. Ein besonders spektakulärer Streckenabschnitt des Zuges verläuft am Fuße des Fujisan in der Präfektur Shizuoka.

GEOGRAFIE

Geografisch kann man die Chubu-Region in vier Großräume einteilen: zum Ersten die »Fossa Magna«, einen gewaltigen Grabenbruch, der Japan in einen Südwest- und einen Nordostteil trennt und vom Japanischen Meer bis zum Pazifik reicht. Geologisch betrachtet ist die Fossa Magna eine fortlaufende Senkungszone, geomorphologisch hingegen ist das Gebiet kein ununterbrochenes Flachland, sondern wird in weiten Teilen mit Gebirgen und vulkanischen Massiven ausgefüllt. In dieser Verwerfungslinie ist der Vulkanismus besonders lebhaft. Der gewaltige Vulkan Fuji liegt am pazifischen Rand dieses Grabenbruchs. Im Zusammenhang von Vulkanismus und tektonischen Leitlinien treten die meisten heißen Quellen (*onsen*) in Chubu auch innerhalb dieser von Vulkanen besetzten Fossa Magna auf.

Zum Zweiten beginnt westlich der Fossa Magna die Gebirgsregion der Japanischen Alpen, welche Teile der zentralen Präfekturen Gifu und Nagano prägen. Nagano z. B. ist mit 91 Gipfeln über 2 500 Meter die bergreichste Präfektur ganz Japans. Der Naturraum wird vor allem durch Faltengebirge, Vulkane und intramontane Beckenlandschaften geprägt. Auch dieser Raum, vor allem in der Vulkanzone des Hida Gebirgszuges, ist reich an heißen Quellen. Erst seit der englische Missionar Walter Weston diese Berglandschaft 1896 mit den europäischen Alpen verglich, wurde das zentrale Bergland als »Japan Alps« bekannt.

FOLGENDE DOPPELSEITE:
Das Echigo-Gebirge erhebt sich von der Niigata-Ebene und erreicht mit dem 2140 Meter hohen Hiragadake seinen topografischen Höhepunkt.

Im Grenzbereich der Präfekturen Yamanashi und Nagano befindet sich die Gebirgskette vulkanischen Ursprungs mit dem Namen Yatsugatake-minami-gun.

RECHTE SEITE:

Reisebusse fahren nahe Toyama/Tateyama auf einer Straße, an deren Rändern meterhohe Schneeberge aufgeschaufelt wurden, um die Straße von Schnee frei zu halten.

FOLGENDE DOPPELSEITE:

Der Neigungswinkel der Dächer im traditionellen Bergdorf Shirakawa-go lässt erahnen, mit welchen Schneemassen Bewohner dieser Gegend zu kämpfen hatten und haben.

Winterimpressionen in Nozawa, Präfektur Nagano

Als dritter Großraum gilt Ura-Nippon, oder das »rückseitige Japan«. Dieser Raum umfasst die Ebenen entlang des Japanischen Meeres einschließlich der Noto-Halbinsel.

Vierter Großraum ist Omote-Nippon, das »vordere Japan« bzw. jener Teil der Region, der an den Pazifischen Ozean grenzt. Es sind die Ebenen entlang der Küste, die neben dem Kanto-Raum und Osaka zu den dichtbesiedeltsten Regionen Japans zählen, mit Nagoya als Hauptstadt und viertgrößter Stadt des Landes. Dieser Raum ist fast gleichzusetzen mit dem Verlauf des Tokaido.

Auch der mit 367 Metern längste Fluss Japans, der Shinano-gawa, durchfließt die Chubu-Region von seiner Quelle in Nagano bis zur Mündung bei Niigata in die Japansee (s. Kapitel Geografie).

KLIMA

Wie in Tohoku gibt es auch in Chubu die klimatische Unterscheidung zwischen Ura- und Omoto-Nippon. Hinzu kommt die Region des zentralen Berglandes mit stärker kontinental beeinflusstem Klima. In allen Gebieten unterscheidet man wieder deutlich die vier Jahreszeiten Frühling, Sommer,

Herbst und Winter, wobei Niederschlag und Temperaturen divergieren. In Ura-Nippon, den zur Japansee gelegenen Landschaften, sind die Temperaturen vor allem im Winter, Frühjahr und Herbst niedriger als an der Pazifischen Küste. Die Sommer sind hier ähnlich heiß wie wie in Omote-Nippon. In den Berggebieten sind die Temperaturen durch die Höhenlage dementsprechend kühler. Die Temperaturabweichungen sind aber nicht so bedeutsam wie die Verteilung der Niederschläge.

Durch die polare Kaltluft, die im Winter von einem Baikal-Hoch über Japan hinweg zu einem Pazifik-Tief strömt und über dem Japanischen Meer Feuchtigkeit aufnimmt, erreichen ganz Ura-Nippon starke Niederschläge, die in weiten Teilen in Schnee niedergehen. Es entsteht das gleiche Phänomen wie bereits in Tohoku beschrieben. Die Pazifische Küste genießt einen kühlen, aber sonnig trockenen Winter, während die Japanseeseite sowie die Bergländer im Schnee versinken. Dies bedeutet allerdings für die Präfekturen Nagano und Gifu hervorragende Vorraussetzungen für einen ausgedehnten Wintersport.

Interessant ist in diesem Zusammenhang z.B. der Besuch des UNESCO-Weltkulturerbes Shirakawa-go. Charakteristisch für dieses traditionelle Bergdorf ist die Bauweise der massiven Bauernhäuser (*gassho-zukuri*). Die Dächer mit einem Neigungswinkel von steilen 60° sollen die Häuser im Winter vor den gewaltigen Schneemassen schützen. Bei den Bildern von diesem Ort kann man ermessen, mit welchen Schneemengen die Einwohner dieser Regionen über viele Monate zu kämpfen haben.

PFLANZEN- UND TIERWELT

Die Vegetation dieser Region reicht von temperierten Laub- und Laubmischwäldern mit vielen Eichen, Buchen und Ahornbäumen bis zu borealen Nadelhölzern im Hochgebirgsbereich über 2000 Meter. Die Waldgrenze liegt zwischen 2300 und 2750 Metern. In größeren Höhen findet man baumlose, tundraähnliche Vegetation sowie eine alpine Flora. Eine weitere, in den zentralen Regionen bedeutsame Vegetationslandschaft ist die japanische Heide, *hara* genannt, die man in Höhen zwischen 400 und 1500 Meter findet. Hara-Gebiete – Sekundärvegetation, die aus ehemaligen Laubwäldern hervorging, mit Graspolstern, Sträuchern, Farnen und Zwergbambusgestrüpp bewachsen – werden häufig als Skigebiete genutzt, z. B. im Kirigamine-Hochland (Präfektur Nagano).

Abgeerntetes Reisfeld am Fuße
der Berge von Chubu

In Chubu, wie in allen Regionen Japans, wurde die natürliche Vegetation durch landwirtschaftliche Nutzung wie auch durch Besiedlung stark zurückgedrängt. Dies gilt natürlich insbesondere für die Tieflandregionen beider Küsten. Deshalb hat man vor allem in den herrlichen Bergländern durch die Gründung von Nationalparks versucht, weite Teile ursprünglicher Natur zu schützen.

In Chubu gibt es – allerdings raumübergreifend bis ins Kanto-Gebiet hinein – vier Nationalparks, wobei der älteste der 1934 gegründete Chubu-Sangaku-Nationalpark ist. Der Joshin'etsu-Kogen-Park von 1949 ist sogar der zweitgrößte Nationalpark Japans. Weit kleiner sind die beiden jüngeren Parks Hakusan und Minami-Alps. Alle Naturschutzgebiete umfassen Hochgebirgsregionen, Vulkanlandschaften, Flusstäler, steile Schluchten, Wasserfälle, heiße Quellen und viele hervorragende Skigebiete.

Trotz intensiver landwirtschaftlicher Nutzung der Region gibt es in Chubu nach wie vor ausgedehnte Laubmischwälder bis hin zu borealen Nadelwäldern.

Die Seidenraupenzucht ist trotz rückläufiger Produktion nach wie vor in den Bergregionen von Chubu ein wichtiger Wirtschaftsfaktor.

Landwirtschaftlich hervorzuheben sind der Anbau von Reis, Gemüse, Früchten und die Milchwirtschaft. Vor allem Niigata spielt für den Reisanbau eine wichtige Rolle, während Nagano nach Aomori als zweitgrößter Lieferant für Äpfel gilt. Für die delikaten japanischen Mandarin-Orangen (*mikan*) ist vor allem die Präfektur Shizuoka am Pazifik bekannt. Auch Wein- und Teeanbau findet man vor allem in der Region Omote-Nippon.

Erwähnenswert für die Bergregion ist die typisch ostasiatisch-japanische Seidenraupenzucht. Zur Seidenraupenzucht benötigt man Maulbeerblätter der gleichnamigen Sträucher, mit der die Seidenraupen während des einmonatigen Wachstumsprozesses gefüttert werden. Trotz rückläufiger Produktion gibt es z. B. in der Präfektur Nagano noch zahlreiche bäuerliche Betriebe, die sich auf die Seidenraupenzucht spezialisiert haben. Demzufolge findet man in Zentral-Chubu häufig Maulbeerfelder. Hat die Raupe ihren weißen Kokon fertig gesponnen, wird das Tier durch Zufuhr von Heißluft abgetötet, das Garn maschinell abgespult und weiterverarbeitet. Der Prozess der Seidenraupenzucht erfordert von den Landwirten viel Erfahrung, vor allem muss auf die Vermeidung von Krankheiten der Seidenraupen geachtet werden.

Ebenfalls interessant und in unseren Breiten weitgehend unbekannt ist die Wasabi-Pflanze. Aus der Wurzel wird eine scharfe grüne Würzpaste hergestellt (fälschlicherweise in Deutschland mit »Meerrettich« übersetzt), die für das weltweit so beliebte Sushi und Sashimi verwendet wird. Das Besondere

Bäuerin bei der Wasabi-Ernte

am Wasabi-Anbau ist, dass die Pflanze am besten in Geröllböden gedeiht, bei stetig fließendem, klarem Wasser von gleichbleibenden 13 °C. Deshalb eignen sich nur Gebiete an Quellhorizonten von Schwemmfächern. In der Bergpräfektur Nagano sowie auf der Izu-Halbinsel befinden sich die Hauptanbaugebiete.

Die Fauna von Chubu unterscheidet sich nicht von der Tohokus. Auch hier kann man u. a. die lustigen Rotgesichtsmakaken in den zahlreichen heißen Quellen der Berge im schneereichen Winter bestaunen.

Erwähnenswert für diese Region ist allerdings der Japanische Ibis (*toki*), der auf der Insel Sado seinen letzten Schutzraum gefunden hat. Früher lebte der Japanische Ibis neben Japan auch in Russland, Korea, Nordchina, Taiwan und der Mandschurei. Durch die Zerstörung seines natürlichen Lebensraums ging der Bestand jedoch drastisch zurück. In den 1970er-Jahren gab es nur noch wenige Exemplare in Japan, China und Teilen Koreas. Um sie vor dem endgültigen Aussterben zu bewahren, wurde auf der Insel Sado ein Schutz- und Aufzuchtszentrum eingerichtet, wo man die Lebensgewohnheiten dieser exotischen Vögel studieren kann. Zwar ist der letzte in Freiheit geborene Nipponibis bereits 2003 in Sado gestorben, aber durch die intensiven Schutzmaßnahmen hat sich der Bestand der Zuchtvögel in Gefangenschaft Anfang dieses Jahrtausends wieder erhöht. Der Ibis wird in Japan als Nationalheiligtum verehrt und ist der Wappenvogel der Präfektur Niigata.

Denkmal an die Schlacht von Sekigahara, aufgestellt in dem einstigen Lager von Ishida Mitsunari

GESCHICHTE

DIE SCHLACHT VON SEKIGAHARA

Während sich die Mehrzahl historischer Geschehnisse auf die Gebiete um die japanischen Metropolen Kyoto, Tokyo, Osaka, Hiroshima etc. beschränkte, fand in der sonst wenig geschichtsträchtigen Region Chubu ein Ereignis statt, das die Ge-
schicke des Landes nachhaltig veränderte. Es war
die Schlacht von Sekigahara in der heutigen Präfektur Aichi.

Schlachten sind auf japanischem Boden eine Menge geschlagen worden. Berühmtheit erlangte u.a.
die Seeschlacht von Dan-no-ura, nahe Shimonoseki an der Südspitze Honshus. Der heldenhafte Minamoto Yoshitsune siegte hier im Jahr 1185 über
den rivalisierenden Clan der Taira. Sein Bruder
Yoritomo sollte als erster Shogun Japans eine neue
Ära militärischer Dominanz einleiten (s. Kapitel Geschichte). Schwer lastet auch heute noch die Erinnerung an die Schlacht von Iwojima (Okinawa-
Archipel), wo im Februar 1945 die siegreiche amerikanische Armee japanischen Boden betrat und die
bald darauf folgende Kapitulation erzwang.

Doch hat vor allem die Schlacht von Sekigahara,
die am 21.10.1600 in der Ebene (*hara*) um die Kon-
trollstation (*seki*) ca. 58 Kilometer von Nagoya entfernt geschlagen wurde, die japanische Geschichte
verändert. Denn auf sie folgte der Weg Japans in
ein neues Zeitalter und darüber hinaus in die Moderne. So mag diese Schlacht als die bedeutendste
Auseinandersetzung in der japanischen Geschichte
überhaupt gelten. Sie steht am Beginn der Tokuga-
wa- bzw. Edo-Zeit (1603–1868), in der sich Japan
zwar von der übrigen Welt abkapselte, jedoch gerade dadurch gesellschaftliche Veränderungen erfuhr, die das Tor zur Neuzeit aufstoßen sollten. Sieger der Schlacht war Tokugawa Ieyasu (s. Kapitel
Geschichte), der lächelnde Dritte aus den Kämpfen
um die Vorherrschaft im Lande. Vorausgegangen
war der Tod seines Kampfgefährten Toyotomi
Hideyoshi, der ihm die Vormundschaft seines Soh-

nes Hideyori (1593–1615) übertrug. Doch der aus dem Kanto-Gebiet stammende Ieyasu dachte nicht daran, Hideyori und dessen westjapanische Verbündete zu unterstützen. Mit politischem Weitblick und Geduld versehen hatte er auf den Moment der Machtergreifung gewartet. Trotz scheinbar übermächtiger Gegner wie etwa Ishida Kozushige und Mori Terumoto stellte sich das zahlenmäßig unterlegene Heer des Ieyasu auf dem Schlachtfeld bei Sekigahara zum Kampf. Die Schlacht begann am Vormittag und war am Abend noch nicht entschieden. Dann wechselte ein Parteigänger der Westallianz, der Mori-Verwandte Kobayakawa, die Front und griff die rechte Flanke der Ishida-Truppen an. Tokugawa Ieyasus Heer konnte sodann das Gefecht siegreich beenden. Toyotomi Hideyori zog sich zwar auf seine Burg in Osaka zurück, wurde jedoch dort 14 Jahre später vernichtend geschlagen.

Mit dem Sieg bei Sekigahara nahm die Tokugawa-Zeit ihren Lauf. Sie bescherte dem Land zwar die erwähnte Abschließung, aber auch einen ca. 250 Jahre andauernden Frieden. Letzterer bewirkte eine Vielzahl innenpolitischer Veränderungen, wie etwa den gesellschaftlichen Aufstieg der Kaufmannsschicht. Die damit verbundenen sozialen und kulturellen Neuerungen waren der Beginn eines Weges, der über die Öffnung des Landes im Jahr 1854 zur ersten Verfassung und späteren Demokratie führte. Die Weichen für diesen geschichtlichen Prozess wurden in der Schlacht von Sekigahara gestellt.

NIIGATA & SADO

Niigata, an der Westküste der Chubu-Region gelegen, ist die Hauptstadt der gleichnamigen Präfektur. Sie ist der wichtigste Hafen am Japanischen Meer und wurde im Jahr 1869 für den Auslandshandel geöffnet. Die Stadt hat ca. eine halbe Million Einwohner und ist bevorzugter Standort der chemischen Industrie. Weit über ihre Grenzen hinaus ist die Stadt außerdem für hervorragenden Reis und hochwertigen Sake bekannt.

Vor allem aber ist Niigata Ausgangspunkt der Fähre zur Insel Sado, die 32 Seemeilen entfernt im Japanischen Meer liegt. Sado ist mit 857 Quadratkilometern nach den vier Hauptinseln und Okinawa die sechstgrößte Insel Japans. Ihre Topografie wird von zwei parallel verlaufenden Bergketten bestimmt, die eine weite, fruchtbare Ebene umschließen. Sado ist Teil des Sado-Yahiko-Quasi-Nationalparks.

Durch eine warme Meeresströmung herrscht hier ein mildes Klima vor. Allerdings ist der Winter rau und durch heftige Stürme gekennzeichnet. Man lebt vorrangig von Reisanbau, Fischfang und dem stetig wachsenden Touristenzustrom. Vor allem zur Frühlings- und Sommerzeit wird die Insel von Erholung suchenden, zumeist japanischen Reisenden, besucht. Letztere kommen zum Wandern, Zelten und Radfahren hierher. Auch Heißquellenbäder in der Nähe der Inselhauptstadt Ryotsu laden zum längeren Verweilen ein. Darüber hinaus rühmen Gourmets die vorzüglichen, inseleigenen Fischgerichte.

Naturliebhaber bewundern die vulkanischen Felsformationen an der Senkaku-Bucht, die sich unweit der Ortschaft Aikawa befindet. Dieses Städtchen, das heute ca. 10 000 Einwohner zählt, war im frühen 17. Jahrhundert

eine blühende Stadt mit mehr als 100 000 Bewohnern. Grund der damaligen Attraktivität waren die naheliegenden Goldminen, in denen das Edelmetall zumeist von Sträflingen und Tagelöhnern abgebaut wurde. Es diente in der Edo-Zeit u. a. zur Münzherstellung.

Die Minen wurden bis 1867 nahezu vollständig geschlossen. Wenige waren noch bis in das 20. Jahrhundert hinein in Betrieb. Eine davon, die Sado-Kinzan-Mine, wird heute als Museum genutzt, in dem roboterartige Wachsfiguren die beschwerliche Arbeit anschaulich demonstrieren. Auch das Aikawa-Volkskundemuseum (*Aikawa-kyodo-hakubutsukan*) bietet zahlreiche Artefakte der Goldgräberzeit. Das schwere Los der Minenarbeiter ist Thema der inseltypischen Balladen (*sado-okesa*), die oft von Tänzen begleitet werden. Sie schildern nicht nur das Schicksal der Bergleute, sondern nehmen Bezug auf eine weitere traurige Rolle, die die Insel Sado während der japanischen Geschichte spielte.

Bereits seit dem Jahr 724 diente Sado als Verbannungsort und blieb es bis zur Strafrechtsreform von 1908. Die Verbannungsstrafe wurde vorrangig für politische Verbrechen ausgesprochen. Viele den Machthabern missliebige Zeitgenossen verschwanden in den hiesigen Goldminen, wo sie als Zwangsarbeiter eingesetzt wurden. Unzählige Namenlose fristeten so ihr Leben fern der Heimat.

Neben Sado existierten weitere Verbannungsorte, wie etwa Hokkaido. Doch hatte Sado auch prominente Verbannte aufzuweisen. So wurde im Jahr 1220 der 84. Kaiser Japans, Juntoku-Tenno (1197–1242), auf die Insel verbannt. Er hatte sich an einem glücklosen Staatsstreich gegen den amtierenden Shogun beteiligt. Auf Sado lebte er noch 22 Jahre in einem bescheidenen Palast in der Nähe der Ortschaft Izumi. Seine spätere Grabanlage Koigaura wird noch heute viel besucht.

Ein weiteres Verbannungsopfer war der streitbare buddhistische Mönch Nichiren (1222–1282). Als Gründer der gleichnamigen Schulrichtung, in der das Lotossutra im Mittelpunkt steht, hatte er sich, einem Martin Luther durchaus ähnlich, durch flammende, provokante Predigten bei Klerus und Regierung unbeliebt gemacht. Im Jahr 1271 wurde er nach Sado verbannt, wo er im Ort Niibo bis 1274 lebte und Schriften zu buddhistischen Glaubensfragen verfasste. Für unzählige heutige Sektenmitglieder ist sein Haus ein Wallfahrtsort.

Auch der begnadete No-Schauspieler und Theoretiker Zeami Motokiyo (1368–1443) wurde Opfer einer Hofintrige und deshalb nach Sado verbannt. War er noch als Günstling des Shogun Ashikaga Yoshimitsu gefeierter Bühnenstar, so sank sein Stern unter der Herrschaft dessen Nachfolgers. Shogun Ashikaga Yoshinori (1394–441) favorisierte Zeamis Neffen Onami. Welche weiteren Gründe zu der Verbannung nach Sado im Jahr 1434 führten, sind nie geklärt worden. Zeamis Inselexil hat dafür gesorgt, dass zahlreiche No-Bühnen auf Sado entstanden.

So ist die Insel heute ein Hort lebendiger Volkskunsttradierung. Denn die Verbannten kamen selten allein, sondern durften meistens ihre Familie oder gar den Hofstaat mitnehmen. Dazu zählten auch Musiker, Schauspieler, Akrobaten etc. Gesänge und Tänze aus vielen Teilen Japans sind so auf Sado lebendig geblieben. Eine musikalische Kunstgattung schaffte es, weit über Sado hinaus weltbekannt zu werden. Es sind die »Dämonentrommler« (*odenko*), die ihren Stammsitz auf Sado unweit des Ortes Ogi haben. Die auch als *Kodo* (»Herzschlag«) bekannten Trommler sind Meister der großen *taiko*-Trommel, deren Klang schon im No-Spiel die Dämonen weckte. Mit ihnen in Verbindung steht das in der dritten Augustwoche stattfindende Ethno-Musikfestival »Earth Celebration«.

Besucht man das Dorf Ogi, sollte man nicht versäumen, eine Ausfahrt in den waschkübelartigen Holzbooten (*terai-bune*) zu unternehmen. Letztere wurden früher zum Sammeln von Seegras verwendet. Heute dienen sie fast ausschließlich der Touristengaudi. So liegen in Sado – wie in vielen japanischen Reisezielen – ernsthafte Traditionspflege und zuweilen naiv-kitschige Unterhaltung eng beieinander.

Senkaku-Bucht auf der Insel Sado, die lange Zeit als Verbannungsort genutzt und gefürchtet war

KANAZAWA

RECHTE SEITE:
Schnee bedeckt die kleinen
Häuser im Samurai-Viertel von
Kanazawa.

Reist man von Niigata entlang der Küste des Japanischen Meeres nach Südwesten in die Präfektur Ishikawa, erreicht man deren Hauptstadt Kanazawa. Mit 438 000 Einwohnern zählt die Stadt zu den größten der Region. Ihre ländliche Ursprünglichkeit jedoch hat sie weitgehend bewahrt. Beim Rundgang durch die alten Samurai- und Geisha-Bezirke dieser Stadt beschleicht den Besucher das Gefühl, das historische Japan hautnah zu erleben.

So wie die meisten japanischen Märchen mit »Es war einmal in alten Zeiten…« (*mukashi, mukashi*) beginnen, empfängt das malerischste dieser Geisha-Viertel, *higashi choya-gai*, den Besucher mit nostalgischer Wehmut: Enge verwinkelte Gassen, Holzgebäude und Laternen aus dem 19. Jahrhundert vermitteln Erinnerungen an eine Geisha-Welt, wie man sie heute nur noch aus Filmen und Büchern kennt. Etwa zwanzig »Unterhaltungsdamen« (Geishas) sollen hier noch wohnen. Es sind in Tanz, Gesang und Shamisen-Spiel ausgebildete Frauen, die einst in Teehäusern (*choya*) ihre Kunst darboten und als Tänzerinnen und Mätressen in den Freudenvierteln der Städte lebten. Ihr Leben war farblos, ihre Auftritte glänzend. Entgegen weitläufiger Meinungen sind die heutigen Geishas keine Prostitu-

Samurai-Viertel Nagamach

Holzgebäude und Laternen aus dem 19. Jahrhundert versetzen den Besucher des alten Samurai-Viertels in eine längst vergangene Zeit. Dieser Teil von Kanazawa bildet einen spannenden Kontrast zu den modernen Gebäuden und Vierteln der Stadt.

ierten, sondern Unterhaltungsdamen und Protagonistinnen gebuchter Veranstaltungen, in deren Verlauf sie die Gäste (oft Unternehmen) mit Musik, Tanz und Geschichten erfreuen. Eine Geisha sollte bei all ihrer stilvollen Kunstfertigkeit stets lustig, schlagfertig und vor allem trinkfest sein.

Kanazawa wurde ab 1583 vom mächtigen Maeda-Clan zum Stammsitz erklärt. Rund um deren Burg wuchs das ehemalige Dorf zu einer blühenden Stadt. Die Burg wurde 1881 durch einen Brand völlig zerstört. Heute sind nur noch das Ishikawa-Tor und eine 54 Meter lange Unterkunft für Gefolgsleute der Samurai übriggeblieben. Auch der Samurai-Bezirk im Nagamachi-Viertel mit seinen von Lehmmauern gesäumten Straßen versetzt den Reisenden in ein Japan früherer Zeit, dessen Traditionen hier liebevoll gehütet werden. Zum Erhalt des historischen Stadtbildes hat die glückliche Fügung beigetragen, dass Kanazawa während des Zweiten Weltkrieges nicht zerstört wurde. Seiner traditionellen Bindung entsprechend ist der Ort ein Zentrum des Kunsthandwerks. Berühmt sind die Herstellung von Keramik und Seide sowie die Verarbeitung von Blattgold.

FOLGENDE DOPPELSEITE:
Aufstieg zum Tempel Saiyo-ji (linke Seite). Ein Touristenbus fährt an der Burg von Kanazawa vorbei (rechte Seite).

LINKE SEITE UND UNTEN:
Geishas während einer Vorführung in Kanazawa

Buddhistische Tempel und shintoistische Schreine sind zahlreich. Hervorzuheben sind u. a. der Gannan-Tempel, den einst der Dichter Basho besuchte; der Akan-Tempel, der auch »Katzentempel« genannt wird, da auf seinem Terrain ein alter Katzenfriedhof lag; der dem ersten Meada-Fürsten Toshiie geweihte Oyama-Schrein, dessen dreistöckiges Tor 1875 von einem holländischen Architekten miterbaut wurde; sowie der Myoryu-Tempel, der auch Ninja-Tempel genannt wird. Er wurde 1640 errichtet und wird aufgrund seiner labyrinthartigen Gänge, geheimen Kammern, verborgenen Treppen und Falltüren den Ninja-Kriegern zugeordnet. Diese Edo-zeitlichen Kämpfer, die über sagenumwobene Kampftechniken und Taktiken (*ninjutsu*) verfügten, sollen der Shogunats-Regierung als Agenten gedient haben. Wie viel hiervon geschichtliche Wahrheit oder filmreife Übertreibung ist, mag an dieser Stelle nicht ergründet werden.

Der ganze Stolz Kanazawas ist der berühmte, ca. 10 Hektar große Landschaftsgarten Kenroku-en. Er gehört neben dem Kairaku-en in Mito und dem Koraku-en in Okayama zu den drei berühmtesten Gartenanlagen Japans. Fürst Maeda Toshinaga (1562–1614), Sohn des erwähnten Toshiie, begann mit seiner Errichtung schon im frühen 17. Jahrhundert. Aber erst in den Jahren 1822–1844 ist er in seiner heutigen Form vollendet worden. Sein Name *kenroku-en* verweist auf einen Park mit sechs

Bettelmönche im Daijo-ji-Tempel in Kanazawa

Attributen der idealen Gestaltung. Diese sind Weitläufigkeit, Würde des Alters, Ergebnis menschlicher Kreativität, Kühlung schenkende Wasserläufe, Abgeschlossenheit und harmonische Szenerie.

Japanische Gärten stehen stets im Zusammenhang mit ihren chinesischen Vorbildern. Bereits in der Han-Dynastie (206 v. Chr.–220 n. Chr.) ließen sich chinesische Kaiser Gärten als Nachbildung mythischer Paradiesinseln erbauen. Es entstanden Anlagen mit künstlichen Hügeln, Bächen, Seen und Wasserfällen. Die Vorstellung des Gartens als Paradies und Wohnort der Seligen wurde von den Japanern übernommen und diente als Vorlage der Erschaffung von Gärten, die u. a. das westliche Paradies des Buddha Amidha darstellten. In ihm lustwandeln die Seelen der gläubig Verstorbenen und bereiten sich auf den Eintritt ins Nirwana vor. Einer dieser Paradiesgärten ist neben vielen anderen das Terrain des Byodo-Tempels in der Nähe von Kyoto. Seine Gestaltung geht auf die Mitte des 11. Jahrhunderts zurück. Ebenfalls der Paradiesvorstellung folgten die weit angelegten Landschaftsgärten, die wie der Kenroku-en zu Beginn des 17. Jahrhunderts entstanden. Nur übersteigt hier die

RECHTE SEITE UND UNTEN:
Mehr als 50 Tempel und Schreine befinden sich in dem Tempelbereich Utatsuyama in Kanazawa, der auf einem kleinen Berg über der Stadt angesiedelt ist. Der Zensho-ji (Foto unten) ist einer dieser Tempel.

Lust am Profanen die ehemals spirituelle Schaffensabsicht. Dementsprechend verfügt der Park über eine Vielzahl gartentypischer Eigenschaften, wie etwa weite Grünflächen, künstlich geschaffene Hügel, zwei Teiche mit Wasserfall und Inselchen der Glückseligen (*horai*), an mythische Tiere (Kranich und Schildkröte) erinnernde Steinsetzungen, verwitterte, bemooste Steinlaternen, harmonisch ins Gartengefüge hineinreichende Teehäuser und – wie hier – die Villa der Mutter des 13. Maeda-Fürsten. Über 12 000 Bäume verschiedenster Arten sind angepflanzt. Von ihnen erfährt die Kiefer als Sitz der Götter und Symbol ewigen Lebens besondere Verehrung. Darüber hinaus sind im Südteil des Gartens einige Museen erbaut worden, wie etwa das für Kunsthandwerk.

Sich im Kenroku-en zu ergehen, seine blühende oder zugeschneite Landschaft zu genießen, verheißt wie in alten Zeiten die Abkehr von Stress und Unruhe, die Beruhigung der Sinne und eine

Das alte Samurai-Haus Nomura in Kanazawa liegt inmitten eines wunderschönen Gartens.

aufgehellte harmonische Stimmung. So ist es leicht nachvollziehbar, dass Kanazawa ein Zentrum der No-Schaukunst ist (s. Kapitel Theater). Ob als nächtliches Feuerschein-No in freier Natur oder im städtischen No-Spiel-Theater – die Tradition dieser alten Schaukunst in Kanazawa wird gepflegt, entspricht sie doch mit ihrer wehmütigen Eleganz und spirituellen Tiefe der Atmosphäre dieser wunderschönen, intensiv japanischen Stadt.

NOTO-HALBINSEL

Wenige Kilometer von Kanazawa entfernt erstreckt sich die Noto-Halbinsel wie ein gekrümmter Daumen in die Japanische See. Sie dient dem Japaner vorrangig als beliebtes Ferienziel. An ihrer maleri-

Besucherandrang im Kenroku-en. Spannseile, die im Dunkeln effektvoll leuchten, dienen als Schneeschutz für die Kiefern.

schen zerklüfteten Westküste liegen bekannte Badeorte wie etwa Hakui. Die in Stadtnähe liegende »driving beach« erlaubt das Autofahren am Strand. Sie wird von vielen Touristen besucht. Bekannt sind die Stadt und ihr Umfeld für eine hochangesehene Seiden- und Keramikproduktion. Im Norden der Stadt befinden sich der Keta-Schrein sowie der vermutlich der Nichiren-Schule zuzurechnende Myojo-Tempel.

Weiter nördlich – in Höhe des »Daumennagels« – liegt die Stadt Wajima. Hier kauft man vorzugsweise Lackgegenstände oder erkundet den weithin bekannten Fischmarkt. Darüber hinaus befinden sich hier zahlreiche Heißquellenbäder, die schon vom japanischen Kaiser aufgesucht wurden. Ein bekannter Badeort liegt an der wettergeschützten Ostseite der Halbinsel bei Wajima.

FUKUI & EIHEIJI

Ein weiteres Zentrum der Lack- und Seidenindustrie ist die in der Nähe des Japanischen Meeres liegende Stadt Fukui, die auch Hauptstadt der gleichnamigen Präfektur ist. Sie liegt an den westlichen Ausläufern der zentralen Bergregion in der Ebene des Kuzuryu-Flusses. Dort findet man im Dorf Shibidani den berühmten Eiheiji-Tempel. Er wurde im Jahr 1244 vom Priester Dogen (1200–1253) als Zentrum der Soto-Zen-Schule gegründet.

Der Tempelbezirk umfasst mehr als siebzig Gebäude. Der Weg führt durch das Drachentor über eine Steintreppe zu einem weiteren Tor (*chokushi-mon*), dessen Durchschreiten allein den kaiserlichen Boten vorbehalten war. Hinter diesem befinden sich das Haupttor sowie das »Tor für den alltäglichen Verkehr«. Dahinter liegen die Hauptgebäude, die in musterhafter Anordnung über dem Terrain verteilt sind. Dazu gehören neben Toilette, Badehaus, Küche und Speisesaal die 1902 restaurierte Buddhahalle mit den drei Buddhas (Vergangenheit, Gegenwart und Zukunft), die Meditationshalle mit dem Weisheits-Bodhisattva Monju, die Gebets- und Andachtshalle mit einer Kannon-Statue sowie die Gedenkstätte des Tempelgründers.

Es ist nicht nur die reich bestückte Tempelanlage, die einen Besuch so empfehlenswert macht. Vielmehr erweckt seine von dichten Zedernwäldern umgebene Lage den spontanen Wunsch nach kontemplativer Einkehr. So ist dem Besucher

nach vorheriger Anmeldung eine Teilnahme an Zen-Meditationsübungen möglich. Und der, den es in die Weite der japanischen Bergwelt zieht, sollte hier nach vollzogener geistiger Vorbereitung den Anstieg beginnen.

Dorf an der Nordküste der Noto-Halbinsel

NAGANO – MATSUMOTO – KISO TAL

Ein Ausgangspunkt zur Erkundung der zentralen japanischen Bergwelt ist die Hauptstadt der gleichnamigen Präfektur Nagano. Die Stadt mit ca. 380 000 Einwohnern hieß früher so wie ihr zentraler buddhistischer Tempel Zenko-ji. Der Ort ist von alters her für seine Seidenraupenzucht und seinen Obstanbau bekannt. Das Interesse der Weltöffentlichkeit erlangte Nagano durch die Ausrichtung der Olympischen Winterspiele im Jahr 1998. Repräsentative Gebäude aus dieser Zeit – wie etwa die M-Wave-Halle oder die White Ring Arena – finden heute als beliebte Veranstaltungsorte Verwendung. Nach den Olympischen Spielen kehrte die Stadt zum beschaulichen Alltag zurück, blieb jedoch nach wie vor viel besuchter Wintersportort und Ausgangspunkt für Expeditionen ins Bergland.

Naganos bekanntester Tempel ist der Zenko-ji, der hier zu Beginn des 7. Jahrhunderts errichtet wurde. Zum Tempel pilgern jährlich unzählige Gläubige, denn er beherbergt eine sagenumwobene, von

RECHTE SEITE UND UNTEN:
Zwei Aspekte, die unmittelbar mit Nagano in Zusammenhang gebracht werden, sind zum einen die nahegelegenen heißen Quellen, in denen Rotgesichtsmakaken baden (Foto unten), und zum anderen die Olympischen Winterspiele, die hier 1998 stattfanden (Foto rechte Seite).

einem koreanischen König geschenkte Bronzetrias des Erlöser-Buddhas Amidha nebst seiner Begleiter Kannon (Erbarmen) und Seishi (Weisheit). Eine Kopie der Statue wird alle sieben Jahre ausgestellt. Das Original bleibt vor den Blicken der Pilger verschlossen. Bemerkenswert ist, dass der Tempel aufgrund toleranter Glaubenseinstellung vielen buddhistischen Schulrichtungen offen-steht. Eine seiner volksnahen Sehenswürdigkeiten ist unter dem Altar der Haupthalle in einem vollständig verdunkelten Raum angebracht. Es handelt sich um einen glücksbringenden Paradiesschlüssel. Wenn man ihn ertastet, ist ein Platz in himmlischen Erlösungswelten garantiert. Wenn es nicht gelingt, bleibt der Glaube an die Erlösungskraft des Buddha Amidha.

Nagano also ist Ausgangspunkt in die umliegende Bergwelt, dessen Gipfel über 3000 Meter Höhe erreichen. Die Region wird im Volksmund mit »Schneeland« (*yukiguni*) bezeichnet. Über schmale Pfade, Wasserläufe und alte Brücken reicht der Weg durch dichte Wälder hinauf in schroffe Berg- und Felsregionen. Wie bereits in der Tohoku-Region erwähnt, herrscht auch hier der langnasige oder vogelgesichtige Dämon *tengu*, der zu fliegen vermag und als ein Meister der Schwertkunst gilt. Sein »kleiner Bruder« ist das mit einem Schildkrötenpanzer ausgerüstete Wasserwesen *kappa*, das Reisende überfällt und in die Tie-

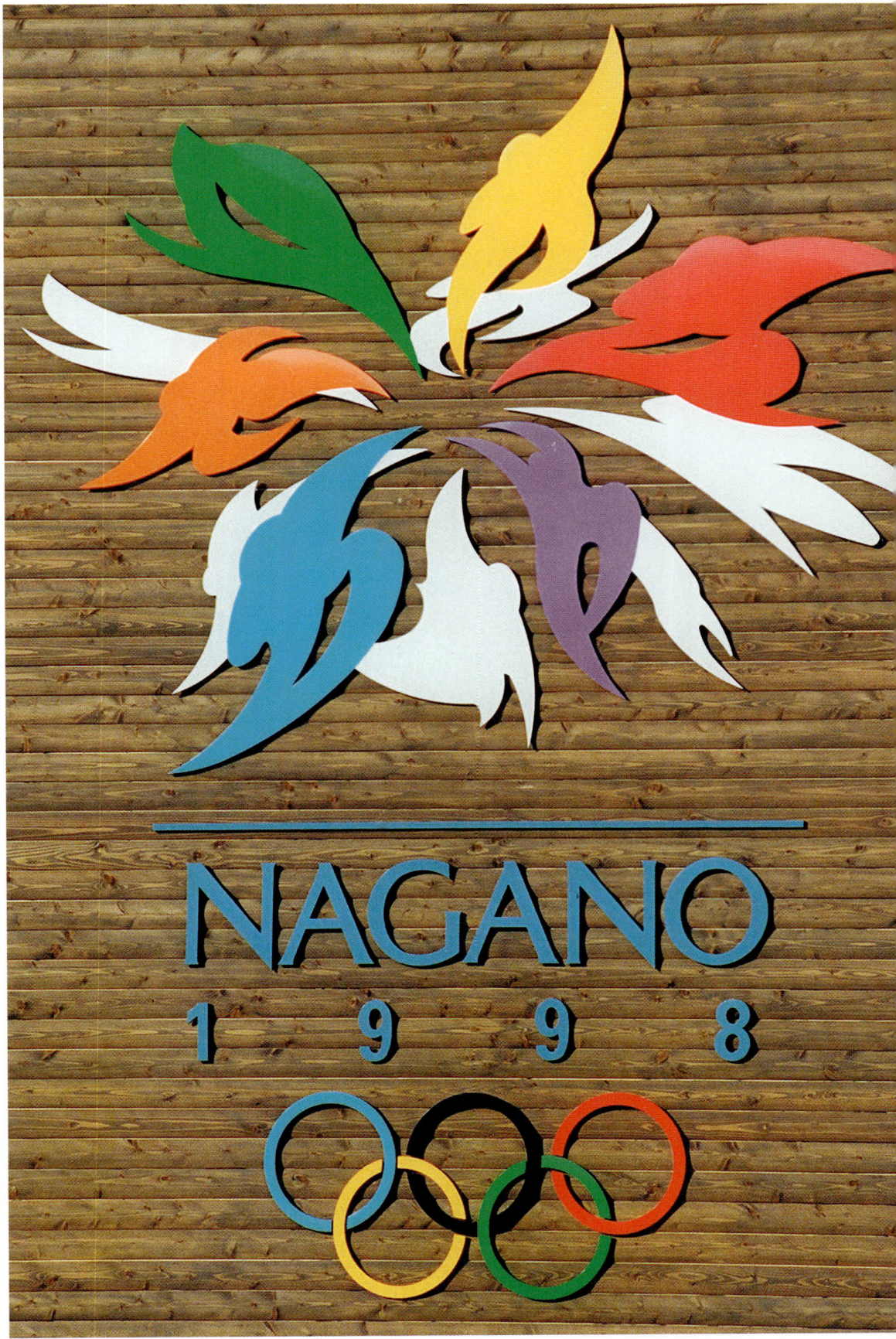

fe der Flüsse zieht. Gleichsam gefürchtet ist die schon erwähnte »Bergalte« *yamauba*, die in Gestalt einer alten Einsiedlerin Wanderer zum Übernachten in ihre Klause einlädt. Des nachts verwandelt sie sich in einen Menschen fressenden Dämon, der die wehrlos Schlafenden vertilgt. Wunderschön, doch genauso gefährlich, ist die »Schneefrau« *yukionna*, die den vom Blizzard überraschten Bergsteiger in den todbringenden Schlaf wiegt. Auch sie entpuppt sich als grässlicher Dämon.

Die Bergwelt lebt. Ihre Bewohner sind Geister in Fuchs- und Dachsgestalt. Gegen sie hilft nur Buddhavertrauen oder List, die z. B. den erwähnten *Kappa* dazu bewegt, das Haupt zu senken und das dort in einer Kopfschale befindliche, lebensnotwendige Wasser zu vergießen. Dann wird er schwach und kann im Ringkampf besiegt werden. Getrockneter und zu Salbe verarbeiteter *kappa* hilft garantiert bei Rheuma und übrigen Gelenkschmerzen.

Das Dorf Hakuba nahe Nagano liegt am Fuße der Japanischen Alpen und wurde während der Olympischen Winterspiele 1998 u. a. zum Austragungsort für das Skispringen.

Als weiterer Ausgangspunkt in die geheimnisvolle Bergwelt Naganos empfiehlt sich die Stadt Matsumoto, in deren Nähe die alte Post- und Handelsstraße Nakasendo verläuft. Hauptsehenswürdigkeit der Stadt ist die im Jahr 1504 erbaute und im Original erhaltene Burg.

Aufgrund ihres schwarzen Anstrichs wird sie im Volksmund »Krähenburg« genannt. Sie ist von Wassergräben und Mauern geschützt. Neben ihrem sechsstöckigen Hauptturm dient der Vorbau des Südflügels als Ort der Mondbetrachtung. Von hier den Vollmond zu beschauen und dabei ein Tröpfchen Sake oder Tee zu trinken, gehört zu den unscheinbaren, aber umso eindrucksvolleren Erlebnissen, die den Japanreisenden erwarten. Im Inneren der Burg stößt man auf zahlreiche ausgestellte Artefakte der Ritterzeit, so z. B. schwarze Rüstungen, deren Aussehen den Regisseur Georg Lukas dazu bewog, seinen bösen Helden der Star-Wars-Filme Darth Vader ähnlich auszustatten.

Hauptturm der Burganlage mit Burggraben. Dahinter erheben sich die Japanischen Alpen.

Die Burg von Matsumoto mit den schneebedeckten Gipfeln der Japanischen Alpen im Hintergrund

FOTO RECHTS:
Blick auf den Taisho-Ike-See im
Kamikochi-Tal und die Hotaka-
Berge in den Japanischen Alpen

Einen guten Panoramablick auf die umliegenden Japanischen Alpen bietet das nahegelegene, ca. 2000 Meter hohe Plateau »schöne Wiese« (*utsukushigahara*). Ebenso lockt die Schlucht des Kamikochi-Tals mit der alpinen Blütenpracht seiner Wiesen. Von hier gelangt man entlang der Handelsstraße zu Zentren der Holzverarbeitung sowie zu den restaurierten ehemaligen Poststationen von Tsumago und Magome. Man wandert über altes Kopfsteinpflaster der *nakasendo* vom sorgsam wiederhergestellten und unter Denkmalschutz stehenden Dorf Tsumago bis zum ebenfalls restaurierten Ort Magome.

Dies ist eine der schönsten Wanderungen durch das historische Japan. Fast könnte man meinen, die Zeit stehe still. Man kehrt in die Restaurants der alten Teehäuser ein, die einst als Verpflegungs- und Amüsierstationen beliebt waren. Hier lässt man sich ein Gericht aus seltenem Berggemüse (*sansai*) und ein paar Schälchen Sake schmecken und genießt in traditionsschwangerer Umgebung eine Reise in die Vergangenheit. Weiter gelangt man ins zedernbewaldete Kiso-Tal, wo ein Flussabschnitt den Namen »japanischer Rhein« (*nihon rain*) trägt. In der Tat erinnern Schluchten und Berghänge ans deutsche Vorbild.

GIFU – TAKAYAMA – SHIRAKAWAGO

Dringt der Reisende von Masumoto aus ins westlich gelegene Bergland vor, gelangt er in die Präfektur Gifu, die in der Mitte der Hauptinsel Honshu liegt. Dort erwartet ihn das malerisch gelegene Städtchen Takayama. Der Bedeutung des Namens »Hohe Berge« entsprechend, liegt der Ort tief in Gifus Bergwelt versteckt, in der Nähe der zum Chubu-Sangaku-Nationalpark gehörenden Hida-Berge. Die umliegende Gebirgs- und Waldlandschaft ist grandios. Im Städtchen selbst, das ca. 65 000 Einwohner zählt, scheint sich alles ums Holz zu drehen. Takayamas Zimmerleute sind seit dem Mittelalter landesweit bekannt. Neben der Keramik werden Lackgegenstände nach der ortseigenen *shunkei-nuri*-Technik hergestellt. Dabei wird ein gelblicher Transparentlack direkt auf das Holz aufgetragen, sodass dessen Maserung sichtbar bleibt. Man hat den Eindruck, dass das Naturprodukt Holz in seiner ursprünglichen Schönheit nicht nur erhalten, sondern noch gesteigert wird.

Takayamas Innenstadt verzaubert den Besucher durch seine drei altertümlichen Straßenzüge, die von gut erhaltenen, alten Wohnhäusern und Geschäften aus Holz gesäumt sind. Hier in einem der zahlreichen, traditionellen Restaurants einheimische Gemüse- oder Fleischgerichte zu genießen, lässt die Zeit stillstehen und die einstige Samurai-Epoche wieder lebendig werden. Auch die stadteigenen Sake-Brauereien haben landesweit einen ausgezeichneten Ruf.

Zum historischen Stadtbild gehört das in Japan einzig erhaltene Edo-zeitliche Verwaltungsgebäude. Es wurde 1615 erbaut und diente als Residenz der Fürstenfamilie Kanamori. Später fand das Gebäude als Gerichts- und Regierungshaus Verwendung. Dass man bei der Urteilsfindung wenig zimperlich war, beweist eine hauseigene Folterkammer.

Ein Besuch des frühmorgendlichen Marktes, wo Früchte, Gemüse und Kunsthandwerk der nahen Umgebung wort- und gestenreich feilgeboten werden, gehört ebenso zum Besuchserlebnis wie die Besichtigung der Festwagenhalle, wo die reich geschmückten Fahrgestelle für das im April und Oktober stattfindende Takayama-Fest untergebracht sind. Im Ostrand der Stadt liegt der Tempelbezirk *Higashiyama no tera machi*, dessen Bezeichnung sich bewusst auf den gleichnamigen Stadtteil Kyotos bezieht, der dort ebenfalls eine Vielzahl buddhistischer Tempel aufweist, denn früher nannte man Takayama auch »Klein-Kyoto«.

Für Feierlichkeiten geschmückte Gasse in Takayama

RECHTE SEITE:
Im Yanagase-Viertel von Gifu

FOLGENDE DOPPELSEITE:
Wie verzaubert wirkt das Dorf Shirakawa-go im Winter, wenn Schnee die Dächer bedeckt.

Bauernhaus mit Scheune in Shirakawa-go, dessen Geschichte bis ins 12. Jahrhundert reicht.

Zahlreiche Museen, wie etwa das Lackmuseum (*shunkei-keikan*), das Haus der Löwenmasken (*shishi-kaikan*), die Museen für Volkskunst und Archäologie sowie ein Freilichtmuseum mit traditionellen Bauernhäusern, bestärken den Eindruck, dass Takayama inmitten der mächtigen Bergwelt die Vergangenheit wie ein Kleinod pflegt. Manchmal ist die Stadt durch Schneemassen von der Außenwelt abgeschnitten. Dann erinnert Takayama an mythische Märchenorte wie Shangri-la im Himalaya, in denen die Vergangenheit die Gegenwart und auch die Zukunft längst eingeholt hat.

Ein nostalgisches Sehnen evoziert auch das nahegelegene, zum UNESCO-Weltkulturerbe gehörende Bergdorf Shirakawa-go, dessen spitzgiebelige Häuser aufgrund ihrer eigentümlichen Bauweise (*gassho-zukuri*) unseren weihnachtlichen Lebkuchenhäusern gleichen. Man sagt, dass sie zum

Gebet gefalteten Händen ähnlich sehen, da ihre Strohdächer vom Giebel abwärts schräg fast bis zum Boden reichen. Vom Schnee bedeckt wirkt das Dorf vom Berg aus betrachtet wie ein friedliches Spielzeugland, das sich unendlich weit von aller großstädtischen Wirklichkeit entfernt befindet. Und wenn man zum jährlichen Frühlings- und Herbstfest den ortseigenen Sake trinkt, verstärkt sich dieser Eindruck nach ein paar Schälchen.

Wir verlassen die Bergwelt und gelangen zur Hauptstadt der gleichnamigen Präfektur Gifu. Mit ca. 400 000 Einwohnern gehört dieser Ort eindeutig zum gegenwärtigen Leben. Die Wirklichkeit hat uns nun zurück, denn Gifu liegt nur ca. 30 Kilometer von Nagoya entfernt. Die Stadt floriert durch ihre bekannte Bekleidungsindustrie und die Produktion von Papierlaternen und -schirmen. Berühmtheit hat sie durch den hier stattfindenden Kormoran-Fischfang erlangt. Dabei handelt es sich heute mehr um eine Touristenattraktion als um eine reguläre Arbeit.

Jeden Abend von Mai bis Oktober fahren Boote den Fluss Nagara hinab. Ihre am Bug befestigten Feuerkörbe locken Fische. Meistens sind es Forellen. Diese werden von angeleinten und dazu abgerichteten Kormoranen gefangen. Aufgrund eines um den Hals gelegten Rings können sie die Fische nicht verschlucken. Ihr Beuteanteil besteht im späteren, ringfreien Verzehr der Fischköpfe. Diese traditionelle Fischfangtechnik geht auf uraltes, wahrscheinlich aus China stammendes Brauchtum zurück.

NAGOYA

Die großen Drei der japanischen Geschichte, Oda Nobunaga (153–1582), Toyotomi Hideyoshi (1536–1598) und Tokugawa Ieyasu (1542–1616) sind mehr oder minder Söhne dieser Stadt, der heutigen Hauptstadt der Präfektur Aichi. Sie erwuchs im 1. Jahrhundert aus einem Festungsort der Fürstenfamilien Imagawa und Oda zu einer bedeutenden Stadt. Im Jahre 1612 ließ Tokugawa Ieyasu hier eine gewaltige Burg für seinen Sohn Yoshinao errichten und setzte ihn als herrschenden Fürsten über die Provinz Owari ein. Die Owari-Tokugawa-Fürsten residierten in Nagoya bis zur Öffnung des Landes im Jahre 1868. Fortan bildete sich hier mit dem Hafenausbau vor allem eine wachsende Schwerindustrie, was zur Folge hatte, dass die Stadt im Zweiten Weltkrieg fast vollständig zerstört wurde.

Doch aufgrund der vorteilhaften Hafenlage entwickelte sich Nagoya nach dem Krieg zügig zur Wirtschaftsmetropole zwischen den Ballungsräumen Tokyo und Osaka. Sie ist nach Tokyo, Yokohama und Osaka mit ca. 2,2 Millionen Einwohnern die viertgrößte Stadt Japans. Neben der traditionellen

Burganlage und Burggraben von Nagoya

Herstellung von Keramik, Porzellan, Holzgeräten und Textilien wird Nagoya vorwiegend von Industriezweigen beherrscht, die sich von der Automobil-, Schiffs- und Maschinenproduktion bis zur Erzeugung von Kunststoffen, Kunstdünger, Medikamenten und weiteren chemischen Produkten erstrecken. Dabei ist der Toyota-Konzern als einer der weltweit führenden Automobilhersteller für die gegenwärtige Stadtentwcklung so dominant, dass er nicht nur in einem stadteigenen Museum gewürdigt wird, sondern darüber hinaus dazu beitrug, dass sich in der Nachbarschaft um das Firmengelände herum eine eigene Stadt bildete: Toyota-shi.

Dem Trend einer florierenden Industriestadt entsprechend, wurde in Nagoya die EXPO 2005 ausgerichtet. Bezeichnend ist, dass diese Weltausstellung ganz im Zeichen der Roboterisierung von Berufs- und Alltagsleben stand. Ein neu errichteter, internationaler Flughafen (*centrair*) dokumentiert die weiter zunehmende merkantile Wichtigkeit. Für die Besucher ist Nagoya auf den ersten Blick keine schöne Stadt. Trotz weitläufiger Straßen und modernster, unterirdischer Einkaufszentren braucht es Zeit, hinter der spröden Zweckmäßigkeit seines Äußeren den durchaus vorhandenen Charme zu entdecken.

Panoramablick auf das moderne Nagoya mit dem Fernsehturm Nagoya Tower links im Bild und dem auffälligen Gebäudekomplex Oasis 21 rechts daneben.

Da sind zunächst einige Gartenanlagen wie etwa der Shirakawa- oder der Higashiyama-Park, die mit einem Zoo, Freizeitanlagen und einer Sternwarte bestückt sind. In der Nähe des Higashiyama-Parks findet man im »Friedensgarten« (Friedhof) das Grab des Oda Nobunaga. Die Geburtsstätte des Toyotomi Hideyoshi liegt in einem lauschigen Bambushain im Nakamura-Park. Der dort gelegene Hokoku-Schrein wurde im Jahr 1897 zur 300-Jahr-Feier seines Todes errichtet.

Beherrscht wird das Innenstadtbild von zwei Gebäuden, die unterschiedlicher nicht sein könnten. Zum einen ist es die Burg (*nagoya-jo*), die Tokugawa Ieyasu für seinen Sohn im Jahr 1612 bauen ließ. Sie gehört zu den mächtigsten Befestigungsanlagen Japans. Jedoch wurde sie leider im Zweiten Weltkrieg völlig zerstört und 1959 aus Beton wiederaufgebaut. Ecktürme und ein Tor sind noch im Original vorhanden. Den rekonstruierten, 48 Meter hohen Hauptturm schmücken zwei vergoldete Delfine. Die Innenräume werden als Museum mit Kunstgegenständen aus der Burgblütezeit (17. Jahrhundert) genutzt. Vom obersten Turmstockwerk genießt man den herrlichen Blick über die Stadt und Umgebung. Von hier aus schaut man auf die moderne Entsprechung der Burg. Es sind die zwei mächtigen Bürotürme des Nagoya Hauptbahnhofs. Sie zeugen eindrucksvoll vom harmonischen Nebeneinander alter und neuester Architektur, deren Gegensätzlichkeit nur scheinbar ist. Der 180 Meter hohe, städtische Fernsehturm von 1954 wirkt dagegen wie ein längst überholtes Relikt.

Zur Stadtgeschichte gibt das Tokugawa-Kunstmuseum mit zahlreichen Exponaten wie etwa Keramiken, Kalligrafien und Rüstungen erschöpfende Auskunft. Mit der mythisch-japanischen Vergangenheit ist vor allem der shintoistische Atsuta-Schrein verbunden. Er ist neben dem Heiligtum der Sonnengöttin in Ise einer der bedeutendsten Schreine Japans. Es entspricht wohl japanischer Freude am Paradox, dass er ausgerechnet in dieser, der Neuzeit so verpflichteten Stadt errichtet wurde. Seine Gebäude stammen aus dem Jahr 1955. Gegründet wurde er jedoch schon im 3. Jahrhundert. Er birgt, verlässlichen Bekundungen zufolge, eines der drei Reichsinsignien, die dem japanischen

Mythos nach die Sonnengöttin ihrem Enkel Ninigi mit auf den Weg ins Inselreich gab. Es waren: ein Spiegel, der im Ise-Schrein aufbewahrt wird; ein Krummjuwel, das im Kaiserpalast von Tokyo lagert und das berühmte »Grasmähschwert« (*kusanagi no tsurugi*), das seinen Platz in dem erwähnten Atsuta-Schrein fand.

Besitzer des Schwerts war der Sturmgott Susanoo. Es ging über auf den sagenhaften Helden Yamato-takeru, der in grauer Vorzeit auszog, um die Ostländer (s. Kapitel Kanto) zu erobern. Er benutzte das Schwert, als seine Feinde die Grasebene um ihn herum in Brand setzten, indem er damit das Gras niedermähte und sich so eine rettende Schneise schlug. Später wurde das Schwert von der Prinzessin Miyazu-hime entwendet. Doch die in der Sonne glänzende Klinge versetzte eine Zeder in Brand und deckte so den Diebstahl auf.

Der Name des Schreins »brennend heißes Feld« (*atsuta*) soll sich aus diesem Mythos entwickelt haben. Seine letzte Ruhe fand Yamato-takeru der Sage nach im nahen »Hügelgrab des weißen Vogels«, denn er soll in Gestalt eines weißen Reihers zum Himmel emporgestiegen sein.

Zwei weitere Schreine Nagoyas zeugen von vorurteilsfreier, sinnenfroher Naturbezogenheit. Es ist zu einem der Tagata-Schrein, in dem zahlreiche hölzerne Phalli in zum Teil enormer Größe ausgestellt sind. Im Verlaufe des *Tagata-Honen-Sai*-Festes am 15. März eines jeden Jahres werden die gottgesegneten Kultgegenstände in Umzügen präsentiert. Zum anderen findet das Penis-Heiligtum seine freudvolle Entsprechung im Oagata-Schrein, der dem weiblichen Geschlechtsorgan in diversen Steinexponaten verpflichtet ist. Frühjapanischer Fruchtbarkeitskult und süffiger Volksglaube treffen sich hier zu einer augenzwinkernden Allianz. Wie oft in Japan erlebt, existiert liebevoll erhaltene Tradition neben modernsten Errungenschaften. So sind das Grasmähschwert des Yamato Takeru und die frühgeschichtlichen Fruchtbarkeitssymbole kaum wirkliche Gegensätze zu Moderne und Fortschritt, die in Nagoya u. a. in Gestalt der Toyota Motor Corporation auftreten.

Die in Stadtnähe gelegene Mega-Produktionsstätte steht für das neue Japan, dem nach dem Zweiten Weltkrieg eine beispiellose Wirtschaftskarriere gelang. Der Automobilkonzern geht zurück auf Toyoda Sakichi (1867–1930), der den elektronisch betriebenen Webstuhl mit automatisch integrierter Fehlererkennung erfand und die Patentrechte nach England verkaufte. Sein Sohn, Toyoda Kiichiro, gründete 1930 die Toyota Motor Corporation, die sich allmählich zur Nummer eins der Automobilhersteller in der Welt entwickelte. Ihre neusten Lexus-Wagenmodelle um den Hybrid-Motor brachte die westliche Konkurrenz in permanenten Zugzwang. Aber mehr noch beeinflusste Toyota die internationale Business-Welt mit der Entwicklung eines firmeneigenen Produktionskonzepts unter der Bezeichnung TPS (Toyota Production Systems). Dieses auf langfristige Rendite fokussierte Produktionsmodell ist nicht nur ausgesprochen landestypisch, sondern wird auch von vielen ausländischen Firmen zumindest teilweise übernommen. Seine wesentlichen Aspekte stellen den Kundenwunsch und die damit verbundene Bereitschaft zur Produktänderung (*kaizen*) in den Vordergrund. Dazu gehören weiterhin die permanente Erhöhung der Produktqualität und -quantität bei zeitgleicher Senkung der Produktionskosten (lean production). Die umfassende Ausbildung der Mitarbeiter sowie ihre Einbindung in Entscheidungsprozesse bewirken ein tiefgehendes Gemeinschaftsgefühl, das die Motivation aller Toyota-Angestellten festigt und stetig steigern soll. Toyota-Manager tragen kein Schwert zum Grasmähen bei sich. Ihre Waffen sind Strategien, die zunächst den Marktanteil vergrößern und sodann die Rendite fördern.

LINKE SEITE:
Blick auf den Hisaya-Odori-Park und den Stadtteil Sakae

Aussichtsplattform vom Midland Square

CHUGOKU

ÜBERBLICK

Chugoku, »das Land der Mitte« (*chu* = Mitte, *koku* = Land), ist die westlichste Region auf Honshu, der größten der vier Hauptinseln, und liegt zwischen den großen Regionen Kinki und Kyushu. Das »Land der Mitte« ist ein sprachliches Relikt aus der Zeit, als die Entfernung eines Gebietes noch aus der Sicht und Einschätzung der Kaiserstädte Kyoto oder Nara in drei Entfernungskategorien erfolgte: Ferne Länder (*ongoku*), mittelferne Länder (*chugoku*) und nahegelegene Länder (*kingoku*, im heutigen Sprachgebrauch *kinki*). Als Chugoku wird im heutigen Sprachgebrauch nur noch die westlich der ehemaligen Hauptstädte gelegene Region bezeichnet. Da der geografische Name Chugoku auf Japanisch auch der Name für die Volksrepublik China, dem »Reich der Mitte« ist, wurde die Region Chugoku zwischenzeitlich mit dem Zusatz *chiho* (Region) versehen: *Chugoku-chiho*.

Chugoku vereint heute die fünf Präfekturen Hiroshima, Yamaguchi, Shimane, Tottori und Okayama. Genau genommen gehört Okayama nur zu einem Drittel zu Chugoku, da von den alten Provinzen

Blick auf Hiroshima mit dem sogenannten Atombombendom auf der linken Seite

nur Bitchu als »Mitte-Land« gesehen wurde. Die Provinzen Mimasaka und Bizen, die anderen beiden Komponenten des heutigen Okayama, zählten damals zu den »nahen Ländern«. Hauptstadt der Großregion ist Hiroshima, die nach dem Atombombenabwurf wiederaufgebaute Industriemetropole, in der heute eine Million Menschen leben. Der Hochgeschwindigkeitszug Sanyo-Shinkansen fährt auf seinem Weg von Tokyo nach Hakata in Kyushu alle wichtigen Städte Chugokus an.

GEOGRAFIE

Chugoku ist ein weites Gebiet. Es erstreckt sich von Okayama bis nach Shimonoseki, der am westlichsten gelegenen Stadt auf Honshu, und kann in drei Teile, nämlich Nord-, Zentral- und Süd-Chugoku eingeteilt werden. Der nördliche Teil ist die dünner besiedelte Gegend am Küstenstreifen *Sanin-do* (»Schattenseite der Berge«), der sich entlang der Japansee (*Nihonkai*) zieht. Der Schatten bezieht sich auf die zentral gelegene, horizontal vom Osten in den Westen verlaufende Chugoku-Gebirgskette, eine den Norden vom Süden klar trennende Einheit. Der dichtbesiedelte Südteil, der sich der Inlandsee entlang erstreckt, heißt als Gegenstück entsprechend *Sanyo-do*, die »Sonnenseite der Berge«. Die Bezeichnungen entstanden aufgrund der merklichen Klimaunterschiede der beiden Landesteile. Während die Sanin-Region alljährlich einem strengen Winter mit häufigen Schneefällen standhalten muss, ist die Sanyo-Region relativ mild.

In den gebirgigen Regionen im Norden und in der Mitte stellen Landwirtschaft und Fischerei die Hauptindustrien dar. Der stark industrialisierte Süden hat durch Überfischung und Umweltverschmutzung die Fischgründe der Inlandsee erheblich reduziert. An der Küste sind daher Obst- und Reisanbau sowie Tourismus weitere wichtige Wirtschaftszweige.

Die Präfektur Hiroshima liegt in der Mitte von Chugoku und ist Shikoku auf der gegenüberliegenden Seite der Seto-Inlandsee zugewandt. Weite Teile der Präfektur werden von Bergen eingenommen, die sich in Richtung Shimane erstrecken, aus denen Wasserläufe entspringen, die in Küstennähe als Flüsse ergiebiges Flachland hervorbringen. Zudem zählen viele kleine Inseln der Inlandsee zur Präfektur. Die geschützte Natur der Inlandsee beschert Hiroshima ein mildes Klima.

Im Grenzgebiet der Präfekturen Shimane und Tottori liegen die beiden Brackwasser-Seen Shinjiko und Nakaumi. Die Seen sind durch den Ohasi-Fluss miteinander verbunden, der dem Chugoku-Gebirge entspringt und sich sieben Kilometer weit bis zur Mündung des Hi-Flusses erstreckt. Der vorgelagerte 8000 Hektar große Shinjiko misst eine Durchschnittstiefe von 4,5 Metern und weist einen Salzwassergehalt von 10 Prozent auf. Der Nakaumi ist mit seinen 9200 Hektar der fünftgrößte See Japans. Er beinhaltet 50 Prozent Meerwasser und ist durchschnittlich 5,4 Meter tief. Obwohl beide Seen zum gleichen Flusssystem gehören, besitzen sie sehr unterschiedliche Charakteristika mit einer jeweils eigenen und einzigartigen Artenvielfalt.

Das an der westlichen Kante des Chugoku-Gebirges gelegene, grünbergige Akiyoshi-dai ist mit einer Ausdehnung von 130 Quadratkilometern die landesweit größte Karst-Hochfläche. Das Plateau war ursprünglich ein im Meer geformtes Korallenriff, welches durch die Bewegungsabläufe tektonischer Platten auf das Festland geschoben worden war. Während dieser Wanderung drehte sich der Kalkstein kopfüber. Nachfolgende Abtragungen formten eine sanft hügelige Landschaft mit vielen trichterförmigen Erdlöchern (Dolinen) und endlosen bis zu zwei Meter hohen aus dem Boden herausragenden Kalksteinspitzen.

Sinterterrassen in der Akiyoshi-dai-Höhle

Hinzu kamen eruptive Aktivitäten, die einen Teil der Felsen in kristallinen Kalkstein verwandelten. Die dicken und massiven Gesteinsschichten beinhalten gut erhaltene Fossilien, anhand derer heute der Kalkstein von Akiyoshi-dai sowie die geologischen Abläufe von vor über 300 Millionen Jahren detailliert erklärt werden können. Bereits im Altertum hatten Menschen das Plateau besiedelt. Während der Jomon-Zeit diente die Gegend als Jagdrevier und Bauern nutzten den Boden der Erdvertiefungen als Gemüsefelder. Heute ist das Plateau als spezielles Naturdenkmal ausgewiesen und ein beliebter Ort zum Studium der Natur.

Unter der Oberfläche des Akiyoshi-Plateaus liegen hunderte Höhlen, von denen einige sehr bedeutend sind, da in ihnen Fossilien aus dem Pleistozän lagern, wie das japanische Rhinozeros, der Stegodant-Elefant, der Große Yabe-Hirsch und viele Tiere aus der Zwischeneiszeit. Die bekannteste und größte Höhle ist die Akiyoshi-do. Ihren Namen erhielt sie im Jahre 1925 von Kaiser Hirohito persönlich. Besucher betreten die Höhle am niedrigsten Punkt und werden dann mit einem Aufzug nach oben und von dort in einem System von Gangways und Brücken durch unterschiedlich große Tropfsteinhöhlen voller bunter Stalaktiten und Stalagmiten geleitet. Die weitläufige Unterwelt der Akiyoshi-Höhle ist bis zu 100 Meter breit und hat ein insgesamt 9 Kilometer langes Netz von Durchgängen und Verbindungen.

Karstlandschaft im Akiyoshi-dai-Quasi-Nationalpark

PFLANZEN- UND TIERWELT

Der Sterntaucher (jap. *abi*), eine Vogelart aus der Gattung der Seetaucher, brütet während der Sommerzeit in den Subpolargebieten oder den kaltgemäßigten Zonen wie der Taiga in Europa, Nordamerika, oder auch in den asiatischen Räumen. Etwa im September zieht er dann rechtzeitig vor Einbruch des Winters in den Süden – in Asien vornehmlich an das Kaspische Meer, zum Schwarzen Meer oder in das milde Klima der japanischen Seto-Inlandsee. In der Präfektur Hiroshima hat man dem sogenannten »Kurzstreckenzieher« auf der Inlandsee-Insel Toyoshima das jährlich von ihm zum Überwintern angeflogene Gebiet reserviert und diese Landschaft im Jahre 1931 unter den Schutz eines Naturdenkmals gestellt. Das Denkmal trägt den einladenden Titel »Meeresspielplatz für den zu Besuch kommenden Sterntaucher«. Mitte der 60er-Jahre wurde der kleine Sterntaucher mit dem rostroten Hals zum »Präfekturvogel« von Hiroshima ernannt. Jedoch konnten weder die Gastfreundschaft noch der verliehene Ehrentitel etwas an der Tatsache ändern, dass die Zahl der aus dem hohen Norden angereisten Besucher jährlich schrumpfte.

Die Gründe dafür waren offensichtlich hausgemacht. Ein jahrzehntelanger und systematischer Abbau des Meeresbodens für die industrielle Sandgewinnung in der Küstenregion Hiroshimas gruben dem tauchenden Nahrungsjäger buchstäblich die nötige Ernährungsquelle ab – neben kleineren Fischen sind das auch Frösche, Krebse und Mollusken. Gleichzeitig hinterließ auch die sich rasant entwickelnde Freizeitindustrie auf und im Wasser ihre Spuren als immenser Störfaktor für den eher ruhebedürftigen Vogel. Aus diesem Grund erklärte die Präfektur 1995 das Seegebiet rund um Toyoshima zum Naturschutzgebiet und führte ein Fahrverbot für Wassersportler, Hobbysegler und alle Tret-, Ruder- und

Bevor der Winter kommt, zieht der Sterntaucher aus den Subpolargebieten gen Süden. Die Gebiete rund um die Seto-Inlandsee gehören zu seinen Überwinterungsstationen.

Motorboote vom Monat Dezember bis April ein. Naturschützer fürchten, dass diese Maßnahmen eventuell zu spät gekommen sind. Man wird abwarten müssen, denn noch besuchen einige Sterntaucher den Meeresspielplatz.

Ahornbäume finden sich in der gesamten Hiroshima-Präfektur, auch in vielen wegen ihrer reizvollen Landschaft berühmten Orten, wie Sandan-kyo, Taishaku-kyo oder Miyakejima. Die Tatsache der allgegenwärtigen Präsenz des Ahorns führte im Jahre 1966 dazu, dass die Wahl zum Baum der Präfektur auf ihn fiel. Und weil die Verantwortlichen neben dem Präfekturbaum auch eine Präfekturblume bestimmen mussten, entschied man sich kurzerhand für die den Einheimischen ebenso vertraute Ahornblüte.

Das repräsentativste Fischereiprodukt in Hiroshima ist die Auster. Sie wird bereits seit 450 Jahren gezüchtet und ist daher der Fisch der Präfektur schlechthin. Hiroshima erntet 25 000 bis 30 000 Tonnen Austern pro Jahr, das sind 60 Prozent der landesweiten Produktion, und damit mehr als andere für die Austernzucht bekannte Orte, wie beispielsweise die Präfekturen von Iwate, Miyagi, Niigata, Mie oder Okayama. Austern aus Hiroshima erfreuten sich schon während der Edo-Zeit (1600–1868) einer landesweiten Beliebtheit. In den zahlreichen auf Austern spezialisierten Restaurants der Stadt kann man sie roh, in der Muschel gebacken, gedämpft oder frittiert genießen.

Gesegnet mit mildem Klima und fruchtbarem Boden hat sich die Region um Kurashiki und Okayama den Titel »Königreich der Früchte« (*furutsu okoku*) zu eigen gemacht. Die weißen Pfirsiche, Mandarinen, Äpfel und grünhäutigen Muskatellertrauben wurden zum Aushängeschild für die schmackhaften Nahrungsmittel dieser Gegend. Was die Spezialitäten unter den Meeresfrüchten angeht, verweisen Gourmets gerne auf »Mamakari«, eine kleine Sardinenart, die als Sushi, mariniert in Reisessig oder leicht angebraten genossen wird.

Shinji-ko, der zwischen den Städten Izumo und Matsue gelegene Brackwasser-See, ist bekannt für seinen Artenreichtum. In seinen Gewässern leben ca. 80 Spezies von Brackwasserfischen und Schalentieren. Eine Besonderheit des Sees ist die ungewöhnlich hohe

Pfirsichblüte. Das milde Klima rund um Okayama ermöglicht den Anbau von Pfirsichen, Mandarinen und Äpfeln.

Menge – oder besser Fangmenge – von jährlich ca. 7000 Tonnen Körbchenmuscheln (Corbicula flumenia und Corbicula fluminalis). Diese Masse entspricht etwa 40 Prozent der landesweiten Ausbeute. Der Shinji-See ist zudem einmal im Jahr heimisches Gebiet für bisher 240 verzeichnete Spezies von Zugvögeln. Über ein Prozent der weltweiten Population von Blässgänsen, Reihern und Bergenten statten dem See regelmäßig ihren Besuch ab.

Der etwas größere Nachbarsee Nakaumi ist eine ebenso attraktive Zwischenstation für die unterschiedlichsten Vogelarten während ihrer ausgedehnten Reisen. Für den Zwergschwan aus der fernen sibirischen Tundra ist das Gebiet um den See ein wichtiges und das südlichst gelegene auserwählte Winterquartier.

KLIMA

Die klimatischen Bedingungen in der Region Chugoku könnten in einem Satz zusammengefasst wie folgt lauten: Die nördliche, noch wenig erschlossene Sanin-Küste ist rau und hat einen harten Winter im Gegensatz zum eher milden und sonnigen, dem Pazifik zugewandten Süden. Aber auch in der Westecke von Japan gibt es durchaus feine und regionale Unterschiede bei den Aussagen zu Klima und Wetter.

Auch wenn die Fangquoten deutlich zurückgegangen sind: Viele Familien leben nach wie vor von der Fischerei und Austernzucht.

Hiroshima zählt zu den meistbesuchten Städten Japans; und das angenehme Klima steigert noch das Interesse an diesem Reiseziel. Hiroshima ist gesegnet mit einer geografischen Lage, die nicht nur eine wundervolle Landschaft zu bieten hat, sondern auch das Klima dieser Region reguliert. Angeschmiegt an die Inlandsee genießt die Küste von Hiroshima das gesamte Jahr über ein gemäßigtes Wetter. Die Chugoku-Berge, die die Stadt im Norden umgeben und die den Westen säumenden Shikoku-Berge schützen die Küste vor den Sommer- und Winterstürmen, die normalerweise das milde Klima stören. Wegen der Lage innerhalb der Seto-Inlandsee-Wetterzone hat Hiroshima fast die gleichen Wetterkonditionen wie die übrigen Landesteile.

Die vier Jahreszeiten sind ziemlich offensichtlich, obgleich das Wetter niemals extrem ist. Hiroshima genießt viele Sonnentage, die Monate Juni bis August sind feuchtklimatische Monate mit beträchtlichen Mengen an Regenfällen. Die jährliche Durchschnittstemperatur liegt bei ca. 15 °C. In den Sommermonaten klettert die Temperatur hoch bis auf 27 °C und fällt anderseits in den Wintermonaten auf bis zu 6 °C ab. Die durchschnittliche Luftfeuchtigkeit Hiroshimas liegt bei 73 Prozent, die durchschnittliche jährliche Niederschlagsmenge bei 1550 Millimetern. In der Regel bleibt Hiroshima vor Naturkatastrophen wie Taifunen oder Erdbeben verschont.

Die Präfektur Shimane wird durch den an der Westküste in die Japansee hinauffließenden Tsushima-Strom, einem Zweig der pazifischen Kuroshio-Meeresströmung, beeinflusst: Die Winter sind oft

Milde Temperaturen lassen im Frühjahr weite Teile der Präfektur Hiroshima erblühen, so auch die Kirschbäume an der Innashima-Brücke.

verhangen mit Wolken, aus denen hin und wieder etwas Schnee rieselt, der Sommer ist meist etwas schwül. Die jährliche Durchschnittstemperatur liegt bei 14,6 °C. Während der Regenzeit von Juni bis Mitte Juli regnet es täglich. Die höchste Durchschnittstemperatur hat der August mit 26,3 °C. Die durchschnittliche Niederschlagsmenge pro Jahr beträgt ca. 1800 Millimeter, verglichen mit Tokyo, das 1460 Millimeter misst. Im Süden der Präfektur befindet sich die zentraljapanische Gebirgskette mit spärlichen Ebenen, die sich vom Nordosten Richtung Südwesten erstrecken. Der Regenfall im östlichen Ende der Präfektur ist in den Wintermonaten intensiv, während die Niederschläge im westlichen Ende gering ausfallen. Der Sommer nahe der Küstengebiete ist relativ trocken, der Winter bringt schwere Regenfälle.

Das Klima in der Präfektur Tottori ist vergleichsweise mild mit jährlichen Durchschnittstemperaturen von rund 14 °C, bis zu 2000 Millimetern Niederschlag und tiefem Schnee in den höheren Bergregionen. Tottori grenzt an die Japansee und ist die siebtkleinste Präfektur in Japan. 75 Prozent des Terrains sind Bergland, vor allem aufgrund der Chugoku-Berge, die sich durch den südlichen Teil des Gebietes ziehen. In den über 1200 Metern hohen Bergen kann man im Sommer der Bergsteigerei und im Winter dem Skifahren nachgehen. Das Meer vor der Küste ist ein ganzes Stück weit flach, darüber hinaus gibt es viele Dünen. Die Sanddüne von Tottori, die stündlich und saisonbedingt ihre Form und Farbe verändert, ist auch als Sanin-Nationalpark ausgewiesen. Tottori besitzt generell ein warmes Klima und im Winter nicht so viel Schnee, was für die Küste der Japansee typisch ist. Die jährliche Niederschlagsmenge be-

Uradome-Küste im Sanin-Kaigan-Nationalpark in der Präfektur Tottori

trägt 2000–2700 Millimeter, wobei es besonders intensiv zwischen Ende August und Anfang September regnet.

Die Präfektur Yamaguchi ist von beachtlichen 1500 Kilometern Küste umgeben, die im Norden entlang des Kita-Nagato-Kaigan-Quasi-Nationalparks an der Japansee und im Süden am Rand des eher ruhigen Seto-Inlandsee-Nationalparks verläuft. Entsprechend dieser drei unterschiedlichen Lagen, das bergige Inland nicht zu vergessen, variiert das Klima. Trotzdem kann es insgesamt als mild bezeichnet werden. Neben den angenehmen Temperaturen verweist Yamaguchi auch gerne auf die Tatsache, dass man vor naturkatastrophalen Schäden durch Erdbeben, Sturmfluten oder Orkane im Vergleich zu anderen japanischen Regionen relativ verschont bleibt.

Die Präfektur Okayama, auch »Land des Sonnenscheins« genannt, liegt an der Nordseite der Seto-Inlandsee. Das Wetter ist mild und angenehm. Die jährliche Durchschnittstemperatur liegt bei 15,6 °C (höchste Temperatur 36,7 °C und niedrigste 2,8 °C). Die Verantwortlichen sind so stolz auf ihr perfektes Wetter, dass der jährliche Sonnenschein in Stunden gemessen und landesweit mit anderen Regionen verglichen wird.

Die Sanddünen von Tottori sind eine der Hauptattraktionen in der Präfektur.

GESCHICHTE

Japan besitzt mit den zu Beginn des 8. Jahrhunderts verfassten Chroniken, dem Kojiki und dem Nihonshoki, ein wichtiges Kulturerbe. Diese ersten schriftlichen Quellen beschreiben u. a. das mythische Zeitalter der Götter und richten dabei ihren Blick auch auf ein Land im Norden von Chugoku, das nach heutigem Verständnis als älteste Zivilisation Japans gilt, wo Menschen lebten, lange bevor die Geschichte Japans niedergeschrieben wurde. Die Region um die alte Provinz Izumo könnte danach Ausgangspunkt der japanischen Zivilisation gewesen sein. Wegen der geografischen Nähe zu China und der koreanischen Halbinsel spielte das Land eine wichtige Rolle als frühes Verbindungsglied zwischen diesen beiden Ländern und Japan.

Izumo beherbergt die neben Ise historisch bedeutendste Schreinanlage Japans, den Izumo-Taisha, den »Großen Schrein von Izumo«. Die Gottheiten dieses Schreines nehmen in den alten Chroniken wichtige Rollen ein. Susanoo, der unbändige Bruder der Sonnengöttin Amaterasu, wird wegen seiner Verstöße gegen die dortigen Tabus aus dem Himmel vertrieben und nach Izumo verbannt. Susanoo wird zu einer der Hauptgottheiten Izumos und befindet sich dabei in guter Gesellschaft, denn auch die Herrscher Izumos nahmen schon immer eine Sonderstellung ein. So verweisen die Izumo-Mythen auf frühe Kontakte zum Festland, besonders zu Korea. Susanoo befreit in Izumo eine Prinzessin und muss dabei gegen eine achtköpfige Schlange kämpfen. Er tötet das Ungeheuer, nachdem er es zuvor mit Reiswein betrunken gemacht haben soll, und gewinnt aus dem Schwanz das berühmte Grasmäherschwert, welches er seiner Schwester zum versöhnenden Geschenk macht. Das Schwert soll später mit dem Spiegel und den Edelsteinen zu den drei Insignien der kaiserlichen Macht in Japan gehören. Susanoo vermählt sich mit der geretteten Prinzessin. Er zieht sich mit der Angetrauten an einen mythischen Ort zurück und entnimmt zu diesem Zweck einen schützenden Zaun aus den Wolken. Das Kojiki beschreibt diesen Ort als die Stelle, an der später die Bauarbeiten der Kultstätte des Großen Schreins von Izumo beginnen sollten – der genaue Zeitpunkt dieses Ereignisses ist unklar, aber es fand vermutlich im Zeitalter der Götter statt, zwischen der Entstehung der Welt und dem Beginn der Kaiserdynastie.

Der Izumo-Taisha ist Okuninushi no Mikoto geweiht, einem Nachkommen des Susanoo und den Izumo-Mythen nach schon Herrscher Japans, bevor die Abkömmlinge der Sonnengöttin herabstiegen und diese eroberten. Weitere Mythenzyklen beschreiben, wie Okuninushi no Mikoto und seine Nachfahren die Herrschaft über Japan Ninigi überlassen, dem Enkel oder Urenkel der Sonnengöttin Amaterasu. Amaterasu hatte Ninigi, dem Ahnherren des Tennogeschlechts, die kaiserlichen Insignien überreicht, bevor sie ihn mit dem Anspruch zu den Menschen sandte, über diese zu herrschen. Der Herrscheranspruch der Tenno-Familie konnte mit dieser Geschichtsschreibung legitimiert werden, nichtsdestoweniger blieb der lokale Kult um Okuninushi no Mikoto erhalten. Als Ausgleich für seine Ablösung als Weltherrscher wurde er zum Herrscher der unsichtbaren Welt der Geister und der Magie bestimmt. Außerdem wähnt man ihn heute als Gottheit des Ackerbaus, des Handels und der Heilkunde.

Die Priesterschaft im Schrein ist erblich und wird grundsätzlich in der Familie Senge weitergegeben. Zu Beginn des 5. Jahrhunderts soll der Oberpriester Miyamoke no Sukune, der in einem eigenen Schrein verehrt wird, das Amt bereits in der 17. Generation innegehabt haben. Der Legende nach war der erste Oberpriester eine aus den Edelsteinen der Sonnengöttin geborene Gottheit.

In historischer Zeit wurde der Izumo-Taisha wegen der Entfernung zur Hauptstadt in seiner Bedeutung immer wieder von anderen Kultstätten überflügelt und damit zwangsläufig ins Abseits gerückt. Und dennoch verlassen alle Gottheiten Japans einmal im Jahr ihre Quartiere, um eine Reise zum Izumo-Taisha zu unternehmen, und zwar zum Kamimukae-Fest. Das Fest ist eines von 72 Ritualen, die innerhalb eines Jahres im Izumo-Schrein abgehalten werden. Es findet nach der Zeitrechnung des Mondkalenders am 10. Oktober, nach heutiger Zeitrechnung etwa im Monat November, statt. *Kamimukae* bedeutet so viel wie »die Götter willkommen heißen«. Gemeint sind damit alle Gottheiten Japans. Die Götterversammlung, für die innerhalb der Schreinanlage zwei Hallen zur Verfügung stehen, wird in Izumo daher *kamiarizuki*, »alle Götter sind anwesend«, genannt. Im übrigen Japan herrscht dann natürlich der göttliche Notstand, genannt *kannazuki*, der »Monat ohne Gottheiten«. Nach sieben Tagen verlassen die hohen Gäste Izumo wieder. Manche bleiben aber auch länger.

Der Izumo-Taisha gilt als älteste Schreinanlage Japans.

NATIONALPARKS IN CHUGOKU

Chugoku kann auf drei offiziell eingetragene Nationalparks verweisen. Der Setonaikai-Nationalpark umsäumt gleichzeitig den nordwestlichen Küstenstreifen der Hauptinsel Kyushu, die fast komplette Nordküste von Shikoku und die Südküste von Chugoku bzw. die gesamte Länge der Sanyo-Region, in dem sich auch die Itsukushima-Insel mit ihrer berühmten, auf dem Meer gebauten Schreinanlage befindet.

Der Sanin-Kaigan-Nationalpark erstreckt sich 75 Kilometer entlang der Küste der Japansee, zwischen den beiden Präfekturen Kyoto und Tottori. Die topografisch und geografisch recht komplexe Gegend besitzt viele Buchten, Kaps, Inseln und sogar Meereshöhlen. Die Hauptattraktion des Parks ist zweifellos die 16 Kilometer lange und mancherorts bis zu 90 Meter hohe Düne von Tottori, die landesweit größte Sandküstendüne ihrer Art. Ein extra eingerichteter Eingang zur Dünenlandschaft empfängt die Touristenströme mit Rasthäusern, Souvenirshops und sogar Kamelen, einer Wüstenrequisite der besonderen Art. Mit denen können sich die Besucher, gegen Bezahlung versteht sich, ablichten lassen.

Ein für Japan alles andere als alltägliches Abenteuer bieten die Sanddünen von Tottori: den Ritt auf einem Kamel.

Der Daisen-Oki-Nationalpark im Norden von Chugoku hat in seiner Mitte den Daisen-san, mit 1729 Metern die höchste Erhebung der Region, der wiederum von einer Gruppe anderer Berge umgeben ist. Die Hänge des Daisen-san gehören im Winter zu den besten Skigebieten Westjapans. Die Shimane-Halbinsel mit dem Großen Schrein von Izumo zählt auch zum Nationalpark, ebenso wie die in der Japanesee gelegenen Oki-Inseln mit überraschend schönem Meerespanorama voller Klippen und Höhlen.

SHIMONOSEKI

Der 300 000 Einwohner große Hochseefischereihafen Shimonoseki liegt an der äußersten Westspitze Honshus und ist der wichtigste Verkehrsknotenpunkt für die Fährboote nach Korea. Shimonoseki ist von der gegenüberliegenden Stadt Kitakyushu durch die an der engsten Stelle nur 700 Meter breite Kammon-Meerenge getrennt. Die Kammon-Hängebrücke und der Kammon-Tunnel bieten hier eine schnelle und komfortable Verbindung zwischen den beiden Hauptinseln Honshu und Kyushu.

Herbstzeit im Daisen-Oki-Nationalpark

Viele Sehenswürdigkeiten kann Shimonoseki nicht bieten, dafür aber eine historisch wichtige und entscheidende Begebenheit. Die bedeutendste und fast einzige Touristenattraktion ist der Akama-Schrein, der einem kleinen Jungen geweiht ist, der im Jahre 1185 hier, direkt vor den Toren des Schreines, in den Fluten der Meerenge von Shimonoseki ertrunken war. Das Kind war sieben Jahre alt, hieß Antoku und war der 81. Kaiser von Japan. Seine Großmutter hatte sich mit ihm in das Wasser gestürzt, um einer Gefangenschaft durch die befeindeten Truppen der Minamoto zu entgehen.

Mit dem Kindkaiser Antoku soll angeblich auch das Schwert, eines der drei Throninsignien des japanischen Kaisers (s. Kapitel Geschichte) verlorengegangen sein. Der Freitod von Großmutter und Enkel geschah während der kriegerischen Auseinandersetzungen, die als die »Seeschlacht von Dannoura« in die Geschichte einging. Es war die aus Sicht der Beteiligten alles entscheidende Schlacht, denn nichts weniger als die künftigen Machtverhältnisse im Staate standen auf dem Spiel. Beide Kriegsparteien, die Taira wie auch die Minamoto, hatten die Politik Japans während der Heian-Zeit (794–1185) beherrscht.

Nach fünf Jahren kämpferischer Auseinandersetzungen waren die Taira von den Truppen der Minamoto unter Befehl des Minamoto no Yoshitsune (1159–89), Bruder des Minamoto no Yoritomo (1147–99), bis hier zum Ausgang der Seto-Inlandsee zurückgedrängt worden. Der letzte Kampf verlief schließlich zugunsten der weit überlegeneren Minamoto. Der Taira-Clan erlebte den totalen Untergang und damit auch das Ende ihrer jahrhundertlangen Hegemonie. Im Jahre 1192 wird Minamoto no Yoritomo zum ersten Shogun Japans ernannt und bestimmt den Regierungssitz in Kamakura.

710 Jahre später blickt sogar die Weltöffentlichkeit auf Shimonoseki, als am 18. April 1895 der »Vertrag von Shimonoseki« unterschrieben wurde, der den Japanisch-Chinesischen Krieg (1894–95) für beendet erklärte.

Der Akama-Schrein in Shimonoseki wurde Kaiser Antoku gewidmet, der im Alter von sieben Jahren in den Gewässern der Shimonoseki-Meerenge ertrank, nachdem sich seine Großmutter mit ihm die Fluten gestürzt hatte, um einer Gefangennahme durch die Truppen der Minamoto zu entgehen.

HIROSHIMA

Hiroshima ist das industrielle und kulturelle Zentrum der Region Chugoku. Der Name »Hiroshima« wurde vermutlich von Mori Terumoto (1553–1625) geprägt, der im Jahre 1589 beschlossen hatte, im Mündungsdelta des Ota-Flusses das Fundament für eine Festung zu legen. Der Name könnte eine Kombination aus *hiro* – dem Vornamen des Oe Hiromoto, einem Vorfahren von Mori Terumoto – und *shima* von Fukushima Motonaga, dem Namen eines Heerführers der Sengoku-Zeit im 16. Jahrhundert gewesen sein. Die zweite Theorie zur Entstehung von »Hiroshima« ist hingegen wahrscheinlicher: einfach nur der bildlich umgesetzte Naturzustand eines breiten (*hiro*) Flussdeltas, in dem viele Inseln (*shima*) liegen. Mit der Fertigstellung von Ri-jo, der »Karpfenburg«, beginnt auch die Geschichte Hiroshimas.

Aus welcher Feder der Name auch stammte, schon bald wurde das ganze Siedlungsgebiet als »Hiroshima« bezeichnet. Unter dem mächtigen Mori Terumoto, General eines Heeres von 120 000 Soldaten und Verbündeten des noch mächtigeren Toyotomi Hideyoshi, konnte die Burgstadt den Grundstein für eine erfolgreiche Entwicklung legen. Mori ließ Brücken, Straßen, Kanäle und auch einen Wasserweg zur Inlandsee bauen. Es kamen Händler und Handwerker, die sich um die Burg herum ansiedelten. Die Vormachtstellung der Mori endete zehn Jahre später, kurz nachdem die Tokugawa die Regierungsgeschäfte in Edo, der neuen Hauptstadt, übernommen hatten. Im Zuge einer landesweiten Neuordnung und Umverteilung der Lehen wurde der Mori-Clan kurzerhand in ein anderes Gebiet (*Hagi*) beordert und durch die Fukushima ersetzt. Nach zwei Jahrzehnten mussten die Fukushima die Schlüssel zur Burg und zur Macht den Asano übergeben.

Der Grund: Die Fukushima hatten an der Festungsanlage Reparaturarbeiten ausführen lassen, ohne dafür beim Shogunat eine Erlaubnis eingeholt zu haben. Die Herrschaft der noblen Samurai-Familie der Asona sollte die japanische Feudalzeit bis zum Ende überdauern. Die neue Regierung unter Kaiser Meiji ordnete für Hiroshima den Ausbau der Ujina-Hafenanlage an. Die Arbeiten waren 1889 abgeschlossen. Einen weite-

Die ursprüngliche »Karpfenburg« von Hiroshima wurde 1593 erbaut, durch die Detonation der Atombombe jedoch fast vollständig zerstört. 1958 begann man mit dem Wiederaufbau.

ren Wachstumsschub erhielt die Stadt im Jahre 1894 mit dem Anschluss an die Sanyo-Eisenbahnlinie, die zwischen Kobe und Shimonoseki verlief. Mit dem Ausbruch des Krieges gegen China (1894/95) richtete die Meiji-Regierung das kaiserliche Hauptquartier, das oberste Militärkommando Japans, auf dem Gelände der Karpfenburg ein. Nach dem siegreichen Feldzug blieb Hiroshima Sammel- und Entsendungsort für Armeeeinheiten in Kriegszeiten. Im Zuge der Truppenstationierungen entstanden neben neuen Militäreinrichtungen auch neue Wohnsiedlungen, die wiederum staatliche und private Institutionen und Wirtschaftsunternehmen nach sich zogen.

Symbol der Stadt Hiroshima und Symbol der unfassbaren Leiden, die der Atombombenabwurf vom 6. August 1945 verursachte.

Im Dezember 1941 bombardierte Japan den amerikanischen Militärstützpunkt Pearl Harbour und trat damit in den Zweiten Weltkrieg ein. Hiroshima wurde zum Militärsperrbezirk und zur Befehlszentrale für die Verteidigung Südjapans erklärt. Nach den ersten Bombardements in Tokyo richtete die Regierung ein zweites Hautquartier in Hiroshima ein. Bis zum Jahre 1945 lebten ungefähr 400 000 Menschen in Hiroshima, der siebtgrößten Stadt Japans. Am 6. August 1945, morgens um 8.15 Uhr, wurde Hiroshima das Ziel eines Atombombenabwurfs. Nach amtlichen Angaben forderten die direkten Auswirkungen der Bombe 200 000 Menschenleben, etwa die Hälfte der gesamten Bevölkerung. Schätzungsweise 120 000 starben später an den Folgen der Strahlung. Hiroshima war daraufhin eine menschenleere Atomwüste. Man vermutete, dass das verstrahlte Gebiet über Jahrzehnte hinaus unbewohnbar sein würde. Nach vier Jahren regte sich erstmals wieder natürliche Vegetation. 1949 begann man Hiroshima wiederaufzubauen. Mit dem Wiederaufbau entstand die größte Stadt der Region. Schiffsbau, Petrochemie, Autoproduktion (Firmensitz des Automobilherstellers Mazda) und Landwirtschaft erstrecken sich heute im Süden Richtung Küste.

Der sogenannte «Atombombendom» (*genbaku dome*) ist inzwischen mehr als das Symbol einer zerbombten Stadt. Der skelettartige Kuppelbau drückt die gesamte Tragik eines Krieges aus und soll gleichzeitig an den ersten Abwurf der Atombombe in der Geschichte der Menschheit erinnern. Das Hypozentrum der 580 Meter über der Stadt explodierten Bombe lag 160 Meter von dem Kuppelbau, dem damaligen Gebäude der Industrie- und Handelskammer der Präfektur Hiroshima, entfernt. Durch die fast senkrecht einwirkende Druckwelle blieben einige Teile der Mauer und der Stahlrahmen des Gebäudes im Zentrum der völlig zerstörten Stadt stehen. 1966 verabschiedete der Stadtrat von Hiroshima eine Resolution, die vorsieht, das Monument für die Nachwelt zu erhalten. Die Kosten für den Erhalt des Denkmals sollten und wurden schließlich auch durch landesweite Spenden aufgebracht. Im Jahre 1996 nahm die UNESCO den Atombombendom in die Liste des Weltkulturerbes auf. Direkt gegenüber, in der Mitte des Friedensgedächtnisparks, steht das Kenotaph für die Opfer.

Tange Kenzo, der international renommierte Altmeister der modernen Architektur (Tange ist auch der Architekt des Rathauses von Tokyo im Stadtteil Shinjuku), hatte aus Beton den Sattel eines Tonpferdes nachgebildet, welches in der Kofun-Zeit (300–710 n. Chr.) als Grabbeilage gedient hatte. In der Mitte des Mahnmals liegt ein Steinsarg, in dem Schriftrollen mit den Namenslisten der Atombombenopfer aufgebahrt werden. Diese werden jährlich am 6. August durch die Namen derer erweitert, die an den Spätfolgen der radioaktiven Strahlungen gestorben sind. Eine Aufschrift auf einer Gedenktafel am Kenotaph lautet übersetzt »Ruhet in Frieden, denn dieser Irrtum soll sich nicht wiederholen«. Durch das Kenotaph wird der Blick der Besucher auf den Dom gelenkt. Am Ende des Parks steht ein weiterer Entwurf von Tange, das Friedensgedächtnismuseum. In ihm sind alle Vorgänge um den Atombombenabwurf dokumentiert.

Das von Tange Kenzo entworfene Mahnmal von Hiroshima. Blickt man hindurch, so sieht man im Hintergrund den sogenannten Atombombendom.

MIYAJIMA

»Nihon sankei« heißt übersetzt die »drei schönsten Landschaften Japans« und ist eine vom konfuzianischen Philosophen Hayashi Razan im 17. Jahrhundert geprägte Klassifizierung. Neben der »Himmelsbrücke von Amanohashidate« in der Präfektur Kyoto und den »Kieferninseln von Matsushima« zählt auch die heilige Insel Miyajima zu den drei schönsten Landschaften Japans – völlig zu Recht. Die etwa zwei Kilometer vor der Küste Hiroshimas gelegene Schreininsel (*miya* = Schrein, *shima* = Insel) mit dem auffälligen rot-grünen Kontrast – leuchtend rot der über dem Wasser angelegte Itsukushima-Schrein und kräftig grün der im Hintergrund dichtbewaldete 530 Meter hohe Berg Misen – bietet wirklich einen beeindruckenden Anblick. Das vor dem Schrein aus dem Meer ragende zinnoberrote Tor (*torii*) verleiht der gesamten Szenerie mit der scheinbar auf der Wasseroberfläche schwimmenden Schreinanlage etwas Sagenhaftes, etwas Unreales, vergleichbar mit einem Heiligtum aus sehr alten Zeiten. Und das ist es ja auch.

Die Kultstätte soll bereits zu Beginn des 7. Jahrhunderts, während der Regentschaft der Kaiserin Suiko (592–628), für die drei Töchter der shintoistischen Gottheit Susanoo no mikoto auf der Insel errichtet worden sein. Nach den Vorschriften des Shinto-Glaubens besteht der Hauptschrein aus mehreren Hallen mit typisch rotem Balkenwerk und weißen Wandflächen: der Haupthalle (*honden*), der Gebetshalle (*haiden*), der Halle für die Reinigungsrituale (*haraiden*) und der Bühne (*takabutai*) für die Kulttänze Bugaku und Kagura. Außerdem befindet sich auf der großzügig angelegten Anlage noch die Halle des Morgengebetes (*asazaya*), der Schrein für die Besuchergottheiten (*marodo jinja*), die Halle für die Musiker, das Schatzhaus sowie eine fünfstöckige Pagode. Eine alte, wahrscheinlich sogar die älteste No-Bühne aus dem Jahre 1568 ist noch erhalten. Die meisten Gebäude sind durch überdachte Korridore miteinander verbunden. Beim Kangen-sai, dem wichtigsten Fest des Schreins am 17. Juni, werden die drei Trageschreine der Gottheiten hinüber zum Festland und wieder zurück transportiert.

Bis zum 11. Jahrhundert war es nur Priestern vorbehalten, sich im heiligen Bereich aufzuhalten. Der auf Pfählen gebaute Schrein wurde gewöhnlich von der Meeresseite aus betreten, sodass das Torii den Eingang markierte. Der Weg über das Wasser führte direkt zur Plattform, der Bühne für die Bugaku-Tanzaufführungen. Taira no Kiyomori (1118–1181), der Bauherr der Schreinanlage, ließ im 12. Jahrhundert erstmalig das außergewöhnliche Torii mit den vier

Streben, die für mehr Stabilität sorgen sollten, errichten. Die gegenwärtige Konstruktion, die seit 1875 besteht, hat 16 Meter hohe Pfosten und 22 Meter breite Querbalken.

Die Gemeinde Miyajima mit ca. 2000 Einwohnern auf der 30 Quadratkilometer großen und etwa 20 Kilometer vor der Küste von Hiroshima gelegenen Insel Miyajima entstand erst mit Aufkommen des Handelsverkehrs auf der Inlandsee – jedoch wurden von Beginn an Situationen des täglichen Lebens, die als unrein galten, von der Insel ferngehalten. So durften hier weder Geburten noch Bestattungen ausgeführt werden. Das Fällen von Bäumen, die Jagd und der Fischfang waren bis zum Beginn der Meiji-Zeit (1868–1912) ebenso verboten. Frauen durften die Insel erst seit dem 20. Jahrhundert betreten. Das Halten von Hunden ist bis heute nicht erlaubt – vielleicht auch wegen des sich überall frei bewegenden zahmen Wilds.

Auch die Toten müssen weiterhin auf der Hauptinsel bestattet werden. Von einem Friedhof ist auf Miyajima weit und breit keine Spur. Trauergäste, die von einer Beerdigungszeremonie auf die reine Insel zurückkehren, müssen auf die Ausführung spezieller Reinigungsrituale achten. Heute ist die zum Teil noch von Urwald bedeckte Insel umgeben von einem großflächigen Austernzuchtgebiet. Auf den Hängen, die sich hinter dem Schreinkomplex befinden, liegt der Ahornpark. Eine Seilbahn bringt die Besucher der Insel zum Gipfel des Misen, von wo aus man einen weiten Blick auf die Inlandsee werfen kann.

Der Itsukushima-Schrein und sein abermillionenfach fotografiertes Torii, das japanische Symbolbild schlechthin, zählen seit 1996 zum Weltkulturerbe der UNESCO. Im September 2004 zerstörte ein Taifun einen Teil der Gebäude, der jedoch rasch wiederaufgebaut wurde. Schließlich ist der Schrein ein wichtiger Wirtschaftsfaktor. Er zieht Touristen aus allen Ecken des eigenen Landes und der Welt an und ist ein ebenso begehrter Ort für traditionelle Hochzeitszeremonien.

MATSUE

Matsue ist die Hauptstadt der Präfektur Shimane und liegt in der Mitte der historischen Sanin-Region. Schutz vor der oft stürmischen Japansee bieten im Norden das Kitayama-Gebirge und im Süden die Chugoku-Berge. Matsue teilt ein fruchtbares Tal-

FOTO LINKS:
Blick auf den heiligen Bereich des Itsukushima-Schreins, der bis zum 11. Jahrhundert ausschließlich Priestern vorbehalten war. Das Besondere der Gebäudekomplexe des Schreins ist, dass sie mit Pfahlkonstruktionen über dem Wasser erbaut wurden.

Burg von Matsue im Frühjahr zur
Zeit der Kirschblüte

becken mit dem Shinji-See im Westen und dem Brackwasser-See Nakaumi im Osten. Während der
Entstehung der Stadt an der Mündung des Ohasi-Flusses, der die beiden Seen miteinander verbindet, wurde der Ort »Matsue« bzw. »kieferngeschützter Zufluss« benannt.

Matsue ist vor allem bekannt und wird geschätzt für seine ruhige Atmosphäre, für sein altertümliches
Stadtbild mit der Burganlage aus dem frühen 17. Jahrhundert, für seine noch erhaltenen Samurai-
Residenzen sowie für das Wohnhaus des Lafcadio Hearn alias Koizumi Yakumo. Ein Europäer als bekanntester Sohn einer japanischen Kleinstadt kommt nicht allzu häufig vor. Der 1850 in Griechenland
geborene Schriftsteller ist sogar weit über die Grenzen Japans hinaus bekannt. Mit seinen zahlreichen
Büchern gelang es ihm, das Bild Japans im Westen des beginnenden 20. Jahrhunderts wesentlich mitzuformen und besonders in den USA viele neue Anhänger für die japanische Kultur zu finden.
Hearn, der seine Kindheit in Irland und England verbrachte, wanderte 1869 nach Amerika aus, um
dort nach einer Druckerlehre als Übersetzer in New Orleans und später als Journalist in New York
zu arbeiten. 1890 beschloss er nach Japan zu reisen. Er erteilte Sprachunterricht in Matsue und heiratete 1891 Koizumi Setsu, die Tochter eines Samurai, mit der er eine Tochter und drei Söhne hatte. Er studierte von Beginn an die einheimische Kultur und die Religion, insbesondere den
Buddhismus. Und er lernte die Sprache zu sprechen und zu lesen. Er sammelte, was ihm in die Hände kam, vor allem traditionelle japanische Erzählungen, Märchen und viele Geistergeschichten. Es
entstanden Werke wie »Kwaidan« (eine Sammlung von seltsamen Geschichten), »In einem japanischen Garten« oder »Träume und Studien aus dem neuen Japan«. Im Jahre 1895 erhielt Hearn die japanische Staatsbürgerschaft. 1896 unterrichtete er englische Literatur an der Kaiserlichen Universität
Tokyo. 1904 starb Lafcadio Hearn an einem Herzinfarkt.

IZUMO

Fudoki sind »Geländebeschreibungen« der einzelnen Provinzen, beispielsweise über die Bodenbeschaffenheit, regionale landwirtschaftliche Produkte oder über den Ursprung geografischer Begriffe, die seit 713 n. Chr. für den Kaiserhof erstellt worden waren. Als komplette Sammlung existiert heute nur noch das im 18. Jahrhundert entstandene Izumo Fudoki. Analysen der mythologischen Quellen dieser Landesbeschreibungen und archäologische Forschungen haben zu der Erkenntnis geführt, dass die Region Izumo (Gebiet der heutigen Shimane-Präfektur) in prähistorischer Zeit ein unabhängiges Machtzentrum mit einer eigenen Kultur und intensiven Verbindungen zu Korea gewesen sein muss.

Heute ist Izumo eine zwischen der Japansee und dem See Shinji-ko gelegene Kleinstadt mit fast 150 000 Einwohnern. Izumo ist aber auch ein Synonym und Ausgangsort für den Besuch des Großen Izumo-taisha, einer der ältesten, bedeutsamsten und meistverehrten Shinto-Schreine Japans und mit dem Ise- und Kompira-Schrein das größte shintoistische Pilgerzentrum des Landes. Izumo-Taisha ist Okuninushi no Mikoto geweiht, der Gottheit für Ackerbau und Heilkunde und – den sogenannten Izumo-Mythen zufolge – ein Staatsgründer.

Exakte Jahreszahlen über den Bau des Schreins existieren nicht, jedoch werden die Ursprünge ins mythische Zeitalter der Götter datiert. Jüngste archäologische Funde von riesigen Säulen, die dem Inneren Schrein während der späten Heian-Zeit als Stütze gedient haben sollen, legen die Vermutung nahe, dass der Komplex des Izumo-taisha früher erheblich höher war als bisher gedacht, er soll sogar den 15 Meter hohen Großen Buddha des Todai-Tempels in Nara überragt haben. Hohe ehrwürdige Zedern wachsen um das heilige Gelände. Im Osten des Schreins stehen ein paar alte Häuser, in denen die im Schrein tätigen Priester wohnen. Taisha-zukuri, die älteste Schreinarchitektur, verdankt ihren Namen der Haupthalle und einigen anderen Gebäuden des Izumo-Schreins. Die charakteristischsten und markantesten Merkmale dieses Architekturstils sind die zum Schreingebäude hinaufführende überdachte Treppe, das weit vorspringende Satteldach, die zylinderförmigen Querhölzer und die gekreuzten Giebelbalken.

Die heutige Haupthalle, die von einer zweifachen Umgrenzung umgeben ist, stammt aus dem Jahre 1744 und gehört zum nationalen Kulturgut Japans. Besonders beeindruckend ist das tonnenschwere Tabuseil (*shimenawa*), das unter dem Giebeldach und über dem Eingang des Gebetshauses (*haiden*) hängt. In der Nähe der Haupthalle steht der Mikei-Brunnen. Sein Wasser darf nur für die Nahrungsopfer (*shinsen*) verwendet werden. Die einzelnen Sektionen des Schreingeländes sind durch Zäune getrennt, die hier alle spezielle Namen haben.

In der Nähe des Schreingeländes findet sich ein Monument der Izumi no Okuni, einer *Miko* (Schreinmädchen) und talentierten Schreintänzerin, die zu Beginn des 17. Jahrhunderts in die alte Kaiserstadt Kyoto zog, um dort mit ihrem Tanz Geld für die Instandhaltung des Izumo-Taisha zu sammeln. Der Tanz der jungen und augenfällig schönen Frau auf einer Bühne am Ufer des Kamo-

Tausende Gebetstafeln und Wunschzettel befinden sich auf dem Gelände des Izumo-Schreins.

Flusses verzauberte die Zuschauer. Ihre Popularität sprach sich schnell herum und neugierig gewordene Menschen pilgerten nach Kyoto, um die attraktive Tänzerin mit den provokanten Bewegungen und den sexuellen Anspielungen sowie die Erregung öffentlichen Ärgernisses und die Erregung öffentlicher Freude wahrhaftig vor Ort miterleben zu dürfen. Aus dem Tanz von Izumi no Okuni sollte sich schon bald Kabuki, das Theater des Bürgertums, entwickeln. Als man sie nach Izumo zurückbeorderte, zog sie es vor, in Kyoto zu bleiben und weiter zu tanzen. Dabei vergaß sie bis zu ihrem Lebensende nicht, der Gemeinde Izumo monatlich eine Spende zukommen zu lassen. Schließlich befähigte ihr »unanständiger Tanz« sie zu dieser großzügigen Geste.

IWAKUNI

Die einzige Attraktion der Stadt Iwakuni ist ein Relikt aus der frühen Edo-Zeit (1600–1868): eine Holzbrücke mit elegant geschwungenen fünf Bögen und dem zumindest für Japan nicht ungewöhnlichen Namen Kintai-kyo, »Brokatschärpen-Brücke«, da sie, so behauptete man zumindest, aussehe wie goldgekräuselter Brokatstoff. Alle Vorgängermodelle, die in Iwakuni die beiden Ufer des Flusses Nishiki miteinander verbinden sollten, hatten damals kläglich versagt, denn immer wenn ein Unwetter den Fluss in Unruhe versetzte, waren auf kurz oder lang die Brückenpfeiler von dem angeschwemmten Treibholz umgestoßen worden. Gesucht wurde daraufhin eine Brückenkonstruk-

Ein Relikt der frühen Edo-Zeit: die hölzerne Kintai-kyo-Brücke

tion, die diesen unbändigen Kräften längere Zeit standhalten konnte. Es sollten zehn Jahre vergehen, bis alle Forschungen, Tests und Experimente der verantwortlichen Techniker abgeschlossen waren, bis der Auftrag zum Bau einer neuen Brücke erteilt werden konnte.

Im Jahre 1673 machten sich Tischler und Schreiner an die Arbeit und schufen innerhalb von nur drei Monaten einen neuen Brückentyp. Ein Jahr später zerstörte erneut eine Flut das Bauwerk. Daraufhin wurden die Fundamente der Steinpfeiler nachgebessert, die gesamte Konstruktion mit nach außen hin unsichtbaren Stahlklammern und -trägern gestützt und stabilisiert und die Holzverbindungen von den Handwerkern ohne jegliche Verwendung von Nägeln zusammengefügt. Dann endlich stand das Meisterwerk – immerhin eine kleine Ewigkeit lang, nämlich die kommenden 276 Jahre.

Die sowohl ästhetisch als nun auch statisch ausgereifte Bogenbrücke besaß eine Länge von 200 Metern. Die Spannweite eines jeden einzelnen Bogens betrug 40 Meter. Wer das nachmessen möchte, kann das tun, zumindest an dem heutigen detailgetreuen Nachbau. Trotz aller Standfestigkeit gegenüber den Naturgewalten fiel das Original im Jahre 1950 einem Taifun zum Opfer. Heute ist die in der Nacht illuminierte Brücke besonders während der Kirschblütenzeit und der Herbstfärbung ein Mekka für Brückenliebhaber und Ästheten schlechthin.

OKAYAMA – KURASHIKI

Okayama liegt zu beiden Seiten des Asahi-Flusses, der an der Bucht von Kojima in der Nähe der Inlandsee in den Pazifischen Ozean mündet. Die fast 700 000 Einwohner zählende Hafenstadt ist Verwaltungssitz der gleichnamigen Präfektur und eines der führenden Handels- und Industriezentren innerhalb von Chugoku. Maschinenbau, Chemie- und Textilindustrie spielen neben der traditionalen Keramikmanufaktur, der *Bizen-yaki*, eine große Rolle.

Landschaftsgestaltung in Perfektion: der Koraku-en

Burg Okayama

Okayama betrachtet sich als Haupttor zum Seto-Inlandsee-Nationalpark und nach Shikoku. Letzteres vor allem seit Fertigstellung der Seto-ohashi, der »Großen Setobrücke«, im Jahre 1988. Seitdem verbindet die in zehn Jahren erbaute Brücken-Viadukt-Kombination die Präfektur Okayama mit der Stadt Sakaide im Norden von Shikoku. Die Seto-Ohashi ist oben Autobahn und unten Eisenbahnbrücke und besteht aus insgesamt sechs Brücken, darunter drei Hänge- und zwei Schrägseilbrücken, sowie zwei Hochstraßen. Insgesamt misst das erdbebensichere Bauwerk eine Gesamtlänge von 13 Kilometern, die durchschnittliche Höhe der gewaltigen Brückenpfeiler beträgt 200 Meter. Die Seto-ohashi ist die erste Brücke des dreiteiligen Honshu-Shikoku-Brückenprojekts, zu der auch die Akashi-kaikyo bei der Stadt Kobe gehört, die längste Hängebrücke der Welt.

Die Stadt Okayama blickt voller Stolz noch auf eine weitere Attraktion, weswegen Reiseunternehmer bei ihren Tourenplanungen auch Okinawa miteinbeziehen, nämlich den Koraku-en. Der Landschaftsgarten aus dem 17. Jahrhundert zählt gemeinsam mit dem Kairaku-en in Mito und dem Kenroku-en in Kanazawa zu den »Drei berühmten Gärten Japans« (Nihon-sanmeien). Die drei künstlich erschaffenen Landschaften zeichnen sich gemeinsam durch Perfektion, insbesondere aber durch die Attribute »weitläufig, abgeschieden, kunstfertig, althergebracht, mit fließendem Wasser und Panoramablick« aus.

Der Koraku-en, vom Burgherrn Ikeda Tsunamasa im Jahre 1687 in Auftrag gegeben und 1700 vollendet, wurde im Kaiyu-Stil entworfen, d. h. wechselnde Ansichten erschließen sich dem Besucher

erst während des Rundgangs auf dem Gartenpfad, der die Grasflächen, die Teichanlagen, die Nadel- und Laubbäume, die Hügel sowie die alten Teehäuser und die Wasserläufe miteinander vereint. Ein wichtiges Element in der abwechslungsreichen Kulisse des 11,5 ha großen Wandelgartens bildet die jenseits des Flusses stehende Festungsanlage, die wegen ihres schwarzen Anstrichs »Krähenburg« (*U-jo*) genannt wird. Der Garten liegt auf einer Sandbank des Asahi-Flusses, der Okayama vom Norden her in Richtung Süden durchfließt. Es lag also in der Natur der Gegebenheiten, den Fluss in das Gartendesign einzubeziehen, ihn in Teilen umzuleiten und ihn umzuwandeln in sich windende Wasserläufe, vor sich hin dösende Teiche oder kleine Wasserfälle.

Kurashiki (»Speicherort«) ist eine alte Kaufmannsstadt, damals in der alten Provinz Bitchu, nahe Okayama gelegen. Archäologische Funde, insbesondere Hügelgräber und Keramiken, weisen das in der Kibi-Ebene gelegene Kurashiki als Siedlungsgebiet eines mächtigen Stammes in der Yayoi- und Kofun-Periode aus. Während der Feudalzeit war Kurashiki ein wichtiger Hafen für den Reistransport. Im 14. Jahrhundert nutzte man die Region von Kurashiki als Binnenhafen. Das im Jahre 1582 gegründete Dorf Kurashiki stand während der Edo-Zeit unter Kontrolle eines von der Regierung bestimmten Verwalters. Die Belagerung der Burg von Osaka (1614–15), die vom bereits als Shogun abgedankten, aber noch mächtigen Tokugawa Ieyasu angeführt wurde, war für Kurashiki, das das leibliche Wohl der beteiligten Truppen zu verantworten hatte, eine gewaltige logistische Herausforderung, denn immerhin mussten nicht weniger als 160 000 Soldaten für zwei Monate im Winter 1614 und zwei weitere Monate im Sommer 1615 mit Unmengen an Reis versorgt werden.

Eine Stadt mit Tradition: Kurashiki

Dieses historische Ereignis war zugleich ein wesentlicher Impulsgeber für die künftige Entwicklung der Stadt, als bedeutender Umschlagsplatz von Reis und Reiswein aus der Provinz Bitchu. Etwas später entstand in Kurashiki ein reger Baumwollhandel, den die Oharas, eine erfolgreiche Kaufmannsfamilie, gegen Ende des 19. Jahrhunderts für den Aufbau von Spinnereibetrieben nutzten. Der neugeschaffene Industriezweig und der Anschluss an die Sanyo-Eisenbahnlinie waren wichtige Garanten und Stationen für das weitere Wachstum Kurashikis.

Heute leben über 470 000 Menschen in der Stadt. Das gegenwärtige Altstadtbild ist auf die von der Familie Ohara finanzierten Erhaltungsmaßnahmen und Renovierungen zurückzuführen. Dutzende Reisspeicher (*kura*) mit ihren weiß getünchten Fassaden, die inzwischen zum Wahrzeichen der Stadt geworden sind, stillgelegte Handwerksbetriebe und die verschiedenen, um die alten Kanäle gelegenen Museen (das Ohara-Kunstmuseum zeigt Werke europäischer Künstler wie Renoir, Matisse, Monet, Picasso oder Rodin) versetzen die Besucher zurück in einige arbeitsreiche Jahrhunderte.

HAGI

Wer im Norden der Yamaguchi-Präfektur die an der Japansee gelegene Stadt Hagi zum ersten Mal besucht, wird überrascht sein, wie langsam sich hier das Rad der Zeit gedreht hat. Das hat verschiedene Gründe. Erstens hatte die 50 000 Einwohner zählende Gemeinde, zumindest in der Moderne, nie wirkliche Ambitionen gehabt, groß zu werden. Des Weiteren war die kleine verschlafene Stadt in ihrer Geschichte keinen größeren Zerstörungen oder gar Bombardements ausgesetzt, sodass alles erhalten bleiben konnte, was die Verantwortlichen für erhaltenswert hielten. Die Entwicklung des Fischerortes zur Stadt begann mit dem mächtigen Mori-Clan, den das Shogunat in Hiroshima abgesetzt und nach Hagi »verbannt« hatte. Nachdem die neuen Machthaber die ihnen übereignete Burganlage im Jahre 1604 bezogen hatten, ließen sich schon bald deren Gefolgsleute und die ersten Händler um die Burg herum nieder. Der Grundstein für eine Stadt war gelegt. Städte, die um Burgen herum entstanden, nannte man »Burgstädte« (*jokamachi*).

Obwohl sich die meisten Städte in Japan aus Burgstädten heraus entwickelt hatten, wurden sie später bis auf wenige Ausnahmen im Zuge der Modernisierung umgestaltet. Nur einige wenige bewahrten ihr ursprüngliches Erscheinungsbild, beispielsweise jene Straßenzüge mit ehemaligen Samurai-Residenzen. Hagi hat sich einer rasanten Modernisierung verwehrt, teilweise auch weil das lokale Verwaltungszentrum im späten 19. Jahrhundert in die Stadt Yamaguchi verlegt worden war. Viele seltene Gebäude aus der Feudalzeit sind erhalten geblieben und tragen mit ihren ernsten, dunkelgrauen Dachziegeln und weißen Lehmwänden zur ruhigen und antiken Stadtatmosphäre bei. Prachtvolle Samurai-Häuser und Anwesen reicher Kaufleute mit großen Vorratshäusern und schönen Gärten sind heute noch zu sehen und erinnern an den Wohlstand der Stadt. Während das Feudalsystem in den letzten Jahren der Edo-Zeit zerfiel, brachte Hagi einige talentierte Männer hervor, die als treibende Kräfte und Gründungsväter halfen, das Land in einen modernen Staat umzuwandeln. Der Philosoph und Revolutionär Yoshida Shoin (1830–59) arbeitete das ideologische Fundament für die Anti-Shogunats-Bewegung aus; Mori-Soldaten lösten Mitte des 19. Jahrhunderts den Aufstand gegen die regierenden Tokugawa aus; Takasugi Shinsaku (1839–67) schuf ein neues

Konzept für eine Freiwilligenarmee ohne Klassenunterschiede; Ito Hirobumi (1841–1909) wurde im Dezember 1985 Japans erster Premierminister.

Hagi ist über die Landesgrenzen hinweg für seine Töpfereien und die besonders gerne bei der Teezeremonie (*chado*) verwendete Keramik (*hagi-yaki*) bekannt. Die ersten Öfen stammen schon aus der Heian-Zeit (794–1182), aber erst im frühen 17. Jahrhundert erhoben Töpfer aus Korea Hagi-Keramik zu einer Kunst. In den zahlreichen namhaften Werkstätten in und um Hagi werden unterschiedliche Arten einheimischer Tonerde zu einem in der Regel rosaorange-farbigen »koreanischen Ton« zusammengemischt. Dekoriert wird der Ton mit einer transparent-porösen Glasur, die aus Feldspan und Asche hergestellt wird. Eine Kerbe am Boden der meisten Gegenstände für den Alltagsgebrauch besagt, dass diese für den Verkauf freigegeben wurden. Gebrannte Ware ohne Kerbe war hingegen dem Adel vorbehalten. Das schönste – und beneidenswerteste – an der Hagi-Keramik ist jedoch, dass sie mit dem Alter immer schöner wird. Vielleicht wurden die alteingesessenen Töpferfamilien Saga und Miwa auch deshalb zu »Lebenden Nationalschätzen« erklärt.

Überreste der Burgmauern von Hagi

N
W   O
S

Moneron 1503 *Sachalin*
RUSSLAND

La Pérouse Str.

Ochotskisches

Rebun
Rebun Str.
Rishiri
Rishiri Str.

Wakkanai
Kutcharo-See

Meer

Japanisches

Kitami-

Saroma Bucht

Rausu-Dake
1601

Kunashiri

Berge

Kitami
Kussharo See

Notuke Str.

Shibotsu

Daisetsu-Zan 2290
Asahikawa

Ishikari-

Oakan-Dake
1371

Nemuro Bucht

Tokachi-Dake
2077

Berge

Meer

Ishikari Bucht
Otaru
Ishikari

Hokkaidō

Sapporo

Kushiro

Akkeshi Bucht

Hidaka

Obihiro

Hokkaido

Shikotsu-See

Poroshiri-Dake
2052

Saru

Toya-See

Tomakomai

Gebirge

Uchiura Bucht
Muroran

Okushiri

Hakodate

PAZIFISCHER

Tsugaru Str.

Mutsu Bucht

OZEAN

Ogawara-See

Aomori

Tōhoku

Hachinohe

Hirosaki

Towada-See

0   200   400   600
km

HOKKAIDO

FOLGENDE DOPPELSEITE:
Markante Felsenküste der
Halbinsel Shakotan

Hokkaido bedeutet »Region des Nordmeeres« und ist die nördlichste und zweitgrößte der vier japanischen Hauptinseln. Von 45° bis 41,5° nördlicher Breite erstreckt sich Hokkaido in ca. 400 Kilometer Luftlinie von Nord nach Süd. Bei einer Größe von 83 455 Quadratkilometern, das sind 22 Prozent der Gesamtfläche Japans, wohnen hier nur fünf Prozent der japanischen Bevölkerung, das sind 5,62 Millionen Menschen. Politisch wird diese große Insel nur durch eine Präfektur (Hokkaido) vertreten. Hauptstadt und Verwaltungssitz ist Sapporo.

Auch heute noch empfinden Japaner Hokkaido als exotisches Pionierland, in dem sie gerne ihren Urlaub verbringen, aber um Gottes Willen nicht leben möchten. In der Tat ticken die Uhren in Hokkaido anders als im übrigen Japan.

Dampf steigt vom 731 Meter hohen Usu auf, der am 31. März 2000 seinen letzten Ausbruch hatte.

GEOGRAFIE

Hokkaido ist im Norden durch die Soya-Meerenge von der russischen Halbinsel Sakhalin getrennt und im Südwesten durch die berühmte Tsugaru-Wasserstraße von der japanischen Hauptinsel Honshu. Landschaftlich wird Hokkaido wie das gesamte Inselreich von Gebirgen vulkanischen Ursprungs geprägt. Der höchste Gipfel ist mit 2290 Metern der Asahidake im Zentrum der Insel. Hohe Berge, schwelende Vulkane mit heißen Quellen, tiefe Schluchten und Täler, Caldera-Seen mit kristallklarem Wasser und ursprüngliche Wälder, so zeigt sich dem Besucher das Landschaftsbild von Hokkaido. Besiedelbare Ebenen und Tiefländer liegen hauptsächlich entlang der Küsten. Auch unterbrechen zahlreiche Tafelländer, entstanden aus Ascheregen und Sandablagerungen in Folge vulkanischer Eruptionen, die insgesamt gebirgige Struktur der Insel.

Räumlich kann man die Insel in drei Regionen unterteilen. Zunächst trennt eine zentrale Achse, das Hidaka-Gebirge, Hokkaido in zwei Hälften. Der rund 43 000 Quadratkilometer große Westteil ist etwas ausgedehnter als der etwa 35 000 Quadratkilometer umfassende Ostteil. Der dritte Teil, die süd-

Der Winter hat die Region Hokkaido fest im Griff und bringt viel Schnee mit sich.

westliche Halbinsel Oshima, wirkt wie ein Anhängsel an die übrige Landmasse. Im Vergleich zu Gesamtjapan sind Hokkaido nur wenige kleine Inseln vorgelagert, wie z. B. Rishiri, Rebun, Okushiri, Teuri, Yagishiri und Oshima.

KLIMA

Das Klima der Insel unterscheidet sich von Distrikt zu Distrikt. Es wird hauptsächlich von den kalten und warmen Meeresströmungen, die die Insel umrunden, den Höhenlagen sowie dem Breitengrad beeinflusst. Insgesamt kann man das Klima als kontinental bezeichnen, mit langen kalten Wintern und kurzen warmen Sommern.

Der Frühling und die Blütezeit setzen erst zwischen Mai und Juni ein, der Sommer ist kurz mit gemäßigten Temperaturen von durchschnittlich 21 °C, wobei es tagsüber durchaus über 30 °C warm werden kann. Im Herbst fällt der erste Schnee schon früh, im zentralen Bergland bereits im Sep-

Die Gegend um Biei im Distrikt von Kamikawa ist berühmt für ihre sanften Hügel, fruchtbaren Felder und ausgiebigen Waldgebiete.

tember. Der Winter ist somit die dominierende Jahreszeit und der Schnee bestimmt das Leben der Menschen für 4–5 Monate. Die durchschnittliche Januartemperatur liegt in Sapporo bei –5,9 °C und im kühleren Osten z. B. in Obihiro sogar nur bei –9,8 °C. Der schneereichste Distrikt ist die Gebirgsregion im Nordwesten Hokkaidos zur Japansee. Mit durchschnittlich 3 Metern Schneehöhe ist der Westteil der Insel insgesamt weit niederschlags- bzw. schneereicher als der Ostteil mit vergleichsweise geringen 50 Zentimetern Höhe. Insgesamt beträgt die frostfreie Zeit je nach Distrikt nur 4 bis 6 ½ Monate. Das ist ein Problem für die Landwirtschaft, aber paradiesisch für den Wintersport!

PFLANZEN- UND TIERWELT

Flora und Fauna unterscheiden sich in Hokkaido beträchtlich von den anderen Inseln Japans. Das kalte und schneereiche Klima lässt eine widerstandsfähige Vegetation und eine an diese Verhältnisse angepasste Tierwelt zu.

Insgesamt nehmen Wälder über 70 Prozent der Landfläche Hokkaidos ein, das sind 22 Prozent des gesamten Waldbestandes Japans. Faszinierend an der Natur und Natürlichkeit Hokkaidos ist, dass die ursprünglichen Wälder noch zu 84 Prozent erhalten sind. Im südwestlichen Zipfel, der Oshima Halbinsel, liegt eine Vegetationsgrenze. Südlich der sogenannten Furumatsunai-Furche findet der sommergrüne Buchenwald seine nördliche Verbreitungsgrenze. In den östlichen und nördlichen Regionen schließen sich Eichen- und Birkenwälder an, sowie Fichten und Tannen in den höheren Lagen.

Ein auffälliges Merkmal der Flora Hokkaidos ist die Einführung fremder Baumarten aus anderen japanischen Gebieten und aus fremden Ländern. Aus Honshu wurden die japanische Rotkiefer, die

FOTO LINKS:
Orpheusbülbül in einem blühenden Kirschbaum. Die Kirschblüte setzt aufgrund der klimatischen Bedingungen in Hokkaido deutlich später ein als in den südlichen Regionen Japans.

Zeder und der chinesische Blauglockenbaum (Paulownia) eingeführt und aus Übersee z. B. die deutsche Rot- und Schwarzkiefer, Pappel, Akazie und Lärche. Hierin erkennt man die Anstrengungen Japans, dieses »Pionierland« nutzbar zu machen.

Nach der Schneeschmelze bringt der Frühling in Hokkaido je nach Region vielerlei farbenfrohe Blumen zutage. Vor allem in den Feuchtgebieten und Grasländern entlang der Nordostküste des Ochotskischen Meeres kann man wunderschöne »Blumengärten« bewundern. Auch von Menschen angelegte Sonnenblumenfelder sind typisch für Hokkaido. Die berühmte Kirschblüte kann man ebenfalls auf Hokkaido genießen, nur viel später als im übrigen Land.

Bei der Tierwelt Hokkaidos denkt man sofort an den Braunbären, den es im übrigen Land nicht gibt. Die Tsugaru-Meerenge ist eine wichtige faunistische Grenze zwischen den Inseln, die der Braunbär nie überschreiten konnte. So gibt es auf Honshu z. B. eine weitverbreitete Affen- und Wildschweinart, die sich nie in Hokkaido angesiedelt hat. Des Weiteren sind für Hokkaido der Hokkaido-Hirsch, seltene Seevögel sowie Lachse typisch, die früher den Ainu (Ureinwohner Nord-Japans)

LINKE SEITE UND UNTEN:
Zwei Bewohner der Waldgebiete Hokkaidos: Fuchs und Braunbär

als wichtige Ernährungsquelle dienten. Neben dem Braunbären ist wohl der Mandschurenkranich ein Symboltier Hokkaidos. Noch vor 50 Jahren fast ausgestorben (im besonders kalten Winter 1952 gab es nur noch 33 Exemplare dieses eleganten Flugvogels), hat sich die Population in Hokkaido wieder auf über 800 Tiere erholt. Dies entspricht einem Drittel des Weltbestandes. Er steht aber weiterhin auf der Roten Liste der gefährdeten Tierarten.

Den Mandschurenkranich gibt es in Japan nur auf Hokkaido, in den Feuchtlandgebieten von Kurshiro an der Südostküste der Insel. Er gilt als Symbol für ein langes Leben, und in der Tat wird er um die 70 Jahre alt. Als Nationalvogel Japans ist er seit 1952 auf der 1000-Yen-Note verewigt.

Mandschurenkraniche beim Balztanz. Die Flugvögel, die in Japan auch als Symbole des Glücks und der Treue gelten, gehören zu einer der meistbedrohten Kranicharten.

Die besondere Flora und Fauna Hokkaidos kann man am besten in den sechs Nationalparks der Präfektur kennenlernen. Die beiden ersten Nationalparks waren der zentrale Daisetsuzan und der südöstlich gelegene Akan-Nationalpark. Beide Parks wurden bereits am 4. Dezember 1934 gegründet. Es folgten 1949 der Shikotsu-Toya-Nationalpark im südwestlichen Teil Hokkaidos im Einzugsgebiet der Hauptstadt Sapporo, und 1964 der Shiretoko-Nationalpark im äußersten Osten der Insel.

Die jüngsten Gründungen betreffen den 1974 ernannten Rishiri-Rebun-Sarobetsu-Nationalpark an der Nordspitze der Insel sowie den Kushiro-Shitusgen-Nationalpark von 1987 an der Südostküste rund um die Feuchtlandgebiete des seltenen Mandschurenkranichs.

GESCHICHTE

In der japanischen Geschichte fand Hokkaido seine erste Erwähnung im Jahre 658. In den Jahren 658–60 führte der Admiral Abe no Hirafu zur Erlangung reicher Fischgründe einen Feldzug nach Nordjapan durch. So betrat er wohl um 662 als einer der ersten Japaner die nördliche Insel Hokkaido.

Die Datenlage ist in dieser Hinsicht nicht eindeutig. Ursprünglich wurden Hokkaido und Tohoku von einem Jäger- und Sammlervolk, den Ezo (auch Emishi genannt), bewohnt. Eine chinesische Chronik aus der Han-Dynastie (189 v. Chr.–30 n. Chr.) spricht von einer stark behaarten Rasse, die jenseits des östlichen Meeres lebt. Dies ist wohl die älteste Quelle über die Existenz dieser Menschen, die sich selbst in ihrer Sprache als Ainu (»Mensch«) bezeichnen. Es ist wissenschaftlich nicht gesichert, dass die Ezo und die Ainu das gleiche Volk sind, aber es ist sehr wahrscheinlich. Im Kojiki, dem ältesten japanischen Geschichtswerk (712 n. Chr.), wird von den Ainu als einer waffentüchtigen Frühbevölkerung berichtet, die sich mit zähem Widerstand gegen die japanischen Eindringlinge zur Wehr setzten.

Es ist unklar, wann die Japaner begannen, Hokkaido zu besiedeln, aber schon in frühen Zeiten flüchteten Bürger aus der Tohoku-Region vor den vielen Bürgerkriegen und Hungersnöten nach Norden auf die Insel Ezo (später Hokkaido). Die ersten japanischen Fischersiedlungen entstanden im südwestlichen Zipfel auf der Halbinsel Oshima.

Als der Ainu-Häuptling Kashomain 1457 gegen die japanischen Einwanderer rebellierte, schlug Fürst Takeda Nobohiro den Aufstand nieder. Er begann damit, die Insel unter die zentrale Autorität der Japaner zu bringen. Sein Ur-Ur-Enkel Matsumae Yoshihiro (1550–1618), der seinen Clannamen von Takeda in Matsumae änderte, sammelte Streitkräfte unter dem Banner des berühmten Feldherrn Tokugawa Ieyasu und wurde der eigentliche Kolonisator der Insel, auf die sich die Ainu nach der völligen Verdrängung aus Honshu zurückgezogen hatten. Matsumae Yoshihiro erhielt 1605 das nördliche Territorium namens Ezo vom großen Feldherrn Ieyasu als Lehen. Den Namen Ezo behielt die Insel bis zum Jahre 1869.

Der Matsumae-Clan unterhielt rege Handelsbeziehungen zu den Ainu. Getauscht wurden Reis, Wein, Tabak, Salz und japanisches Werkzeug gegen Lachse und Bären- und Hirschfelle. Haupterwerb der Ainu war zu dieser Zeit noch das Sammeln und Jagen. Dies alles geschah ohne wesentlich in die Lebensgewohnheiten der Ainu einzugreifen. Die Japaner bezeichneten die Ainu zwar als »haarige Barbaren«, lebten zu dieser Zeit aber mit ihnen in relativ friedlicher Koexistenz.

Im Jahre 1799 geriet Hokkaido unter die direkte Kontrolle des Tokugawa-Shogunats, um Japans Interessen gegen die Expansionsgelüste Russlands zu bewahren. Die systematische Kolonisierung Hokkaidos begann aber erst ab der Meiji-Zeit. Nach der ca. 200-jährigen Isolation Japans durch das Tokugawa-Shogunat erzwangen die USA mit Kommodore Perry im Vertrag von Kanagawa 1854 die Öffnung des Hafens Hakodate an der Südspitze Hokkaidos.

1867 wurde die Insel in Distrikte aufgeteilt, 1869 der Name endgültig und offiziell von Ezo in Hokkaido geändert und 1886 die Provinzregierung in Sapporo etabliert. Die gesamte Insel wird in nur einer Präfektur (*ken*) verwaltet, ist aber gleichzeitig in 14 Unterpräfekturen oder Distrikte (*shicho*) eingeteilt. Die entscheidende Rolle für die moderne Erschließung der Insel spielte das 1869 gebildete Hokkaido-Entwicklungsamt, welches 1951 durch eine neue Behörde ersetzt wurde.

Die Ainu, die von den besser organisierten Japanern mehr und mehr zurückgedrängt wurden, konnten sich den verändernden Einflüssen kaum noch entziehen Ab 1883 wurden sie verstärkt dazu angehalten, ihr Jäger- und Sammlerdasein gegen die Landwirtschaft einzutauschen. Nach und nach wurden Ainu in den Handelsniederlassungen als billige Arbeitskräfte verpflichtet. Sie erhielten zumeist keinen Lohn, nur Unterkunft und Verpflegung. 1901 wurden Gesetze zum »Schutz der Ainu« erlassen und jedem Ainu fünf Hektar Boden kostenlos zur Bebauung zugewiesen, Kredite garantiert und das Pflichtschulwesen eingeführt. Alle Ainu-Kinder mussten die japanische Sprache lernen. Das Japanische wurde ein immer größerer Bestandteil der täglichen Ainu-Sprache. Aber nicht nur die Sprache, sondern das gesamte alltägliche Leben geriet wirtschaftlich wie kulturell unter japanischen Einfluss. Die Elemente, die einst das Leben der Ainu prägten, sind verschwunden oder führen ein Dasein als Touristenattraktion. Man schätzt die Zahl der heute lebenden Ainu auf ca. 25 000, die ge-

Während einer Zeremonie von Ainu in Date, Hokkaido.

sellschaftlich fast vollständig assimiliert sind. Obwohl es immer mal wieder Bestrebungen gibt, die eigenen Kulturwerte aufleben zu lassen, z.B. die eigene Sprache zu erhalten, bleibt die alte Ainu-Kultur fast ausschließlich auf der touristischen Ebene lebendig.

Durch die Züchtung neuer Reissorten, die resistenter sind und schneller wachsen, gelang es 1929, den Reisanbau nach Norden auszuweiten. Erst mit dem Reisanbau wurde auch die Binnenkolonisation erfolgreich. Die Betriebsflächen der Bauern sind erheblich größer als im »alten Japan«. Heute ist Hokkaido der Kornspeicher Nippons. Die landwirtschaftliche Produktion macht etwa zehn Prozent der Gesamtproduktion Japans aus. Neben weiterem Getreideanbau, der Forstwirtschaft und Fischerei ist Hokkaido vor allem bekannt und berühmt für seine Viehwirtschaft. Die Milchprodukte aus Hokkaido genießen in ganz Japan einen guten Ruf.

Auch die industrielle Bedeutung Hokkaidos stieg stetig. Es entwickelten sich der Bergbau, die Schwerindustrie sowie land- und forstwirtschaftliche Aufbereitungsindustrien wie z.B. die Papierherstellung oder Brauereien, aber auch Rohstoffe und Halbfabrikate. Die Hauptstadt Sapporo wuchs schnell und entwickelte eine beachtliche Zentralität.

FOTO LINKS:

Mitarbeiterinnen des Ainu-Dorfes Shiraoi in traditioneller Kleidung der Ainu

Landwirtschaft hat in der Region Hokkaido eine wesentliche ökonomische Bedeutung.

ORTE & SEHENSWÜRDIGKEITEN

Als erst spät ins Licht japanischer Geschichte gerückter Landesteil hat Hokkaido keine großen kulturellen Höhepunkte zu bieten, ist dafür aber reich an landschaftlichen Sehenswürdigkeiten und berühmten Heißquellenbadeorten und dient den Japanern als ein wahres Winterparadies. Im »Schneeland Hokkaido« lassen sich vielerlei Wintersportarten vorzüglich ausüben. So werden im folgenden Kapitel im Wesentlichen die vielen interessanten Nationalparks beschrieben, einige berühmte Thermalbäder, die Rückzugsgebiete oder – besser gesagt – die Touristendörfer der Ainu sowie die wichtigsten Städte.

SAPPORO

Rund 1,9 Millionen Menschen leben in Sapporo – der Hauptstadt der Region Hokkaido.

Die Hauptstadt Sapporo ist mit derzeit knapp 1,9 Millionen Einwohnern immerhin die fünftgrößte Stadt des Landes. D. h. allein ein Drittel der gesamten Bevölkerung Hokkaidos lebt in der Hauptstadt und die Flugverbindung Tokyo–Chitose (Flughafen von Sapporo) ist eine der meistbeflogenen inländischen Strecken.

Sapporo wurde 1869–1871 auf einer alten Ainu-Siedlung errichtet, nachdem sich das Kolonialamt hier niederließ, um die weitere Erschließung Hokkaidos voranzutreiben. Aus dem Ainu-Begriff *sato proro petsu* (deutsch: »langes trockenes Flussbett«) ging der neue Name der Stadt am Fluss Toyohira hervor. Die Stadt wurde nach amerikanischem Muster schachbrettartig angelegt, mit großen Boulevards und vielen freien Flächen. Die Hauptstraße, die die Stadt in Nord und Südhälfte teilt wird O-dori genannt und ist ein mit 105 Metern Breite großer Prachtboulevard. Hier findet im Winter das berühmte Schneefestival, *yuki-matsuri* statt. Gleichzeitig wird die Stadt durch einen von Nord nach Süd fließenden Arm des Toyohira in einen West- und Ostteil getrennt. So ist Sapporo in vier Groß-sektoren aufgeteilt und die Straßennamen entsprechen amerikanischem Vorbild, z. B. 1. Straße West oder 3. Straße Nord. Die Orientierung fällt dem Besucher hier, anders als in den meisten japanischen Großstädten, nicht schwer. Anlage und Struktur der Stadt sind großzügig, modern, charmant und offen und das Leben lässt sich im »Alaska Japans« durchaus angenehm gestalten.

Alle Sehenswürdigkeiten Sapporos stammen aus der Zeit der Kolonisierung oder sind jüngeren Datums. Dementsprechend gibt es keine großen Kulturmonumente. Die Universität von Hokkaido wurde 1872 gegründet, um die Ausbildung junger Menschen zum Zweck der großen Aufgabe von Kolonisation und Entwicklung Hokkaidos zu fördern. 1876 wurde die Universität durch eine agrar-

FOLGENDE DOPPELSEITE:
Sapporo in der kalten Jahreszeit: Schneebedeckte Hügel bilden den Hintergrund, vor dem sich die (Hoch-)Häuser Sapporos zu-sammendrängen.

wissenschaftliche Fakultät ergänzt, welche der Amerikaner William Smith Clark einrichtete. Er brachte der Universität während seiner Zeit als Dekan einen nachhaltigen christlichen Einfluss, der bis in die heutigen Tage anhält. Seine Abschiedsworte »Boys, be ambitious« wurden legendär und zieren seine Porträtbüste auf dem Campus.

Berühmt wurde die Universität auch wegen seines interessanten und großen botanischen Gartens mit über 5000 hauptsächlich einheimischen Pflanzenarten. Auf dem weitläufigen Universitätsgelände befindet sich ebenfalls das Ainu-Museum und das Hokkaido Ainu Center. Beide Häuser informieren ausführlich und erlauben in ihrer Bibliothek umfangreiche Recherchen. Es ist die wohl beste Sammlung von Artefakten der alten Ainu-Kultur.

Das ehemalige Regierungsgebäude wurde Ende des 19. Jahrhunderts errichtet.

Wahrzeichen der Stadt ist der Uhrturm von 1881, dessen Glocken stündlich läuten. Es ist das einzig erhalten gebliebene Gebäude in russischem Stil. Ursprünglich diente es militärischen Zwecken, heute beherbergt es die Stadtbibliothek und eine Ausstellung zur Kolonisationsgeschichte Hokkaidos.

Wir kehren zurück zum zentralen Odori-Boulevard, der den Bewohnern Sapporos gleichzeitig als weitläufiger Park dient. Hier findet alljährlich Anfang Februar das inzwischen auch international berühmte *yuki-matsuri* statt, das Schneefestival. Mit der fleißigen Hilfe japanischer Berufssoldaten werden hunderte Eisskulpturen von schimmernder Schönheit zu vielerlei Themen gefertigt. Der große Buddha von Kamakura, die Tempelanlage von Nikko, die Pariser Oper, berühmte Personen, Tiere und auch aktuelle Comicfiguren, alles wird auf dem großen Odori-Boulevard in Eis und Schnee ge-

FOLGENDE DOPPELSEITE:
Kaum zu glauben, dass dieses im Westernstil erbaute Gebäude nicht in den Südstaaten der USA, sondern in der nordjapanischen Stadt Sapporo im Nakajima-Park, zu finden ist.

Glockenturm von Sapporo

RECHTE SEITE:
Winterlicher Rutschspaß gleich neben einer der fantastischen Eisskulpturen, die jedes Jahr im Rahmen des Schneefestivals »yuki-matsuri« entstehen.

FOLGENDE DOPPELSEITE:
Altstadt von Otaru. Einst eine wichtige Fischereistadt, dient Otaru heute eher als Wohnort für Japaner, die im 30 Kilometer entfernten Sapporo arbeiten.

Springbrunnen an der Universität. Im Hintergrund erhebt sich der knapp 148 Meter hohe Sapporo-Tower.

hauen. Abends wird die eisige Pracht von außen und innen eindrucksvoll illuminiert. Ein wirklich großartiges Ereignis.

Möchte man einen Gesamtblick über Sapporo erhalten, fährt man am besten raus aus der Stadt auf die Aussichtsplattform des Mt. Moiwa, die in 531 Metern Höhe einen Panoramablick über das gesamte riesige Stadtgebiet erlaubt. Westlich von Sapporo liegt das beliebte Skigebiet und Wintersportgelände der Stadt mit den bis heute betriebenen Anlagen der Winterolympiade von 1972. Skiabfahrts- und Langlauf, Snowboarding, Snow-Rafting und Schneemobilfahrten – all das können Sportsfreunde hier im Winter intensiv betreiben.

Im ehemaligen Pionierland Japans, von dem man einen bemerkenswerten technischen Fortschritt kaum erwartet, ist mit Sapporo eine moderne, vorwärtsgerichtete Stadt entstanden, die mit ihrer offenen und menschlichen Infrastruktur so manche Großstadt der Hauptinsel Honshu in den Schatten stellt.

Steil bergab führen die Straßen
vom Yahata-Hügel in Hakodate in
Richtung Hafen.

HAKODATE

Die Hafenstadt Hakodate, das südliche Eingangstor zu Hokkaido, ist mit ca. 330 000 Einwohnern die drittgrößte Stadt und der bedeutendste Hafen der Insel. Weit älter als die Hauptstadt, war Hakodate bereits Mitte des 15. Jahrhunderts eine japanische Befestigung des Kono-Clans, und schon im 13. Jahrhundert hatten sich japanische Siedler hier niedergelassen. Mitte des 18. Jahrhunderts kamen russische Siedler hinzu.

Neben Yokohama und Nagasaki gehört Hakodate zu den drei japanischen Städten, die als Erste nach der Tokogawa-Zeit für Ausländer freigegeben wurden. Kommodore Perry besuchte 1854 die Stadt, und so wurde im Vertrag von Kanagawa der Hafen als Versorgungsstützpunkt für ausländische Schiffe eingerichtet. Am Fuße des Hakodate-Berges liegt das in dieser Zeit entstandene Ausländerviertel Motomachi mit der russisch-orthodoxen Auferstehungskirche, die 1861 vom russischen Geistlichen Nikolai errichtet wurde. Der heutige Bau im byzantinischen Stil stammt allerdings von 1916. Es lohnt auch die Seilbahnfahrt hinauf zum 335 Meter hohen Mt. Hakodate, von dem aus man einen wunderbaren Blick auf die Hafenbucht und die berühmte Tsugaru-Meerenge hat.

Bis zum Bau des gewaltigen Seikan-Tunnels im Jahre 1988, der unter der Tsugaru-Straße hindurch Honshu mit Hokkaido verbindet, war Hakodate der Ankunftshafen aller per Bahn und Schiff mühsam angereister Besucher. Nach dem Eurotunnel ist der Seikan mit 53,9 Kilometern Länge der zweitgrößte untermeerische Tunnel der Welt und verkürzte die Anreisezeit per Bahn erheblich. Geplant ist für die Zukunft auch eine direkte Verbindung zwischen Tokyo und Sapporo mit dem Superexpresszug Shinkansen. Dann wäre die 1200 Kilomter lange Strecke in nur vier Stunden zu bewältigen.

Sapporo wie auch Hakodate sind beide recht westlich anmutende Städte und deshalb für die Japaner auch so »exotisch«.

ASAHIKAWA

Mit ca. 360 000 Einwohnern ist Asahikawa die zweitgrößte Stadt Hokkaidos. Sie liegt im Zentrum der Insel am
Oberlauf des Flusses Ishikari und ist Verkehrsknotenpunkt
Mittelhokkaidos. Asahikawa hat ebenfalls eine sehr junge
Geschichte. Sie wurde als Garnison der Tonden-hei-Pio-
niere im 19. Jahrhundert schachbrettförmig angelegt und
erst 1922 zur Stadt ernannt. Das Leben hier ist sehr hart,
denn Asahikawa gilt als Kältepol Japans: mit angenehmen
Sommern, aber Wintern bis −40 °C und ergiebigen Schneefällen von Mitte Oktober bis Anfang Mai.

Asahikawa selbst hat keine Sehenswürdigkeiten, ist aber
Ausgangspunkt zu diversen Ainu-Stätten. Es gab in dieser
Region früher viele Ainu-Siedlungen und die westlich gelegene Kamui-kotan-Schlucht gilt als mythische Heimat
der Ainu. In den Felswänden der schmalen Schlucht fand
man über 200 prähistorische Höhlenwohnungen. Die
Schlucht ist zur Kirschblütenzeit und im Herbst besonders
reizvoll. Den alten Siedlungsgründen Rechnung tragend
ist in Asahikawa das Kawamura-Ainu-Museum entstanden.
Das Museum versteht sich als Zentrum des kulturellen
Austauschs und wird von der Ainu-Bevölkerung selbst betrieben. Es ist somit weit authentischer als die übrigen
Touristendörfer Hokkaidos.

Ebenfalls ist Asahikawa Ausgangspunkt für die im Kapitel
zur Flora beschriebenen »Blumenteppiche«. In einiger Entfernung zur Stadt findet man im Sommer blau blühende La-
vendelfelder, gelb blühende Flächen von weißem Senf und
Felder mit Tausenden von blühenden Sonnenblumen. Von
hier aus beginnt unsere Reise durch die eindrucksvollsten
Gebiete der Insel: die sechs einmaligen Nationalparks.

DAISETSUZAN-NATIONALPARK

Der Daisetsuzan-Nationalpark ist mit 226 764 Hektar das
größte Naturschutzgebiet Japans und gehörte 1934 zu den
ersten Parkgründungen des Landes. Hier, im geografischen Zentrum der Insel, liegt auch der höchste Berg Hokkaidos, der 2290 Meter hohe Asahi-dake, natürlich ein
Vulkan, aus dessen Spalten die Schwefeldämpfe empor-

steigen. Charakteristisch für den Park sind weitreichende Hochländer mit gewaltigen vulkanischen Berggruppen. Man spricht daher auch vom »Dach von Hokkaido«. Im Daisetsuzan findet man alles, was zu einer grandiosen Vulkanlandschaft gehört: hohe Berge, tiefe Krater, steile Schluchten, kristallklare Seen und Flüsse, kräftige Wasserfälle, heiße Quellen und viele Thermalbäder. In den Hochlagen sieht man bei einer Wanderung die reiche alpine Flora der Region.

Beispielhaft für die vielen landschaftlichen Höhepunkte sei ein Aufstieg auf den Berg Asahi empfohlen oder ein Besuch des Thermalbads Sounkyo Onsen im Norden des Parks. Der Park liegt in der gleichnamigen, 24 Kilometer langen, steilen Felsschlucht. Vom Ort aus bietet sich die Möglichkeit, per Seilbahn und Sessellift auf 1300 Meter Höhe zu fahren und einen Panoramablick auf die Bergmassive der Umgebung und die dichten Wälder zu genießen. Vom Daisetsuzan ist es nicht weit zum östlich gelegenen kleineren Akan Nationalpark.

Urtümliche Landschaft im Daisetsuzan-Nationalpark: der 2290 Meter hohe Asahi-dake, Hokkaidos höchster Berg und aktiver Vulkan

AKAN-NATIONALPARK

Der Akan-Nationalpark gehört ebenfalls zu den Erstgründungen von 1934, ist aber mit nur ca. 90 Hektar wesentlich kleiner als der Daisetsuzan-Nationalpark. Auch dieses Naturschutzgebiet wird geprägt durch seinen vulkanischen Charakter. Dominierend sind hier allerdings die drei großen Seen Kutscharo, Akan und Mashu. Weite Teile des Parks sind mit subarktischen Urwäldern bedeckt, deshalb ist der Herbst mit seinen leuchtenden Farben die herrlichste Zeit.

Alle drei Seen haben einen unterschiedlichen Reiz. Der namengebende Akan-See ist sehr fischreich, vor allem an Forellen und Lachs. Eine Besonderheit ist die unter Naturschutz stehende Marimo-Kugelalge, die einen Durchmesser von bis zu 15 Zentimeter erreichen kann. Bei Sonnenschein löst sie sich vom Seeboden, treibt an der Oberfläche und verleiht dem See eine grün schimmernde Färbung.

In Wolken gehüllter Akan-See im gleichnamigen Nationalpark

Landstraße im Shiretoko-Nationalpark. Im Hintergrund ist der Vulkan Rausu-dake zu sehen.

Das Besondere des größten, 120 Meter tiefen Kutscharo-Kratersees ist die inmitten des Sees liegende Insel Tomoshiri und die umgebenden unterirdischen heißen Quellen. Sie erwärmen das Wasser und den Ufersand. Im kleinen Thermalbad Sunayu Onsen kann man z. B. in vielen *Rotemburo* (heiße Bäder im Freien) baden oder ein »Strand-Onsen« genießen, indem man sich in den gewärmten Sand einbuddelt.

Dem kleinsten der drei Seen, dem in 351 Metern Höhe gelegenen Mashu, wird nachgesagt, er sei der klarste See der Welt. Wenn man über das kristallblaue Wasser schaut, möchte man es fast glauben. Der See ist nahezu unzugänglich, da er von bis zu 200 m hohen Klippen umgeben ist. Es ist sicherlich das unberührteste Seengebiet des Parks.

Ein Abstecher in Richtung Nordost und man gelangt zur Halbinsel Shiretoko, mit seinem touristisch noch wenig erschlossenen gleichnamigen Nationalpark.

SHIRETOKO-NATIONALPARK

Eine Gruppe von Sikahirschen im
Shiretoko-Nationalpark

Die Ainu nannten die gebirgige, meist in Dunst gehüllte, vulkanische Halbinsel im Nordosten Hokkaidos *shiretoko*, »das Ende der Welt«. Sie ragt 65 Kilometer hinein in die raue See des Ochotskischen Meeres. Der hier befindliche Shiretoko-Nationalpark wurde im Jahre 1964 gegründet. Es ist kalt und frostig hier im Winter, die Temperaturen sinken auf unter −25 °C und das Treibeis aus dem Norden lässt die See komplett verschwinden. In der südlichen Stadt Rausu liegen die Eisbrecher bereits im Hafen. Japaner bezeichnen die Region als den wildesten aller Nationalparks des Landes.

Das Ökosystem ist in Shiretoko noch weitgehend unberührt und intakt. Die Region wurde deshalb im Jahre 2005 zum UNESCO-Weltnaturerbe erklärt. Es ist ein Paradies für Trekking und interessante Naturbeobachtungen. Das besondere dieses Nationalparks sind sicherlich die Braunbären ohne Zoogehege. Rund 200 der der Grizzly-Familie entstammenden Bären bevölkern diese Halbinsel. So ist die Chance, diese herrlichen Tiere in freier Natur zu sehen, sehr gut. Aber bitte mit Abstand und Vorsicht! Es sind keine dressierten Bären aus den Ainu-Touristendörfern, sondern wilde Gesellen.

Neben »Braunbärviewing« ist hier eine neue Sportart sehr beliebt: das Treibeis-Wandern. An der Nordküste bei Utoro kann man im Februar über die Eisschollen laufen oder gar einen Sprung ins Eis wagen, allerdings nur mit Führer und im Neoprenanzug, ansonsten wird es lebensgefährlich.

Zwei weitere interessante Parks sind der ebenfalls wilde und kalte Rishiri-Rebun-Sarobetsu-Nationalpark an der Nordspitze Hokkaidos sowie der jüngste, 1987 gegründete Kushiro-Shitsugen-Nationalpark im Südosten. Letzterer ist der einzige in Hokkaido ohne vulkanisches Landschaftsbild und dient der Erhaltung und dem Schutz der dort ansässigen Wasservögel, vor allem des Mandschurenkranichs (s. Kapitel Pflanzen- u. Tierwelt). Das 27 Hektar große Naturschutzgelände umfasst das größte Sumpfgebiet des Landes und ist der letzte verbliebene Lebensraum des symbolträchtigen »weißen Kranichs«.

Der meistbesuchte und bekannteste Nationalpark der Insel ist der 1949 gegründete Shikotsu-Toya-Nationalpark im Großraum Sapporo, d. h. im Westteil Hokkaidos.

SHIKOTSU-TOYA-NATIONALPARK

Diesen Park kann man getrost als Vulkanmuseum bezeichnen, vor allem mit seiner geologischen Attraktion des Showa Shinzan, einem der jüngsten Vulkane weltweit, dessen Geschichte erst 1943 begann. Am Nordufer des Toya-Sees begann die Erde zu rumoren und monatelange Eruptionen bildeten schließlich sieben Krater. Im Dezember 1944 kam es zum Gipfel seiner Kraftdemonstration mit einem Ausbruch von 150 Metern Höhe. Der Shinzan, der »neue Berg«, erreichte am Ende des Jahres 1945 eine Gesamthöhe von 405 Metern.

Neben der reichen Vulkanlandschaft des Nationalparks bilden zwei bekannte Seen die wesentlichen Anziehungspunkte des Naturschutzgebietes, die namengebenden Kraterseen Toya und Shikotsu. Beide Seen sind im Sommer touristische Hochburgen, die vielen heißen Quellen dieser Region bieten dem Japaner einen hohen Freizeitwert.

Stellvertretend für die vielen »Onsen-Bäder« Hokkaidos sei das bekannte *Noboribetsu* (»Elf Quellen«) vorgestellt. Das größte Thermalbad Hokkaidos liegt im südlichen Zipfel des Nationalparks direkt an der pazifischen Küste und ist von herrlichen Wäldern umgeben. Die größte Badeanlage des Ortes verfügt über 40 Becken, die durch rund zehn Quellen versorgt werden und eine Temperaturspanne von 45–93 °C bieten. Zahlreiche traditionelle japanische Gasthäuser (*ryokan*) laden mit ihren hauseigenen Bädern zum Aufenthalt ein. Das nahe zum Ort gelegene *Jigokudani* (»Höllental«) mit seinen vulkanischen Gesteinsformationen, in denen die Quellen entspringen, ist einen herrlichen Spaziergang wert.

Südlich des Shikotsu-Sees an der Küstenstraße zwischen Noboribetsu und Tomakomai gelegen, sei an dieser Stelle ein typisches und auch gut erreichbares Ainu-Touristendorf empfohlen: Shiraoi. Besucht man die 1965 angelegte Ainu-Siedlung in der Nähe des Dorfes Shiraoi am Porotoko-See, beschleichen einen ambivalente Gefühle, will man doch mehr als kosmopolitischer Reisender und nicht als oberflächlicher Tourist erscheinen. Denn dieses aus der Retorte geschaffene Dorf entspricht weniger dem Bild einer landestypischen Gemeinde, sondern erinnert mehr an ein Phantasialand für

Toya-See zur Zeit der Kirschblüte

FOLGENDE DOPPELSEITE:

Die Shakotan-Halbinsel liegt rund 80 Kilometer westlich von Sapporo. Sie ist bekannt für ihre dramatisch-schöne Felsenküste mit außergewöhnlichen Felsformationen, die aus dem Wasser ragen.

Ainu-Dorf Shiraoi

Erwachsene. So empfindet der Besucher die hier ansässigen Ainu mehr als Schauspieler denn als tatsächliche Zeugen ihrer uralten Kultur.

Unvermeidbar ist es z. B., dass der Besucher nach Lösen der Eintrittskarte zunächst eine Verkaufshalle mit Ainu-Souvenirs durchqueren muss. Im Dorf erwarten ihn typische Ainu-Wohnhütten mit dem nach alter Tradition über dem Eingang angebrachten Schutzfetisch (*nusa*), dazu der Ritualplatz, Kanus und ein Bärengehege. Der Bär ist die irdische Erscheinungsform der Berggottheit. Er wurde nach überliefertem Brauch während eines Festes getötet und zu den Göttern heimgeschickt. Heute wird dieses brutale Ritual, den Göttern sei Dank, nur noch symbolisch durchgeführt.

Traditionell gekleidete Ainu, bei denen die Frauen eine Gesichtstätowierung tragen, tanzen zur Freude und zum Beifall der unaufhörlich fotografierenden Touristen. In einigen begehbaren Häusern liegen weitere Souvenirs, und wenn man das Eintrittsgeld etwas aufstockt, erlaubt der Dorfälteste eine Audienz, die bei unserem Besuch wegen fortgeschrittener Trunkenheit des Häuptlings sehr kurz ausfiel. Trotz des schalen Beigeschmacks, der einen aufgrund allzu aufdringlichen Kommerzes befiel, liefert das Dorf, vor allem das ihm angeschlossene Museum, einen eindrucksvollen Einblick ins traditionelle Ainu-Leben sowie in die japanische Frühzeit.

OKUSHIRI

Okushiri ist eine abseits des Touristenstroms gelegene Insel. Sie befindet sich ca. 60 Kilometer vor der Küste Südwest-Hokkaidos und ist nur per Schiff vom Ort Esashi aus zu erreichen. Okushiri empfängt den Besucher am Fährhafen mit einem eindrucksvollen, aus dem Meer emporragenden Felsentor, das auch Wahrzeichen der Insel ist. Rund 6300 Einwohner leben hier vorwiegend vom Fischfang (Seeigel, Seeohr, Tintenfisch) und von der Landwirtschaft. Die Insel diente früher als Strafkolonie, was den Besucher aufgrund der hiesigen Lebenskargheit und des rauen Klimas nicht verwundert.

Umso rauschender fallen die Feste aus, wie etwa die Feierlichkeiten am Tag der Ahnen (*o-bon*, hier jährlich am 13. August). Dieser Tag beginnt mit einer Prozession, an deren Spitze ein als *Tengu* (s. Kapitel Religion) maskierter Priester schreitet. Der Tengu, sonst ein oft übellauniger Waldgeist, fungiert hier als Vertreiber böser Geister. Auch lässt er sich vor jedem Hause nieder, bekommt Wein zur Begrüßung und spendet Segen zur Dämonenabwehr durch Bewerfen von Reis. Da er eine Vielzahl von Häusern zu segnen hat, belohnt man ihn und sein Gefolge mit ebensoviel Sake. So ist es gegen Ende der Prozession eine muntere, aber würdevolle Schar, die sich leicht schwankend von Haus zu Haus begibt.

Nicht weniger süffig verläuft gegen Abend das Ebisu-Fest. Zur Begleitung von Musik und Tanz wird der Glücks- und Fischgott Ebisu durchs Dorf getragen. Die anschließende Zeremonie dient einem reichen Fischfang und guter Ernte.

Vor allem Kinder haben ihre helle Freude am Umzug und den Tanzdarbietungen. Doch auch die Erwachsenen gehen wohlgemut den Weg von Reiswein, Bier und Whisky. Es werden Geschenke und Komplimente getauscht. Man lacht, singt und tanzt zusammen. Dieser Ort am »Ende der japanischen Welt« wird plötzlich der Mittelpunkt des Erlebens allgemein menschlicher Freude und typisch japanischer, intensiver Auslegung von Gastfreundschaft.

Am Tag der Ahnen geht ein als Tengu verkleideter Priester von Haus zu Haus.

KANTO

EINLEITUNG

Die Gebietsbezeichnung Kanto bedeutet »östlich der Begrenzung/Barriere« und nimmt Bezug auf das Gebiet östlich der Tokaido-Straße bei Hakone. Neben dieser geografischen Zuordnung birgt der Begriff eine abwertende Haltung ehemaliger Kyoto-Hauptstädter gegenüber einem Gebiet und seinen Bewohnern, das fern von Kyoto lag. Dort wohnte seit alters her der Feind (*emishi*), der der japanischen Übermacht unterlegen war und später eingebürgert wurde. Doch hat sich bis heute der mittelalterliche Begriff *azuma* als Synonym für die unwirtlichen Ostprovinzen und ihre groben, rückständigen Bewohner gehalten.

Naturidylle nahe Hakone. Die Kleinstadt befindet sich im Fuji-Hakone-Izu-Nationalpark rund 100 Kilometer außerhalb von Tokyo.

Unbestrittenes Zentrum der Region Kanto ist Japans Hauptstadt Tokyo. In den insgesamt 23 Hauptstadtbezirken der Metropole leben mehr als 8,5 Millionen Menschen.

Erst gegen Ende des 12. Jahrhunderts entfalteten sich hier mächtige Krieger-Clans. Kamakura entstand als Zentrum militärischer Macht und zu Beginn des 17. Jahrhunderts wurde Edo (heute Tokyo) zur Hauptstadt ernannt. Trotzdem hat das Vorurteil über die Rückständigkeit der Bewohner bis heute Bestand. Im Gegenzug empfindet der Tokyo-Mensch die Einwohner von Kyoto als elitär, arrogant und verwöhnt. Dessen ungeachtet ist der Kanto-Raum heute das Herz bzw. der Magen Japans. Hier wird, wie der Japaner sagt, das Geld verwaltet, das in Osaka gesammelt und in Kyoto ausgegeben wird.

Kanto umfasst die Präfekturen Gumma, Tochigi, Ibaraki, Saitama, Tokyo, Kanagawa und Chiba. Das Kanto-Gebiet besteht vorrangig aus der gleichnamigen Ebene, die sich um die Stadt Tokyo erstreckt. Vor ca. 200 Jahren herrschte hier noch sumpfiges, unbebautes Schwemmland vor. Heute haben sich Tokyo, Kawasaki, Yokohama und Chiba so gewaltig ausgebreitet, dass ihre Präfekturen zu einer gewaltigen Megalopolis (ähnlich einer Miniaturausgabe des Ruhrgebiets) zusammengewachsen sind. Natürlich ist die 13-Millionen-Stadt Tokyo absoluter Mittelpunkt der Region.

Doch umfasst das Kanto-Gebiet auch Regionen mit mehr landwirtschaftlich genutztem Raum. So gehören die Präfekturen Gumma und Tochigi aufgrund ihrer ausgedehnten Berg- und Waldgebiete mehr zur agrardominanten Tohoku-Region. Trotzdem sind sie Teil des Kanto-Gebietes und bilden so den grünen Kontrast zur grauen, übermächtigen Stadtkultur.

GEOGRAFIE

Der Großraum Kanto besteht im Wesentlichen aus der fast 15 000 Quadratkilometer großen Kanto-Ebene, dem größten zusammenhängenden flachen Lebensraum Japans. Eine Landschaft, die eigentlich nur eine Fortsetzung der Senkungszone der Bucht von Tokyo darstellt. Innerhalb dieser Ebene unterscheidet man des Weiteren eine Reihe von Tafelländern (eiszeitliche Terrassen) im Westen der Ebene und eine Anschwemmniederung im Osten durch die Flüsse Tone, Ara, Naka, Edo und Tama. Der Fluss Tone ist nach dem Shinano (Region Chubu) der zweitlängste Fluss Japans und die wichtigste Wasserquelle dieser Region für Mensch und Industrie (s. Einführungskapitel Geografie).

Im Norden und Westen umschließen nun wieder Gebirgs- und Vulkanlandschaften die riesige Ebene. Es folgen von Nordosten in Richtung Südwesten die Nasu-, Nikko- und Yo-Shin-Etsu-Vulkane sowie das Chichibu-Bergland. Hier finden sich dann auch zahlreiche heiße Quellen und somit wunderschöne »Onsenregionen« zur Entspannung für den gestressten Städter.

Kanto-Ebene mit dem Fuji-san, Japans heiligem Berg, im Hintergrund

KLIMA

Der Großraum Tokyo hat ein vergleichbares Klima zur pazifischen Seite Tohokus: ein relativ feuchter Frühling von Ende März bis Ende Mai mit ansteigenden Temperaturen gefolgt von einer ca. einmonatigen Regenzeit im Juni mit wenig Sonne, häufigen Niederschlägen und sehr hoher Luftfeuchtigkeit. Der Sommer im Juli und August ist tropisch heiß mit hoher Luftfeuchtigkeit aber weniger Niederschlägen. Zum Herbst nehmen Luftfeuchtigkeit und Temperaturen langsam wieder ab und nach den regenreicheren Monaten September (Zeit der Taifune) und Oktober schließt sich ein sonniger und trockener Winter an, der bis in den späten März anhalten kann.

Die Durchschnittstemperatur im kältesten Monat Januar von +3,2 °C zeigt, dass es selten Minustemperaturen gibt und die Großstadt Tokyo Schnee nur sehr selten erlebt. Zum westlichen »Geschenkfest« Weihnachten lassen die großen Kaufhäuser der Stadt oft riesige Schneemassen aus dem Bergland zur Dekoration heranschaffen, um »Christmas-Atmosphere« herzustellen. Diese gemäßigten Wintertemperaturen bedeuten für die Einwohner und Besucher gleichermaßen, dass es z. B. möglich ist, am Heiligabend bei einer herrlichen Mittagstemperatur von 18 °C auf dem Dach eines Kaufhauses oder in einem Park zu sitzen und das Leben zu genießen.

In den Bergländern der Umgebung sieht es natürlich schon etwas anders aus. Die Temperaturen sinken mit der Höhe und so ist der Winter z. B. im Nikko-Nationalpark wieder kühler und schneereicher.

PFLANZEN- UND TIERWELT

In einer der dichtbesiedeltsten Regionen der Welt findet die natürliche Flora und Fauna kaum noch ihren Platz. Sucht man Pflanzen und Tiere in diesem fast vollständig urbanisierten, d. h. eng bebauten Raum, besucht man am besten die herrlichen Gärten und Parks der Region sowie den interessanten Zoo von Tokyo. Jene Flächen, die nicht bebaut sind, werden größtenteils agrarisch genutzt, meist als Nassreisflächen auf dem Schwemmland und für den Trockenfeldbau auf den Terrassen, z. B. für Obst- und Gemüseanbau.

Um wieder etwas mehr Natur zu spüren, kann man einen der vier landschaftlich reizvollen Nationalparks besuchen, die im ringsum angrenzenden Bergland Kantos liegen und

Mt. Myougisan in der Präfektur Gunma.

Ein beliebtes Wander- und Naherholungsgebiet ist der Oze-Nationalpark, der seit 2007 Teil des Nikko-Nationalparks ist. Neben Gebirgslandschaften und einer reichen Flora sind es vor allem die Sumpfgebiete, die Besucher anziehen und die auf hölzernen Plankenwege durchwandert werden können.

als Naherholungsgebiete für die Einwohner der Megalopolis von großer Bedeutung sind. Die beiden ältesten Naturschutzgebiete der Region Kanto sind der 1934 gegründete Nikko-Nationalpark rund um den gleichnamigen Ort und die berühmte Toshugu-Schreinanlage sowie der 1936 entstandene Fuji-Hakone-Izu-Nationalpark, der die benannten Gebiete unter Naturschutz stellt. Beide Parks befinden sich raumübergreifend sowohl in Kanto als auch in der Region Chubu. Das gleiche gilt für den Chichibu-Tama-Nationalpark im gebirgigen Westen Kantos, der mit einem Ausläufer noch in die Bergpräfektur Nagano hineinreicht.

Waldreiche Berg- und Vulkanlandschaften, heiße Quellen, Flüsse, tiefe Täler und Schluchten sowie Wasserfälle laden zu Wanderungen und Naturbetrachtungen ein. Im Nikko-Nationalpark, am Rande des Chuzenji-Sees, liegt z. B. der höchste und berühmteste Wasserfall Japans: der 100 m in die Tiefe stürzende Kegon-Wasserfall.

Wie in Tohoku und Chubu kann man auch hier wieder wundervolle Onsenbäder genießen und sich im Winter mit Glück an den lustigen Japanaffen (Makaken) mit ihren Schneehäubchen erfreuen.

Der Vollständigkeit halber sei an dieser Stelle der fünfte, erst 1972 gegründete Ogasawara-Nationalpark erwähnt. Dieses Naturschutzgebiet können die Tokyoter allerdings nicht in einem Kurzausflug besuchen, denn dieser Park liegt auf der ca. 1000 Kilometer südlich von Tokyo im Pazifik gelege-

nen Ogasawara-Inselkette, die zur Präfektur Tokyo zählt, aber einen völlig anderen Lebensraum darstellt. Die rund 30 Inseln sind in 25 Stunden per Fähre von Tokyo aus erreichbar, ein Paradies für Taucher sowie für Delfin- und Walbeobachter.

GESCHICHTE

Keramikfunde aus dem Stadtgebiet Yayoi in Tokyo gaben nicht nur der vorgeschichtlichen Epoche Yayoi (300 v. Chr–300 n. Chr.) ihren Namen, sondern belegen die Besiedelung des Kanto-Gebiets in japanischer Frühzeit. Wahrscheinlich ist, dass es sich bei diesen Siedlern um mit den Ainu verwandte Gruppen (Emishi/Ezo) handelte, die vom äußersten Norden (Hokkaido) nach Süden vorrückten und sich mit Ansässigen vermischten. Gegen sie kämpfte General Sakanoue Tamura maro (758–811), dem für seine glorreichen Siege »östlich der Barriere« (Kanto) im Land der Barbaren (azuma) der Titel »großer Feldherr der Barbarenunterwerfung« (sei-itai-shogun) verliehen wurde. Ihm folgten die ersten, aus dem Yamato-Gebiet stammenden japanischen Siedler, vermischten sich zum Teil mit den Ansässigen und japanisierten so die damals als unbewohnbar geltende Region.

Der politische Aufstieg der Ritter-Clans, die nicht nur die Kämpfe gegen die Emishi fortsetzten, sondern das Kaiserhaus auch gegen Rebellion und Piraterie schützten, rückte die Kanto-Region allmäh-

Auch dies ist eine Seite der Region Kanto: Miyanohama Beach auf der Insel Chichijima, die wiederum zur Ogasawara-Inselkette gehört und rund 1000 Kilometer südöstlich von Tokyo liegt.

FOLGENDE DOPPELSEITE:
Im Nikko-Nationalpark befindet sich der bis zu 160 Meter tiefe Chzenji-ko-See.

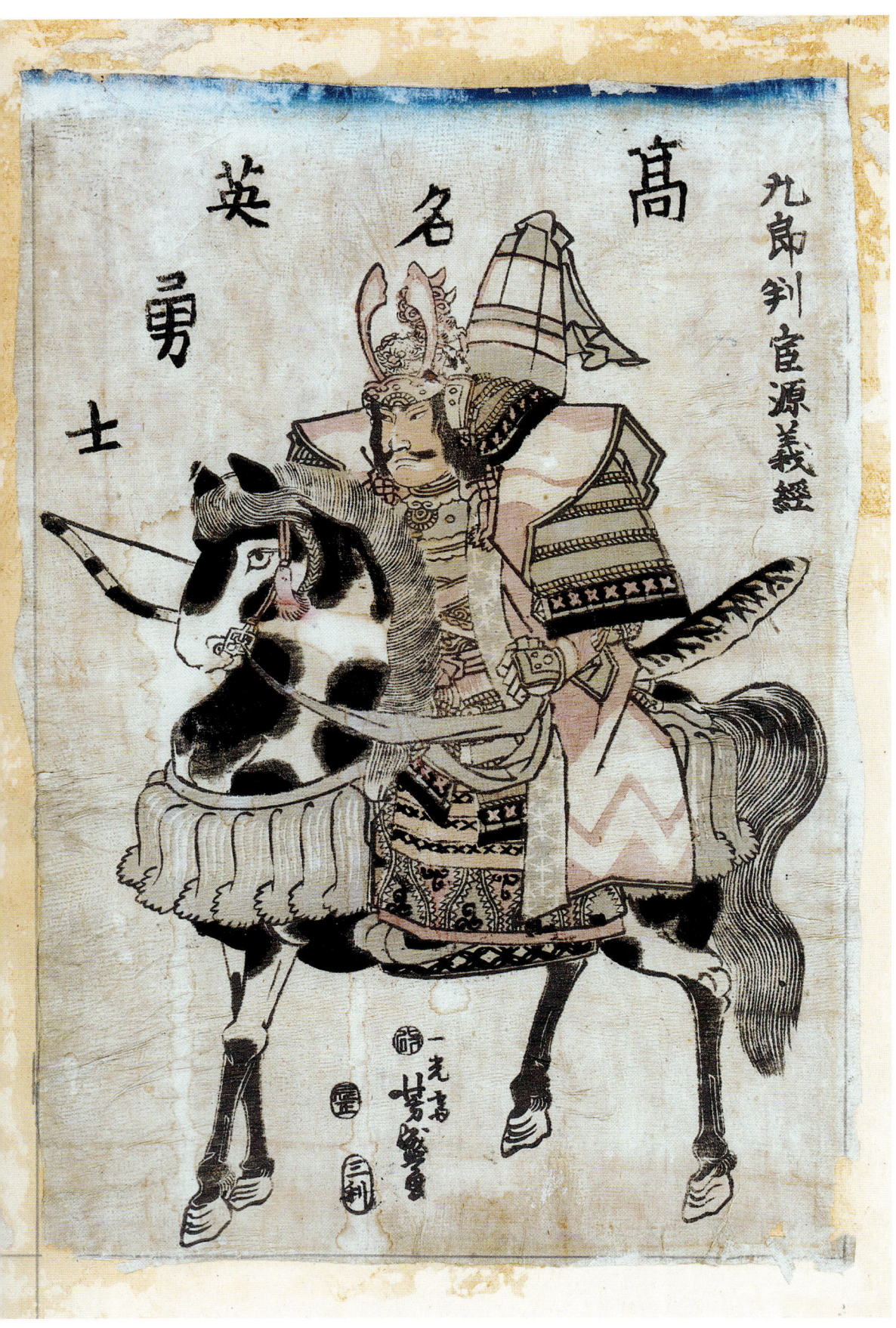

lich ins Zentrum historischer Entwicklung. Zwei konkurrierende Kriegerfamilien, nämlich Taira und Minamoto, die zu entfernten Verwandten des Kaiserhauses gehörten, sollten Japan durch ihren Machtkampf entscheidend verändern. Zunächst gewann der Taira-Clan und nutzte die erstrittene Macht, um weit im Norden eine Stadt aufzubauen (Hiraizumi), die Heian (heute Kyoto) an Schönheit übertreffen sollte (s. Kapitel Tohoku). Doch der im Kanto-Gebiet beheimateten Minamoto-Familie gelang es, den Taira-Konkurrenten vernichtend zu schlagen. Minamoto no Yoshitsune (1159–1185) war es, der in der Seeschlacht von Dannoura (25.04.1185) die Taira-Armee vernichtete. Doch sein Bruder Minamoto no Yoritomo (1147–1199), der machtbessessenere von beiden, trieb den Bruder bei Hiraizumi in den Tod und ließ sich 1190 zum Shogun erklären.

Mit ihm sollte die Kanto-Region an geschichtlicher Bedeutung gewinnen, denn er verlegte den Regierungssitz von Kyoto (damals Heian) nach Kamakura in die heutige Präfektur Kanagawa. Die nach diesem neuen Machtzentrum benannte Kamakura-Epoche (1185–1333) sah den Aufstieg des Rittertums zur Landesherrschaft, sah u. a. die damit verbundene Blütezeit des Zen-Buddhismus, sah aber auch den Zerfall des Reiches in eine Vielzahl von Fürstentümern, die sich nur allzu oft untereinander bekämpften. Sieger dieser langanhaltenden, innerjapanischen Kriege war Tokugawa Ieyasu (1542–1616), der in der Schlacht von Sekigahara (1600) die streitenden Fürsten unter seiner Führung einigte.

Mit ihm trat eine Stadt in den Fokus der Geschichte, die bis dahin völlig unbedeutend gewesen war. Ieyasu verlegte den Regierungssitz nach Edo (später Tokyo). Die neue Hauptstadt wuchs schon bald zur ersten Millionen-Metropole Asiens an. Sie wurde 1868 zum Kaisersitz und wurde durch die konsequente Übernahme westlicher Kultur zu einem Zentrum industrieller Entwicklung.

Die Stadt Tokyo gehört heute mit 13 Millionen Einwohnern zu den größten Städten der Erde. Ihr Aufstieg strahlte auf die gesamte Kanto-Region aus. Die Vereinigung Tokyos mit den Nachbarstädten Kawasaki, Yokohama und Chiba zu einer Megalopolis von 33 Millionen Einwohnern ließ die Kanto-Region zu einem der dichtbesiedeltsten, wirtschaftlich prosperierendsten Lebensräume der Welt werden.

TOKYO

Ausgrabungen in und um Tokyo belegen die Existenz einer paläolithischen Kultur, die mehr als 10 000 Jahre zurückliegt. Mit Funden aus dem Tokyoter Stadtteil Yayoi ist eine menschliche Besiedlung dieses Gebiets um 300 n. Chr. nachweisbar. Nassreisanbau sowie die Verarbeitung von Bronze und Eisen säumen den Weg in die Sesshaftigkeit. Die Deltalage erlaubte die Urbarmachung des Schwemmlandes durch Ackerbau. Darüber hinaus gehörte der Fischfang zum Haupterwerb der frühzeitlichen Siedler. Zur Benennung des Ortes mit »Flussmündung« (*Edo*) kam es gegen Ende des 12. Jahrhunderts, als ein Mitglied des Taira-Clans sich in der hiesigen Gegend Musashi in der Nähe des Flusses Sumida niederließ und seinem Anwesen sowie seiner Familie den Namen »Edo« gab. Seine Söhne erweiterten den Besitz. Einer von ihnen hieß Shibuya. Nach ihm ist ein heutiger Stadtteil Tokyos benannt.

Fischfang blieb über viele Jahrhunderte der Haupterwerb der Einwohner von Edo. So mag der Fischmarkt im Stadtteil Tsukiji als ältestes Symbol der Tokyoter Geschichte gelten, auch wenn seine Gemäuer vorrangig aus neuester Zeit stammen. Tsukiji bedeutet »aufgeschichtetes Land« und bezieht sich auf die Landaufschüttungen um den Fluss Sumida. Im hier ansässigen Tokyo Central Whole Sale Market befindet sich der größte Fischmarkt der Welt. Schon um ca. 5 Uhr morgens beginnen hier die Auktionen. Touristen sind nicht unbedingt erwünscht. Kommen doch welche, erträgt man es jedoch zumeist mit Wohlwollen. Vom Thunfisch bis zum Walfleisch, vom Seeigel bis zum Seeohr, vom Tintenfisch bis zum Hai – weit über 450 Arten an Muscheln und Fischen werden hier gehandelt. Mehr als 12 Millionen Tonnen des beliebten Blauflossen-Thuna werden z. B. jährlich umgesetzt. Auch den Kugelfisch (*fugu*) – einen wahren Giftbrocken – kann man hier erstehen. Man sollte ihn nie selbst zubereitet verspeisen,

FOTO LINKS:
Blick über die Rainbow Bridge auf die Skyline von Tokyo

FOLGENDE DOPPELSEITE:
1457 errichtete Fürst Ota Dokan eine Burg in Edo, womit die eigentliche Stadtgeschichte Tokyos begann. Heute prägen gewaltige Wolkenkratzer das Stadtbild Tokyos. Eines dieser imposanten Gebäude ist das zweitürmige Regierungsgebäude.

RECHTE SEITE UND UNTEN:
Kritische Begutachtung der Fische auf dem Tsukiji-Markt in Tokyo (Foto unten), bevor der Fisch in Auktionen versteigert wird (Foto rechte Seite)

denn das könnte ausgesprochen unangenehme Folgen haben. Fugu verzehrt man besser in Spezialrestaurants, in denen er von eigens dafür ausgebildeten Köchen zubereitet wird. Inmitten des Geschreis von Händlern und Käufern, umgeben von frischem, oft gerade erst gefangenem Fisch, fühlt sich der Besucher ins alte Edo zurückversetzt. Schließt er kurz die Augen, entstehen Bilder mittelalterlicher Fischer beim Fang, beim Zerlegen der Beute und beim gestenreichen Handel. Tsukiji ist Tokyos lebendiger Fahrstuhl in die Geschichte und der Besucher darf sich auf ein köstliches Sushi-Frühstück in der nahen Uogashi-Yokacho-Straße freuen, in der sich unzählige kleine Fischgeschäfte und -restaurants drängen.

Im Jahre 1457 trat Edo offiziell in die japanische Geschichte ein, als Fürst Ota Dokan an der Stelle des heutigen Kaiserpalastes seine Burg (*edo-jo*) errichtete. Er gilt als eigentlicher Begründer der Stadt. Viel ist über sein Leben nicht bekannt. Er war Gefolgsmann der mächtigen Familie Uesugi und fiel einer Familienintrige zum Opfer. Der spätere Reichseiniger Tokugawa Ieyasu (s. Kapitel Geschichte) bekam 1580 das Kanto-Gebiet als Lehen zugeteilt. Er wählte das Fischerdorf Edo zu seinem Verwaltungssitz. Nach der siegreichen Schlacht von Sekigahara (1600) zwang er die rebellierenden Fürsten unter sein Regiment und baute die ehemalige Dokan-Burg zu seinem Regierungssitz aus. Edo wurde zur Verwaltungshauptstadt ernannt. Die Burg nahm im Laufe der Erweiterungen immer mehr einen Schlosscharakter an, was u. a. Originalaufnahmen des Italieners Felice Beato (ca. 1834–1907) bezeugen, der um 1870 in Edo ein Fotografengeschäft unterhielt.

RECHTE SEITE:

Seltener Anblick: Kein Mensch
ist am Hozomon-Tor in der berühmten Tempelanlage Senso-ji
zu sehen.

Mit der Errichtung des Shogunats wuchs die Stadt unaufhaltsam, war es doch die Politik der Toku-gawa-Shogune, ihre ca. 260 Landesfürsten dazu zu zwingen, rund um den Regierungspalast Her-renhäuser (*yashiki*) zu errichten, in denen übers Jahr ihre Familien wohnten, die somit zwar frei, aber dennoch Geiseln des Shogunats waren. Dieser weiträumige Bereich um den Palastbezirk belebte die Oberstadt. Die Herrenhäuser, Parks und Paläste bedurften der Pflege und wurden sukzessive ausgebaut. Handwerker, Kaufleute, Dienstpersonal etc. zogen in Scharen in die neue Metropole. Dazu kamen staatliche Zwangsansiedlungen von Bürgerfamilien.

Auch die Unterstadt (*shitamachi*) breitete sich immer vehementer aus. Schon im Jahre 1787 zählte Edo mit 1,37 Millionen Einwohnern zu den größten Städten der Welt. Daran änderten auch Erdbe-ben und Brandkatastrophen nichts, wie z. B. das 1657 wütende »Feuer des langen Gewandärmels« (*furisode no kaji*), das der Legende nach vom Kimono einer jungen Frau ausgelöst wurde, die sich aus Liebespein das Leben nahm. Das Gewand wurde vom Tempelpriester einer anderen Frau ge-schenkt, die auch verschied. Nachdem sich die traurige Geschichte dreimal wiederholte, schickte sich ein Priester an, den Kimono zu verbrennen. Doch der Wind ließ die Gewandärmel Funken sprühen und setzte den Tempel in Brand. So soll es sich zugetragen haben. Tatsächlich jedoch brannte fast die ganze Stadt nieder, ca. 100 000 Menschen starben. Seitdem erlebten die Einwohner Tokyos viele Naturkatastrophen. Beim letzten großen Erdbeben von 1923 waren die Folgen mit 150 000 Todesopfern noch verheerender. »Da kann man nichts machen« (*shikata ga nai*), sagen die Kinder Edos und machen weiter.

Hauptort der Unterstadt war der Bezirk Asakusa, in dem noch heute das traditionelle Handwerk ge-pflegt wird. Zentrum des Viertels ist der buddhistische Tempel Sensoji, der wie eine Lotusblüte im Schlamm erblühte, war doch das Viertel um ihn herum ein Ort des Lasters: Edos berüchtigte Yoshi-wara-Vergnügungsmeile. Hier begegneten sich Oberschicht, Bürgertum und Halbwelt. Zwischen zahlreichen Bars, Bordellen, Restaurants und Theatern drängten sich Prostituierte, Tänzerinnen, Schauspieler und fahrende Sänger. Natürlich war Yoshiwara ein Ort, an dem sich die Intellektuel-len, Künstler und Bonvivants, aber auch verarmte Samurai und reiche Kaufleute trafen. Man hul-digte dem »Wassergeschäft« (*mizushobai*), ein Synonym für die »fließende, vergängliche Welt« der Vergnügungen (*ukyo*), die im Yoshiwara-Viertel ihren beliebtesten Spielplatz fand.

Inmitten dieses »St. Pauli« von Edo stand also der Senso-Tempel, auch Asakusa-Kannon-Tempel ge-nannt. Er ist dem Bodhisattva der Vergebung und Barmherzigkeit (*kannon bosatsu*) geweiht, was angesichts des umliegenden »Sündenpfuhls« nicht verwundern mag. Der Legende nach fanden im Jahr 628 zwei Fischer an dieser Stelle eine goldene Statuette des Kannon, was in der Folge zum Bau des Tempels führte. Die aus dem 14. Jahrhundert stammende Tempelanlage wurde im Zwei-ten Weltkrieg zerstört und im Jahr 1958 wiederaufgebaut. Beim Bau der Haupthalle verwendete man Stahlbeton. Der Besucher betritt den Tempelbereich durch das »Donnertor« (*kaminari-mon*), dessen riesiger roter Lampion von den links und rechts stehenden Statuen zweier Wächtergotthei-ten flankiert wird.

Im nicht abreißenden Strom der Touristen begegnet man Wandermönchen, die Sutren flüsternd langsam vor sich hin schreiten und ihre Almosenschale bereithalten. Über die Nakamise-Einkaufs-meile, an deren Seiten sich wie in alten Zeiten enge Läden drängen, gelangt man zum Schatzhaus-

Tor (*hoso-mon*), das von zwei Standbildern der Nio-Schutzgötter gesäumt wird. In den Geschäften werden neben reichlich Kitsch auch japanische Papierkunst, Fächer, Miniaturen, Spielzeug und Gebäck angeboten.

Vorbei an der 48 m hohen fünfstöckigen Pagode, die einen Knochensplitter des historischen Buddha Shakya birgt, gelangt der Besucher zum zentral stehenden Weihrauchbecken. Sein Rauch soll gesundheitsfördernd bzw. schmerzstillend sein. Die zahlreichen Tauben auf dem Tempelgelände werden als Boten des Bodhisattva Kannon gedeutet. In der Vorhalle des Haupttempels (*kannon do*) hängen von Geishas gespendete Lampions. Die Votiv- und Drachenbilder an der Decke (*ema*) entstammen der Edo-Zeit. Im Umkreis befinden sich noch weitere Schreine und Tempel, wie etwa der Yakushi-do, ein Tempel des Medizin-Buddhas, der hier – ebenfalls dem früheren Vergnügungsviertel

Das als »Kaminarimon« bezeichnete Donnertor bildet den Eingang zur Tempelanlage Senso-ji.

entsprechend – für Frauenleiden zuständig ist. Den Fischern, die einst die Kannon-Statue fanden, ist auch ein Schrein (*sanja*) gewidmet. Mitte Mai wird hier über drei Tage lang das Sanja-Fest ausgetragen, bei dem das Viertel vor Besucherandrang überquillt. Akrobaten, Tänzer, Gaukler und Losverkäufer geben sich dann ein Stelldichein.

Entspricht der volkstümliche Senso-Tempel ganz dem Bild der Unterstadt, so gehört der im Jahr 1612 gegründete Zen-buddhistische »Tempel am Frühlingshügel« (*Sengakuji*) mehr der Samurai- bzw. Ritterklasse an. Er birgt die berühmten Gräber der 47 Ronin (stellungslos gewordene Samurai). Sein Gründer, Fürst Asano Naganori (1665–1701), hatte sich mit einem Regierungsbeamten angelegt, sein Schwert gezogen und sich so schuldig gemacht. Er tilgte die Schuld durch rituellen Selbstmord (*seppuku/harakiri*). Seine Samurai wurden zu Ronin und rächten ihn nach Kriegerpflicht (*giri*) und

Touristenattraktion Senso-ji. Links im Bild ist die fünfstöckige Pagode zu sehen, die einen Knochensplitter des historischen Buddha Shakya birgt.

Während des Festivals »Jida Matsuri« in der Tempelanlage Senso-ji

selbstverständlicher Loyalität (*makoto*), indem sie den Beamten töteten. Sie hatten mit dieser Tat auch gegen das Gesetz verstoßen und verübten deshalb ebenfalls *Seppuku*. Ihr jüngster Gefolgsmann zählte gerade 15 Jahre. Die 47 Gräber und die der Fürstenfamilie sind im Garten des Tempels zu besichtigen. Oft besuchen traditionell gekleidete Japaner diesen Ort und entzünden Räucherwerk zum Gedenken.

Diese Helden des »Weges der Ritter« (*bushido*) werden in ganz Japan verehrt und ihr Andenken gepflegt, ob im Kabuki-Stück »Schatzkammer der Getreuen« oder in diversen Filmversionen. Ihre Treue, Pflichterfüllung und Todesverachtung sind auch heute noch Vorbilder für junge japanische Manager, die in firmeneigenen Seminaren auf diesen Kodex eingeschworen werden. Erwähnen sollte man noch den sich im Tempelbereich befindenden »blutbefleckten Stein«, an dem Fürst Asano Seppuku verübte, sowie den »Kopfwaschbrunnen«, in dem seine Ritter den abgeschlagenen Kopf des Beamten wuschen, um ihn gesäubert auf dem Grab ihres Herrn zu postieren. Ein Hinweisschild verbietet, sich im Brunnen Hände und Füße zu waschen.

Mit dem Ende der Edo-Zeit (1868) verloren die Shogune ihre Macht. Ein Jahr später verlegte Kaiser Meiji seinen Sitz von Kyoto nach Edo, das seitdem Tokyo (»Östliche Hauptstadt«) heißt. Der Kaiserpalast entstand etwa an der Stelle der alten Tokugawa-Residenz. Die Umbauten bewirkten den zunehmenden Schlosscharakter der ehemaligen Festung. Schloss und Stadt wurden durch zahlreiche Brände, Erdbeben und Kriegsbomben immer wieder zerstört, aber in den 1960er-Jahren wiederaufgebaut. Ende 2000 schließlich baute man für den jetzigen Kaiser Akihito einen neuen Palast.

Auf dem ca. 1 Quadratkilometer großen Areal finden neben der kaiserlichen Familie u. a. das Amt für den kaiserlichen Haushalt, das kaiserliche Schatzamt, die Musikhalle, Parks und drei Schreine Platz. Reste der alten Burganlage bestehen aus Schutz-

FOTO LINKS:
Ein Teil des weitläufigen Kaiserpalasts in Tokyo. Zahlreiche Brände und Kriegsschäden musste der ursprünglich Ende des 19. Jahrhunderts erbaute Palast überstehen. In den 1960er-Jahren begann man mit dem Wiederaufbau bzw. der Neugestaltung. Die Brücke »ni-ju-bashi« verbindet den Palast mit der Außenwelt.

mauern, Festungsgräben, restaurierten Wachtürmen und Toren (u. a. das Haupttor Otemon). Die 1888 im westlichen Stil erbaute »Doppelbrücke« (*ni-ju-bashi*) verbindet die Außenwelt mit dem Palast.

Für den Bürger ist der Palastbereich nur zu Neujahr am 2. Januar und zum kaiserlichen Geburtstag am 23. Dezember betretbar. Dann zeigt sich der Tenno samt Familie seinen ihm zujubelnden Untertanen. Im Gegensatz zu seinen kaiserlichen Vorfahren, die aufgrund ihrer Göttlichkeit in nahezu totaler Isolation lebten, zeigt sich der moderne Nachkriegskaiser des Öfteren in der Öffentlichkeit. Keine göttliche Identität hindert ihn mehr am Kontakt mit den Profanen. Nur Visitenkarten hat der Kaiser im Gegensatz zu 120 Millionen Japanern immer noch nicht. Götter, wenn auch ehemalige, brauchen keinen Identitätsnachweis. Die Verbindung von Tradition und Moderne bezeugt auch ein rund um das Palastareal führender Joggingpfad sowie die Heirat des derzeitigen Kaisers mit einer Bürgerlichen. Japans Himmelssöhne sind eben auch nur Menschen.

War der Kaiserpalast der Inbegriff wiedererlangter Tenno-Macht, wurde der Meiji-Schrein zum Vermächtnis seiner Herrschaft, die weit in die Zeit des Zweiten Weltkrieges ausstrahlte. Die zeitgemäße Orientierung an westlicher Kultur brachte keinen Liberalismus, sondern einen immer dreister werdenden Nationalismus, der schließlich im Chaos endete. So ist der Meiji-Schrein als Grabstätte des Meiji-Kaisers heute keine nationale Kultstätte, sondern eine weitere Touristenattraktion, die täglich von Tausenden besucht wird. Der Schrein wurde 1920 erbaut, im Krieg zerstört und 1958

Prozession von Geistlichen im
Meijin-Schrein in Tokyo

wiederaufgebaut. Man betritt das Schreingelände durch das hölzerne Torii (ni no torii). Es ist 12 Meter hoch und damit das größte hölzerne Torii des Landes. Diesem Gigantismus entspricht das Hauptgebäude nicht, vielmehr besticht es durch Schlichtheit und Eleganz. An Festtagen, wie etwa zu Neujahr, werden auf dem weiten Vorplatz traditionelle Schaukünste wie Bugaku und Kagura aufgeführt (s. Kapitel Theater). Man kauft sich Weissagungszettel oder Glück bringende Pfeile. Erleben sollte man den Aufmarsch der Sumo-Meister zu Beginn der Kampfsaison. Die überschäumende Begeisterung selbst uralter Fans ist mitreißend. Bezaubernd sind auch die für Japan exotischen Irisbeete, die die Kaiserin Meiji nach westlichem Vorbild im angrenzenden Garten anlegen ließ.

Das nationale Vermächtnis des Kaisers durchzieht den Meiji-Schrein kaum noch. Will man es erleben, muss man sich zum Yasukuni-Schrein begeben, der in der Nähe des Kaiserpalastes auf der Anhöhe von Kudan (Stadtviertel Kanda) liegt. Hier kann man außerhalb des Schreins auch heute noch ultrarechte Nationalisten antreffen, die lauthals ihre Parolen verkünden. Die vorbeieilenden Japaner ignorieren sie zumeist. Ein unangenehmes Gefühl bleibt bestehen. Eine von Kirsch- und Gingkobäumen gesäumte Allee führt durch ein riesiges Torii zum Schrein. Dieser wurde 1869 zu Ehren gefallener Soldaten errichtet. Miteinbezogen in die Phalanx der »Helden« sind die Totenseelen einiger nach dem Zweiten Weltkrieg verurteilter Kriegsverbrecher. Viele japanische Ministerpräsidenten (so auch Koizumi Junichiro) ließen es sich nicht nehmen, den Schrein mit ihrem Besuch zu beehren. Die kritische Reaktion aus China und Korea kam unverzüglich. Trotz gegenteiliger Äußerung des damaligen Präsidenten Fukuda werden auch zukünftige Politiker zum Yasukuni-Schrein pilgern. Denn der konservative

Jedes Jahr finden im Yasukuni-Schrein äußerst umstrittene Feierlichkeiten zum Gedenken der bedingungslosen Kapitulation Japans statt.

Parteiflügel der regierenden LDP ist mächtig und verlangt eine medienwirksame Verbeugung. Auf dem Gelände des Schreins befindet sich u.a. eine alte No-Bühne. Hier werden für den Besucher kostenlose No-Spiele aufgeführt. Man sitzt zwanglos um die Hauptbühne herum und genießt den Auftritt der Kriegergeister wie etwa im No-Spiel »Tamura«.

Die Verpflichtung, Traditionen zu pflegen, ist eine Seite Tokyos und lässt die Stadt in vielen Vierteln recht dörflich erscheinen. Kaum verlässt man die Hauptstraße, verirrt man sich im Gewirr kleinster Gassen, über die manchmal noch Hühner flattern. Ein Leben in der Enge bestimmt Tokyos Stadtleben in den meisten Bezirken. Das verlangt Selbstrücknahme und Nachbarschaftshilfe sowie Innovationstalent, z.B. in der Umfunktionierung des flachen Hausdaches in einen Gemüsegarten oder Minigolfplatz.

Lebensalltag Tokyo: Der Arbeitstag beginnt für viele Bewohner der Stadt mit der Fahrt in einer der völlig überfüllten U- und Straßenbahnen. Wohl dem, der zu Zeiten der Rushhour jegliche Bedürfnisse nach Bewegungsfreiheit und persönlichem Freiraum unterdrücken kann.

Der Zukunft Raum zu geben, ist die andere Seite dieser Stadt. Das Bestreben, auf möglichst vielen Gebieten die Nummer eins (*ichiban*) zu sein, hat zu einem enormen Bauboom geführt, dessen Wesen mehr und mehr zum Gigantischen neigt. Das Höchste, Größte, Weiteste wird nicht nur in der Architektur angestrebt, sondern findet auch in Kunst und Mode, in Sport und Wirtschaft konsequente Entsprechungen. Inwieweit damit dem japanischen Wesen und der Sehnsucht nach dem Kleinen zuwidergehandelt wird, und ob die japanische Seele diesen Größenwahn überhaupt als Widerspruch empfindet, ist an dieser Stelle schwer zu entschlüsseln.

Als nach dem Zweiten Weltkrieg das Verbot allzu hoher Bauweise wegfiel, wurde als eines der ersten Bauvorhaben im Jahr 1958 der Tokyo-Tower im Stadtteil Minatoku errichtet. Mit 333 Metern Höhe ist dieser Fernsehturm dem Eiffelturm nachempfunden und überragt ihn um 11 Meter. Damit do-

Shopping in Tokyos Einkaufsviertel Ginza

kumentiert der Tokyo-Tower japanisches Vormachtstreben nach dem Zweiten Weltkrieg. Von seiner höchsten Plattform in 250 m Höhe bietet er einen berauschenden Rundblick über die Metropole.

Der Stadtteil Shinjuku ist aufgrund seiner Bodenbeschaffenheit für den Bau von Hochhäusern geeigneter als die städtischen Schwemmland- und Aufschüttungsgebiete. Hinzu kommt eine ständig verbesserte erdbebensichere Bauweise, die allerdings mit allzu schweren Prüfungen noch nicht konfrontiert wurde.

Ab ca. 1972 entstanden in Shinjuku eine Vielzahl von Wolkenkratzern, wie etwa die Hotels Keio Plaza und Century Hyatt. Höhenrekorde schlugen das Shinjuku Mitsui (212 m Höhe) und das Sumitomo Building (200 m Höhe). Alles überragt jedoch das 246 m hohe, 1996 vom Stararchitekten Kenzo Tange gebaute Rathaus. Das Bauwerk verfügt über 45 Stockwerke. Von der höchsten Aussichtsplattform ist der Blick über Tokyo überwältigend. Mit seinen Doppeltürmen ähnelt das Rathaus einer übermächtigen Kathedrale. Es ist nicht nur ein Symbol des neuen Tokyo, sondern transzendiert geradezu das japanische Bemühen um globale Vormachtstellung.

Der Bauboom in Tokyo, der nach dem Zweiten Weltkrieg einsetzte, hat der Stadt eine imposante Skyline aus Wolkenkratzern beschert – und eine entsprechend hohe Bevölkerungsdichte.

Parkanlagen wie hier der Showa Commemoration Park sind Oasen und Rückzugsgebiete im sonst so hektischen Großstadtleben Tokyos.

FOLGENDE DOPPELSEITE:
Parkanlagen wie hier der Shinjuku-Goen-Park dienen den Bewohnern Tokyos als wichtige Naherholungsziele.

Blick von der Aussichtsplattform des 238 Meter hohen Mori-Tower, der den Mittelpunkt des neu entstandenen Viertels Roppongi Hills darstellt.

Dem entspricht auch der neu entstandene Stadtteil Roppingi Hills, ein weitläufiges Terrain mit besten Shopping-, Unterhaltungs-, Wellness- und Wohnungsangeboten. Viele ausländische Firmen bringen hier ihre Mitarbeiter unter. Zentrum des Viertels ist der 2003 gebaute, 238 m hohe Mori-Tower, mit dessen Namen man des Milliardärs Mori Taikichiro gedenkt, der ein Vorreiter urbaner Erneuerung war.

Zur urbanen Lebensqualität gehören natürlich auch Gärten und Parks, von denen Tokyo eine Menge aufzuweisen hat, wie etwa die Parkanlagen um den Kaiserpalast. Der Kitanomaru-Park beispielsweise ist berühmt für seine Kirschblütenpracht. Darüber hinaus birgt der Park u. a. das National Museum of Modern Art und die zur Olympiade 1964 erbaute Mehrzweckhalle Nippon Budokan. Für jeden, der längere Zeit in Tokyo lebt, ist die Aussicht tröstlich, in einem naheliegenden Stadtpark den Menschenmengen für kurze Zeit entkommen zu können. Zu den größten und ältesten

Parkanlagen Tokyos zählt der Ueno-Park im Bezirk Taito, der 1873 errichtet wurde. Sein Areal erstreckt sich über 84 ha und bietet neben dem großen Shinobazu-Teich ausgedehnte Grünflächen,

Einkaufsstraße im Tokyoer Viertel Roppongi Hills

die besonders während der Kirschblütenzeit zum Rasten und Picknicken einladen. Außerdem bietet der Garten einen Zoo mit Magnetbahn, zahlreiche Museen (u. a. das Nationalmuseum Tokyos) und nicht zuletzt den berühmten Toshugu-Schrein, der 1627 zum Gedenken an Tokugawa Ieyasu gebaut wurde.

An 250 Steinlaternen vorbei führt der Weg zum Schreingelände, das neben dem reich verzierten Hauptgebäude eine fünfstöckige Pagode und einen Glockenturm aufweist. Der Toshogu-Schrein zählt zu den ältesten Heiligtümern Tokyos. Im nahegelegenen Schreingarten wachsen rund 200 verschiedene Arten von Pfingstrosen. Ansonsten findet man in japanischen Gärten außer Chrysanthemen wenig Blumenpracht, neben der Kirsch-, Pfirsich- und Apfelblüte sucht man Blumenbeete vergebens. Vielmehr ist die Parkanlage stets als Gesamtheit zu betrachten. Die Beziehung von Teich, Wegen, Brücken, Hügeln, Bäumen, Sträuchern, Grünflächen sowie Steinlaternen und kleinen Pagoden ergibt ein Bild landschaftlicher Harmonie, das durchaus gewollte Assoziationen einer Idealwelt (Paradies) aufkommen lässt.

Zu weiteren eindrucksvollen Parkkompositionen zählen u.a. der Shinjuku-gyoen (Stadtteil Shinjuku), der sich in einen japanischen und einen europäischen Bereich teilt. Man liebt ihn zur Zeit seiner wunderschönen Kirschblüte, aber auch die Laubverfärbung im Herbst, wenn die Natur »in roten Flammen« steht, lockt zahlreiche Besucher an. Ebenfalls eine Oase der Ruhe inmitten brodelnder Geschäftigkeit ist der Hamarikyu-Park, der in der Nähe des erwähnten Tsukiji-Fischmarkts liegt. Er wur-

RECHTE SEITE:

Die Freiheitsstatue in Japan –
diese Replik befindet sich in dem
neu errichteten Vergnügungsviertel Odaiba. Im Hintergrund
sind die Regenbogenbrücke und
der Tokyo Tower zu sehen.

FOLGENDE DOPPELSEITE:

Ein gewaltiges Riesenrad ist
Wahrzeichen des auf einer künstlichen Insel angelegten Vergnü-
gungsviertels Odaiba.

Kinderfest im Ueno-Park zu
Zeiten der Kirschblüte

de 1654 angelegt und war zunächst Sommerresidenz der Tokuyawa Shogune, bis er 1946 für jeden begehbar wurde. Der mit wild romantischen Ententeichen und Teehäusern bestückte Park scheint die ihn flankierenden Hochhäuser so gekonnt zu integrieren, dass der Besucher sich von letzteren nicht gestört fühlt. Denn ein wesentliches Merkmal japanischer Gartenbaukunst besteht in der »geborgten Landschaft«, in welcher der Park mit den ihn umgebenden Bergen eine harmonische Einheit bildet. Beim Humarikyu-Park lässt sich vielleicht von einem Garten »mit geborgten Häusern« sprechen.

Ein gänzlich anderer Megapark der Zukunft ist die im Meer gelegene künstliche Insel Odaiba, die 1996 erbaut und zu einem der beliebtesten Vergnügungsviertel Tokyos wurde. Man erreicht das japanische Phantasialand mit dem computergesteuerten fahrerlosen Zug Yurikamone über die Regenbogenbrücke. Auf der Insel erwartet den Besucher ein überbordendes Freizeitangebot mit einem Riesenrad, Erlebniszentren (u. a. Daiba little Hongkong, Tokyo Joypolis, Aqua City), Einkaufskomplexen (Palette Tower) und weiteren Freizeitanlagen, wie etwa künstlichen Stränden und dem Einkaufszentrum Venus-Fort, das seinen Plastikhimmel je nach Tageszeit vom Sonnenaufgang bis hin zum Sternenzelt wechselt. Der Park verwirklicht in vielerlei Hinsicht den Traum – oder Albtraum – einer künstlichen, roboterisierten Welt, die hier noch exotisch wirkt, allzu bald jedoch gewohnter Teil des urbanen Lebens werden kann.

有明ふ頭橋

Moderne Urbanität bedeutet nicht nur Erholungssuche in Natur- und Phantasiewelten, sondern ermöglicht zeitgemäß auch Zerstreuung beim »Shoppen«. Gerade hierfür erscheint Tokyo wie geschaffen. Weltberühmt ist das im Stadtteil Chuo gelegene Einkaufsviertel Ginza. Die Namensbedeutung (»Silberort«) verrät, dass hier früher Münzen geprägt wurden. Heute sorgen bekannte Kaufhäuser, zahlreiche Top-Modeboutiquen und Schmuckläden für ein exquisites Einkaufsparadies, das einen einzigen kleinen Makel hat: Es ist ungemein teuer.

Für Elektronik- und Hightech-Fans ist Tokyo schon längst ein Eldorado, findet man hier doch die allerneuesten Produkte eines riesigen, sich stets verändernden Marktes. Das Kaufhaus »Wave« (Roppongi-Hills) und die unzähligen IT-Läden im Stadtteil Akihabara verfügen diesbezüglich über ein umfangreiches Angebot. Die Jugend trifft sich u. a. im Stadtteil Harajuku, wo man in zahlreichen Designer-Stores das Grellste und Krasseste erstehen kann, was Modehirne nur entwerfen können.

Sonntags ist der Omotesando-Boulevard für den Verkehr gesperrt. Dann treffen sich hier Junge und Junggebliebene zum schrillen Get-Together. Wie im Kölner Karneval legt die wild gekleidete Szene Tokyos für kurze Zeit ihre gesellschaftlichen Zügel ab und man tanzt zu Rhythmen aller angesagten Musikstile. Gegen Abend zieht man sich wieder um und kehrt brav nach Hause zurück.

Junge, in Kimonos gekleidete Japanerinnen stürmen die Einkaufsmeilen in Ginza.

Einkaufsparadies Ginza –
wer es sich leisten kann, hier ein-
zukaufen, zählt zu der gut verdie-
nenden Schicht der Japaner.

FOTO RECHTS:
Straßenlokale im Tokyoter Viertel Asakusa. Hier kann man noch einiges vom »alten« Tokyo erkennen.

FOLGENDE DOPPELSEITE:
Einkaufsstraße Shin-nakamise (linke Seite), Empfangsdamen vor einem Kaufhaus (rechts oben), Einkaufsläden in Harajuku (rechts unten)

Shopping klingt in Tokyo wie die Zauberformel eines uralten Rituals. Von Discounterläden bis zu Avantgarde-Boutiquen in den Stadtteilen Nihonbashi, Ginza oder Ikebukuro, von Beauty-Tempeln bis zu den Haute-Couture-Geschäften und allen möglichen Produkten reicht das Mega-Shoppingangebot dieser nie zur Ruhe kommenden Weltstadt. Was hier IN ist, ist an vielen Orten dieser Erde noch gar nicht angekommen. Dasselbe gilt für Entertainment, Kunst und Kultur. Unzählige Galerien, Musik- und Theateraufführungen von Klassik bis Avantgarde machen die Stadt zu einem internationalen Tempel der Kunst.

Dem steht natürlich die Unterhaltungsbranche nicht nach. Pachinko-Hallen, Computerspiele-Treffs und Karaoke-Bars sind gewohnte Anlaufstätten der Vergnügungsviertel wie etwa Roppongi, Azabu, Ikebukuro und das berüchtigte Kabukicho in Shinjuku. Schnell wechseln hier die gerade noch favorisierten Lokalitäten. Was eben noch angesagt war, wie etwa das Java-Jive mit dem allercoolsten DJ von Roppongi, weicht in der Gunst der nachtschwärmenden Szenegänger schnell einer eben noch unbekannten brandneuen ‚Location‘.

Die Einheimischen haben ihre Stammbar da, wo ihre Stammflasche Whisky auf sie wartet, den man oft mit viel Wasser gemischt als *mizuwari* trinkt. Oder man besucht eine »rote Lampion-Bar« (*aka-cho-chin*), die sich in den kaum beleuchteten Gassen aneinanderreihen. Königin in diesen verschwiegenen Etablissements ist die *mamasan*, oft eine bereits ergraute Dame des erwähnten »Wassergeschäfts«. Bei der kehrt man schon seit Jahren ein. Sie behandelt ihre Stammkundschaft wie eigene Kinder: Sie teilt deren Sorgen, etwa um die eifersüchtige Ehefrau, die man nicht mehr

Eine gefragte Form des Entertain-
ments in Tokyo sind Spielhallen.

versteht, weil sie sich in einen Dämon (*hanya*) verwandelt hat. Wer hier einkehrt – am besten mit japanischer Begleitung – und wem es hier gelingt, mitzutrinken und mitzureden, der dringt tief ins japanische Seelenleben ein, sei es auch eine »Reise in die Finsternis«. Am nächsten Morgen trifft man sich vielleicht wieder. Wichtig ist, dass das, was bei Mamasan besprochen wurde, im Geschäftsleben tabu ist. Man spricht nicht mehr darüber. Der nächtliche Umtrunk ist heilig, und kein nachträgliches Gerede soll dieses Erlebnis trüben.

Tokyo ist natürlich das wirtschaftliche Zentrum des Landes. Ein Fünftel der Wirtschaftsleistung Japans wird von Tokyo erbracht. Alle großen nationalen Firmen sowie die meisten ausländischen Unternehmen haben hier ihren Hauptsitz.

Wichtigster Wirtschaftszweig ist der tertiäre Sektor der Dienstleistungen. Er umfasst u.a. Banken, Versicherungen, Groß- und Einzelhandel sowie Unternehmen der Informationstechnologie. In der verarbeitenden Industrie zählen in Tokyo die Textil-, Leder-, Spiele-, Holz- und Nahrungsmittelbranchen zu den wichtigsten. Viele Firmen drängen in die Außenbezirke, denn Tokyo-City ist zu teuer.

Dazu scheint die Stadt aus allen Nähten zu platzen, denn das gesamte Ballungsgebiet mit den angrenzenden Städten Yokohama, Kawasaki, Chiba etc. bildet eine Megalopolis von über 30 Millionen

Menschen. Die Folge ist das Leben in der Enge, für das es strenger Disziplin, Rücksichtnahme und Akzeptanz von Regeln bedarf. Diese Enge verlangt nach Höflichkeit und geringer Aggressionsbereitschaft. Alle diese Wesenszüge sind dem Japaner eigen bzw. anerzogen.

Zur Lebensenge gesellt sich die ständige Unberechenbarkeit der Natur, die in nahezu täglichen kleineren bis heftigeren Erdbeben spürbar wird. Das große Kanto-Erdbeben vom 01.09.1923, das mehr als 100 000 Opfer forderte, hat sich in der Psyche der Menschen tief eingenistet. So bewirkt die Unberechenbarkeit der Natur den Hang zur Berechenbarkeit des Lebens. Letzteres kommt in Konservatismus, Innovationsscheu und Sympathie für Statistiken und Tabellen u. a. zum Ausdruck. Bewusst oder unbewusst sucht der Japaner nach Schutz, den er stets in der Gruppe findet. In ihr aufgehen, sich ihrer Fürsorge anzuvertrauen ist ein seit der Jugend gelerntes Lebensideal. Drüber hinaus fordert die Unberechenbarkeit ein permanentes Krisenmanagement, das in der Wirtschaft die »ständige, kundenorientierte Verbesserung« (kaizen) verlangt.

Ständige Verbesserung heißt auch das Streben nach dem Ersten und dem Besten. Er findet seinen Ausdruck im Begriff »Japan Nummer eins« (nihon ichiban). Japaner wollen führen, ob in der Wirtschaft, der Technik oder der Mode. Das Gefühl der Einzigartigkeit – zumindest in Bezug auf den asiatischen Nachbarn – prägt die Stadt Tokyo sowie ihre Menschen. Es ist aber auch der Lehrprozess einer globalen Welt, der sie veranlasst, sich in den Kanon der Nationen einzufügen.

Öffentliches Schwimmbad im Toshimaen Amusement Park: Wo so viele Menschen auf engem Raum zusammenkommen, sind Selbstdisziplin und Höflichkeit gefragt.

FOLGENDE DOPPELSEITEN:
Straßenszenen in Tokyo

Yokohama bei Nacht. Im Vordergrund ist das Pacifico Yokohama zu sehen. Dieses weitläufige Ausstellungs- und Messegelände mit Konferenzzentrum und Hotel wurde 1991 eröffnet.

YOKOHAMA

Fährt man mit dem Zug (JR Yokosuka line) von Tokyo in Richtung Kamakura, macht man nach ca. 30 Minuten Station in Yokohama. Dass man Tokyos Stadtgrenze überquert, ist dem Reisenden nicht bewusst, denn die Megalopolis Tokyo/Yokohama besteht nur aus Urbanität. Für Landwirtschaft bzw. größere Grünflächen bleibt kein Platz.

Mit 3,33 Millionen Einwohnern ist Yokohama hinter Tokyo die zweitgrößte Stadt Japans. Das ehemals kleine Fischerdorf entwickelte sich erst spät zur Millionenmetropole. Seine historische Stunde schlug 1853, als der amerikanische Commodore C. Perry mit seinen schwarzen Schiffen hier ankerte und die Öffnung Japans für den internationalen Handel erzwang. Dies bedeutete das Ende der über 200 Jahre währenden Isolation Japans, die Abdankung des letzten Tokugawa Shoguns, die Machtergreifung des Meiji-Tenno und ab dem Jahr 1859 die Aufnahme wirtschaftlicher Kontakte mit der westlichen Welt.

Der Name Yokohama, der mit »Querstrand« übersetzt werden kann, bezeichnet die Lage der ersten ausländischen Niederlassung gegenüber den vor Anker liegenden Schiffen. Schnell entwickelte sich Yokohama zur führenden Ausländerrepräsentanz und aufgrund günstiger Seelage zu einem der größten Häfen Japans. Es wurde so zu einem der wichtigsten Tore zur westlichen Welt. Von der Vielzahl ausländischer Niederlassungen künden heute noch diverse, am »Bund« (Ufer) gelegene westliche Geschäfte und ein mit Yamate oder »Bluff« benannter Stadtteil, in dem vorwiegend Ausländer wohnten. Zwei dort gelegene Museen (Iwasaki und Yamate) informieren ausgiebig über

das Leben ausländischer Einwohner zu jener Zeit. Auch birgt das Viertel einen Ausländerfriedhof mit über 4000 Gräbern.

Heute ist Yokohama mit der hier ansässigen deutschen Schule nebst Kindergarten ein wichtiger Standort für Familien, die zumeist aus beruflichen Gründen über längere Zeit in Japan leben. Yokohama ist Hauptstadt der Präfektur Kanagawa. Die Stadt besticht durch ein ihr eigenes internationales Flair, das weder das große Kanto-Erdbeben von 1923, noch die Bombardements des Zweiten Weltkriegs zerstören bzw. verhindern konnten. Der Reichtum der Stadt beruht fast vollständig auf dem Überseehandel. Dementsprechend blühen Schiffsbau, Maschinen-, Auto-, Petro- und Nahrungsmittelindustrie. Berühmtheit erlangte Yokohama auch durch sein weitflächiges Chinesenviertel mit vielen vorzüglichen China-Restaurants und Läden, u. a. mit traditioneller chinesischer Medizin. Das beliebte Chinatown-Fest mit Löwen- und Drachentänzen findet am 1. und 10. Oktober statt.

Einen guten Ausblick auf den Hafen und die Stadt bietet der Harbor View Park. Das moderne Yokohama wird durch das höchste Gebäude Japans, den 296 Meter hohen Landmark Tower, der über 70 Stockwerke verfügt, repräsentiert. Er gehört zum Projekt »Hafen der Zukunft 21« (*minato-mirai-21*), nach dessen Plan auf einem 186 ha großen aufgeschütteten Areal Arbeits-, Kommunikations- und Erholungsstätten nach modernstem architektonischen Standard errichtet werden sollen. Von ebensolcher bautechnischer Brillanz zeugt das Yokohama Grand International Hotel in Gestalt eines Riesensegels. Der im hafennahen Yamashita-Garten gelegene 106 Meter hohe Marine Tower wurde zum hundertsten Jahrestag der Hafeneröffnung erbaut. Er wirkt durch seine überholte Architektur seltsam nostalgisch.

Skyline von Yokohama. Links im Bild ist der Landmark Tower zu sehen – das momentan höchste Gebäude der Millionenmetropole.

Mit Schreinen und Tempeln ist Yokohama weniger reich bestückt. Stellvertretend seien der 1267 erbaute, dem Buddha der Zukunft (*miroku*) geweihte Shomyo-Tempel und der 1321 gegründete Zen-Tempel Soji genannt. Der wichtigste shintoistische Kultbau ist der 1870 zu Ehren des Stadt-Schutzgottes errichtete Iseyama-Schrein. Zu ihm führt der Weg durch ein 10 Meter hohes Torii aus feinstem Zypressenholz.

Nicht nur Kenner schätzen die schönste Gartenanlage Yokohamas: den *Sankei-en.* Er wurde 1906 von einem reichen Sohn der Stadt angelegt, von Tomitaro Hara (Pseudonym »Sankei«). Dieser versetzte alte Bauwerke wie etwa eine dreistöckige Pagode und einen Pavillon des Momoyamo Schlosses harmonisch in seine Gartenlandschaft. Der Blick über einen der zwei Gartenteiche auf die darüber thronende Pagode erfreut den Besucher zu jeder Jahreszeit. Die acht Statuen der Weltweisen – Buddha, Konfuzius, Sokrates, Christus, Prinz Shotokutaishi sowie die buddhistischen Religionsstifter Kukai, Shinran und Nichiren – sind in dem Hasseiden genannten »Acht-Heiligen-Palast« im südlichen Teil des Parks untergebracht. Sie scheinen für ewige Zeiten über das Wohl Yokohamas zu wachen.

Europäischer Friedhof
in Yokohama

KAMAKURA

Aufgrund seiner ehemaligen epochalen Bedeutung sollte der Ort Kamakura eigentlich an exponierterer Stelle breite Erwähnung finden. Doch so wie das einstige Fischerdorf aus dem Dunkel der Geschichte auftauchte, versank es darin wieder. Heute zählt das ca. 50 Kilometer von Tokyo entfernte, an der Ostküste der Präfektur Kanagawa gelegene Städtchen rund 175 000 Einwohner und dient besonders den benachbarten Städtern aus Tokyo und Yokohama als Ausflugsziel und Badeort.

Einst stand Kamakura im Zentrum japanischer Geschichte, was dazu veranlasste, eine ganze Epoche danach zu benennen (s. japanische Geschichte, Kamakura-Zeit 1185–1333). Es war der Kriegsfürst Minamoto Yoritomo (1147–1199), der den Ort zu seiner Residenzstadt wählte und dort die erste Militärregierung (Shogunat, *bakufu*) Japans einsetzte. Hier ließ er sich im Jahr 1192 zum Oberbefehlshaber (*shogun*) küren, nachdem er den verfeindeten Clan der Taira besiegt hatte. Yoritomo wählte das Fischerdorf Kamakura aufgrund seiner in Berge gebetteten Lage aus, die für jeden Eindringling einen naturgegebenen Schutzwall bildeten. Während seiner Regierungszeit wuchs Kamakura zur blühenden Reichshauptstadt und zum Zentrum einer Kriegerethik, die mit »Weg des Ritters« (*bushido*) bezeichnet wird. Ideale wie Pflichterfüllung, Loyalität, Todesverachtung sowie geistige und körperliche Zucht gehörten zum unumstößlichen Regelwerk einer Rittergesellschaft, die u.a. auch vom asketischen Leitbild des Zen-Buddhismus beeinflusst war.

Die Herrschaft der Minamoto, die dem verweichlichten Hofadel Kyotos einen strengen, pragmatischen Führungsstil entgegensetzte, endete 1199 mit Yoritomos Tod. Durch geschicktes Taktieren seiner Frau Hojo Masako sowie durch die Ermordung seiner Söhne wechselte die Herrschaft zum Hojo-Clan, dessen Oberhaupt unter Yoritomo als »Reichsverweser« (*shikken*) tätig war. Seine Regierung wird als streng und sozial beschrieben, wobei besonders die Rechte der unterprivilegierten Bauern mehr Schutz und Beachtung fanden. Auch das Hojo-Regime fand sein Ende in fortgesetzten Machtkämpfen, in die sich mehr und mehr das Kaiserhaus einschaltete. Die Stadt Kamakura wurde dabei Opfer von Feuersbrünsten. Mongolische Invasionsversuche in den Jahren 1274 und 1281, die damit endeten, dass die feindliche Flotte durch Taifune (»Götterwind«, *kamikaze*) zerstört wurde, schwächten die Position der Hojo-Sho-

Treppe zum Engaku-Tempel

gune, stärkten dagegen das Kaiserhaus und eine Seitenlinie des Minamoto-Clans, die Ashikaga. Letztere eroberten nach Ausschaltung der Hojo unter Führung des Ashikaga Takauji (1305–1358) die Stadt Kyoto und verlegten ihren Regierungssitz dorthin zurück. Kamakura erlebte eine zweite Blütezeit als Verwaltungssitz der Ostprovinzen. Als dieser jedoch im 16. Jahrhundert in die Burgstadt Odawara verlegt wurde, erlosch der Stern Kamakuras am Himmel der Geschichte. Zurück blieb ein beschauliches Städtchen am Pazifikstrand, dessen Tempel und Schreine heute von einstiger Größe künden. Vor allem die vom Shogunat geförderten Zen-buddhistischen Tempel prägen das Bild der Stadt.

Ein Besuch des zur Rinzai-Zen-Schule gehörende Engaku-Tempels, der sich in der Nähe des Bahnhofs Nord-Kamakura befindet, steht deshalb am Beginn einer Stadtbesichtigung. Er ist einer der fünf größten Zen-Tempel Kamakuras und wurde 1282 von Hojo Tokimune (1251–1284) gegründet. Das Kanto-Erdbeben von 1923 zerstörte ihn beinahe vollständig. Erhalten blieb die Reliquienhalle (*shariden*), die einen Quarzschrein mit Buddhazahn enthält. Auch die größte Bronzeglocke Kamakuras aus dem Jahr 1301 überlebte das Erdbeben. Das hinter der Haupthalle liegende Teehaus sowie die angrenzenden Gärten sind harmonisch in die umgebende Hügellandschaft eingebettet. Bei schlechtem Wetter und geringem Touristenaufkommen bilden sie wahre Oasen der Ruhe und Kontemplation. Ein Ausflug in die waldreiche Nachbarschaft, wo Steinlaternen und bronzene Walddämonen (*tengu*) den Weg säumen, gibt dem Besucher das Gefühl, ins alte Kamakura zurückzukehren.

Wichtigstes shintoistisches Heiligtum der Stadt ist der im Ortszentrum liegende Tsurugaoka-Hachiman-Schrein. Man erreicht ihn über eine von Kirschbäumen flankierte Allee. Der Schrein wurde 1063 gegründet und im Jahr 1191 vom Shogun Yoritomo an seinen jetzigen Platz verlegt. Er ist dem Kriegsgott Hachiman geweiht, der dem Minamoto-Clan als Schutzpatron diente. Der legendäre frühgeschichtliche Kaiser Ojin wird mit Ha-

Reger Besucherandrang herrscht an religiösen Feiertagen im Tsurugaoka-Hachiman-gu.

Amida-Buddha im Kotoku-Tempel in Kamakura. Einst stand diese über 11 Meter hohe Bronzefigur in einem Tempel, der jedoch 1498 durch einen Tsunami zerstört wurde.

chiman gleichgesetzt. Zum Hauptschrein führt eine gebogene, rote Brücke über die sogenannten Gempei-Teiche, die an die Kämpfe der Minamoto und Taira erinnern. Die reich verzierten Schreingebäude gehen auf das Jahr 1828 zurück und enthalten Kunst sowie Gebrauchsgegenstände der damaligen Zeit.

Dominiert wird das Schreingelände von einem gewaltigen Gingko-Baum, in dessen Schatten der Yoritomo-Sohn Sanetomo ermordet wurde. Im nebenstehenden 1624 erbauten Wakamiya-Schrein trug sich folgende tragische Begebenheit zu: Shizuka, die schwangere Geliebte des Yoritomo-Bruders Yoshitsune, den der Hass des Bruders verfolgte und bei Hiraizumi (s. Stadtbeschreibung im Kapitel Tohoku) schließlich einholte, wurde hier festgehalten und zu Tanz und Verrat gezwungen. Doch sie blieb dem Geliebten treu bis in den Tod. Dieses Ereignis fand Eingang in die klassische Literatur und Bühnenkunst.

Neben dem Hausschrein der Minamoto, dem »Schrein des weißen Banners« (*shirahata-sha*) lohnt der Besuch der abseits gelegenen Grabstätte des Yoritomo. Eine unscheinbare kleine Steinpagode kündet vom ersten Shogun Japans und dokumentiert das unspektakuläre Ideal des Ritterwegs. Sicherlich in seinem Sinne ist das jeden 16. September ausgetragene Samurai-Sportfest »Yabusame«, bei dem vom galoppierenden Pferd Pfeile auf Zielscheiben abgeschossen werden.

Religiöser Mittelpunkt Kamakuras ist die weltberühmte freistehende Bronzestatue des Buddha Amida. Sie zeigt den Buddha des Reinen Landes (s. Kapitel Religion) in sitzender Position. Seine Hand-

haltung (mudra) symbolisiert den festen, unerschütterlichen Glauben, seine halbgeschlossenen Augen zeugen von innerer Ruhe. Die 11,4 m hohe begehbare Statue wurde 1252 von Ono Goroemon angefertigt und stand einst in einer Halle, die jedoch einer Tsunami-Welle zum Opfer fiel. Seitdem trotzt die zweitgrößte Buddhastatue Japans aller Unbill der Natur und Geschichte. Seine Schönheit und meditative Ausstrahlung reflektieren Ruhe und innere Sicherheit und geben jedem Besucher einen Eindruck der suggestiven Kraft buddhistischer Lehre.

Nahe dem Großen Buddha befindet sich der zur Jodo-Zen-Schule gehörige Hase-Tempel. Zu seiner auf einem Hügel gelegenen Haupthalle gelangt man an Tausenden Jizo-Figuren vorbei, die hier vom Leid unzähliger ungeborener Kinder sowie deren trauriger Mütter zeugen. Den mit roten Mützchen und Lätzchen bekleideten Statuen ist oft Plastikspielzeug beigelegt. Der Jizo begleitet die Seelen zu früh gestorbener oder abgetriebener Kinder ins Jenseits, wo er ihnen beim Bau kleiner Steinpagoden hilft, auf dass sie eine baldige Chance zur Rückkehr ins Diesseits erhalten.

Holzbrücke und Gebetsstelle im
Zeniarai-Benten

Der Aufstieg entlang der Sichtbarmachung menschlichen Leids führt zur Haupthalle des Tempels, die eine hölzerne Statue des elfköpfigen Bodhisattva Kannon enthält. Die angeblich 721 geschaffe-

ne, gute 9 Meter hohe, vergoldete Statue symbolisiert Barmherzigkeit und Vergebung. Sie ist inmitten der traurigen Jizo-Figuren ein weithin leuchtendes Zeichen der Hoffnung.

Unter der Vielzahl weiterer Tempel und Schreine verdient ein Heiligtum besondere Bedeutung, zeugt es doch von einem liebenswerten Zug japanischer Religiosität: dem Aberglauben. Es ist der etwas abseits gelegene Zeniarai-Benten-Schrein, der der Glücksgöttin Benten geweiht ist. Benten zählt zu den sieben Glücksgöttern Japans (*shichi fukujin*). Diese entstammen zum größten Teil außerjapanischen Religionen wie etwa dem chinesischen Taoismus oder dem indischen Hinduismus. In Japan wurden sie von der abergläubigen Volksseele gerne adoptiert und zu allseits beliebten Glücksgöttern befördert.

Ein Glücksgott für gute Ernte und Fischfang ist Ebisu (s. Kapitel Hokkaido/Okushiri). Seine Glücksgottkollegen sind die Garanten guter Reisernte und Reichtums (*daikoku, bishamon*), die Gottheiten für langes Leben (*fukurokujin, jurojin*) und Frohsinn (*hotei*) sowie die Göttin des Glücks und der Liebe, *Benten*. Zu ihr gelangt der Besucher durch einen höhlenartigen Bergtunnel, der zu einer Lichtung mit Grotte und Wasserlauf führt. Hier wird Benten verehrt und man sagt, dass Geld, wenn

Hase-Tempel

man es im Bergbach wäscht, sich verdoppele oder gar verdreifache. Dies geschieht besonders an Tagen, die der Schlange geweiht sind, denn sie ist das Begleittier der Göttin. Gläubige bringen ihr rohe Eier, denn diese gelten als Lieblingskost der Schlange. Sie werden überall im Tempelbereich deponiert und man sollte achtgeben, nicht darauf zu treten. Eine Reihe von roten Torii bezeugen die Dankbarkeit von Besuchern, denen Benten wahrscheinlich zu Reichtum verhalf. Wie an vielen weiteren Stellen des Landes wird man Zeuge ungehemmten Umgangs mit dem Heiligen. Die Göttin ist mehr Freundin als seriöse Gottheit. Japanische Religiosität kann von umwerfend unschuldiger Diesseitigkeit sein.

Neben Tempeln und Schreinen bietet die Touristenhochburg Kamakura ihren Besuchern eine Vielzahl von Geschäften auf den bahnhofsnahen Einkaufsstraßen Kamachidori und Wakamiya oji. Hier kann man u. a. die hauseigenen, in der Kamakura-Bori-Technik gefertigten Lackwaren wie Teller, Schalen, Tassen etc. erstehen. Zu empfehlen ist der Besuch traditioneller Restaurants, die sich in der Nähe der Tempel befinden und altjapanische, vegetarische Gerichte anbieten. Zur Erholung fährt man dann an die nahen Strände wie etwa Yuigahama oder Zaimokuza. Sie bieten sauberen Sand, klares Wasser und alle erdenklichen Möglichkeiten des Wassersports. Über die 600 Meter lange Benten-Brücke gelangt man zur Insel Enoshima. Auch hier erwartet den Besucher ungetrübter Badespaß, den er u. a. durch einen Besuch des der nackten Glücksgöttin geweihten Enoshima-Schreins erweitern kann. Religion, Geschichte und Spaß liegen in und um Kamakura eng beieinander, die meisten Japaner haben damit nicht das geringste Problem.

NIKKO

Welchen vorzüglichen Platz Nikko im Herzen der Japaner hat, bekundet das Sprichwort: Keiner möge von prächtig (*kekko*) sprechen, ehe er Nikko gesehen hat.

Von Tokyo ist das Städtchen Nikko im gleichnamigen Nationalpark der Präfektur Tochigi mit der Bahn in ca. eindreiviertel Stunden zu erreichen. Es gibt zwei Gründe, Stadt und Gegend zu besuchen. Zum einen locken die weitläufigen Schreinanlagen, die seit 1999 ins UNESCO-Weltkulturerbe aufgenommen wurden, zum anderen garantiert die umwerfend schöne Berglandschaft der Nazu-Vulkanzone mit dichten Wäldern, klaren Seen und Wasserfällen dem gestressten Städter Erholung und Ferienvergnügen.

Von der Ortschaft Nikko (ca. 21000 Einwohner) gelangt der Besucher zur heiligen, rot lackierten Shinkyo-Brücke, die sich anmutig über den Fluss Daiya wölbt. Hier soll der Legende nach der Priester Shodo (735–817) über zwei Riesenschlangen schreitend den Fluss überquert haben. Nach Über-

LINKE SEITE:
Neben den vielen shintoistischen Tempeln in Kamakura gibt es auch dieses 1910 errichtete christliche Gotteshaus.

Über die heilige Shinkyo-Brücke gelangt man in die großzügige Schreinanlage von Toshogu, die insgesamt 22 Gebäude umfasst.

schreiten der Brücke erreicht man die ersten shintoistischen Schreine und buddhistischen Tempel, so z. B. den Rinno-ji, dessen Gründung auf das Jahr 848 zurückgeht. Seine Haupthalle enthält die Statuen der tausendarmigen Kannon, des Buddha Amida und der Bato-Kannon. Da die Stirn der Letztgenannten ein Pferdekopf ziert, gilt sie als Schutzgöttin der Tiere.

Über die »Steintreppe Tausender Menschen« (*sennin-ishidan*) erreicht der Besucher die weitläufige Toshogu-Schreinanlage mit dem Grab des Tokugawa Ieyasu, die 1636 fertiggestellt wurde und zu den prächtigsten Kultstätten Japans gehört. Sie diente im 17. Jahrhundert als Sammelplatz der »einfachen Leute«, die nur bis hierher die Tempelanlage betreten durften. Die gesamte Anlage läuft auf die im Hintergrund liegende Grabstätte des Tokugawa Ieyasu (1542–1616) zu. Fast zwanzig Jahre nach seinem Tod begann der dritte Nachfolge-Shogun Tokugawa Iemitsu mit dem Bau des Mausoleums, wobei ca. 15 000 Arbeiter eingestellt wurden.

Alleine die Dächer der Gebäude im Toshogu-Schrein zeugen von einer großen Kunstfertigkeit.

Der Komplex umfasst 22 Gebäude, die mit ihrem verschwenderisch reichen Dekor dem Baustil der Momoyama-Zeit entsprechen. Für ihre Ausstattung mit Reliefs und Malereien wurden 2,5 Millionen Stück Blattgold verwendet. Die oben erwähnte volksnahe Glorifizierung ist nachvollziehbar. Darüber hinaus spiegelt die Anlage den Geist des Ryobu-Shinto wieder, wobei Shinto und Buddhismus zusammenfließen, sodass sich eine Mischung beider Architekturstile ergibt.

Hat man über die gesamte Steintreppe den Tempelkomplex betreten, durchquert man zunächst ein 8,40 m hohes Granit-Torii, passiert eine fünfstöckige Pagode und gelangt zum Haupttor (*nio-mon*). Letzteres bildet den Eingang zum Bereich der heiligen Reisspeicher und Pferdeställe. Hier findet man das bekannte Schnitzwerk der drei Affen, von denen der eine nichts hört, der zweite nichts sagt und der dritte nichts sieht. Es offenbart sich asiatische Lebensweisheit, die die Harmonie in der menschlichen Beziehung dem Forschen und Diskutieren vorzieht. Im Gegensatz zur westlichen

FOLGENDE DOPPELSEITE:
Unendlich viele Figuren und kunstvolle Schnitzereien sind im Toshogu-Schrein zu bewundern.

Grabmal des Tokugawa Ieyasu in der Tempelanlage von Toshogu

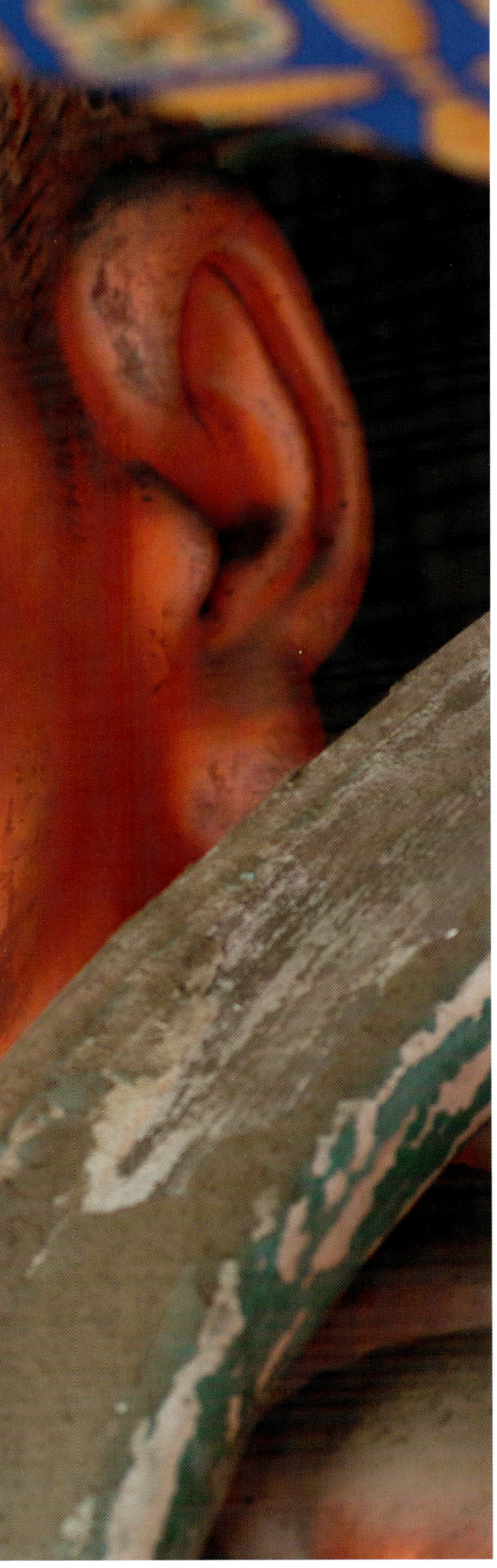

Disput-Kultur lieben Japaner die ausgeglichene, gleichgewichtige Beziehung zwischen den Menschen, wobei die hierarchische Differenzierung selbstverständlich und unantastbar bleibt.

An Brunnen, Sutrenbibliothek und Glockenturm vorbei führt der von Bronze- und Steinlaternen gesäumte Weg zum »Sonnenlicht-Tor« (*yomei-mon*), dessen herrliche, vergoldete Schnitzerei und Drachengemälde zum Schauen und Verweilen bis zur Dämmerung einladen, weswegen dieses Tor auch »Tor des Abends« (*higurashi mon*) genannt wird. Der für Japaner typische Aberglaube veranlasste die Bauherren, an einer der zwölf Schmucksäulen das verzierende Schnitzwerk verkehrt herum anzubringen, damit sich die Götter über allzu viel menschliche Perfektion nicht unnötig aufregen. Bis hierhin war es den Rittern (*samurai*) gestattet, die Anlage zu betreten. Durchquert man auch dieses Tor, gelangt man zum Abstellraum für Trageschreine und dem gegenüber zur Halle für Kulttänze. Hier wurden die Tänze zur Freude der Götter (*kagura*, s. Kapitel Theater) aufgeführt.

Wieder durchschreitet man ein Tor (*kara-mon*) und erreicht nun die Hauptgebäude der Schreinanlage, nämlich die Kulthalle, wo sich die Shogune nebst Familie sowie die Oberpriester aufhielten. Sodann gelangt man über einen Verbindungsraum mit Steinfußboden in die Haupthalle, die in einen Raum für Opfergaben und zwei Schreinräume geteilt ist, wo Tokuyawa Ieyasu als Hauptahnengottheit und Hideyoshi sowie Minamoto Yoritomo als Nebengötter verehrt werden.

Auf dem Weg zur Grabstätte Ieyasus passiert der Besucher das Schnitzwerk einer schlafenden Katze (*nemuri neko*), die von unzähligen japanischen Touristen geradezu angehimmelt wird. Katzen genießen im Volksglauben hohe Verehrung, werden aber auch als listig und launenhaft beschrieben. So wollte die Katze (und die Schlange) der Fabel nach im Gegensatz zu allen anderen Tieren nicht zu Buddhas Sterbelager wandern, sondern zog der be-

schwerlichen Pilgerreise ein Nickerchen vor. Im hintersten Teil der Anlage befindet sich das Grabmal des Tokugawa Ieyasu, zu dem man über eine 200-stufige Steintreppe durch das Inuki-Tor gelangt. Das Tor wird von zwei löwenähnlichen Hundewesen bewacht. Das Grabmal selbst ist eine
kleine schlichte Pagode, die in auffallendem Kontrast zu den davor liegenden Prachtbauten steht.

In der Umgebung des Schreins kann man weitere heilige Stätten besuchen, wie etwa das Grabmal
des Ieyasu-Enkels Shogun Iemitsu oder auch den Futaarasan-Schrein, der dem Berggott geweiht
ist. Dieser Schrein teilt sich in Haupt-
schrein, Bergkultstätte und den »mittleren
Schrein«, der sich in der waldigen Nähe
des Chuzenji-Sees befindet. Dieser malerisch gelegene See gehört ebenfalls zum
Nikko-Nationalpark. Er wird nicht nur zur
Regenzeit (Juni) von den gestressten
Städtern Tokyos gerne aufgesucht, da das
hiesige Klima angenehm und gesund ist.
Um den See befindet sich eine Vielzahl
traditioneller Hotels (ryokan) mit ange-
schlossener Heißwasserquelle und Bade-
möglichkeit.

Neben einem Besuch des buddhistischen
Chuzenji-Tempels ist es vor allem der 97
Meter hohe Kegon-Wasserfall, der durch
seine gewaltige Ausstrahlung und pittores-
ke Lage Tausende Besucher anzieht. Um
ihn herum treibt der Tourismus grellste
Blüten in Form von endlosen Meilen mit
Souvenirläden und Fastfood-Ständen sowie dem Nikko Edo Village, einem historischen Phantasialand für alle Altersstu-
fen. Gönnt man sich einen Spaziergang in
die umgebende Berglandschaft oder fährt
mit der Seilbahn auf die Chanokidaira-
Aussichtsplattform, ist die Fernsicht über
See und Berge unbegrenzt. Wieder zeigen sich Japan und seine Kanto-Region
von ihrer schönsten Seite.

Mit seinem internationalen Flughafen Na-
rita in der Provinz Chiba ist Kanto das
moderne Tor zur Welt. Hier, 80 Kilometer
von Tokyo entfernt, beginnt für viele Reisende das Abenteuer Japan.

FUJI-SAN – NATURWUNDER ZWISCHEN PRÄFEKTUREN

RECHTE SEITE:

Wunder der Natur und Wunder der Technik. Während der Fuji-san mit seinem wolkenverhangenen Gipfel ein gewohnt beruhigendes Bild abgibt, rast im Vordergrund einer von Japans Hochgeschwindigkeiteszügen – Shikansen – vorbei.

See Ashi-no-ko im Fuji-Hakone-Izu-Nationalpark. Rechts im Bild ist das Eingangstor zum Gongen-Schrein zu sehen, im Hintergrund der schneebedeckte Gipfel des Fuji-san.

Es sind gleich zwei Großregionen, die im Gebiet um den Berg Fuji (Fuji-san) aufeinandertreffen. Zum einen berühren sich am Berg selbst die Präfekturen Yamanashi und Shizuoka (Region Chubu), zum anderen verläuft im Fuji-Hakone-Gebiet die Grenze der Präfektur Kanagawa (Region Kanto).

Die Hakone-Region bildet mit dem Berg Fuji und der Halbinsel Izu den Nationalpark Fuji-Hakone-Izu. Dieses Gebiet liegt ca. 90 Kilometer südwestlich von Tokyo und ist von dort mit dem Zug in etwa 1,5 Stunden zu erreichen. Die Hakone-Region besteht aus vulkanischem Bergland, in dessen Zentrum sich vor etwa 400 000 Jahren ein weitläufiges Kraterbecken (Caldera, 40 Kilometer Umfang) gebildet hat. Hier sind später weitere Vulkane wie etwa Kamiyama und Futago sowie der viel besuchte Kratersee Ashi no ko entstanden. Das angenehm milde Höhenklima und die zahlreichen malerischen Landschaften machen das Hakone-Gebiet zur bevorzugten Naherholungsregion Tokyos, Yokohamas und sogar Osakas. Ergänzt wird die landschaftliche Schönheit durch eine Vielzahl heißer Quellen, die jährlich von zahllosen Touristen besucht werden.

Vom Burg-Städtchen und der ehemaligen Hojo-Residenz Odawara aus gelangt der Reisende zur Ortschaft Miyanoshita, die als ein Ausgangspunkt für Fuji-Besucher empfohlen wird, verfügt sie doch über zahlreiche Proviantgeschäfte und gute Hotels. So verknüpft das einzigartige, seit 1878 hier liegende Fujiya-Hotel japanische, chinesische und westliche Architekturelemente zu einem reizvollen Bauensemble. Wer hier übernachtet, sollte sich an alten knarrenden Holzdielen nicht stören und schon um 6 Uhr morgens aufstehen, um aus dem Fester zu schauen. Denn zur frühen Morgenstunde zeigt sich der Fuji-san oft in wolkenloser, von der Sonne beschienener Pracht. Nur allzu schnell ist er danach wieder von Wolken umhangen.

Von Miyanoshita gelangt der Reisende zum Ort Gora, in dessen Nähe sich das Hakone-Open-Air-Museum befindet. Dieses weitläufige, parkähnliches Terrain beherbergt Skulpturen japanischer und westlicher Künstler (u. a. von Moore oder Rodin).

Mit der Seilbahn erreicht man von dort das Owakudani-Gebiet (»gewaltig dampfendes Tal«) um die Berge Sounzan und Kamiyama. Schon hier gewährt eine Aussichtsplattform einen herrlichen Blick auf den Fuji-san. Darüber hinaus kann der Besucher die in der Nähe liegenden Solfatare besuchen, durch Dämpfe und Schwefelgestank wandern und die über einer heißen Quelle gekochten »schwarzen Eier« kosten, von denen gesagt wird, dass sie das Leben verlängern. Seien Sie vor den aufsteigenden Dämpfen gewarnt. Längeres Einatmen kann den Magen-Darm-Trakt in Schwingung und Gefahr versetzen.

Weiter geht's zum Ort Togendai am Ashi See (Umfang 6,9 Quadratkilometer), der mit dem Fuji-san das Zentrum der Hakone-Region bildet. Wenn sich an klaren Tagen der Berg im See spiegelt, bietet sich dem Betrachter ein unvergessliches Panorama. Fortan, so sagen die Japaner, wird er das Bild im Herzen tragen und immer wieder dorthin zurückkehren. Zur nahezu perfekten Ansicht gehört noch der in der Nähe von Moto-Hakone am Ashi-See gelegene, im Jahr 757 gegründete shintoistische Gongen-Schrein. Er ist den Urahnen-Gottheiten Ninigi, seiner Gemahlin Konohana-sakuya-hime und deren Sohn Hikohohodemi gewidmet. Sein wohlbekanntes rotfarbenes Torii, das am Rande des Sees im Wasser thront, ergänzt die Schönheit der umgebenden Natur.

Über die altehrwürdige Tokaido-Heerstraße, die einst im 17. Jahrhundert als Handelsweg von Edo (Tokyo) nach Kyoto führte, gelangt man nach Hakone-Stadt. Die alte, von japanischen Zedern gesäumte Allee ist heute als ca. 2 Kilometer langes Teilstück erhalten geblieben. Auf ihr wandelt der Besucher wie in früheren Zeiten zu der 1965 rekonstruierten Kontroll- und Wachstation (*sekisho*). Hier wurden die Handelsreisenden kontrolliert. Das Shogunat wollte vor allem verhindern, dass Feuerwaffen nach Edo eingeschmuggelt wurden und dass die Frauen der Landesfürsten, die als »Geiseln« in Edo wohnten, unbemerkt in ihre Heimat entkamen. In einem sich in der Nähe der Station

Das Fujiya-Hotel wurde bereits 1878 gegründet.

befindenden Museum sind Artefakte zur Geschichte der Tokaido-Straße ausgestellt. In zahlreichen farbigen Holzschnitten hat der Künstler Hiroshige Ando (1797–1858) den 53 Stationen der Tokaido-Heerstraße ein Denkmal gesetzt.

Von großem landschaftlichen Reiz sind auch die fünf Fuji-Seen, wie etwa der Yamanaka-ko und der Kawaguchi-ko. Bei Letzterem beginnt ein weiterer Aufstiegspfad zum Fuji-san.

Über all dem thront der majestätische Vulkan Fuji. Mit 3 776 m ist er der höchste Berg Japans. Er ist nach wie vor ein aktiver Vulkan. Doch dank der gnädigen Shinto-Götter verschont er Japan mit einem Ausbruch. Zum letzten Mal brach er im Jahre 1707 aus. Die Asche fiel selbst im ca. 120 Kilometer entfernten Edo noch nieder. Nach shintoistischer Vorstellung ist der Fuji-san ein heiliger Berg. Vor allem der Volksglaube sieht in aktiven Vulkanen den Eingang zum Jenseits bzw. zur Hölle. Aus dieser Vorstellung entwickelten sich ab der Heian-Zeit (794–1185) Shinto-Sekten, die das Besteigen des Berges als heilige Handlung empfanden. Dementsprechend gilt als ihre wichtigste traditionelle Kultstätte der am Berg gelegene shintoistische Sengen-Schrein. Dem Farbholzschnitt-Meister Hokusai Katsushika (1760–1849) gelang es in seinen 1830 veröffentlichten »31 Ansichten des Berges

Wie gemalt – das Laub der Wälder rund um den Fuji-san erstrahlt in herbstlichleuchtenden Farben, dahinter erhebt sich der heilige Berg, dessen Gipfel mit Zuckerguss geschmückt zu sein scheint.

FOTO RECHTS:

Die Stadt Kawaguchiko am Fuße des Fuji-san. Hier beginnt der Aufstiegspfad auf den Gipfel des heiligen Berges.

Fuji«, den Vulkan aus den unterschiedlichsten Perspektiven in allen Jahreszeiten und Stimmungen abzubilden. Noch heute ist es für jeden Japaner selbstverständlich, wenigstens einmal im Leben den Fuji-san zu besteigen. Bis 1868 war das Besteigen des Berges für Frauen aufgrund strikter shintoistischer Reinheitsideale untersagt. Erster ausländischer Fuji-Besucher war am 26.07.1860 der britische Minister, Sir Rutherford Alcock.

Die günstigste Aufstiegszeit liegt zwischen dem 1. Juli und dem 31. August. Nur in diesem Zeitraum sind die Bergstationen und Erste-Hilfe-Stellen geöffnet. Heute unternimmt man den 5- bis 9-stündigen Bergaufstieg über fünf verschiedene Routen, von denen der Kawaguchiko-Pfad für aus Tokyo Anreisende der am günstigsten gelegene ist. Für den Abstieg wählt er dann am besten den Subashiri-Pfad. Um die zehn Stationen zum Kratergipfel zu meistern, fährt ein Großteil der Besucher mit dem Bus zur fünften Station. Man beginnt mit dem Aufstieg nachmittags und übernachtet in einer der oberen Hütten. So erreicht man morgens in der Gottesfrühe den Gipfel, um von dort die Sonne – die Göttin *amaterasu o mikami* – über ihr Land Japan aufgehen zu sehen. Den Krater mit seinem Durchmesser von 500 Metern kann man auf dafür angelegten Wegen umwandern. Der Versuch, sich aus der Karawane der Touristen zu lösen, ist schwierig, aber machbar. Alle eint das Gefühl der vulkanischen Götternähe. Dann wirft die aufsteigende Sonne ihr erstes Licht und das Naturwunder Fuji-san nimmt seinen heiligen Verlauf.

Japanisches

Meer

Niigata

Mano Bucht Sado

Nagaoka

Joetsu

Takaoka

Nördliche Japanische Alpen Nagano Kantō

Kanazawa Toyama

Toyama Bucht

Hida- Hodaka-Dake Ueda Takasaki
• 3190

Komatsu **Ryōhaku-** Matsumoto

Berge Haku-San **Gebirge** **Kantō-**

• 2702 Ontake-San **Kiso** **Berge**

Fukui • 2063 **Gebirge** Shirane-San Kōfu

• 3192 *Fuji-Five-*

Wakasa **Berge** **Chūbu** *Seen*

Bucht Gifu Kiso **Südliche** Fuji-San

Komaki **Japanische** • 3776

Oki- *Dōgo* Tajimi **Alpen** Fujinomiya

Inseln Ogaki Kasugai Fuji

Matsue *Meer* Hikone **Nagoya** Shimizu

Dōzen Dai-Sen **Kinki** Kusatsu Yokkaichi Toyota Shizuoka *Suruga*

Yonago 1712 Ōtsu Kuwana Tōkai Okazaki Fujieda *Bucht*

Tottori **Kyōto** Suzuka Handa Toyokawa Yaizu

Chūgoku- **Berge** Kawanishi Nishio

Himeji Kobe Hirakata *Ise* Nishio

Chūgoku Kakogawa Higashiōska *Bucht* Tsu Ise **Hamamatsu**

Hino Akashi **Osaka** Yao *Irago-Str.* *Enshū*

Okayama Akashi Nara Matsusaka *Bucht*

Fukuyama Sakai Kashihara

Hiroshima *Shōdo* **See** Izumi

Onomichi *Bisen-* *Inseln* Wakayama **Kii-** *Kumano*

Kure *Hiuchi* Takamatsu **Hakken-Zan** **Berge** *Kumano*

Geiyo- *Bucht* Awaji • 1815 *Bucht*

Kurahashi *Inland-* Tokushima

Imabari **Tsurugi-**

Matsuyama Niihama **Tsurugi-San**

Niihama 1955 **Berge**

Shikoku- *Yoshino*

• 1981 **Shikōku**

Kōchi

Berge *Tosa* *Bucht*

Shikoku

PAZIFISCHER

Sukumo *Bucht*

Philippinensee

OZEAN

0   200   400   600
━━━━━━━━━━━━━━━━━━ km

KINKI

ÜBERBLICK

Die Region Kinki (wörtlich: nahe der Hauptstadt) liegt im mittleren Westen der japanischen Hauptinsel Honshu und ist nicht nur historisch, sondern heute auch wirtschaftlich, kulturell und touristisch von großer Bedeutung. Der Begriff Kinki geht zurück auf die Zeit der Meiji-Restauration (1868), als so gut wie alle japanischen Kaiserstädte in dieser Region lagen, auch wenn das eigentliche Machtzentrum oft an anderen Orten war. Daher liegen auch fünf der derzeit 14 japanischen Weltkulturerbe-Stätten in dieser Region.

Für ausländische Japaninteressierte ist sicherlich Kyoto die bekannteste Stadt innerhalb dieser Region, die aber mit Osaka, Kobe, der weltbekannten Insel Ise, der Formel-1-Rennstrecke Suzuka (in

Segelboot im Hafen von Kobe

Todai-ji vor nächtlichem Himmel. Der buddhistische Tempel beherbergt u. a. eine über 15 Meter hohe Buddha-Figur aus Bronze.

der Präfektur Mie) sowie der Perleninsel Mikimoto und dem ältesten Schrein Japans, dem Ise-Jingu, weitere zahlreiche Highlights bietet. Auch viele bekannte japanische Persönlichkeiten wie der berühmte Haiku-Dichter Matsuo Basho, Kokichi Mikimoto, der Entwickler der Zuchtperle, oder Yukio Ozaki, der Urheber der modernen japanischen Verfassung, stammen aus der Region Kinki.

Kinki wird oft auch »Kansai« genannt, eine Bezeichnung, die nicht offiziell, aber ziemlich geläufig ist, obwohl sie von den Einheimischen nicht besonders gemocht wird, bedeutet sie doch »westlich der Grenze« bzw. »westlich der Pässe« – von Tokyo aus betrachtet. In Politik und Verwaltung bevorzugt man »Kinki«, »Kansai« hingegen wird oft in Wirtschaft und Kultur gebraucht.

Die Region grenzt im Nordosten an die Region Chubu und im Norden an das Japanische Meer, im Westen an die Region Chugoku, im Südwesten an das Binnenmeer »Seto-Nai-Kai« (Seto-Inlandsee) und im Süden an den Pazifischen Ozean. Die Wasserstraße zwischen den zwei Hauptinseln Honshu und Shikoku heißt Kii-Suido. Welche Präfekturen jedoch zur Region Kinki gehören, das kann selbst in Japan niemand beantworten. Japan ist ein von Tokyo regierter Zentralstaat, der sich politisch in 47 Präfekturen gliedert. Allen Regionen gemeinsam sind ein eigenes Parlament und ein Gouverneur. Aber das, was in diesem Buch »Region« genannt wird, ist weder eine Gebietskörperschaft, noch hat es jene politische Bedeutung eines Bundeslandes der Bundesrepublik Deutschland.

Eine Region in Japan ist eine Zusammenfassung von Präfekturen, die aus geografischer und kultu-reller Sicht als zusammengehöriges Gebiet betrachtet werden können. Zu Kinki zählen nach gängi-ger Definition – entsprechend der meisten japanischen Schul- und Wörterbücher/Lexika sowie der eigenen touristischen Definition der einzelnen Präfekturen – die Präfekturen Hyogo, Kyoto, Mie, Na-ra, Osaka, Shiga und Wakayama (in alphabetischer Reihenfolge).

Erstaunlicherweise gibt es selbst zwischen den Ministerien in Tokyo unterschiedliche Definitionen. Für die Ministerien für Finanzen (MOF) und für Landwirtschaft, Forstwirtschaft und Fischerei (MAFF) oder für die Transportabteilung des Ministeriums für Land, Infrastruktur, Transport und Tourismus (MLIT) gehören sechs Präfekturen zu Kinki, Mie wird demnach nicht mitgerechnet. Die Abteilung für Regionale Entwicklung des MLIT oder das Ministerium für Wirtschaft, Handel und Industrie (ME-TI) hingegen zählt eine weitere Nachbarpräfektur dazu, nämlich Fukui, während Mie-ken nicht zu Kinki, sondern zur Region Tokai (Teil der Region Chubu) gezählt wird. Dementsprechend wird in den regionalen Abteilungen der Ministerien nach der jeweils eigenen Definition gearbeitet.

Heute ist die Region mit seinen etwa 22,8 Millionen Menschen auf 32 852 Quadratkilometern ein stark verstädtertes Gebiet um die drei größten Städte Osaka (2,65 Millionen Einwohner), Kobe (1,53 Millionen) und Kyoto (1,47 Millionen) und damit nicht nur die zweitgrößte Metropole Japans, sondern auch die elftgrößte Metropolregion weltweit. Dieses Konglomerat von Großstädten wird entsprechend der japanischen Silben der Eigennamen der Städte auch »Kei-Han-Shin« (Kyoto-Osaka-Kobe) genannt. Nimmt man das zweite Schriftzeichen von Osaka und das erste von Kobe, dann entsteht eine neue Lesung dieser Zeichen, nämlich »Hanshin«; dies ist gleichzeitig auch die Bezeichnung für das Städtepaar Osaka-Kobe, die sich in vielen lokalen Namensbestandteilen wiederfindet: So heißt die Autobahn zwischen den beiden Städten »Hanshin Expressway«, die Eisenbahngesellschaft »Hanshin Electric Railway Co., Ldt« und ein Baseball Team »Hanshin Tigers«.

Analog bezieht sich Keihan auf die Städte Kyoto und Osaka. Zwischen Osaka und Kobe liegen zwar rund 30 Kilometer, aber – ähnlich wie bei Toyko und Yokohama – einen Übergang zwischen den beiden Städten merkt man aufgrund der urbanisierten Landschaft kaum. Im April 2007 gab es in ganz Japan 17 Städte, die als »von der Zentralregierung designierte Stadt« (Seirei-Shitei-Toshi) im Sinne des japanischen Lokal-Autonomie-Gesetzes von 1947 mehr Selbstverwaltungsbefugnis erhielten als andere, kleinere Städte. Vier dieser Großstädte befinden sich in der Region Kinki. Es sind die oben genannten Großstädte Osaka, Kobe und Kyoto sowie Sakai in der Präfektur Osaka. Demgegenüber weisen die etwas abgelegeneren Präfekturen Wakayama, Mie und Shiga eine deutlich geringere Bevölkerungsdichte, dafür aber mehr Natur auf.

Blick über den Osaka Business Park auf die Hochhäuser der Stadt

Die Region hat mit dem International Kansai Airport auch den zweitgrößten internationalen Flughafen Japans. Renzo Piano ist der Architekt des Flughafens, dessen Terminal eines der größten zusammenhängenden Bauwerke der Erde ist. Er wurde 1994 eröffnet und zählt heute über 16 Millionen Fluggäste jährlich. Rund 40 Kilometer von Osaka entfernt liegt ein Teil seines Geländes in der Präfektur Osaka, ein anderer Teil in Wakayama. Seine Besonderheit ist jedoch, dass er 5 Kilometer vor der Küste Japans auf einer künstlichen Insel im Meer erbaut wurde. Lange vor den Landgewinnungs-Großprojekten in Dubai (die erste »Palmeninsel« dort wurde erst 2001 begonnen) gilt dieses Neulandgewinnungsprojekt als eine der Glanzleistungen japanischer Architektur- und Ingenieurskunst. Anders als in Dubai oder Holland, wo Landgewinnung seit alters her praktiziert wird, mussten in Japan zusätzlich Erdbeben in die Berechnungen einbezogen werden. Mit Erfolg: Das große Hanshin-Erdbeben von 1995 überstand der Flughafen problemlos.

Mehr als 5000 Stahlsäulen, ein Wall aus Stein und Beton und eine 30 Meter tiefe Betonschutzmauer bilden das Fundament der fünf Quadratkilometer großen Insel, das auf Vulkangestein gebaut und mit einer instabilen Lehmschicht bedeckt ist. Aufgeschüttet wurde die Insel mit Geröll aus den umliegenden Bergen – ein Gesamtvolumen, das ungefähr 70 Cheopspyramiden entspricht. Dennoch, und das wurde prinzipiell mit einberechnet, bewegt sich der Flughafen. D. h. laut den Berechnun-

Spektakulärer Landeanflug auf den International Kansai Airport, dessen Lande- und Startbahnen sich auf einer künstlichen Insel im Meer befinden

gen der Planer senkt er sich jährlich um rund 4,8 Zentimeter ab. Die verschiedenen Elemente und Ausrüstungen des Flughafens mussten also entsprechend flexibel gebaut werden, was sich in einem Rekordbaupreis von ca. 15 Milliarden Euro niederschlug. Nach Schätzungen – und Hoffnungen – der Ingenieure soll sich dies jedoch in den kommenden Jahren verlangsamen. Unplangemäß ist das Gelände seit seiner Fertigstellung jedoch bereits über 12 Meter abgesackt.

Die Kinki-Region verfügt über überdurchschnittlich viele Bildungseinrichtungen. Neben der weltberühmten Universität von Kyoto gibt es hier über 100 weitere. Allein in Kobe (Präfektur Hyogo) gibt es 17 Universitäten, acht andere Hochschulen und 83 Fachschulen – von den sekundären Bildungsinstitutionen einmal abgesehen. Weiterhin weist beispielsweise Hyogo 390 Forschungs- und forschungsunterstützende Institutionen auf. Aufgrund der relativ hohen Ausländerzahl finden sich hier auch 14 internationale Schulen – die zweithöchste Zahl nach Tokyo.

Die Verkehrsinfrastruktur in der Region ist – wie überall in Japan – hervorragend, und der Bahnverkehr spielt dabei für den Personenverkehr eine wesentlich wichtigere Rolle als in Deutschland, werden doch in Japan pro Bahnkilometer täglich mehr als 46 000 Fahrgäste befördert; in Deutschland sind es nur knapp 5 000. Neben der ehemals staatlichen Japan Railways, die mittlerweile in neun private Nachfolgegesellschaften unterteilt ist (für die Kinki-Region ist vor allem JR West zu-

Bahnhof in Kyoto. Wie in vielen anderen Teilen des Landes ist auch in Kinki die Verkehrsinfrastruktur vorbildlich.

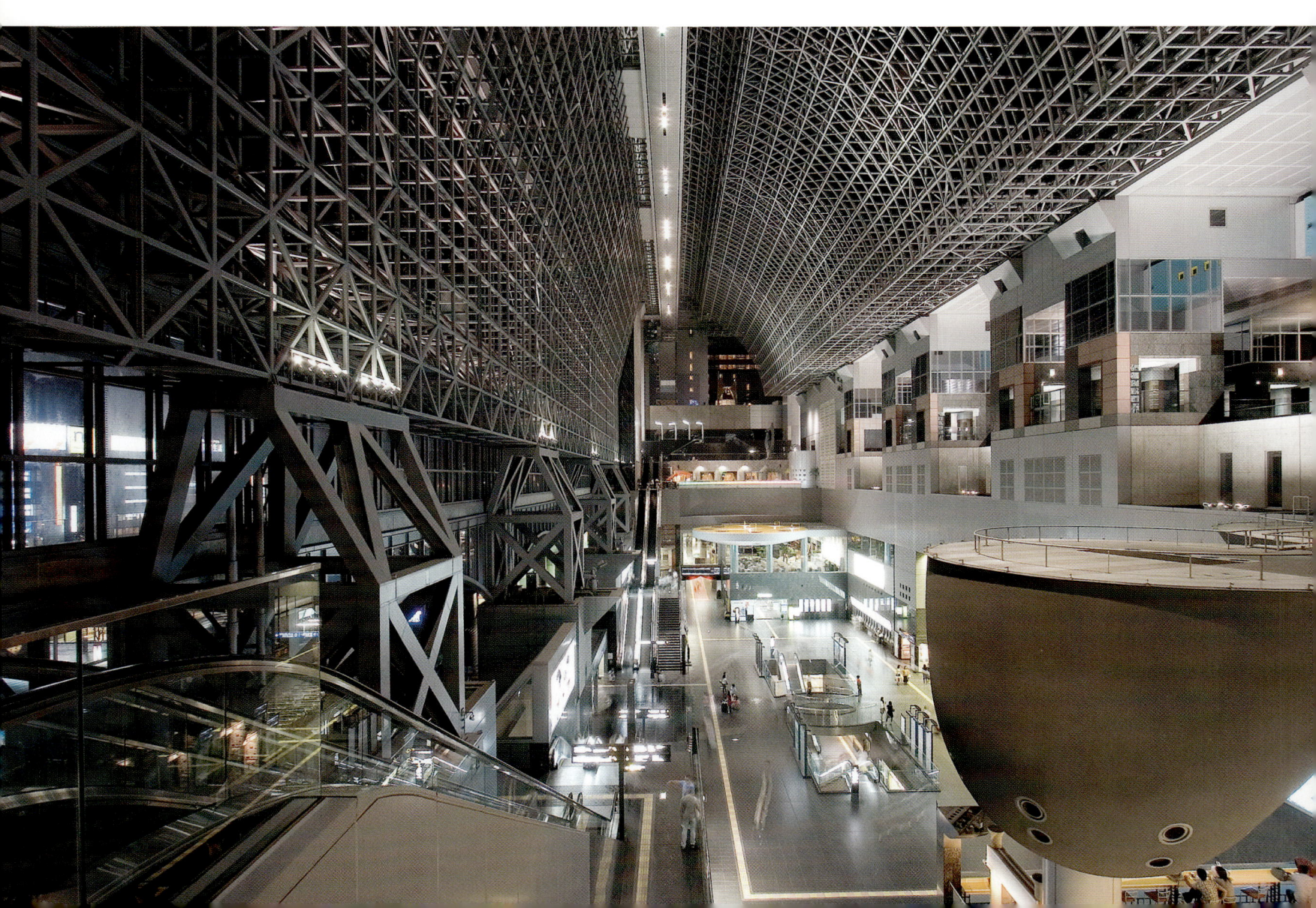

ständig), gibt es seit über 100 Jahren private Eisenbahngesellschaften, die in kurzer Zeit auch abgelegenere Gebiete erschlossen haben und über eine eigene Gleisinfrastruktur verfügen. Auch in der Kinki-Region gibt es mehrere private Betreiber wie beispielsweise die Firmen Keihan, Hankyo, Hanshin oder Kintetsu. Die börsennotierte Eisenbahngesellschaft Kinki Nippon Tetsudo K.K., kurz Kintetsu, ist dabei sogar die größte private Bahngesellschaft Japans und betreibt ein Bahnnetz von über 582 Kilometern und 333 Bahnhöfen und befördert jährlich 610 Millionen Passagiere. Wie die meisten der privaten Bahnunternehmen hat auch Kintetsu sein Geschäft in engem Zusammenhang mit dem Bahngeschäft diversifiziert und betreibt zusätzlich Immobiliengewerbe, Hotels, Einzelhandelsgeschäfte und setzt auf Tourismus und Telekommunikation. Der Gesamtumsatz der Gruppe beträgt jährlich 6 Milliarden Euro.

Im Gegensatz zur Kanto-Region ist Kinki dezentralisierter: Kyoto als kultureller Mittelpunkt, Osaka als Handelszentrum und kulinarische Hauptstadt, Kobe als moderne, internationale Großstadt und viele weitere Städte von historischer Bedeutung wie beispielsweise Nara. Die Region, vor allem Osaka, ist in Japan für ihren Humor bekannt und beliebt. Der lokale Dialekt wird oft mit der »Berliner Schnauze« verglichen, da die Menschen aus Osaka viel direkter sind als Japaner aus anderen Regionen. Die Dialekte der Kinki-Region werden zusammengefasst Kansai-ben oder Kinki-Hogen genannt und haben gemein, dass sie sich in Wortbetonung und Satzende von denen der Kanto-Region unterscheiden.

Unverzichtbares Transportmittel für Millionen Bewohner der Region Kinki ist die Bahn.

TOPOGRAFIE

Die Chuo-Kozo-Sen, die sogenannte Median Tectonic Line (MTL), ist eine lange Ost-West-Verwerfungslinie auf den Hauptinseln Honshu, Shikoku und Kyushu. Auch in der Region Kinki spielt diese Linie eine große Rolle. Sie verläuft quer durch die Mitte der großen Halbinsel Kii (Kii-Hanto) und trennt Kinki topografisch in zwei Teile. Der südlich der MTL gelegene Teil wird vor allem von Bergen geprägt.

Die Kii-Berge, in denen sich zahlreiche Wallfahrtsorte befinden, erstrecken sich über drei Präfekturen: Wakayama, Nara und Mie. Die Berge, die Flüsse und die Küste dieses Gebiets gehören seit 1936 zum Nationalpark Kumano-Yoshino. Seit Juli 2004 ist das Gebiet als UNESCO-Weltkulturerbe anerkannt. Das Gebirge hat nahezu die Form einer Halbkugel: während sich die Berge am Rande nur zögerlich in die Höhe recken, drängen sich in der Mitte die steilsten Gipfel: der höchste Berg, der Omine-San, mit 1915 Metern Gipfelhöhe, der Shakaga-Dake (1800 Meter) und der Sanjoga-Dake (1719 Meter).

Die Begehung des Sanjoga-Dake ist Frauen aus religiösen Gründen untersagt. In der Nähe dieses Berges entspringt der bedeutendste Fluss der Kii-Berge, der Kumano-Gawa (Kumano-Fluss). Der 183 Kilometer lange Fluss verläuft durch die Präfekturen Nara und Wakayama und mündet in Shingu schließlich in den Kumano-Nada, einen Teil des Pazifischen Ozeans. Insbesondere am Oberlauf, in der Präfektur Nara, verläuft der Kumano sehr steil und überwindet insgesamt zehn Staustufen.

Der südlichste Punkt der Hauptinsel Honshu ist Shiono-Misaki (Shio-Kap) in der Gemeinde Kushimoto der Präfektur Wakayama. Das Kap mit dem weißen Leuchtturm im Westen und dem ersten Meeresaquarium (Marine Park) in Japan wird in der Taifun-Saison wichtig für die lebensnotwendigen Vorhersagen.

FOTO LINKS:
Die Yoshino-Berge in der Präfektur Nara sind berühmt für die unzähligen Kirschbäume, die an den Hängen stehen und im Frühjahr ein wahres Farbenmeer hervorzaubern.

Im Osten der Kii-Berge und an der Grenze zwischen Nara und Mie erhebt sich der Odaigahara-Yama, dessen höchster Punkt 1694,9 Meter misst. In der Umgebung des Odaigahara-Yama stehen mehrere Berge, deren Gipfel Plateaus bilden. Diese werden in der Geomorphologie als Rumpfflächen bezeichnet und sind in Japan eine Seltenheit.

In der Mitte der Präfektur Mie liegt Shima-Hanto, eine Halbinsel, deren Küste am Pazifischen Ozean Rias bilden. Das südliche Meer der Shima-Halbinsel heißt Kumano-Nada (Kumano-See), das östliche Enshu-Nada (Enshu-See) und das nördliche Ise-Wan (Ise-Bucht). In mehreren Buchten dieser Rias-Küsten werden Perlen und Austern gezüchtet. Die meisten davon – die bekannteste heißt Ago-Wan (Ago-Bucht) – gehören zum Nationalpark Ise-Shima.

Nördlich der MTL sind die Landschaften vielgestaltig. Der größte See Japans, der Biwa-Ko, ist heute ein Symbol der Präfektur Shiga-ken. Er ist der drittälteste See der Welt und hat eine Größe von 670 Quadratkilometern. Die Ufer des Biwa-Ko sind von den Gebirgen Ibuki-Sanchi, Hira-Sanchi und Suzuka-Sanmyaku umgeben. Der nordwestliche Teil der Präfektur Nara ist ein Kesseltal (Nara-Bonchi), in welchem 1,2 Millionen Menschen leben, rund 86 Prozent der Einwohner der gesamten Präfektur.

Der Norden der Präfekturen Kyoto und Hyogo liegt am Japanischen Meer und ist ebenfalls von typischen Buchten geprägt. Eine der Buchten ist die Wakasa-Wan (Wakasa-Bucht), ein Meeresarm mit zahlreichen kleineren Teilbuchten. Die Maizuru-Wan (Maizuru-Bucht) der Präfektur Kyoto beispielsweise ist durch wunderschöne Landschaften gekennzeichnet.

Das geografische und wirtschaftliche Zentrum der Region Kinki ist die Osaka-Heiya (Osaka-Ebene), die sich von der Mitte der Präfektur Osaka bis zum Südosten der Präfektur Hyogo erstreckt. In dieser Ebene, die an der Osaka-wan (Osaka-Bucht) der Seto-Inlandsee liegt, befinden sich die Großstädte Osaka und Kobe sowie ihre zahlreichen »Bedtowns«. Diese sogenannten Schlafstädte sind angrenzende kleinere Städte, in denen die Menschen wohnen, die tagsüber in den Großstädten arbeiten. Die gewaltige Industrialisierung und Städteentwicklung nach dem Zweiten Weltkrieg führten dazu, dass die Osaka-Heiya nun kaum mehr Natur bietet und fast überall nur Häuser und Straßen zu sehen sind. Die einstige 600 Kilometer lange Naturküste Osaka-wans ist heute flächendeckend aufgeschüttet und asphaltiert. Darüber hinaus hat die Osaka-Heiya noch ein weiteres Umweltproblem: Über viele Jahre hinweg entnahmen die ansässigen Industrien unverhältnismäßig viel Grundwasser, was zu einer Absenkung des Bodens führte. Heute ist dieses Gebiet deshalb sehr anfällig für Hochwasser.

RECHTE SEITE:

Das milde Klima der Präfektur Wakayama begünstigt eine üppige Flora, die das Bild des buddhistischen Tempels Seiganto-ji perfektioniert.

Die 592,17 Quadratkilometer große Insel Awaji (Awaji-Shima) liegt in der Seto-Inlandsee zwischen der Bucht von Osaka (Osaka-Wan), dem Harima-See (Harima-Nada) und der Kii-Wasserstraße (Kii-Suido) und gehört zur Präfektur Hyogo-ken. Die Meerenge zwischen der Hauptinsel Honshu und dem Norden der Awaji-Shima heißt Akashi-Kaikyo (Akashi-Meerenge) und wird seit 1998 von einer 3911 Meter langen Brücke überspannt, der Akashi-Kaikyo-Ohashi, der längsten Hängebrücke der Welt.

Der Süden der Awaji-Insel und die japanische Hauptinsel Shikoku sind bereits seit 1985 durch eine Hängebrücke verbunden. Diese 1629 Meter lange O-Naruto-Kyo (Große Naruto-Brücke) überspannt die 1300 Meter breite Meerenge Naruto-Kaikyo (Naruto-Straße). Durch diese Straße fließt das Meerwasser zweimal täglich vom Pazifik in die Seto-Inlandsee und wieder zurück in den Pazifik. Weil der Meereshöhenunterschied zwischen den beiden Meeren fast 1,50 Meter beträgt und die Straße sehr eng ist, entsteht hier ein Gezeitenstrudel, der Naruto-no-Uzushio (Naruto-Strudel), der heute eine Touristen-Attraktion ist.

KLIMA

Obwohl die Region Kinki größtenteils zur warmgemäßigten Klimazone gehört, gibt es große Unterschiede zwischen den einzelnen Gebieten, die sich grob in vier japanische Klimazonen gliedern lassen: Im Norden Kinkis herrscht ein Klima, das man Japan-Meeresklima nennt. Im Sommer wird es dort oft sehr heiß, im Winter hingegen treffen über dem Japanischen Meer kalte Luftmassen aus Sibirien mit Dampf aus der warmen Meeresströmung Tsushima-Kairyu zusammen, was viel Schnee und graue Tage in diese Klimazone bringt.

Die Stadt Miyazu der Präfektur Kyoto hat deshalb durchschnittlich nur 62,2 Sonnenstunden im Monat Januar. Einen sonnigen und trockenen Winter kann man dagegen im Süden der Region genießen, am Pazifischen Ozean. Am Shio-Kap (Shiono-Misaki) gibt es im Januar durchschnittlich ca. 190 Sonnenstunden. Ein wahrlich pazifisches Klima, das dank der warmen Meeresströmung Kuro-Shio auch im Winter mild ist. Im Sommer sorgt der hiesige Wind für sehr viel Regen in der Region. Der Süden der Kii-Halbinsel ist eines der regenreichsten Gebiete weltweit.

Ein Teil der Präfekturen Shiga, Kyoto und Nara gehört zur kontinentalen Klimazone. Hier ist die Luftfeuchtigkeit nicht so hoch wie an der Küste, dafür sind die Temperaturunterschiede innerhalb des Tages und auch des Jahres oft größer als in anderen Klimazonen.

Um die Seto-Inlandsee ist das Klima mild und relativ trocken. Es ist das sogenannte Seto-Nai-Kai-Klima, das mit dem der europäischen Mittelmeerregion vergleichbar ist. In diesem Gebiet liegt beispielsweise die Stadt Osaka, die in einem Jahr insgesamt fast 2000 Sonnenstunden und Niederschläge von nur 1300 Millimetern verzeichnet. Im Sommer wird es in Osaka allerdings sehr heiß, was vor allem dem in Großstädten typischen Hitzeinsel-Phänomen zuzuschreiben ist. Die Höchsttemperatur im August erreicht hier im Durchschnitt 33,0 °C, unter 25,1 °C fällt sie kaum. Der japanischen Meteorologie nach wird eine Nacht, in der die Temperatur nicht unter 25,0 °C sinkt, als »Tropische Nacht« bezeichnet. Der bisherige Rekord in Osaka liegt bei 40 tropischen Nächten in Folge (Sommer 1994).

FLORA UND FAUNA

Wie in den anderen japanischen Regionen ist auch in den Stadtgebieten der Region Kinki kaum Grün zu sehen, nimmt man die wenigen Bäume auf dem Gelände von Schreinen, Tempeln oder Parks einmal aus. Die Berge aber sind von Scheinkastanien-, Eichen- oder Buchenwäldern bewachsen, in höheren Lagen in den Kii-Bergen auch von Nadelbäumen wie Fichten. Im regenreichsten Südosten der Kii-Berge wachsen Bäume oft sogar an den Steilhängen. Der phantastische Anblick dieser Wälder, besonders im Nebel, zieht zahlreiche Wanderer und Touristen an.

Eines der repräsentativsten Tiere dieser Region ist der Nihon-Jika (Cervus nippon), ein Hirsch, der trotz seiner Bezeichnung (*nippon*) nicht endemisch nur in Japan, sondern auch in anderen ostasiatischen Ländern verbreitet ist. Während die Hirsche im Nara-Park als sanftmütig betrachtet und von Touristen gefüttert werden, machen manche Waldliebhaber die Hirsche der Kii-Berge für die Zerstörung der Fichtenwälder verantwortlich und fordern die Ausrottung dieser Tiere für angeblichen Umweltschutz.

Im Biwa-Ko, dem größten und ältesten See Japans, leben mehr als 1000 Arten von großen und kleinen Tieren und Pflanzen. Ganz an der Spitze der Nahrungspyramide dieses riesigen Ökosystems steht der Biwako-o-Namazu (Biwako-Großwels, lat. *silurus biwaensis*), einer der Endemiten des Biwa-Ko. Er ist der größte in Japan vorkommende Süßwasserfisch, wird bis zu 1,20 Meter lang und 20 Jahre alt.

Neben dem Biwa-Ko stehen auf der Liste der 33 Feuchtgebiete, die Japan für das Internationale Ramsar-Abkommen ausweist, auch der Kushimoto-Meerpark am Shiono-Misaki (Kap Shio), am südlichsten Punkt der Halbinsel Kii und der Hauptinsel Honshu. Während die Landflächen dieses Gebietes noch zur warmgemäßigten Klimazone gehören, zählen die Gewässer zu den Tropen mit dem weltweit nördlichsten tropischen Meer, in dem es neben zahlreichen tropischen Meerespflanzen und -tieren sogar auch Korallenriffe gibt.

Exemplar eines Nihon-Jika im Nara Koen Park in der Stadt Nara

GESCHICHTE

Die Kinki-Region ist geschichtlich eine der bedeutendsten Regionen Japans (die Kofun-Zeit ist bereits im Kapitel Geschichte ausführlich beschrieben worden). Politisch und wirtschaftlich auch heute noch prägend für diese Region ist die Zeit von 710–1868. In diesen rund 1000 Jahren wechselten die Hauptstädte Japans recht häufig, blieben jedoch stets in der Kinki-Region, weswegen sie auch heute noch so bedeutsam ist. Die wichtigsten Städte waren dabei Nara (damals Heijo-kyo genannt) und Kyoto (damaliges Heian-kyo). Dementsprechend wird die Zeit von 710–784 Nara-Zeit und die von 793–1184 Heian-Zeit genannt.

Während der Nara-Zeit wurde der Buddhismus stark gefördert und Japans Staatsform ähnlich der chinesischen strukturiert. In der Heian-Zeit wiederum erlebte die höfische Kultur, vor allem die Literatur, aber auch die Küche und Umgangsformen, einen großen Aufschwung in ihrer Bedeutung. Die Macht des japanischen Kaisers wurde nach und nach geschwächt, während die der Kriegerfamilien (Shogune) zunahm. Gegen Ende der Heian-Zeit begründete die Minamoto-Familie die erste Herrschaftszeit einer Shogun-Familie (Shogunat). In Deutschland entspricht diese Zeit dem Früh- und Hochmittelalter, also etwa der Zeit des Heiligen Römischen Reiches, in dessen Verlauf sich die Landesgrenzen immer wieder verschoben. Einen einheitlichen Staat gab es, anders als in Japan, in Deutschland damals noch nicht. In dieser Zeitspanne unterhielten Japan und besonders die Kinki-Region internationale Beziehungen vor allem mit Ostasien und der Seidenstraße. Dieser internationale Einfluss ist bis heute in der Region spürbar, und insbesondere Osaka und Kobe gelten als weltoffene Städte mit einem überproportionalen Ausländeranteil. In Kobe sind 3 Prozent der Einwohner Ausländer, im Vergleich zum landesweiten Durchschnitt von rund 1–1,5 Prozent; über 100 Nationalitäten wohnen in dieser Stadt.

Auch die beiden Reichseiniger Oda Nobunaga und Toyotomi Hideyoshi, die im späteren 16. Jahrhundert als Shogune das Land einigten und zentral verwalteten, stammen aus dieser Region. Unter Hi-

Der Todai-ji-Tempel wurde in der Nara-Zeit errichtet. Der Daibutsu – die riesige Buddha-Figur im Tempel – wird von einer furchteinflößenden Wächterfigur »geschützt«.

FOTO RECHTS:
Sake-Fässer im Toshugu-Schrein. Rund 45 Prozent der landesweiten Sake-Produktion findet in der Region Kinki statt.

deyoshi entwickelte sich die Hafenstadt Osaka zum wirtschaftlichen Zentrum des Landes. Diese über so lange Zeit herausragende Stellung hatte auch große Auswirkungen auf die kulinarische, architektonische und internationale Entwicklung der Region und beeinflusst sie noch heute.

Die Industrialisierung brachte für die Region Kinki eine Blüte der Textilproduktion, und in den 20er-Jahren des 20. Jahrhunderts wurde die Gegend um Osaka durch die aufkommende Schwerindustrie zum führenden Wirtschaftszentrum Japans. Nach dem Zweiten Weltkrieg führten jedoch die Zentralisierung des Landes und der hohe Anteil der traditionellen Industriebranchen zunächst zu einem Bedeutungsverlust der Region.

Heutzutage ist die Region jedoch eine der führenden im Bereich der Biotechnologie. Die starke internationale Orientierung von Kobe und Osaka durch die Häfen, die traditionellen Handels- und hervorragenden Verkehrsinfrastrukturen – nicht zuletzt auch durch den neuen Flughafen Kansai – machen die Region nach wie vor zum zweitwichtigsten Wirtschaftszentrum des Landes. Auch wenn der politische Ton heute in Tokyo angegeben wird, haben viele internationale Organisationen ihren Sitz nach wie vor in der Kinki-Region.

Gerade die Region Kinki profitiert dabei sowohl von Industrieclustern beispielsweise im Bereich der Biotechnologie als auch davon, dass sich aus historischen und geografischen Gründen bestimmte Industrien spezialisiert entwickelt hatten. So ist der Hafen Kobe seit jeher ein wichtiger Ein- und Ausgang ausländischer Produkte, Trends und Informationen. Die geografischen und klimatischen Gegebenheiten in der Region um Kobe (insbesondere der Bezirk Nada-ku) und Kyoto (hier besonders der Bezirk Fushimi) begünstigen wiederum die Sakeproduktion, die heute 45 Prozent der gesamten Landesproduktion ausmacht.

Insbesondere die Präfektur Hyogo mit seiner Hauptstadt Kobe – eine Pionierregion hinsichtlich der Industrialisierung und Internationalisierung Japans – weist eine hohe Dichte und Breite produzierender Unternehmen auf. Die Küste der Hanshin-Region wird oft auch als »Panel Bay« bezeichnet, da sie eine der weltgrößten Produktionsstätten für Flachbildschirme und damit eine treibende Kraft der Wirtschaft Kinkis ist. Insgesamt erwirtschaftet die Kinki-Region heute ein vergleichbar großes Bruttoinlandsprodukt wie Australien.

Nijo-jo in Kyoto. Der Palast wurde Anfang des 17. Jahrhunderts fertig- gestellt und 1994 von der UNESCO zum Weltkulturerbe erklärt.

DIE PRÄFEKTUREN IN DER KINKI-REGION

Die sieben zur Kinki-Region zählenden Präfekturen (Hyogo, Kyoto, Mie, Nara, Osaka, Shiga und Wakayama) lassen sich, wenn auch nur bedingt, da Japan ein Zentralstaat ist, mit deutschen Bundes- ländern vergleichen. Sie haben jeweils einen Verwaltungssitz, werden von einem Gouverneur ge- führt und die Präfekturverwaltungen unterhalten eigene Abteilungen für Finanzen, Wohlfahrt, Arbeit usw. Regionalförderung bestand jedoch lange Jahre hauptsächlich aus Finanztransfers sowie öffent- lichen Bauprojekten und Infrastrukturmaßnahmen seitens der Zentralregierung in Tokyo.

Aus westlicher Sicht ist auffällig, dass sich die einzelnen Präfekturen seit einigen Jahren mehr und mehr nach außen orientieren: Sie unternehmen – zusätzlich zur Zentralregierung – verstärkt regio- nale Anstrengungen, um Investoren aus dem Ausland anzuwerben und Touristen für die Region zu gewinnen. Hierfür entwickeln sie beispielsweise eigene Förderprogramme, um ausländische Unter- nehmen bei sich anzusiedeln, und stellen Informationen auch in Englisch und anderen Sprachen bereit. So ist die Informationssuche für ausländische Interessenten – sowohl im wirtschaftlichen als auch im touristischen Bereich – deutlich einfacher geworden.

Dementsprechend haben mittlerweile alle Präfekturen eigene Websites, die meist neben Japanisch auch auf Englisch, Chinesisch und zum Teil auf anderen Sprachen angelegt sind. Im Vordergrund der Selbstdarstellungen stehen dabei neben sehr ausführlichen statistischen Daten vor allem Land-

schafts- und kulinarische Beschreibungen. Japaner reisen sehr gern und viel im eigenen Land, und dem wird Rechnung getragen. Mit zahlreichen Bildern und Reisebeschreibungen werden die Vorzüge der jeweiligen Präfekturen oder Städte beschrieben. Die Naturverbundenheit der Japaner drückt sich dabei nicht nur durch naturnahe Reiseziele, sondern u. a. auch dadurch aus, dass jede Präfektur in Japan voll Stolz neben seinen statistischen Daten auch akribisch ihre eigene Präfekturblume, den Präfekturbaum, -vogel oder -fisch erwähnt. Als Beispiel sei hier die Präfektur Wakayama erwähnt: Ihr Präfekturbaum ist die Steinlinden-Eiche, die Blume die japanische Ume (Pflaume), der Fisch der Thunfisch, und der Präfekturvogel ist der Zosterops japonicus, der Brillenvogel.

Natur als Wirtschaftsfaktor. Neben den kulturellen Sehenswürdigkeiten wissen die Präfekturen mittlerweile auch ihre Naturreservate und Nationalparks als touristischen Anziehungspunkt zu vermarkten.

HYOGO

Die Präfektur Hyogo (jap. Hyogo-ken) erstreckt sich über ein Gebiet von 8393,34 Quadratkilometer und hat knapp 5,6 Millionen Einwohner. Verwaltungssitz ist Kobe, die gleichzeitig die größte Stadt der Präfektur ist und ein kulturelles und industrielles Zentrum Japans ist. Damit ist die Präfektur, die als eine von drei japanischen Präfekturen an beide Meeresseiten Japans grenzt, rund halb so groß wie Schleswig-Holstein oder Thüringen. Mit 667 Einwohnern pro Quadratkilometer ist sie jedoch mehr als dreimal so dicht besiedelt. Die Hauptstadt Kobe zählt mit 1,5 Millionen Einwohnern zu den Großstädten Japans und ist mit 2667 Einwohnern pro Quadratkilometer so stark besiedelt wie beispielsweise Düsseldorf.

Im Norden der Präfektur Hyogo befindet sich das Japanische Meer, im Süden grenzt sie als eine von elf japanischen Präfekturen an die Seto-Inlandsee. Die Präfekturen Okayama und Tottori grenzen im Westen an Hyogo. Das Küstengebiet von Osaka bis an den Westrand von Hyogo ist sehr dicht besiedelt und weist eine hohe Industrie- und Forschungsanlagendichte auf. Im mittleren Teil ist Hyogo gebirgig, die Winter sind kalt mit Schneefällen. Seit 1985 ist Hyogo über die Narutobrücke mit der Insel Awaji verbunden, die ebenfalls administrativ zu Hyogo gehört und zwischen Hyogo und Shikoku liegt.

Gegründet wurde die Präfektur 1868 mit der Öffnung des Hafens von Kobe. Sie umfasste ursprünglich nur einen kleinen Teil des Gebietes und wurde 1876 mit den damaligen alten Präfekturen Shikama, Toyoka und Myodo zum heutigen Präfekturgebiet zusammengeschlossen. Der Hafen ist damit lange schon das Tor, durch das Hyogo sowohl internationale Einflüsse aufnahm als auch abgab. Viele Aspekte der westlichen Kultur, wie beispielsweise Filme oder Golf, kamen über Hyogo nach Japan. Umgekehrt verbreiteten sich japanische Kulturelemente wie Karaoke oder Zeichentrickfilme von Hyogo aus in die Welt.

Ein junger Engländer namens Arthur Groom kam 1868 einundzwanzigjährig nach Japan, um eine Filiale seiner Firma in Kobe zu betreuen. Die Firma ging zwar bald bankrott, aber da er eine Japanerin geheiratet hatte, ließ er sich in Japan nieder und gründete eine eigene Teehandelsgesellschaft. Schon damals wohnten viele Ausländer in Kobe, die ihren Aktivitäten aus dem Heimatland auch in Japan nachgingen. So gründeten sie den Sportverein Kobe Regatta & Athletic Club, mit dem sie europäische Sportarten wie Fußball, Rugby oder Fechten in Japan populär machen. Arthur Groom und seine Clubfreunde waren es schließlich auch, die 1901 im Garten seines Ferienhauses am Rande von

Blick auf den Hafen von Kobe

Kobe in den Bergen den ersten Golfplatz schufen, dem 1904 ein weiterer im Flachland von Kobe folgte. Einer der Söhne des dortigen japanischen Platzwartes wurde Caddie für einen Freund von Groom und später der erste japanische Golfprofi: Kakuji Fukui.

In das Blickfeld der westlichen Welt rückte die Präfektur in jüngster Zeit vor allem durch das große Hanshin-Erdbeben der Stärke 7,3 vom 17. Januar 1995, bei dem rund 6500 Menschen ums Leben kamen, 44 000 verletzt und 300 000 obdachlos wurden. Auch vermeintlich erdbebensichere Gebäude stürzten ein – wie beispielsweise die Hanshin-Autobahn, die über eine Länge von 5 Kilometer zusammenbrach.

Auch wenn es viel Kritik an der Krisenbewältigung durch die öffentlichen Stellen gab, zeigte sich bei dieser Katastrophe jedoch wieder einmal die Stärke Japans, in solchen Situationen zusammen-

Wahrzeichen von Kobe ist der 108 Meter hohe Kobe Port Tower.

zuhalten und in vereinter Anstrengung Zerstörtes wieder aufzubauen. Bereits fünf Tage nach dem Erdbeben hatte die Region beispielsweise wieder flächendeckend Strom! Der Neubau der über 100 000 völlig zerstörten Häuser jedoch dauerte deutlich länger und führte lange Zeit zu einem Mangel an bezahlbaren Wohnungen für die Bevölkerung. Mit rund 100 Milliarden US-Dollar Schadenssumme war es bis dato der größte Schadensfall der Geschichte.

1998 wurde in der Präfektur Hyogo auch die mit 1991 Metern längste Hängebrücke der Welt fertiggestellt, die Akashi-Kaikyo-Brücke. Sie verbindet Kobe mit der Stadt Iwaya auf der Insel Awaji und überbrückt dabei die vielbefahrene Akashi-Meerenge. Während des großen Erdbebens von 1995 war die Brücke gerade im Bau, und die beiden Brückentürme wurden durch das Beben rund einem Meter weit auseinander geschoben! Die Ingenieure passten sich jedoch diesen neuen Gegebenheiten an und bauten die Brücke leicht verändert weiter.

Kulturell erwähnenswert ist vor allem der Adelssitz Himeji-jo, der 1993 zum Weltkulturerbe ernannt wurde, eine Festungsanlage in der gleichnamigen Stadt Himeji, die mit knapp 500 000 Einwohnern zweitgrößte Stadt der Präfektur ist. Erbaut wurde die Burg von 1580–1609, erste Festungsanlagen gab es in Himeji jedoch bereits ab 1333. Faszinierend für den Besucher ist, dass

der Hauptturm von fast allen Seiten zu sehen ist, obwohl kein direkter Weg zu ihm führt. Die Burg gilt als die schönste Japans, und insbesondere zur Kirschblüte pilgern viele Japaner dorthin.

Das erst 2004 eröffnete, vom japanischen Stararchitekten Tadao Ando konstruierte Hyogo Prefectural Museum of Art (Hyogo Kenritsu Bijutsukan) befindet sind in Kobe und beherbergt Sammlungen japanischer und ausländischer Skulpturen, Drucke sowie japanische Bilder, die mit der Hyogo-Präfektur in Zusammenhang stehen. Mit der Eröffnung des Museums wollte man vor allem den Mut der Menschen von Hyogo nach dem großen Hanshin-Erdbeben wiederherstellen. Es bezeichnet sich daher als »A-museum«, wobei das Präfix »a« nicht nur als Negativpräfix zu verstehen ist, sondern für »Amusement« steht. Mit 27 500 Quadratmetern ist es das größte Museum in Westjapan und stellt eine Schnittstelle verschiedener Richtungen der Musik und Kunst, des Theaters und des Films dar.

Weitere Großstädte der Präfektur wie Nishinomiya oder Amagasaki sind trotz der Tatsache, dass sie ebenfalls fast eine halbe Million Einwohner zählen, aus westlicher Perspektive weniger bekannt und weisen auch kulturell oder historisch wenig Nennenswertes auf.

Die Präfektur Hyogo und speziell Kobe hat auch kulinarisch vieles zu bieten: Kobe Beef, bekannt geworden vor allem durch die Tatsache, dass die Tajima-Rinder täglich von ihren Züchtern mit Bier massiert werden, genießt bei Kennern durch seine Zartheit, Marmorierung und reichen Geschmack Weltruf. Beim Verzehr von Tintenfischen (Octopus) mit sagenhaften 60 Prozent des globalen Verzehrs liegt Japan an der Weltspitze; die Einwohner der Kinki-Region, vor allem Kobe, Nara, Kyoto und Osaka, aber verzehren 150 Prozent dessen, was die Tokyoter an Tintenfischen jährlich verspeisen. Das berühmte japanische Fastfood »Takoyaki« (Octopus in Mehlteigbällchen gebacken) hat hier seinen Ursprung und wird durchaus regelmäßig als Hauptgericht gegessen. Durch die Ansiedlung von Ausländern seit Beginn der Meiji-Zeit entwickelte sich speziell in Kobe auch eine breite Konfisieriebranche, und heutzutage sind die Einwohner Kobes führend im Verzehr von Schokolade und Süßwaren.

KYOTO

Die Präfektur Kyoto (jap. Kyoto-fu) umfasst 4613 Quadratkilometer (als Stadtpräfektur eine der flächenmäßig kleineren Präfekturen) und ist Heimat von 2,6 Millionen Einwohnern; Verwaltungssitz ist die gleichnamige Stadt Kyoto, die in einem nur nach Süden offenen Talkessel liegt, was zu sehr schwülen Sommermonaten führt. Die weiteren Großstädte dieser Präfektur sind beispielsweise Ayabe, Fukuchiyama, Yawata und Miyazu, die im Ausland jedoch weitgehend unbekannt sind.

FOTO LINKS:
In den Jahren zwischen 1580 und 1609 wurde die Festungsanlage Himeji-jo in Kobe erbaut.

Die Gassen des Gion-Viertels in der Altstadt von Kyoto sind eine der Hauptattraktionen der Stadt. Hier befindet sich das Vergnügungsviertel Kyotos und hier leben und arbeiten Maishas und Geishas, die immer wieder ein beliebtes Fotomotiv der Besucher sind.

Die Nordküste der Präfektur liegt am Japanischen Meer rund 400 Kilometer südwestlich von Tokyo. Neben Nara ist die Stadt Kyoto für Japan vor allem wegen seiner langjährigen Hauptstadtfunktion bedeutsam. Als »Heian-kyo« wurde Kyoto nach Nara 793 eher zufällig ständige Hauptstadt des Landes und gab diesen Kelch erst 1868 an Tokyo ab. Zunächst hatte sich Kaiser Kammu 784 nach Beratung mit seinen Wahrsagern Nagaoka als Hauptstadt ausgewählt, in der mit Hilfe von 300 000 Arbeitern innerhalb kürzester Zeit ein Palast und weitere wichtige Gebäude errichtet wurden. Dann ereigneten sich jedoch eine Reihe von Unglücksfällen und Intrigen und nach weiterer Konsultation der Wahrsager beschloss er schließlich 794, Heian-Kyo (das heutige Kyoto) als neue Hauptstadt zu errichten.

Kyoto stellt eine neue kulturelle Phase dar, in der man sich mehr und mehr der chinesischen Überfremdung entziehen und eigene Künste entwickeln konnte. Architektonisch unterscheidet es sich daher durch stärkere Schlichtheit, die typisch für japanische Kunst und Architektur ist. In Kyoto entstanden zahlreiche noch heute wichtige Bauten, Schreine, Tempel und Denkmäler (die Baudenkmäler und Gärten der Kaiserstadt Kyoto gehören zum Weltkulturerbe der UNESCO).

Auch kulinarisch und kulturell hat die Hauptstadtfunktion seine Spuren hinterlassen: Die höfische Küche, Ikebana, die Teezeremonie sowie das japanische Theater (No, Kabuki und Kyogen) haben hier ihren Ursprung. Eine große Bandbreite von Speisen wie Kuge ryori oder Yushoku ryori (aris-

tokratische Gerichte), aber auch buddhistisch-vegetarische Gerichte (*fucha ryori* und *shojin ryori*) sind in Kyoto heimisch. Diese vegetarischen Gerichte der japanischen Zen-Tempel unterstreichen die Reinheit, Einfachheit und Frische der verwendeten Zutaten, während Fisch durch mangelnden Seezugang eher weniger gebräuchlich war. Heutzutage ist es vor allem die starke und besondere Verwendung von Gemüse und auch Tofu, die Kyotos Küche auszeichnet.

Die kulturelle Bedeutung Kyotos ist so stark, dass die Stadt trotz der immensen Zerstörungen Japans im Zweiten Weltkrieg fast völlig verschont wurde. So können auch heute noch rund 1600 buddhistische Tempel, 400 Shinto-Schreine, Paläste und Gärten in ihrer fast unveränderten Form besichtigt werden, was Kyoto zum beliebtesten Reiseziel für ausländische Touristen macht.

Die Sehenswürdigkeiten in der Stadt Kyoto allein sind so zahlreich, dass man ihnen in diesem Rahmen kaum gerecht werden kann. Zu den bekanntesten gehört der 794 erbaute Kaiserpalast (Kyoto Gosho), der bis 1868 Residenz des japanischen Kaisers war. Der Palast wurde wie viele der ältesten und bedeutendsten japanischen Gebäude mehrfach durch Feuer zerstört und im Laufe seiner Geschichte ebenso häufig wieder aufgebaut; der Kyoto Gosho allein achtmal, die gegenwärtige Konstruktion datiert das Jahr 1855. Ein 90 Hektar großer prachtvoller Park umrahmt den Palast, der für die Öffentlichkeit zur Besichtigung zugänglich ist.

Zum Aoi-Fest, das am 15. Mai in Kyoto u. a. im Shimogamo- und im Kamigamo-Schrein zelebriert wird, werden Kostüme der Heian-Zeit zur Schau gestellt.

Im Südwesten des Palastes, ebenfalls im Zentrum von Kyoto, befindet sich das Schloss Nijo, dessen Besonderheit die sogenannten Nachtigallböden sind. Werden sie betreten, quietschen diese Böden, sodass es sich anhört, als trällere eine Nachtigall. Auch die Wandmalereien im Schloss mit ihren Tiger-, Reiher- und Kirschbaummotiven sind sehenswert. Das Schloss stellt eines der jüngeren Bauwerke dar, schließlich wurde es »erst« 1601 vom berühmten Shogun Tokugawa Ieyasu erbaut. Seit 1940 ist das Schloss für die Öffentlichkeit zugänglich und gehört seit 1994 zum Weltkulturerbe der UNESCO.

Der Daitoku-ji wiederum ist ein buddhistischer Tempelkomplex, der insbesondere bekannt ist für seine zahlreichen kunstvollen Bauwerke, von denen mehrere eingetragene Nationale Kulturgüter Japans sind. Auch dieser zählt mit seinem Baubeginn 1315 zu den jüngeren Bauwerken Kyotos.

Eines der herausragenden Gebäude Kyotos und ganz Japans: der goldene Tempel Knikaku-ji

Vom Kiyomizu-dera, einem hölzernen Tempel auf Pfeilern, erbaut 798 in einem Berghang, hat man einen sehr schönen Blick auf Kyoto; besonders schön zur Kirschblüte im Frühling oder im Herbst, wenn die Blätter sich verfärben. Aufgrund der hohen Pfeiler, auf denen der Tempel steht, hat sich in Japan das Sprichwort entwickelt »vom Kiyomizu-Balkon springen«, wenn man sich zu etwas durchringen will.

Besonders eindrucksvoll und eine der bekanntesten Sehenswürdigkeiten ist der Goldene Tempel (Kinkaku-ji), der 1394 erbaut wurde und seinen Namen – leicht erkennbar – aufgrund seiner goldenen Außenwände erhalten hat. Demgegenüber steht der so genannte Silberne Tempel (Ginkaku-ji), der rund 100 Jahre später erbaut wurde (1482), nicht silberfarben, da er die geplante Außenfarbe nie erhalten hat. Wie bei vielen Tempeln befindet sich auch der Ginkaku-ji in einem sehr schön angelegten Zen-Garten. Für Japaner ist dieser Tempel sehr wichtig, da hier die Teezeremonie, die Tuschemalerei, das No-Theater und weitere Künste zelebriert und entwickelt wurden.

Der Tempel Ryoan-ji ist vor allem bekannt geworden durch den berühmtesten Zen-Garten Japans in seiner Anlage aus dem 15. Jahrhundert. Der Garten besteht aus fein geharktem Kies auf einer Fläche von nur 300 Quadratmetern (30x10 Meter), in dem scheinbar zufällig 15 Steine in 5 Gruppen platziert sind. Für den Betrachter erstaunlich ist, dass aus keinem Blickwinkel alle 15 Steine gleichzeitig gesehen werden können, auch wenn – insbesondere ausländische – Touristen dies gerne zu widerlegen versuchen.

Für Ausländer besonders interessant ist der Bezirk Gion, auch bekannt als Geisha-Bezirk, da man hier einen (heutzutage eher künstlich anmutenden) Hauch der alten Geisha-Zeit erhaschen kann. Heute ist der Bezirk das Vergnügungsviertel von Kyoto, vor allem wegen seines Kabuki-Theaters, der Karaoke-Bars, der Restaurants und natürlich wegen der Maikos und Geishas. Auch wenn man in Kyoto aufgrund der Architektur noch viel von der alten Zeit spüren kann, so ist die Stadt doch sehr modern – so modern, dass sie 2005 eine Werbekampagne durchführte, während der alle Menschen, die einen Kimono trugen, gratis U-Bahnen und Busse benutzen durften.

Landschaftlich gesehen weist die Kyoto-Präfektur mit der Amanohashidate (wörtlich Himmelsbrücke) in der am Japanmeer gelegenen Stadt Miyazu eine der drei schönsten Landschaften Japans auf. Tatsächlich handelt es sich bei dieser »Brücke« um eine rund 3,6 Kilometer lange natürliche Sandbank mit einer der schönsten Aussichten Japans. Der Küstenabschnitt ist gleichzeitig auch zum Sanin-Küstennationalpark erklärt worden.

Kiyomizu-dera in Kyoto

MIE

Die Präfektur Mie (jap. Mie-ken) erstreckt sich über ein Gebiet von 5777,12 Quadratkilometern und hat knapp 1,9 Millionen Einwohner; Verwaltungssitz ist Tsu mit nur 288 000 Einwohnern. Im Ausland ist die Präfektur leider weitgehend unbekannt, obwohl sie drei weltbekannte Attraktionen aufweist: den Ise-Schrein, die Rennstrecke Suzuka und die Mikimoto-Perleninsel.

Die Präfektur liegt auf der östlichen Seite der Kii-Halbinsel und wird im Osten durch die Bucht von Ise und im Süden durch die Kumano-See begrenzt und umringt von Bergen. Mehr als ein Drittel seiner Fläche ist als Nationalparks ausgewiesen. Die nördliche Küste hingegen besteht aus einer langen, stark industrialisierten Ebene mit Industriestädten wie Yokkaichi. Die weiter südlich gelegene Stadt Matsusaka ist im ganzen Land für hervorragendes Rindfleisch bekannt, das sich bei Japanern hinsichtlich der Beliebtheit mit dem im Ausland bekannteren Kobe-Beef ein heißes Kopf-an-Kopf-Rennen liefert. 100 Gramm kosten im Supermarkt rund 30 Euro (über 5000 Yen).

»Ama« werden die Perlentaucherinnen genannt, die in der Ise-Bucht nahe Toba nach Perlen und kostbaren Meeresfrüchten tauchen. Ihre Arbeit ist äußerst anstrengend, bringt aber auch an erfolgreichen Tagen einen äußerst guten Verdienst mit sich.

Der heiligste Schreins Japans, der Ise-Jingu, befindet sich in der Stadt Ise im Süden der Präfektur. Rund ein Drittel der 179 Quadratkilometer großen Stadt mit seinen nur 100 000 Einwohnern werden vom Schrein eingenommen, der – obwohl man als Besucher kaum mehr als das Dach sehen kann und darf – jährlich von über 5 Millionen Gästen besucht wird. Quellen zufolge wurde der ursprüngliche Schrein im Jahre 4 v. Chr. erbaut, die meisten Historiker datieren den Schrein jedoch auf einige hundert Jahre später, nämlich um 690. Die heutzutage sichtbaren Gebäude stammen jedoch aus dem Jahr 1993, da Schreine üblicherweise mit großem finanziellen Aufwand und spektakulären Zeremonien alle 20 Jahre neugebaut werden.

Die 62. Iteration des Baus wird also im Jahr 2013 stattfinden; die Vorbereitungen dazu haben bereits 2005 begonnen und viele Feierlichkeiten werden in den kommenden Jahren dazu stattfinden, sodass sich allein dazu ein Besuch sicherlich lohnt. 2007 wurde beispielsweise in der Okihiki genannten Zeremonie das Bauholz für den Neubau herbeigetragen. Der Schrein selbst besteht aus zwei rund sechs Kilometer voneinander entfernten Gebäudekomplexen, die durch einen heiligen Wald miteinander verbunden sind: Der äußere Schrein, Geku, ist Toyoke, der Göttin für Lebensmittel, Kleidung und Wohnung gewidmet; der innere Schrein, Naiku, der Sonnengöttin Amaterasu. Besucher können zwar den historischen Wald betreten, haben jedoch keinen Zugang zu den durch hohe Holzzäune verborgenen Schreinen. Auch wenn es in Japan äußerlich wesentlich schönere Schreine gibt, so liegen doch hier die geistigen Wurzeln Japans, was den Schrein so anziehend macht. Darüber hinaus kann man auch den täglichen Zeremonien beiwohnen, wenn beispielsweise Toyoke als Göttin für Lebensmittel Amaterasu mit Nahrungsmitteln versorgt.

Die Präfektur ist auch Heimat von Kokichi Mikimoto, dem berühmten Perlenzüchter. Er wurde 1858 als Sohn eines armen Nudelmachers in der Hafenstadt Toba auf der japanischen Halbinsel Ise geboren. Auf einer Reise nach Yokohama entdeckte er seine Faszination für Perlen und begann nach seiner Rückkehr, neben Nudeln auch mit Perlen zu handeln. Nach dem Tod seines Vaters kümmerte er sich allein um die Ernährung der Familie und machte sich nach und nach einen Namen in seiner Heimatstadt, wurde Mitglied des Stadtrates und kümmerte sich um die wirtschaftliche Entwicklung seiner Region. Als sich in der zweiten Hälfte des 19. Jahrhunderts durch die hohe weltweite Nachfrage die natürlichen Perlmuschelvorkommen mehr und mehr erschöpften, forschte er sowohl nach der Verbesserung der Lebensbedingungen der Muscheln im Meer, begann aber auch erste Versuche, Perlmuscheln in Farmen künstlich zu züchten.

Japans Kaiser Akihito erstattet in traditioneller Hoftracht am 27.11.1990 in einer feierlichen Zeremonie im Ise-Schrein seiner ältesten Vorfahrin, der Sonnengöttin Amaterasu, Bericht über seine Thronbesteigung.

Horyu-ji-Tempel in Nara mit
der fünfstöckigen Pagode im
Hintergrund

Ermutigt wurde er dabei von namhaften Wissenschaftlern, die er 1890 bei der Verleihung des Großen Preises auf der Nationalen Industrieausstellung kennengelernt hatte. Nach gescheiterten Versuchen mit Kernen aus Korallen und Fischschuppen und zahlreichen anderen Misserfolgen begann er
mit Kernen aus Perlmutt, die 1893 erste Erfolge zeigten. Obwohl diese Perlen nur halbrund waren,
ließ er sich sein Verfahren patentieren und begann mit Massenproduktion – auf einer kleinen un-
bewohnten Insel namens Ojima Island, die er dafür pachtete. Nach und nach wurde seine Technik
ausgereifter, und er taufte seine Neuschöpfungen Mikimoto-Perlen.

Als für seine Zeit begnadeter Marketingstratege eröffnete er nicht nur ein Geschäft im lebhafteren
Tokyo, sondern verschenkte seine Perlen auch an den japanischen Kaiser und Königshäuser in Europa, nahm an vielen internationalen Außstellungen teil, veröffentlichte eigene Kataloge – wohlwis-
send, damit einen neuen Schmucktrend auszulösen. Der Gedanke, komplett runde Perlen zu züchten, ließ ihn dennoch nie los, und er experimentierte auf seiner Insel weiter, um herauszufinden,
wie sich diese züchten ließen. Schließlich war er mit der Technik, die Kerne in Glyzerin einzutau-
chen und in lebendes Mantelgewebe der Muschel einzufügen, erfolgreich und ließ sich dieses Verfahren 1908 patentieren. 1954 starb Mikimoto im Alter von 96 Jahren, aber sein Unternehmen und
die Insel, die mittlerweile ihm zu Ehren Mikimoto-Insel heißt und ein gleichnamiges Museum beherbergt, existieren noch heute.

Schließlich weist die Präfektur in Suzuka eine Rennstrecke auf, auf der von 1987 bis 2006 Formel-
1-Rennen gefahren und der Große Preis von Japan ausgetragen wurde. Der 5,8 Kilometer lange Kurs
ist weltweit der einzige Kurs in Form einer Acht. Er wurde 1962 von der Firma Honda, die nach wie

vor Eigentümer der Strecke ist, in Betrieb genommen. Die Anlage ist darüber hinaus auch ein Ver-gnügungspark und schloss sich 2006 mit der Strecke Twin Ring Motegi in der Präfektur Tochigi zu-sammen in die Firma Mobilityland Corporation. 2007 verlor Suzuka den Großen Preis von Japan an den Konkurrenten Toyota, der seinen Fuji Speedway modernisiert und redesignt und damit das Ren-nen wieder an den Fuji zurückgewonnen hatte. Daraufhin schloss Suzuka seinen Kurs ebenfalls wegen Renovierungen. Schließlich einigte man sich darauf, ab 2009 den Großen Preis von Japan ab-wechselnd auf diesen beiden Strecken auszutragen – eine typisch japanische Lösung.

Jedes Jahr lockt der Horu-ji-Tempel viele Tausend Touristen an.

NARA

Nara (jap. Nara-ken), eine der nur sechs Präfekturen Japans ohne Küstenlinie, erstreckt sich über ein Gebiet von 3691,09 Quadratkilometern mit 1,4 Millionen Einwohnern. Verwaltungssitz der Prä-fektur ist die gleichnamige Stadt Nara. Vor der Meiji-Restauration war die Präfektur Nara auch als Provinz Yamato bekannt und lange Zeit politisches Zentrum Japans. Die Hauptstadt Nara war die erste ständige Hauptstadt Japans. Durch diese historische Funktion gibt es noch heute zahlreiche gut erhaltene Baudenkmäler und Gärten aus der Kaiserstadt Nara (zum Beispiel darunter Horyu-ji, Todai-ji, Kofuku-ji, Kasuga-Schrein, Gango-ji, Yakushi-ji, Toshodai-ji und die Überreste des Heijo-Palastes), die als Ganzes seit 1998 in der Liste des UNESCO-Weltkulturerbes eintragen sind.

Während der Nara-Zeit von 710–784 nahm unter der Regierung der Kaiserin Suiko und dem Re-genten Shotoku der Einfluss des von China kommenden Buddhismus zu. Innerhalb weniger Jahr-

zehnte wurden über 500 Klöster und Tempel gebaut. Der besterhaltene davon ist der 607 erbaute Horyu-ji in der Nähe der Stadt Nara, ein einzigartiges Zeugnis japanischer Holzarchitektur. Durch diesen Einfluss ist die gesamte Stadt Nara sehr chinesisch geprägt worden, angefangen von der symmetrisch angelegten Stadtarchitektur über Etikette, Kleidung, Amtssprache usw. Ebenso ist der Todai-ji (gebaut ab 745) ein großartiges Beispiel für buddhistische Architektur. Er beherbergt die größte buddhistische Bronzestatue und ist das größte rein aus Holz gebaute Gebäude der Welt.

Die lange Geschichte von Nara hat auch eine reiche Vielfalt traditioneller Handwerkskunst hervorgebracht: Unter den Kunstwerken der Shoso-in-Schatzkammer findet man zahlreiche Beispiele von Nara-shikki (Lackarbeiten) und Kogaku-men (Maskenschnitzerei). Eine spezielle Schnitzart, das Ittobori, hatte ihre Anfänge in der Schnitzerei von Puppen, die in der Heian-Zeit (794–1185) für Zeremonien des Kasuga-Taisha-Schreins verwendet wurden. Auch die Rundfächer aus Nara, berühmt wegen ihrer kunstvollen Darstellung der Naturschätze Naras auf gefärbtem Papier, haben ihren Ursprung im Kasuga-Taisha-Schrein. Der Teebesen für die Teezeremonie (chasen), wurde in Nara von Sogei Takayama im Auftrag von Juko Murata (1422–1502), einem berühmten Teemeister, erfunden.

An den Hängen der Yoshino-Berge südlich von Nara schließlich stehen über 100 000 Kirschbäume, deren Blütenpracht jedes Jahr für viele Besucher sorgt und eine weitere Attraktion der Präfektur ist. Dieser Anblick ist ähnlich berühmt wie Arashiyama (nahe Kyoto) und wird oft auf Bildern dargestellt oder in Gedichten zitiert.

Die Halle, in dem sich der Daibutsu befindet, ist das größte aus Holz gebaute Gebäude der Welt.

Blick von der Burg von Osaka auf
die Stadt

OSAKA

Die Präfektur Osaka (jap. Osaka-fu) nimmt eine Fläche von 1897,20 Quadratkilometern ein und ist mit 8 829 148 Millionen Einwohnern eine der dichtbesiedeltsten Regionen Japans (4600 Einwohner pro Quadratkilometer in der gesamten Präfektur). Die Stadt Osaka selbst ist mit über 11 000 Einwohnern pro Quadratkilometer fast genauso dicht besiedelt wie Tokyo (Zum Vergleich: München oder Berlin weisen 4200 und 3800 Einwohnern pro Quadratkilometern auf).

Mit der Burg von Osaka, dem Shintennoji-Tempel und dem Sumiyoshi-Schrein bietet Osaka vergleichsweise wenig touristische historische Sehenswürdigkeiten auf; selbst die offizielle Touristeninformation verweist auf lediglich fünf Museen und ansonsten auf seine modernen Shoppingmöglichkeiten, beispielsweise in Dotombori, einem bekannten Viertel mit vielen Restaurants und Geschäften und farbenfrohem Ambiente, das häufig auch als Filmkulisse verwendet wird. In den dortigen Restaurants kann man die spezielle Osaka-Küche genießen.

Die 1931 erbaute Burg von Osaka (Osaka-jo) ist ein Nachbau der 1583 errichteten Burg von Hidetoshi Toyotomi. Im 16./17. Jahrhundert blühte Osaka als Zentrum des Handels auf. In dieser Zeit wurden auch viele der noch heute bekannten Festivals (*matsuri*) etabliert. Das im späten 17. Jahrhundert eingeführte »Tenjin Matsuri«-Festival beim Temmangu Schrein ist hierfür ein Beispiel; es gilt als eines der größten und berühmtesten Festivals in Japan. Eine Parade von 100 geschmückten Booten fährt den Osaka-Fluss entlang und beleuchtet ihn abends stimmungsvoll mit Fackeln.

Mit dem 103 Meter hohen Tsutenkaku-Tower, der die Skyline des »Shin-Sekai«-Gebietes von Osaka dominiert, bietet Osaka vor allem moderne Symbole. Der Turm wird abends farbenfroh illuminiert;

die Neonlampen auf dem obersten Stockwerk symbolisieren dabei das Wetter des kommenden Tages: Sonnenschein wird durch weiß angekündigt, während orange und blau auf bedeckten Himmel mit späterem Regen hinweisen. In der Shin-Sekai-Gegend kann man nicht nur gut essen und ausgehen, die erhaltene nostalgische Atmosphäre der Stadt hat sie auch zu einem beliebten Touristenziel werden lassen.

Osaka bzw. die Kinki-Region weist traditionell eine hohe Konzentration führender in- und ausländischer Nahrungsmittel- und Pharmaunternehmen sowie damit verbundener Forschungsinstitutionen auf. Von den 15 umsatzstärksten (Daten für das Jahr 2000) pharmazeutischen Unternehmen Japans sind acht in der Kinki-Region beheimatet (Takeda, Shionogi, Fujisawa, Tanabe, Welfide, Dainippon, Ono, Santen). Auch internationale Großkonzerne wie beispielsweise Procter & Gamble oder die deutschen Unternehmen Bayer Yakuhin, Nihon Schering, Nippon Boehringer Ingelheim und Henkel Japan haben hier ihren Japan-Hauptsitz und oft auch ihr Asien-Headquarter.

In jüngster Zeit hat sich die Region vor allem einen Namen in der Biotechnologie gemacht. Sowohl die Zentralregierung als auch die Region selbst bauen seit einigen Jahren Cluster in verschiedenen Regionen auf und initiieren Förderprojekte in wirtschaftlicher und wissenschaftlicher Hinsicht. In Kinki gibt es eines der wichtigsten Biotechnologie-Cluster, den Saito-Life Science Park.

Kulinarisch hat Osaka viel zu bieten; lange Zeit nannte man es daher auch die Stadt der Völlerei (*kuidaore*). Als Stadt des Handels lautet die Philosophie der Einwohner auch heute noch: »Guter Geschmack wird vorausgesetzt, muss aber günstig sein«. Basis für viele Gerichte ist Mehl: Okonomiyaki (eine Art Pfannkuchen mit allerlei Füllungen wie Kohl, aber auch Tintenfisch oder Krabben und einer süßlich-rauchigen Soße; Okonomi bedeutet dabei »nach eigenen Geschmack«, d. h. jeder stellt sich seine Zutaten nach eigenem Gusto zusammen – seien es Eier, Gemüse, Früchte oder anderes),

Takoyaki, Udon-Nudeln und Osakazushi sind dabei die speziell für Osaka bekannten Spezialitäten. Die Sushi-Variante, für die Osaka berühmt ist (Osaka-Sushi), wurde im 19. Jahrhundert von ansässigen Köchen entwickelt, die eine spezielle Sushi-Art als eigenständige Besonderheit ihrer Stadt erfinden wollten. Oshizushi bedeutet »gepresstes Sushi«, und die Sushi-Bissen werden in einer eckigen Holzbox in Form gebracht und sind daher auch rechteckig - im Gegensatz zu der im Ausland eher bekannten Form des Nigiri-Sushi, bei dem die Sushi-Häppchen von Hand geformt werden und eher rundlich-länglich sind. Die Köche verwendeten dabei insbesonders teure Fischsorten wie Seebrassen (eine Karpfen-Art), Seeaal und Krabben.

SHIGA

Gegenüberstellung von Tradition und Moderne: Die Burg von Osaka ragt zusammen mit Hochhäusern der Stadt gen Himmel

Die Präfektur Shiga (jap. Shiga-ken) umfasst 4017,36 Quadratkilometer bei 1,4 Millionen Einwohnern und ist damit flächenmäßig die zehntkleinste Präfektur Japans und nur rund viereinhalbmal so groß wie Berlin. Verwaltungssitz der Präfektur Shiga ist Otsu. Obwohl Shiga eine von nur sechs Präfekturen ohne Meeresküste ist, spielt Wasser eine zentrale Rolle in dieser Präfektur, da der Biwa-See ein Sechstel ihrer Fläche ausmacht. Die Ausläufer des Biwa-Sees und das frische Tiefenwasser von

seinen umliegenden Bergen Ibuki-san, Hira-san and Hieizan machen die Region zu einem exzellenten Reisanbaugebiet.

Der Biwa-See ist mit vier Millionen Jahren einer der ältesten Seen der Welt, vergleichbar mit dem Baikalsee in Russland oder dem Tanganyika in Ostafrika. Ausdruck dafür sind ca. 60 verschiedene Fischarten, 40 Arten von Schalentieren, einige davon sind endemisch. Über 400 große und kleine Flüsse, die in den umliegenden Bergen ihren Ursprung haben, fließen in den Biwa-See, der an seiner schmalsten Stelle 1,3 Kilometer breit ist und dort von der Biwako-Brücke überquert wird. Einziger Abfluss ist jedoch der Fluss Yodo, der dem See im südlichen Abschnitt bei Otsu entspringt, dann die Präfektur Kyoto südöstlich durchfließt und schließlich in der Bucht von Osaka in den Pazifik mündet. Auch kulinarisch beeinflusst der See die Präfektur stark; die dort lebenden Süßwasserfische wie Karausche oder Ayu sind Delikatessen der regionalen Küche. Der Vorläufer des modernen Sushi stammt von hier – in Form von eingelegten Karpfen-Sushi.

Kulturell bietet die Präfektur eines der größten Naturkundemuseen Japans, spezialisiert auf den Biwa-See, sowie das größte Opernhaus Westjapans. Im Ausland ist die Präfektur jedoch weitgehend unbekannt.

Am Fluss Dotonbori in Osaka

WAKAYAMA

Die Präfektur Wakayama (jap.: Wakayama-ken) erstreckt sich über ein Gebiet von 4726,25 Quadratkilometer und hat nur rund eine Million Einwohner – mehr als ein Drittel davon in seiner Hauptstadt und dem Verwaltungssitz, der gleichnamigen Stadt Wakayama. Mit 216 Einwohnern pro Quadratkilometer sind nur wenige andere Präfekturen in Japan (beispielsweise Tokushima oder Kochi auf Shikoku oder die Insel Hokkaido) so dünn besiedelt. Zurückzuführen ist dies zu einem großen Teil auf seine etwas abgeschiedene Lage auf der südwestlichen Seite der Kii-Halbinsel. Wakayama-ken ist eine der niederschlagsreichsten Regionen Japans.

Ein großer Teil der 600 Kilometer langen Küstenlinie grenzt an die Seto-Inlandsee. Wakayama ist für seine schöne Natur bekannt, vor allem in Verbindung mit den zahlreichen heiligen Bergen und Shinto-Stätten. Die Küstenabschnitte bei Shirahama, Kushimoto und Yura sind vor allem im Sommer beliebte Ausflugsziele der Japaner.

Die gesamte Region besteht fast nur aus Küste und Bergen – mit einigen Stränden und vielen heißen Quellen (*onsen*). Die Präfekturverwaltung Wakayamas preist stolz eine Reihe von Rekorden bezüglich ihrer Onsen an: Das Ryujin Onsen beispielsweise kann auf eine über 1300-jährige Geschichte zurückblicken und gilt als eines der schönsten des Landes. Das Sennin Buro im Kawayu Onsen ist insofern einzigartig, da hier ein Flussbecken als Onsen genutzt wird und 1000 Personen gleichzeitig in das 73 Grad heiße Onsen-Becken eintauchen können.

Der Kumano Sanzan sowie der Berg Koya und die zugehörigen Pilgerrouten wurden im Jahr 2004 in Verbindung mit den heiligen Stätten in Yoshino/Omine in der Präfektur Nara als Weltkulturerbe »Sacred Sites and Pilgrimage Routes« in die Kii Mountain Range aufgenommen; er ist sowohl für Buddhisten als auch für Shintoisten von großer Bedeutung. Die gesamte Pilgerroute des Omine-san war übrigens – wie viele andere heilige Berge in Japan – für Frauen bis in die 1960er-Jahre verboten; einige spezielle Plätze sind sogar noch immer für Frauen unzugänglich.

Im Yoshino-Kumano-Nationalpark liegt auch einer der berühmtesten Wasserfälle Japans, der Nachi. Rund 8 Millionen Menschen reisen jährlich an, um zu beobachten, wie die Wassermassen 133 Meter in die Tiefe stürzen. Der Nachi ist einer von insgesamt 48 Wasserfällen in diesem Gebiet und wetteifert mit dem Kegon-Wasserfall in Nikko und dem Fukuroda-Wasserfall in der Ibaraki-Präfektur um Schönheit.

W N O S

SÜDKOREA

Maemul
Kuki
Tsushima
Korea Str.
Mi
Chūgoku
Tsuno
Yamagichi
Tsushima Str.
Hibiki Bucht
Tokuyama
Shimonoseki
Hōfu
Kitakyūshū
Ube
Hōjo
Iki
Genkai Bucht
Suō Bucht
Iyo Bucht
Iki Str.
Fukuoka
Hirado
Kasuga
Beppu
Beppu Bucht
Hōjo
Kurume
Ōita
Sasebo
Saga
Kuju-San 1783
Gotō
Nakadori
Ariake See
Ōmuta
Inseln
Shimbara Bucht
Kyūshū-
Nagasaki
Kumamoto
Nobeoka
Fukue
Tachibana Bucht
Gokase
Amakusa Bucht
Yatsushiro
Kyūshū
Yatsushiro See
Hyūga Bucht
Ostchinesisches
Berge
Miyazaki
Koshikijima
Hyūga Bucht
Inseln Koshiki
Kagoshima
Miyakonojō
Kago-shima Bucht
Shibushi Bucht
Meer
Ōsumi Str.
Kuro
Ōsumi-Inseln
Tanega
Kuchinoerabu
Miyanoura-Dake 1935 Yaku
Tanegashima Str.
Tokara-
Kuchino
Kuchinoshima Str.
Nakano
Nakanoshima Str.
Suwanose
Suwanose Str.
Inseln
PAZIFISCHER
Amami-
Naze
Kikai
Meer
Tokuno
Inseln
OZEAN
Okinoerabu
Miyako-
Miyako
Tarama
Inseln
Iheya
Yoron
Sakishima-
Yonaguni
Yaeyama-
Okinawa
Aguni
Nago Bucht
Okinawa
Iriomote
Ishigaki
Kume
Inseln
Okinawa
Inseln
Inseln
Urasoe
Okinawa
Haterma
Toka-shiki
Nagagusuku Bucht
Naha

0 200 400 600
km

KYUSHU

EINLEITUNG

Kyushu ist die drittgrößte und südlichst gelegene der vier Hauptinseln des japanischen Archipels. Mit der Öffnung Japans und der Abschaffung des Feudalismus Mitte des 19. Jahrhunderts wurden landesweit auch die Verwaltungen zentralisiert. Im Zuge der Errichtung eines Präfekturalsystems ersetzte die Regierung unter Kaiser Meiji im Jahre 1871 in Kyushu jene neun (*kyu*) Provinzen (*shu*), aus denen sich der Name »Kyushu« herleitete, durch neue Verwaltungseinheiten, den sieben Präfekturen Fukuoka, Saga, Nagasaki, Kumamoto, Oita, Miyazaki und Kagoshima. Der Terminus »Region Kyushu« umfasst neben zahlreichen Nebeninseln auch die Präfektur von Okinawa. Insgesamt teilen sich heute hier ca. 14,7 Millionen Menschen (etwa ein Neuntel des Bevölkerungsanteils Japans) eine Fläche von 44 451 Quadratkilometern.

Kirschblütenpracht vor den Toren von Fukuoka

FOTO RECHTS:

Auch dies ist eine Seite der Region Kyushu – tropisch anmutende Szene im Golf von Kawahira nahe der Insel Ishigaki-jima.

Kyushu erhielt im Laufe der Zeit unterschiedliche Beinamen. Als »Wiege der japanischen Kultur« wird das Land von Historikern bezeichnet, denn die Dynastie der Kaiser, mit der Japans Geschichte begann, soll den Mythen nach in Kyushu ihre Wurzeln haben. Der Volksmund spricht vom »Feuerland« (*hi-no-kuni*) und meint damit das feuerspeiende Vulkanmassiv in der zentral gelegenen Region um Kumamoto. Als Standort der modernen, verarbeitenden Industrie bezeichnet man sich im 21. Jahrhundert gerne selbst als »Silicon Island«. Und in der Hauptstadt und anderen Metropolen Honshus hört man zuweilen mit gen fernen Westen gewandtem Blick den Begriff »Hinterwäldlerregion«, dauerte doch früher eine Reise von Kyushu bis in die Hauptstadt Edo per Schiff und über Land etwa 30 Tage.

Ob diese knappen Schlagwörter wirklich auf Kyushu zutreffen oder nur wider besseren Wissens oder aus Vorurteilen entstanden sind, darüber versucht das folgende Kapital Aufschluss zu geben. Wir werfen einige Blicke in die Zeit zwischen »Wiege« und »Silicon« – dahin, wo eine Menge Geschichte verborgen liegt: alte Kontakte nach China und Korea, unerlässliche Kulturimporte, aber auch Eroberungsversuche von Streitmächten aus dem nahegelegenen Festland. Ein Jahrhundert wird gezeigt, in dem plötzlich europäische Schiffe an der Küste Kyushus ihre Anker setzten und Passagiere von Bord gingen, die bald darauf begannen, Handel zu treiben und das Christentum zu verbreiten.

Den Einwohnern Kyushus wird nachgesagt, sie seien gesellige Menschen und kräftige Shochu-Trinker. Shochu, gebrannt aus Süßkartoffeln, Zuckerrohr, Gerste, Buchweizen oder Reis, ist ein landesweit beliebtes, stark alkoholisches Getränk und die japanische Antwort auf Whisky und Brandy. Um die Richtigkeit eines solchen Gerüchtes überprüfen zu können, reise man am besten selbst nach Kyushu.

GEOGRAFIE

Kyushu, historisch «Westmeerbezirk» (*saikai-do*) genannt, wird von über 1600 Nebeninseln um-säumt. Die meisten der Inseln erstrecken sich entlang der Westküste oder sind Bestandteil der süd-lich von Kagoshima im Ostchinesischen Meer gelegenen Südwestinseln (Nansei-shoto). Zu Kyushu gehören auch Iki und die von über 41 000 Menschen besiedelte Insel Tsushima im maritimen Grenz-bereich zu Korea, nur 50 Kilometer von der koreanischen Hafenstadt Pusan entfernt.

Natürliche Landschaftseinheiten greifen oft über verwaltungstechnische Gliederungen hinweg, so-dass sich Kyushu geographisch in einen nördlich-zentralen und einen südlichen Teil aufgliedern lässt. Die Nordspitze Kyushus ist von Honshu lediglich durch die an der engsten Stelle nur einen Kilometer breite Kammon-Meerenge getrennt. Nord-Kyushu ist eine Mischung aus sanft geschwun-genem Bergland, einigen ausgedienten Vulkanen und fruchtbaren Küstenebenen. Die von drei Sei-ten vom Meer eingeschlossene Präfektur Fukuoka ist Standort für die beiden Millionenstädte Fuku-oka und Kitakyushu sowie für die größte Industriekonzentration auf Kyushu. Saga, die kleinste der sieben Präfekturen im Nordwesten, grenzt an die Genkaisee, die Tsushimastraße und das Ariake-Binnenmeer. Außerhalb der Städte Saga und Karatsu nehmen hier die Land- und Forstwirtschaft fast zwei Drittel der insgesamt zur Verfügung stehenden Fläche für sich in Anspruch. Die Präfektur Oi-ta im Nordosten hingegen besteht fast gänzlich aus einer Berglandschaft, die nur hin und wieder von schmalen Küstenebenen unterbrochen wird.

Krater des Aso-san

Kumamoto befindet sich im Zentrum von Kyushu. Die Provinz grenzt – wie Saga auch – an die Ariake-Inlandsee und weiter westlich an die Amakusa-Inselgruppe. Sie ist umgeben von den Präfekturen Fukuoka im Norden, Miyazaki im Osten und Kagoshima im Süden. Die äußerst gebirgige Landschaft besitzt ein Vulkanmassiv voller erloschener, aber auch aktiver Vulkane und heißer Quellen.

Der Berg Aso im Zentrum des Aso-Kuju-Nationalparks gehört zu den aktivsten Vulkanen Japans. In seiner vor Tausenden von Jahren entstandenen Caldera (Krater), die mit ihrer Ausdehnung von 25 Kilometern Durchmesser und einem Gesamtumfang von über 100 Kilometern zu einem der größten Vulkankrater weltweit zählt, existieren fünf Vulkane. Der Taka-dake ist mit 1592 Metern zwar die höchste Erhebung, der nicht ganz so hohe Naka-dake ist aber wegen seines noch aktiven Kraters der eigentliche Star der Gruppe und daher auch entsprechend touristisch erschlossen. Besucher können sich mit dem Taxi oder Bus bis etwa 1 Kilometer an den Kraterrand chauffieren lassen. Von dort aus blickt man auf eine atemberaubend zerklüftete, vegetationslose und aus dem Erdinneren heraus qualmende Lavalandschaft. Für den Fall eines plötzlichen Ausbruchs stehen Schutzbunker aus Beton in der Nähe.

Unterhalb des Aso zieht sich die 1 000 Kilometer lange tektonische Medianlinie (MTL) quer durch das Landesinnere und verläuft dann über die Inlandsee hinüber nach Shikoku und weiter hoch in die Region Chubu in Zentraljapan. Auf ihrem Bruchstufenrand sitzen die beiden höchsten Berge Kyushus, der Sobo-san (1756 Meter) und der Kunimi-dake (1739 Meter).

Das besondere der Region Kyushu ist die Vielzahl der Inseln, die zur südlichsten Region Japans gezählt werden: Insgesamt sind es über 1600.

Zwischen Nagasaki und Kumamoto liegt ein weiterer Nationalpark, der Unzen-Amakusa-National-park. Und auch in diesem erhebt sich ein noch tätiger Vulkan, der Unzen-dake. Im Jahre 1792 hat-te dieser seinen historisch wohl gewaltigsten Ausbruch, bei der die nahegelegene Stadt Shimabara von einem durch eine Lawine ausgelösten, 20 Meter hohen Tsunami fast völlig zerstört und über 15 000 Menschen getötet wurden.

Nach einer fast zwei Jahrhunderte andauernden Ruhepause zeigten sich 1989 erstmals wieder seis-mische Tätigkeiten in der Nähe des Unzen. Die daraufhin folgende Eruption im Juni 1991 schuf ei-ne neue Erhebung, den 1486 Meter hohen Heisei-Shinzan («Heisei» nach der gegenwärtigen Epoche des japanischen Kaisers Akihito). Andererseits zerstörten die glühenden Lavaströme viele Quadrat-kilometer Ackerland und zwangen mehrere tausend Einwohner zur Umsiedlung. Obwohl die in der Gefahrenzone lebenden Menschen von den Behörden rechtzeitig evakuiert worden waren, kam es zu einem tragischen Unfall. Eine durch die Bildung eines pyroklastischen Stromes entstandene Feu-erwalze stürzte unerwartet in ein benachbartes Tal, wo sie 43 Journalisten und Wissenschaftler er-fasste, die diesem Naturspektakel als Zeugen beiwohnen wollten. Unter den Getöteten bzw. Ver-missten befand sich auch das französische Ehepaar Krafft, zwei damals berühmte Vulkanologen,

Reisfelder bei Shimabara am Fuss
des Unzen-Vulkans

etliche Fotografen, Forscher und Bergführer – aber auch ein paar Bauern, Studenten, Polizisten und zwei Hilfskräfte, die gerade zufällig alte Wahlplakate entfernten.

Mittel- und Südkyushu werden vom Kyushu-Gebirge eingenommen, das aus fast parallel angeordneten Schichten kristallinischen Schiefers und aus trias- und kreidezeitlichem Gestein besteht. Die Präfektur Kagoshima an der südwestlichen Spitze Kyushus umfasst eine Kette von Inseln, die sich einige hundert Kilometer weit gen Südwesten erstreckt. Die wichtigste Inselgruppe bilden die an die Okinawa-Präfektur angrenzenden Amami-Inseln, die sich von 1945 bis 1953 unter amerikanischer Besatzung befanden und im Jahre 1953 der japanischen Regierung als eine Art Weihnachtsgeschenk zurückgegeben wurden. Kagoshima umfasst eine insgesamt 2632 Kilometer lange Küstenlinie. Die Präfektur weist ebenso eine Reihe von untätigen wie aktiven Vulkanen auf.

Einer der aktivsten Vulkane Japans, der Sakurajima, steht der Stadt Kagoshima direkt vor der Nase. Der 1118 Meter hohe Berg ist der Zentralkegel eines Supervulkans, dessen Caldera aus der vom Meer überfluteten Innenbucht von Kagoshima besteht. Ein größerer Ausbruch im Jahre 1914 brachte genügend Lava zum Fließen und Erstarren, um eine ewige Verbindung zum Festland zu erschaffen.

Blick auf Kagoshima und den sich dahinter erhebenden Vulkan Sakurajima

KLIMA

Das milde Klima und der geothermische Charakter der Insel haben zwischen all den Vulkankratern, Lavazungen und schroffen Bergregionen auch immer wieder Landschaften aus grünen Ebenen und üppiger subtropischer Vegetation entstehen lassen.

Generell ist der Sommer in Kyushu warm bis heiß und es regnet häufig. Im Winter ist es kalt, dafür gibt es aber weniger starke Regenfälle. Die Temperaturen im Norden und im Süden unterscheiden sich im Laufe des Jahres nur um einige Gradeinheiten. Die Temperatur im Bergland ist viel niedriger und entsprechend der Höhenlage gibt es im Winter mehr oder weniger Schnee. Einzelne Bergspitzen verzeichnen manchmal bis zu −20 °C, viele Passstraßen sind dann wegen des starken Schneefalls aus Sicherheitsgründen für den Verkehr gesperrt.

Der Norden Kyushus wird von der Japansee beeinflusst, das bedeutet in der Regel ergiebige Niederschläge im Winter. Auf ein Jahr umgerechnet beträgt die gesamte Regenmenge jedoch weniger als in anderen Klimazonen. Saisonal bedingt kommt der Wind aus dem Nordwesten und der Himmel ist dann oft wolkenverhangen. Zwar schneit es in Fukuoka aufgrund des kontinentalen Einflusses, jedoch bleibt der Schnee wegen des milden Klimas nicht liegen wie in anderen, dem Japansee-Klima ausgesetzten Teilen Japans (siehe Regionen Tohoku, Chubu, Kansai u.a.).

Zerstörte Häuser in der Kagoshima-Präfektur durch den Taifun »Nabi« im September 2005

Vom mittleren Osten bis zum mittleren Westen Kyushus ist das Wetter geprägt vom sogenannten Inlandsee-Klima – das bedeutet für diese Region weniger Niederschläge im gesamten Jahr. In Süd-Kyushu hingegen, besonders auf der Pazifikseite, wie in Miyazaki oder Kagoshima, werden im Sommer hohe Niederschlagsmengen gemessen.

Die pazifische Seite ist im Winter insgesamt mild, da sie von der Kuroshio, der sogenannten «Schwarzen Strömung«, beeinflusst wird. Die Schwarze Strömung – das in der Strömung involvierte Wasser trägt wirklich eine dunkle Färbung, die man durchaus als »schwarz« bezeichnen kann – ist eine Oberflächen-Meeresströmung im Westlichen Pazifik und hat einen wichtigen klimabestimmenden Effekt für Japan, ähnlich wie der atlantische Golfstrom für Europa. Der Einfluss der Schwarzen Strömung auf die Wassertemperatur reicht von der Südspitze der japanischen Inseln bis in die Region um Tokyo.

.

Der Winter in Kagoshima hört sich für Wintermuffel vielversprechend an: In der Regel mild, wenig Schnee und viele sonnige Tage. Andererseits legen Aufzeichnungen über den Verlauf der aus Richtung Taiwan oder den Philippinen kommenden Taifune der vergangenen Jahre deutlich Zeugnis darüber ab, dass die alljährlich zwischen Sommer und Herbst vom offenen Meer hereinbrechenden Stürme besonders häufig in Kagoshima »landen«. Schon in den 1950er-Jahren erhielt Kagoshima aus diesem Grund den Titel »Taifun-Ginza« zugesprochen, nach der bekannten Einkaufsmeile Ginza in Tokyo, was daher übersetzt heißen könnte »Boulevard für landende Taifune«. Dem wahrhaft katastrophalen Charakter eines tropischen Wirbelsturmes wird diese etwas verniedlichende Umschreibung sicherlich nicht gerecht. Taifun ist meist gleichzusetzen mit gewaltigen Wassermassen durch sintflutartige Regenfälle, mit anschwellenden Flüssen, meterhohen Wellen, überfluteten Ortschaften, Erdrutschen und Orkanböen. Aufgrund von Taifunen verletzen sich und sterben jährlich viele Menschen in Japan, besonders auf Okinawa und Kyushu. Hunderttausende verharren dann oft tagelang ohne Strom, werden evakuiert und verlieren dazu noch ihr gesamtes Hab und Gut.

Südlich der noch zur Verwaltung Kagoshima gehörenden Amami-Inseln liegen die Okinawa-Inseln. Sie gehören zur subtropischen Zone. Von Juni bis Oktober werden hier über 30 °C und im Winter selten unter 10 °C gemessen. Die Jahresdurchschnittstemperatur liegt bei 22–23 °C. Es existieren keine vier Jahreszeiten und die Regenzeit beginnt hier bereits Anfang Mai, fast einen Monat eher als in Tokyo. Wegen der häufig auch über Okinawa hinwegfegenden Wirbelstürme wurden viele Häuser nicht allzu hoch gebaut, um möglichst wenig Angriffsfläche zu bieten. Bindender Mörtel zwischen den Ziegeln soll helfen, die Dächer verstärkt zusammenzuhalten. Um die Häuser gibt es mehr Stein- als Holzmauern, zum Zwecke des Windschutzes werden Bäume gepflanzt. Das verheißungsvolle Klima Okinawas nennt sich »Südwest-Insel-Klima«, nach der gesamten Inselgruppe, die sich vom Süden Kagoshimas bis hinunter zur letzten japanischen Insel in Sichtweite zu Taiwan erstreckt.

Strand in der Präfektur Okinawa. Milde Temperaturen, türkisfarbenes Meer und weiße Sandstrände machen die Region Kyushu zu einem beliebten Urlaubsziel.

Prunus campanulata – eine glockenförmige Kirschblüte – ist insbesondere auf der Okinawa-Insel Ishigakijima zu finden.

PFLANZEN- UND TIERWELT

Auf Okinawa existiert eine besondere Kirschblütenart namens »Kanhizakura«, deren dunkle scharlachrote Blüte sich besonders früh zeigt, nämlich von Mitte Januar bis Februar, und deren Blütezeit von Nord- in Richtung Süd-Okinawa verläuft. Für Wildbäume dieser Kirschenart ist besonders die südliche Okinawa-Insel Ishigakijima berühmt. Ihr wissenschaftlicher Name Campanulata bedeutet »Glockenform« und verweist damit auf die im halbgeöffneten Zustand nach unten hängende Tropfengestalt ihrer Blüten.

Des Weiteren wächst auf Okinawa die Japanische Sagopalme, eigentlich ein Palmfarn, dessen Rinde in einigen Ländern verzehrt wird; Hibiskus oder auch Eibisch genannt, eine Gattung aus der Familie der Malvengewächse (die im benachbarten China als Symbol für Reichtum und Pracht gilt und in Korea und Malaysia als Nationalblume verehrt wird); Inselbananen und Mangofrüchte. Der Indische Korallenbaum, von Liebhabern und Botanikern wegen seiner prächtigen Blüten und Widerstandsfähigkeit geschätzt, wird praktischerweise um die Wohnhäuser gepflanzt und dient als Windschutz .

Die Agrarwirtschaft Kyushus besteht größtenteils aus Reis, Tee, Tabak, Süßkartoffeln und Zitrusfrüchten sowie auch Vieh- und Schweinezucht und Fischerei. Für die dafür nötigen Anbaugebiete und das Weideland begnügt man sich mit den wenigen Ebenen und Tälern, die insgesamt nur ca. 18 Prozent der Region ausmachen. Zwar verfügt Kyushu wegen seines günstigen Klimas über ein agrarwirtschaftliches Potential, das beispielsweise eine zweimalige Bestellung bzw. Ernte des Feldes ermöglichen würde, jedoch scheitert dies oft am Arbeitskräftemangel vor Ort. Viele junge Leute bevorzugen ein Leben im industrialisierten Norden Kyushus oder ziehen gleich weiter in Richtung Westjapan.

Die Liberalisierung der Jagdrechte, die Urbarmachung ganzer Landstriche und die Umweltverschmutzung trugen seit der Meiji-Zeit (1868–1912) dazu bei, dass nicht nur in Kyushu viele Tierarten ausstarben (zur Rettung der letzten Ibis-Vögel s. Region Chubu). Ein Bär mit vielen Namen, »Asiatischer Schwarzbär«, »Japanischer Mondringbär« oder »Kragenbär« (*tsukinowa-guma*) ,ist ein enger Verwandter des Amerikanischen Schwarzbären. Die Internationale Naturschutzunion (IUNC) hat diesen als ge-

fährdete Spezies in ihre Liste aufgenommen. Die Tatsache, dass die chinesische Medizin bereits seit 3000 Jahren seiner Gallenflüssigkeit (Bärengalle) eine für den Menschen heilende Wirkung zuschreibt, trägt neben der Bejagung und der Zerstörung seines Lebensraumes zur weltweiten Ausrottung dieser Bärenart bei. In Kyushu soll er zwischenzeitlich ausgestorben sein. Letzte zuverlässige Informationen über das Pelztier stammen aus dem Jahre 1930. Mitte der 1980er-Jahre soll ein Schwarzbär, der sich durch eine kragen- und mondsichelförmige weiße Fellfärbung auf der schwarzen Brust (ähnlich dem Nike-Symbol) als solcher identifizieren lässt, irrtümlich als Wildschwein verkannt und in der Präfektur Oita erschossen worden sein.

Der Japanmakak, Schneeaffe oder auch Rotgesichtsmakak genannt, ist neben Honshu und Shikoku auch auf Kyushu, insbesondere auf den vorgelagerten Inseln, beheimatet. Auf der Insel Yakushima lebt sogar eine eigene Urart von Japanmakaken (*macaca fuscata yakui*). Diese Primaten ziehen besonders das kühle Klima der subtropischen Wälder vor.

Die in der Sprache auf Okinawa genannte »Yamamapikarya«, japanisch *»Iriomote-yamaneko«*, die Iriomote-Bergkatze, lebt ausschließlich auf der Insel Iriomote, der südlichsten der Ryukyu-Inseln, 200 Kilometer östlich von Taiwan gelegen. Sie zieht ein Leben in der Nähe von Gewässern am Rande der Insel oder im subtropischen Regenwald dem bergigen Landesinneren vor. Die Einheimischen nennen diese einzelgängerische und nachtaktive Wildkatze von der Größe einer Hauskatze auch »geflohene Katze« – vielleicht weil sie die von Menschen bewohnten Gegenden in der Regel meidet. Einige Biologen bezeichnen das fleischfressende Raubtier als »lebendes Fossil«, da sich bis heute ihre ursprünglich primitive Form kaum verändert hat. Die Population der Iriomote-yamaneko, dieser dunkelbraun-grauen Unterspezies einer Leopardenkatze, mit dem dicken buschigen Schwanz und den fünf oder sieben dunklen, auf dem Hals befindlichen Streifen, wird realistisch auf nicht mehr als 100 Exemplare geschätzt. Viele Katzen fallen jährlich auch dem Straßenverkehr zum Opfer. 1977 wurden die vor dem Aussterben bedrohten Tiere zum Nationalschatz erklärt, die Jagd auf sie und das Aufstellen von Fallen ist seitdem strengstens verboten. Im Jahre 1979 richtete die japanische Umweltbehörde insgesamt 20 Futterstellen mit einheimischen Hühnern ein. Diese Spezies sollte um jeden Preis überleben, denn schließlich sind die Insulaner stolz auf ihre Katzen.

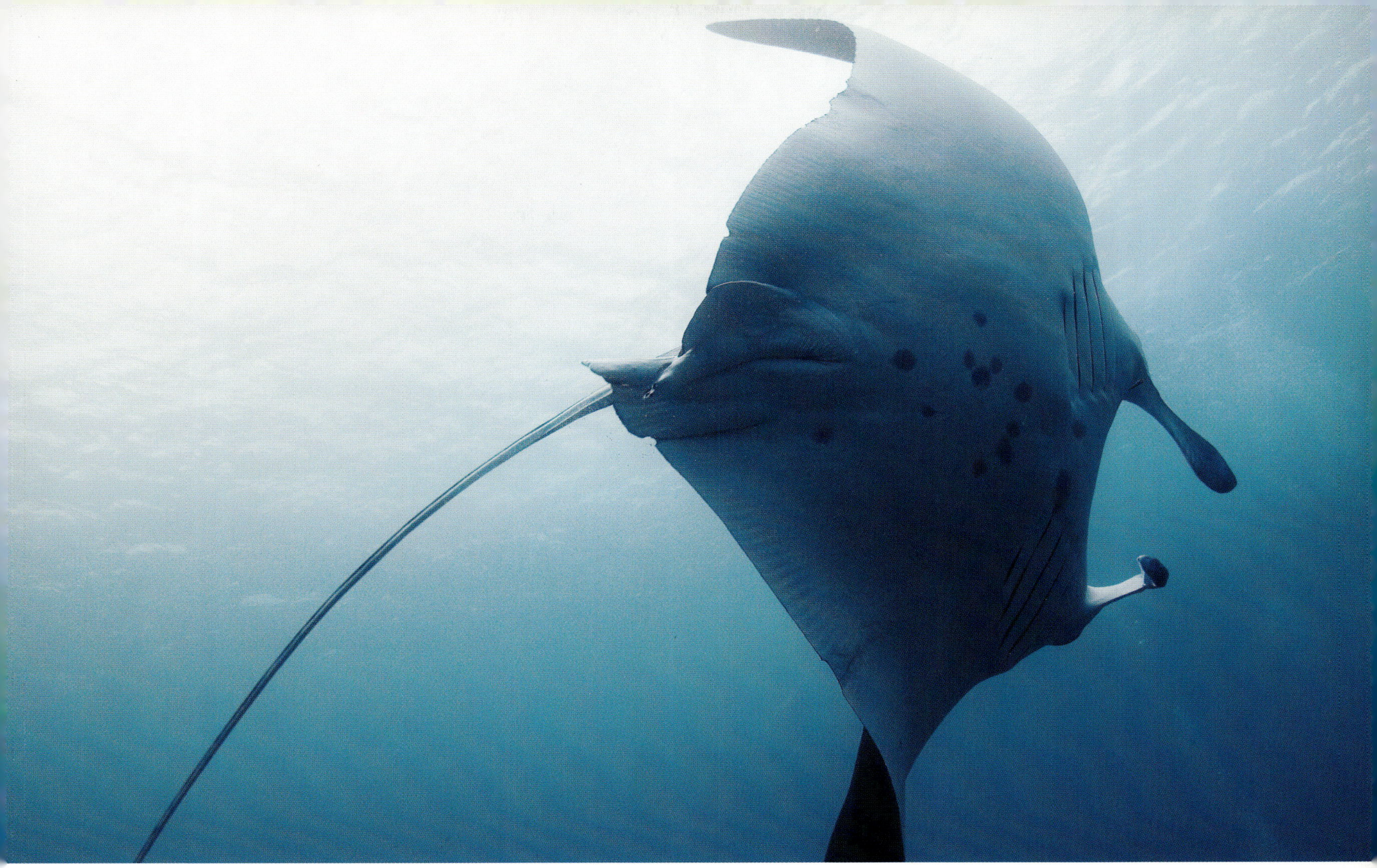

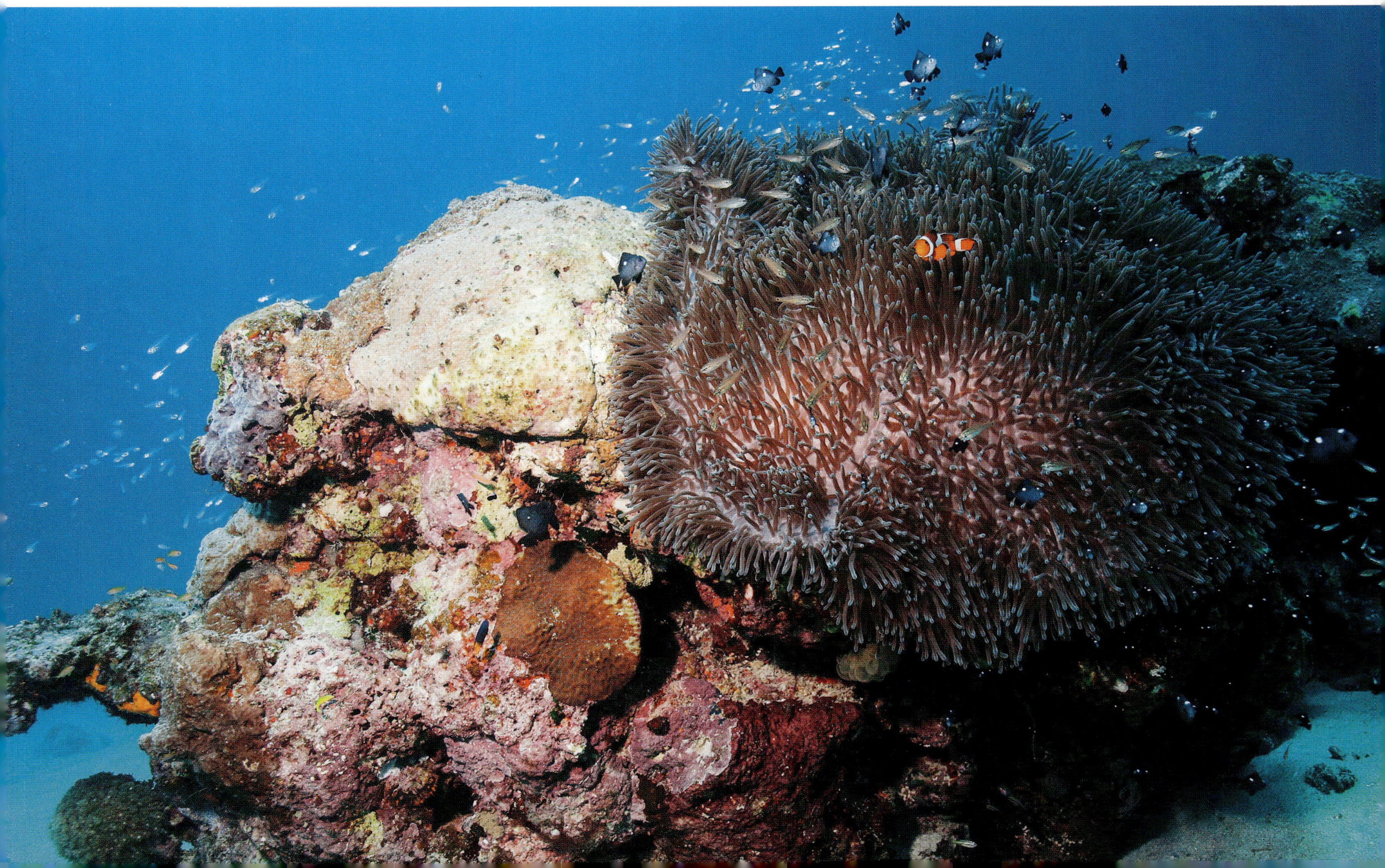

GESCHICHTE

Historiker, die sich an den verzeichneten Mythologien in Japans ältesten Chroniken Kojiki (712) und Nihonshoki (720) orientieren, müssen davon ausgehen, dass sowohl die Schöpfungsgeschichte des Landes als auch der Ursprung des japanischen Kaiserhauses in Kyushu verborgen liegen. Jimmu Tenno, der sagenumwobene erste Kaiser (*tenno*), soll demnach von Kyushu aus mit seinem Gefolge in die südlich der heutigen Stadt Nara gelegene Yamato-Ebene vorgedrungen sein, um dort den Grundstein für die erste permanente Hauptstadt, für ein geeintes Reich sowie für die japanische Zivilisation schlechthin zu legen.

Kyushu, einer der Hauptwege der kontinentalen Kultur, war durch seine Nähe zum asiatischen Festland und durch seinen Handel mit dem diesem bereits schon im Altertum das Tor Japans zum Ausland – im positiven wie im negativen Sinn. In der zweiten Hälfte des 13. Jahrhunderts, in den Jahren 1274 und 1281, versuchten die Mongolen (bzw. ein Heer aus mongolischen, chinesischen und koreanischen Truppen unter Kublai Khan), den gesamten japanischen Archipel durch eben dieses «Eingangstor» zu erobern. Im Jahre 1274 landete die Streitmacht in der Bucht von Hakata (Fukuoka). Hier stießen sie auf eine Armee lokaler Krieger, denen es nicht gelang, die in der Überzahl befindlichen und mit technisch besserem Kriegsgerät ausgestatteten Angreifer abzuwehren. Nach dreiwöchigem Kampf nahmen die feindlichen Truppen die Stadt Hakata ein. Während die japanischen Kämpfer auf Verstärkung aus der Hauptstadt Kamakura warteten, zog sich das gesamte mongolisch-kontinentale Heer aber plötzlich und unverrichteter Dinge zurück.

Bis heute wird darüber spekuliert, was die Gründe für den Rückzug gewesen sein könnten. Eigene schwere Verluste, unlösbare Versorgungsprobleme oder ein verheerender Sturm, der einen Großteil der in der Hakata-Bucht liegenden Schiffe der Invasoren versenkt haben könnte, so lauten einige der Erklärungsansätze. Auch der zweite Invasionsversuch scheiterte sieben Jahre später, erst durch die heftige Gegenwehr der inzwischen verstärkten japanischen Verteidigungslinien und daraufhin wiederholt durch einen Taifun, der gerade über die Küste Kyushus hinwegfegte und dabei große Teile der feindlichen Flotte zerstörte und die Angreifer zur Aufgabe gezwungen haben soll.

Die Wissenschaft stellt sich bei so viel Zufall die durchaus berechtigte Frage, ob es wirklich die von japanischer Seite als «göttliche Winde» (*kamikaze*) interpretierten Taifune waren, die beide Invasionsversuche verhinderten? Oder ob womöglich beide Streitmächte ihren Frieden mit dieser Naturkatastrophentheorie schließen konnten? Die Mongolen als Rechtfertigung ihrer blamablen Niederlage und die japanische Militärregierung, die mit dieser Version das Volk in den Glauben versetzen konnte, das Japan ein seitens der Götter besonders privilegiertes und wohlbehütetes Land sei. Wie dem auch sei, die schon im Ansatz gescheiterten Eroberungsversuche hatten eines bewirkt: Die Verteidigungskräfte verharrten noch lange Zeit in Alarmbereitschaft. Ein kostspieliger Zustand, der beim Bakufu, den Herrschern im entfernten Kamakura, empfindliche Spuren hinterließ und sie finanziell schwächte.

Als sich ab dem 4. Jahrhundert im zentralen Japan mit dem Yamato-Reich eine starke Macht etablierte, deren Entwicklung dem gesamten Land die Geschicke und Geschichte der folgenden Jahrhunderte vorgab, blieben in Teilen Kyushus eigene Herrschaftsbereiche erhalten. Die Shimazu, ein japanisches Adelsgeschlecht, das aus dem Clan der Minamoto (s. Kapitel Mittelalter/Kamakura-Zeit«) hervorging, herrschten seit Ende des 12. Jahrhunderts sieben Jahrhunderte lang in der ehemaligen Provinz Satsuma, die aus dem Gebiet um Kagoshima entstanden war. Die Shimazu eroberten im Jahre 1609 Teile des im Pazifischen Ozean gelegenen Königreichs Ryukyu (Okinawa) – aus dem der dortigen Bevölkerung auferlegten Waffenverbot sollte sich später die Kampfkunst Karate (»leere Hand« bzw. »ohne Waffen in den Händen«) entwickeln – und verleibten sich Jahre später auch die Amami-Inselgruppe ein. Zeitweilig wirkte sich der Machteinfluss der Shimazu auf ganz Kyushu aus. Sie sind daher aus der Geschichte Kyushus nicht wegzudenken.

Die 1549 in Kagoshima gelandeten jesuitischen Missionare unter Francisco de Xavier wurden anfangs von den Shimazu willkommen geheißen, durften Handel treiben und auch das Christentum verbreiten. Später wurden sie, wie auch in anderen Landesteilen, verfolgt, ermordet und schließlich

Gestrandetes Schiff an der Küste im Genkai-Nationalpark. Die Küstenabschnitte rund um Fukuoka sind wegen ihrer gefährlichen Brandung bekannt und gefürchtet. Stürme, die zur Vernichtung eines Großteils der mongolischen Flotte geführt haben, könnten auch für den Rückzug der Angreifer im 13. Jahrhundert verantwortlich sein.

RECHTE SEITE:
Die katholische Oura-Kirche in
Nagasaki

aus dem Lande gejagt. Im Jahre 1636 formierte sich eine Gegenwehr der Christen. Dem Aufstand schlossen sich ebenso viele mit ihren Lehnsherren unzufriedene, verarmte lokale Bauern und herrenlose Samurai an. Letztendlich besetzten etwa 40 000 Rebellen die Burg Hara auf der Shimabara-Halbinsel im Ariake-Binnenmeer. Die Regierung in Edo (später Tokyo) reagierte unverzüglich und entsandte 120 000 Soldaten. Im Frühjahr 1638 kam es zur entscheidenden Stürmung der Burg. Keiner der Aufständischen überlebte. Das kurze christliche Jahrhundert Japans versank in einem riesigen Blutbad. Noch im gleichen Jahr beschloss das Shogunat in Edo, der Gefahr durch den ausländischen Einfluss endgültig – und im wahrsten Sinne des Wortes – einen Riegel vorzuschieben. Das Land wurde nach außen hin abgeriegelt. Japan isolierte sich vom Rest der Welt. Nur den Niederländern, die mit ihren Kanonen geholfen hatten, die Rebellen in Shimabara zu bekämpfen und die nachweislich nur am Handel interessiert waren, wurde 1641 die kleine, künstlich aufgeschüttete Insel Dejima in der Bucht von Nagasaki zugesprochen. Zusätzlich durfte der Stadtteil Shinchi für den China- und Koreahandel eingerichtet werden. Japans wirtschaftlicher und kultureller Kontakt mit der Außenwelt sollte für die kommenden 200 Jahre auf Nagasaki beschränkt sein.

Mit dem Ende der Tokugawa-Regierung in Edo, deren mächtige Gegner schon immer die Shimazu gewesen waren, trat man in Satsuma offiziell für die Wiederherstellung der kaiserlichen Herrschaft

Die Rolle der Christen und das Schicksal ihrer Verfolgung und Ermordung wird auf vielen Gedenktafeln in Kyushu aufgegriffen.

ein. Es formierte sich eine Koalition von Landesfürsten, die maßgeblich zum Ende der Feudalherrschaft der Tokugawa beitrug. Nach fast 700 Jahren durfte nun wieder ein Kaiser den Thron besteigen und herrschen.

Im Zuge der Meiji-Restaurierung (1868–1912) wurde auch das Lehen- und Ständesystem aufgelöst, die Samurai mussten daraufhin ihre Schwerter ablegen. Noch einmal sollten die Shimazu, zumindest indirekt, ein Stück Geschichte schreiben, denn ein Samurai aus ihren Reihen, Saigo Takamori, der im Dienste des Daimyos Shimazu Nariakira stand, wurde wegen seiner Verdienste während des unblutigen Endes der Tokugawa-Herrschaft in Tokyo zum Oberbefehlshaber der kaiserlichen Armee und als Berater der neuen Regierung ernannt. Als Saigo im Jahre 1873 darauf bestand, Korea zu annektieren, die Regierung des neuen Staates jedoch seine Einschätzung darüber nicht teilte, legte er seine Ämter in Tokyo nieder und kehrte enttäuscht in seine Heimatstadt Kagoshima zurück. Dort versammelte er in einer gegründeten Privatschule ehemalige Samurai um sich und führte diese 1877 in einer Rebellion gegen die von ihm selbst eingesetzte Regierung in Tokyo an.

Der als »Satsuma-Aufstand« in die Geschichte eingegangene Vorfall wurde erst nach sechs Monaten erbitterter Kämpfe von den kaiserlichen Truppen niedergeschlagen und mit dem Tod Saigos, der ihn entweder während der Kampfeshandlungen oder durch Selbstmord ereilte, beendet. 1889 begnadigte die Regierung Saigo Takamori postum und stellte ihm zu Ehren im Ueno-Park von Tokyo eine riesige Statue mit seinem Konterfei und seinem Hund an der Leine auf. Im Jahre 2003 lebte der tragische Held nochmals auf und kämpfte wiederholt seine aussichtslose Schlacht, dieses Mal für Hollywood und an der Seite von Tom Cruise – als »Last Samurai«.

NATIONALPARKS IN KYUSHU

Japanische Nationalparks werden vom Umweltministerium ernannt und sollen die attraktivsten Naturräume Japans repräsentieren. Die ersten drei 1934 ins Leben gerufenen Nationalparks lagen alle in Kyushu. Von den gegenwärtig insgesamt 28 Nationalparks befinden sich sechs in der Region Kyushu, inklusive des »Setonaikai-Nationalpark«, von welchem nur der westliche Teil an Kyushu grenzt.

Als einer der ersten Nationalparks in Japan wurde im Jahre 1934 ein großer Teil der Seto-Inlandsee (*seto-naikai*) zum Setonaikai-Nationalpark erklärt. Das Binnenmeer, das die drei Hauptinseln Honshu, Shikoku und Kyushu voneinander trennt, wirkt sich wegen seines gemäßigten Klimas und des geringen Niederschlages gut auf die Landwirtschaft und Fischerei aus und wird daher auch »Land des schönen Wetters« genannt (*hare-no-kuni*). Die beiden Präfekturen Fukuoka und Oita grenzen an die Inlandsee und werden daher auch entsprechend vom milden Inlandsee-Klima beeinflusst.

Küstenabschnitt des Kirishima-yaku Nationalpark im Süden von Kyushu. Einige der zahlreichen Vulkane, die im Bereich des Nationalparks liegen, sind nach wie vor aktiv.

Der Saikai-Nationalpark liegt im Nordwesten von Kyushu und umfasst über 400 Inseln von unterschiedlicher Größe, teilweise unbewohnt, voller subtropischer Vegetation und mit milden Klima. Die Kujuku-Inseln bilden eine Gruppe von fast 200 Inseln, die Goto-Inseln sind bekannt für Meeresarme, schmale Buchten, hohe Klippen und seltene vulkanische Formationen. Die Insel Hirado hingegen rühmt sich mit ihrer Geschichte und dem einst wichtigen Hafen mit Handelsniederlassungen der Europäer im auslaufenden 16. Jahrhundert.

Der Unzen-Amakusa-Nationalpark umfasst das Bergland um den aktiven Unzen sowie mehr als 70 Amakusa-Inseln. Der Berg Unzen war für lange Zeit ein von Ausländern als Sommersitz bevorzugter Ort, und auch die atemberaubende Herbstfärbung lockte jedes Jahr viele Besucher an – bis zur Eruption im Juni 1991, die die landschaftlichen Gegebenheiten im Vulkankomplex grundlegend veränderte (s. Kapital Geografie). Die Amakusa-Inselgruppe liegt südlich des Unzen. Nach Fertigstellung der fünf Amakusa-Brücken entstand eine für Besucher optimale Ost-West-Route durch Kyushu, mit den touristischen Höhepunkten Nagasaki im Westen, Unzen, Amakusa, Aso und schließlich Beppu an der Ostküste.

Der 1934 gegründete Aso-Kuju-Nationalpark ist mit einer Fläche von 726 Quadratkilometern der größte Nationalpark innerhalb der Sechsergruppe. Er umfasst den über die Grenzen Japans hinweg be-

Großes Exemplar eines Banyan-Baumes im Saikai-Nationalpark

rühmten Vulkanberg Aso sowie die höchste Erhebung Kyushus, den 1791 Meter hohen Kuju-san. Landschaftlich wird der Kuju-san besonders wegen seines kräftig-grünen graswachsenen Hochlands und der im Frühsommer blühenden wilden Azaleen geschätzt. Im und um den Park herum finden sich in Beppu, Chojabaru, Yu-no-tani und Uchinoko-maki viele gern besuchte heiße Naturquellen.

Der Kirishima-Yaku-Nationalpark setzt sich zusammen aus den beiden Inseln Kirishima und Yaku-shima. In Japan gibt es inzwischen mehrere von der UNESCO in die Weltnaturerbe-Liste aufge-nommene Orte, zu denen auch Yakushima mit seinen uralten Zedern zählt. Kirishima hingegen ist bekannt für ihre aktiven Vulkane, die darin entstandenen Vulkanseen und ihre heißen Quellen – und natürlich wegen der Dreharbeiten zu dem über 40 Jahre zurückliegenden James-Bond-Streifen «You only live twice».

Der Irimote-Ishigaki-Nationalpark liegt im südwestlichsten Teil der Präfektur Okinawa, weit drau-ßen im Ostchinesischen Meer. Der zur Yaeyama-Inselgruppe zählende Naturpark vereint neben den beiden im Namen enthaltenen Inseln auch die Taketomo- und Kohama-Insel und das gesamte, da-rum herum befindliche Meeresgebiet. Erst im März 2007 wurde Ishigaki in den Irimote-Nationalpark übernommen. Wunderschöne und Japans größte mit Korallen ausgefüllte Lagunen erstrecken sich kilometerweit zwischen Irimote- und Ishigaki-Insel.

FOLGENDE DOPPELSEITE:
Beeindruckender Kontrast im Aso-Kuji-Nationalpark zwischen leuchtendem Blumenmeer und schroffem Vulkangestein

Reisfelder auf der Amakusa-Halb-insel, die zum Unzen-Amakusa-Nationalpark gehört.

KITAKYUSHU – FUKUOKA – DAZAIFU

Im Stadtzentrum von Kitakyushu. Wo einst Schwerindustrie ungehindert und ungefiltert Tausende Tonnen Emissionen in die Luft beförderte, präsentiert sich heute eine Stadt, die sich ihrer umweltpolitischen Verantwortung bewusst ist und die Lebensqulität ihrer Bewohner zu verbessern sucht.

Fukuoka ist die nördlichste und dicht besiedeltste Präfektur. In ihr leben 5 Millionen Menschen, ein Drittel der Einwohnerzahl Kyushus. Dank der japanischen Tunnelbaukunst ist Fukuoka bereits seit 1942 an der Kammon-Meerenge durch einen auf dem Meeresboden verlaufenden Eisenbahntunnel mit Honshu verbunden. Dem Kammon-Tunnel wurde zwar im Jahre 1958 ein Straßentunnel hinzugefügt, jedoch ersetzte man Mitte der 70er-Jahre die beiden Röhren durch den heute 19 Kilometer langen Shin-Kammon-Tunnel, durch den auch die Sanyo-Linie mit dem Shinkansen-Superexpress aus Tokyo führt. Im gleichen Zeitraum entstand die 61 Meter hohe und 1068 Meter lange, über die Meeresstraße gespannte Kammon-Brücke, über die Autos von Shimonseki nach Kyushu gelangen können.

Die Intensivierung des Straßen- und Schienenverkehrs wirkte sich wirtschaftlich äußerst belebend auf die nördliche Region Kyushus aus, insbesondere innerhalb des Küstenbogens, der sich von der westlich gelegenen Stadt Nagasaki bis hinüber in den Norden, in die Industriestadt Kitakyushu, wörtlich «Nord-Kyushu«, erstreckt. Die Raffinerien und Eisen- und Stahlwerke, die bereits seit Ende des 19. Jahrhunderts die Arbeit suchende Bevölkerung Kyushus anzogen, schufen einen Gegenpol zum Wirtschaftstandort Tokyo. Die Schattenseite: Kitakyushu – das direkt an der Meerenge zu Honshu gelegene, im Jahre 1962 aus fünf selbständigen Städten zusammengesetzte Industriezentrum – galt lange Zeit als hoch belastete, luft- und wasserverschmutzte und daher potentiell gesundheitsschädigende Region. Nach dem Protest der Bevölkerung, besonders vieler Mütter und Hausfrauen, die anhand der dunklen Flecken auf ihrer im Freien trocknenden Wäschestücke die Gefahr täglich deutlich vor Augen hatten, begannen sich Regierung und örtliche Behörden in den 80er-Jahren mit Hilfe eines gewaltigen finanziellen Fonds dieser Probleme anzunehmen. Heute rühmt sich die Stadt, eine der fortschrittlichsten Recycling- und Umweltschutzmaßnahmen erfolgreich umgesetzt und Millionen Menschen in Stadt und Umgebung eine bessere Lebensqualität ermöglicht zu haben.

Fukuoka, der in unmittelbarer Nachbarschaft westlich von Kitakyushu gelegene Sitz der Präfekturverwaltung, kennt hingegen keine solchen Umweltprobleme. Die größte Stadt Kyushus (1,3 Millionen Einwohner) hat anstelle von Industrie und Produktion schon immer auf Verwaltung und Großhandel gesetzt. Fukuoka besitzt einen internationalen Flughafen und ist Endstation der Sanyo-Shinkansen-Linie. Die Superexpresszüge bewältigen die 1174 Kilometer lange Bahnstrecke von Tokyo in annähernd fünf Stunden. Der Hauptbahnhof heißt Hakata, da die Stadt früher nach dem östlich des Naka-Flusses gelegenen Kaufmannsviertel auch so genannt worden ist. Hakata bzw. Fukuoka ist eine moderne Stadt und wird wegen seiner herrlichen Sandstrände, den am Meer gelegenen Terrassenlokalen und der Mi-

Kunst am Ufer des Flusses von Kitakyushu

schung aus traditioneller und moderner, urbaner Architektur nicht zu Unrecht als eine der schönsten Metropolen des Landes bezeichnet.

Fukuoka liegt dem asiatischem Festland näher als jede andere japanische Großstadt und sah sich daher in den vergangenen tausend Jahren als Eingangstor für den Handel mit China und Korea sowie als Partner für weitreichende diplomatische Beziehungen, die auch den wichtigen Kulturimport, insbesondere der buddhistischen Lehre und des chinesischen Schriftsystems mit sich zog. Die Nähe zum Kontinent wurde dem damaligen Hakata aber auch fast zum Verhängnis, als in der zweiten Hälfte des 13. Jahrhunderts die Mongolen unter Kublai Khan zweimal vergeblich versuchten, durch dieses «Eingangstor» zu gelangen, um das gesamte Land zu erobern (s. Kapitel Kyushu/Geschichte).

Wenige Kilometer südlich von Fukuoka liegt die 70 000 Einwohner zählende Kleinstadt Dazaifu, die ab dem frühen 7. Jahrhundert als Sitz der Provinzialregierung für die Verwaltung der neun Provinzen von Kyushu, die Bewachung der nördlichen Küstenregionen Kyushus und dem diplomatischen Austausch mit dem Festland zuständig war. Mit dem Abbruch der diplomatischen Beziehun-

Tempel Tocho-ji in Fukuoka

gen zum chinesischen Tang-Reich verlor Dazaifu gegen Ende des 9. Jahrhunderts jegliche politische Bedeutung. Im gleichen Zeitraum verbrachte der Staatsmann, Dichter und Gelehrte Sugawara no Michizane (845–903), der aufgrund einer Intrige in der Hauptstadt Kyoto nach Dazaifu verbannt worden war, hier seine letzten Lebensjahre. Für die Aristokraten am Hofe stellte Kyushu das Ende der Welt und daher einen idealen Verbannungsort dar. Nachdem Kyoto in den folgenden Jahren nach Michizanes Tod mehrmals von Naturgewalten mit katastrophalem Ausmaß heimgesucht worden war, schrieb man diese den wütenden Rachegeistern des Verstorbenen zu. Aus Furcht vor weiterer Katastrophen verlieh man daher dem zu Unrecht Verbannten postum einen göttlichen Status und den Namen Tenman Tenjin. Die Shinto-Schreine Dazaifu-Tenmangu in Dazaifu und der Kitano-Tenmangu in Kyoto wurden ihm zu Ehren errichtet. Vor dem Eingang zur Schreinanlage in Dazaifu, in dem sich auch seine Grabstätte befindet, steht eine bronzene Ochsenstatue und ein Pflaumenbaum. Der Baum soll seinem Meister aus Kyoto hierher durch die Luft gefolgt sein. Bevorzugt pilgern heute Schüler und Studenten zu den beiden Kultstätten, um bei Tenman Tenjin, der Gottheit der Literatur und der Gelehrigkeit, den nötigen geistigen Beistand und das Quäntchen Glück für die bevorstehenden Prüfungen zu erbitten.

Wohnsiedlungsprojekt »Nexus World« in Fukuoka

NAGASAKI

Die Präfektur Nagasaki liegt im Nordwesten von Kyushu und besteht aus vielen Buchten, Halbinseln und kleineren und größeren Inseln – darunter Tsushima und Iki in der Koreastraße zwischen Japan und Korea – sowie der Nagasaki vorgelagerten Goto-Inselkette, «Gruppe der fünf Inseln».

Präfekturhauptstadt ist Nagasaki, eine geschichtsträchtige und bedeutende Hafenstadt, in der eine halbe Million Menschen in einem für Japan eher seltenen kosmopolitischen Flair leben. Die Stadt ist geprägt durch seine frühen Kontakte mit China, mit Europa und dem Christentum und war schließlich Ziel des zweiten Atombombenabwurfs.

Nagasaki ist eine Stadt, in der die Straßenbahn noch zum wichtigsten Transportmittel zählt, mit vielen kleinen Gassen, steilen Terrassenhängen, einem namhaften Chinesenviertel und Stein- und Schindelhäusern und Kirchen europäischer Architekten. Hier steht auch die älteste Steinbrücke Japans: eine im Jahre 1634 von einem chinesischen Priester errichtete Steinbrücke, die mit dem im Nakajima-Fluss schimmernden Spiegelbild ihrer Rundbögen an Brillengläser erinnert und daher auch den kuriosen Namen *Megane-bashi* («Brillenbrücke») trägt. Zwar wurde sie im Jahre 1982 von den Fluten eines Hochwasser mitgerissen, jedoch danach originalgetreu unter Verwendung der ursprünglichen Steinblöcke rekonstruiert.

Der in der Nähe der Brücke nur fünf Jahre später (1639) gegründete Sofuku-Tempel hat die vergangenen Jahrhunderte hingegen schadlos überstanden. Die Tempelhallen dieses chinesischen Zen-Tempels sind bestens erhaltene Zeugnisse der Baukunst der späten chinesischen Ming-Dynastie.

Auf einem Hügel oberhalb des Hafens stehen im Glover Park neben der Villa des britischen Kaufmanns Thomas B. Glover – er importierte die erste Dampflok nach Japan – weitere im Kolonialstil erbaute Wohnhäuser der hier im 19. Jahrhundert. ansässigen wohlhabenden Ausländer. Es verwundert nicht, wenn sich der eine oder andere Spaziergänger beim Begehen des Parks in Giacomo Puccinis romantischer Oper «Madame Butterfly» wähnt.

Angesichts der geografischen Nähe zum asiatischen Festland fungierte Nagasaki bereits im Altertum als Brücke zwischen China und Japan. Mitte des 16. Jahrhunderts gingen in den Häfen von Nagasaki und Hirado, einer Insel vor der Nordwestküste Kyushus, Schiffe aus Spanien und Portugal mit europäischen Forschungsreisenden und jesuitischen Missionaren vor Anker. Die Jesuiten hatten bald Teile der Bevölkerung zum Christentum bekehrt – auch den Landesfürsten Omura Sumitada (1533–1587), der sich dafür einen Anteil am Handel der portugiesischen Schiffe sicherte. Nagasaki wuchs zu einer wohlhabenden Handelsstadt heran. Als das Christentum wegen seines zu großen Einflusses in Südjapan verboten und japanische wie ausländische Christen verfolgt, gefoltert und getötet wurden, stand auch der unter portugiesischer Verwaltungskontrolle erwirtschaftete Wohlstand der Stadt in Gefahr. Im Jahre 1597 ließ man zur Abschreckung und um dem Verbot Nachdruck zu

In der zweiten Hälfte des 19. Jahrhunderts wurde auf einem Hügel über der Stadt Glover Garden errichtet: In den im Kolonialstil erbauten Häusern richteten sich britische Kaufleute ein.

verleihen 26 Christen in Nagasaki kreuzigen – neun Missionare und 17 konvertierte Japaner. Die portugiesischen Händler blieben jedoch unbehelligt und Nagasaki durfte vorerst weiter vom Handel mit dem Abendland profitieren. 1614 wurde der christliche Glaube per Edikt verboten. Nach dem erfolgreich niedergeschlagenen Aufstand der Christen und verärgerten Bauern beschloss das Shogunat im Jahre 1638, das Land fast völlig abzuriegeln. Die Holländer erhielten als einzige Westmacht die Lizenz, weiterhin mit Japan Handel treiben zu dürfen, wenn auch eingeschränkt und auf einer kleinen künstlichen Insel im Hafen von Nagasaki kaserniert.

Als Japan mehr als zwei Jahrhunderte später, im Jahre 1854, zögerlich und durch den Druck von außen wieder einige seiner Häfen für Fremde öffnete (Nagasaki, Shimoda auf der Izu-Halbinsel und Hakodate in Hokkaido), entwickelte sich Nagasaki schnell wieder zum Zentrum für Handel und Kulturaustausch mit dem Westen, und, wie von der Regierung in Tokyo verfügt, zum Vorreiter auf dem Gebiet des Schiffbaus. Bis zum Zweiten Weltkrieg nahm das Werftzentrum der Stadt eine bedeutende militärische Rolle für die kaiserliche Kriegsmarine ein. Diese Tatsache (und das schlechte Wet-

Orginialgetreue Einrichtung eines im Kolonialstil erbauten Hauses im Glover Park

RECHTE SEITE:
In der Altstadt von Nagasaki

Die Kathedrale Urakami Tenshu-do befand sich genau über der Abwurfstelle der Atombombe, die am 9. August 1945 von den Amerikanern gezündet wurde. 1959 wurde mit dem Wiederaufbau des Gotteshauses begonnen.

ter über der von den Amerikanern eigentlich ausgespähten Stadt Kagura) sollte ihr schließlich zum Verhängnis werden: Am 9. August 1945 um 11:02 Uhr warf ein amerikanischer B-29 Bomber eine Atombombe über Nagasaki ab, die zweite nur drei Tage nach dem Abwurf über Hiroshima. Bei ihrer Explosion kamen innerhalb von wenigen Augenblicken ca. 36 000 Menschen ums Leben. Als Folge der radioaktiven Verstrahlung gab es in den darauffolgenden Jahren noch etliche Zehntausende Opfer mehr.

Nach der verheerenden Zerstörung (über ein Drittel der Stadt lag in Trümmern) wurde Nagasaki wieder aufgebaut. Das Christentum erhielt erneuten Zulauf. Heute ist Nagasaki die Stadt mit dem größten christlichen Bevölkerungsanteil.

VORHERIGE DOPPELSEITE:

Ist das noch Japan? – Ja und nein! Eine knappe Autostunde von Nagasaki entfernt befindet sich Huis Ten Bosch, eine komplett nachgebaute holländische Stadt aus der Zeit des 17. Jahrhunderts. Mit dieser ungewöhnlichen, mehr als 150 Hektar umfassenden Stadterrichtung wird auch Bezug genommen auf die jahrhundertealten Handelsbeziehungen zwischen Japan und den Niederlanden.

Die Burganlage von Kumato wurde 1607 fertiggestellt.

KUMAMOTO

Kumamoto ist Verwaltungssitz und Universitätsstadt, zählt 650 000 Einwohner und ist damit die drittgrößte Stadt Kyushus. Die im kleinstädtisch-charmanten Stadtbild integrierte Burgruine mit dem Beinamen »Ginkgo-Burg« (angeblich wegen des vom Landesfürsten und Burgherren Kato Kiyomasa eingepflanzten Ginkgo-Baumes) wurde nach sechsjähriger Bauzeit im Jahre 1607 fertiggestellt. Der ursprünglich aus drei Hauptgebäuden, 49 Türmen und 29 Toren bestehende Verteidigungskomplex war während des Satsuma-Aufstands im Jahre 1877 fast völlig zerstört worden. Der aus den 60er-Jahren stammende Nachbau ist wegen seiner hohen unüberwindbaren Mauern aus tonnenschweren, übereinandergeschichteten Felsklötzen immer noch sehr Respekt einflössend und lässt den davorstehenden, klein wirkenden Besucher ahnen, dass hier einst Geschichte geschrieben wurde.

Im nur wenige Kilometer vom Stadtkern entfernten Suizenji-Park befindet sich eine weitere Hauptattraktion. Der 1632 für die Sommerresidenz der Hosokawa-Familie um einen See angelegte Landschaftsgarten zeigt (wenn auch nicht für jeden Besucher nachvollziehbar) verkleinerte Szenenbilder japanischer Landschaften, den Berg Fuji beispielsweise, den Biwasee oder 53 Ansichten der alten Überlandstraße Tokaido, die einst die Kaiserstadt Kyoto mit dem Regierungssitz in Edo verband.

Weiter westlich – außerhalb der Stadt – befindet sich der Kimpo-san, ein 665 Meter hoher Berg, auf dessen halber Höhe einige hundert teils verwitterte, skurril anmutende Rakan-Figuren im Garten eines alten, unscheinbaren Zen-Tempels stehen. Rakan sind dem Mythos des Mahayana-Buddhismus zufolge Skulpturen von einstigen Buddha-Jüngern. Als wichtige Regel für den Steinkünstler galt: Kein Gesicht darf dem anderen ähnlich sein.

Wie die Burg von Kumamoto wurde auch der Suizenji-Park bereits in der ersten Hälfte des 17. Jahrhunderts angelegt.

BEPPU UND USUGI

Blutsee in Beppu. In der heißen Quelle ist Hematit gelöst, das wiederum Eisenoxyd enthält und die rote Färbung verursacht.

Der für badefreudige Besucher beliebteste Orte an der Ostküste Kyushus ist zweifellos Beppu mit seinen über 126 000 Einwohnern, den schätzungsweise 3 000 Thermalquellen (Onsen), 160 öffentlichen Bädern und jeder Menge Hotels. Eigentlich kein wirklich attraktiver und für Touristen herausgeputzter Ort angesichts der überall sichtbaren, rostigen und dampfenden Rohre und der bedrohlich vor sich hin zischenden Ventile. Nichtsdestoweniger begrüßt die kleine und doch so große Stadt jährlich über 12 Millionen Besucher, wovon ein erheblicher Anteil aus den asiatischen Nachbarländern anreist.

Beppu ist der lebende Beweis für die Zerbrechlichkeit der sensiblen Erdkruste: Es dampft aus allen Löchern! Selbst private Haushalte verwenden das heiße Wasser zum Heizen. Täglich sprudeln hier 136 Millionen Liter Wasser aus dem Inneren der Erde heraus. Das ermöglicht die unterschiedlichsten Anwendungsangebote, wie das wohlige Bad in abgestuft heißen Wannen, in Sprudel-, Schlamm- oder warmen Sandbädern. Die brodelnden »Höllen« (*jigoku*) hingegen sind nicht zum Baden gedacht, dafür ist ihr Wasser viel zu heiß. Mit ihrem mineralisch gefärbten Wasser und dem dahinblubbernden Schlamm sind diese kochend heißen Quellen aber toll anzusehen und ungemein fotogen.

Die meisten der neun »Höllen« liegen im Bezirk Kannawa im Norden von Beppu. Hier gibt es auch jede Menge Souvenirläden, Cafés, Restaurants und Ryokans (Hotels im japanischen Stil). Alle Quellen besitzen entsprechend ihres Mineralgehalts unterschiedliche Farben und Funktionen. Die attraktivste dieser Jigokus ist die 74 °C heiße rotbraune »Blutteich-Hölle« (*chi-no-ike-jigoku*), gefolgt vom siedenden tropenmeerfarbenen Wasser der »Meereshölle« (*umi-jigoku*).

Südlich von Beppu, noch in der Präfektur Oita, liegt Usuki. Die 45 000-Seelen-Gemeinde ist im Vergleich zu Beppu eine eher verschlafene, vom Tourismus verschont gebliebene bzw. – mit anderen Worten – von täglichen Besucherströmen nicht reich gewordene Kleinstadt. Und das, obwohl ein Besuch der etwas außerhalb gelegenen Stein- oder Felsbuddhas (*seki-butsu*), die eine für Japan einzigartige Gruppe von Statuen demonstrieren, durchaus lohnenswert ist. Die aus dem Tuffsteinfels herausgeschlagenen Figuren sind sogenannte Halbreliefs, die Gesichter und Torsi geheimnisvoller Buddha-Figuren zeigen. Am Kopf des kosmischen Buddha Dainichi, der sich vor einigen Jahren vom Körper gelöst hatte und nun wieder dem im Fels befindlichen Körper aufgesetzt wurde, befinden sich noch Reste der ursprünglichen Bemalung. Die insgesamt 60 Exponate sind erstaunlich gut erhalten, zumal sie vermutlich bereits zwischen dem Ende der Heian-Zeit (784–1185) und dem Beginn der Kamakura-Zeit (1185–1333) entstanden sind. Im Dunkeln bleiben jedoch die Schöpfer und die Auftraggeber dieser geheimnisvollen Meisterwerke.

Auch ältere Japaner suchen die heißen Quellen von Beppu zur Linderung von Beschwerden auf.

KAGOSHIMA – SAKURAJIMA

Rechnet man alle Inseln hinzu, die sich im Süden bis nach Okinawa erstrecken, dann ist die Präfektur Kagoshima an der Südwestspitze Kyushus insgesamt 550 Kilometer lang. Früher waren hier die geschichtsträchtigen Provinzen Satsuma und Osumi. Aus jener Epoche übrig blieb der den meisten Japanern unverständliche Dialekt Satsuma-ben.

Kagoshima ist bekannt für seine Süßkartoffeln und die rekordverdächtigen, im fruchtbaren Vulkanboden gewachsenen und bis zu 50 Kilogramm schweren Riesenrettiche. Die gleichnamige Stadt befindet sich am Ende der tief ins Inland hineingeschnittenen Kagoshima-Bucht. In deren Zentrum, direkt vor der Stadt, liegt der Rauchkegel des Sakurajima, der in aller Regelmäßigkeit sein graues Aschetuch über die Stadt breitet. Selbst auf der Flagge von Kagoshima befindet sich der Sakurajima.

Kagoshima ist heute Partnerstadt von Neapel, Perth und Miami. Zur berühmten Prominenz der Stadt gehören neben einigen ehemaligen Premierministern zweifellos der Samurai Saigo Takamori und der Adlige Okubo Toshimichi. Zwei ehemalige Freunde, die der Lauf der Geschichte im großen Umbruch Mitte des 19. Jahrhunderts nochmals als Politiker zusammenführte und wenige Jahre später zu Todfeinden werden ließ. Besonders die mit diesen Vorgängen verbundenen Gedenkstätten stellen die größten Sehenswürdigkeiten der Stadt dar.

Badespaß an Wasserfällen in Kagoshima

TANEGASHIMA – YAKUSHIMA

Archäologen stießen auf der im Süden der Präfektur Kagoshima gelegenen Insel Tanegashima auf Funde aus der Yayoi-Zeit, aus denen u. a. die Vermutung bestätigt wurde, dass hier möglicherweise Einwanderer aus Südostasien gelebt haben könnten. Als im Jahre 1542 der junge portugiesische Schriftsteller und Weltenbummler Mendez Pinto an der Nordspitze der Insel einem chinesischen Schiff entstieg, ahnte noch keiner den damit verbundenen Einfluss auf den Verlauf der Geschichte. Der Portugiese führte erstmals eine Muskete nach Japan ein. Dieser Prototyp wurde kurzerhand von einem berühmten Schwertschmied nachgebaut und wenig später tausendfach in Auftrag gegeben und produziert.

Als *Tanegabo* (»Stock aus Tanegashima«) kam die neue Feuerwaffe aus Europa während der Bürgerkriege gegen Ende des 16. Jahrhunderts in einigen Schlachten kriegsentscheidend zum Einsatz. Aufgrund der Gewehre mussten auch die künftige Bauweise von Wehr- und Burganlagen und die schützenden Bestandteile der Samurai-Rüstung modifiziert werden.

Heute ist die Insel bekannt wegen des im Südosten gelegenen und 1969 gegründeten »Tanegashima Space Center« (TNSC), dem größten Raketenstartplatz des Landes und dem Sitz der japanischen Weltraumagentur. Kenner meinen, dass dies der schönstgelegene Weltraumbahnhof der Welt sei.

Kleiner Schrein an einer heißen Quelle auf der Halbinsel Sakurajima

Yakushima ist ein wahres Paradies für Pflanzen- und Blumenliebhaber. Hibiskusblüten sind nur eine der farbenfrohen Blüten, die in dem subtropisch bis gemäßigtem Klima wachsen und gedeihen.

Yakushima liegt zwischen der subtropischen und der gemäßigten Zone, keine hundert Kilometer von Kyushus Südspitze entfernt. Der Durchmesser der außergewöhnlichen Insel beträgt 28 Kilometer und ihr Umfang 132 Kilometer. Während die Küstenregionen im Winter frostfrei bleiben, wird das bis zu 1800 Meter hochragende Bergland von einer Schneedecke bedeckt.

Die vielfältige Flora der Insel, eine Mischung aus allen klimatischen Zonen Japans, ist fast schon unheimlich. Da wachsen Mangroven, die man sonst nur in tropischen Küstenregionen findet, neben Nadelbäumen wie Zedern, Kiefern und Tannen und Laub tragenden Kastanien und Eichen. Anfang Juni zeigen die immergrünen Rhododendren ihre blühende Pracht.

Und inmitten dieses natürlichen Spektakels steht die Jomon-sugi, die vermutlich 2500 bis 4000 oder gar 7000 Jahre alte japanische Zeder aus der Jomon-Zeit (4. Jh. v. Chr.). Sie zählt zu den ältesten Exemplaren dieser Art. Etwa 2000 weitere »nur« tausendjährige Yakusugi genannte Zedern stehen in der als Sicheltannenwald bekannten Insellandschaft, die von der UNESCO im Jahre 1993 in die Weltnaturerbe-Liste aufgenommen wurde.

Okonotaki Wasserfall auf Yakushima

OKINAWA

Die Menschen sind unverkrampft und höflich, die Luft ist lau, das Meer funkelt glasklar und 90 Prozent der Korallenbänke Japans befinden sich in ihrem Seegebiet – die Rede kann hier nur von Japans beliebtester Pazifikinsel Okinawa sein. Okinawa wurde im Jahre 1879 als Japans südlichste Präfektur (identisch mit der Region »Ryukyu-Inseln«) eingerichtet und liegt 1500 Kilometer bzw. rund zweieinhalb Flugstunden von Tokyo entfernt. Die aus zum Teil niedrigen subtropischen Koralleninseln bestehende Gruppe liegt genau in der Mitte zwischen Süd-Kyushu und Taiwan, auf der Naht zwischen Ostchinesischem Meer und Pazifischem Ozean und auf dem gleichen Breitengrad wie andere von der Natur mit Wohlwollen ausgestattete Badeparadiese auf Erden, wie Florida und wie Hawaii.

Die Präfektur Okinawa umfasst die zu den Ryukyu-Inseln gehörenden Inselgruppen Okinawa, Miyako und Yaeyama. Am südwestlichen Ende liegen jene abgeschiedenen Inseln, die mit weißen Sandstränden, tropischen Regenwäldern und Tauchrevieren der Superlative aufwarten. Die von der Sonne verwöhnten Bewohner Okinawas leben inmitten einer fantastischen Fauna und Flora, einer Inspirationsquelle für das Kunsthandwerk, besonders im Textilbereich.

Paradiesische Szene am Strand von Taketomi-jima in der Präfektur Okinawa, die für ihre wunderschönen Inseln bekannt ist.

Die Hauptstadt Naha entstand aus der alten königlichen Residenz Shuri, heute wenige Kilometer östlich vom Zentrum gelegen, und den beiden Häfen Naha und Tomari. In den Außenmauern der ehemaligen Burganlage, die den Königen des Ryukyu-Reiches vierhundert Jahre lang als Machtzentrale diente, befindet sich heute die Ryukyu-Universität. Im Eingangstor des aus dem 16. Jahrhundert stammenden »Shurei-mon« hängt ein Geschenk aus China, eine Tafel mit der Inschrift »Dem Lande der Höflichkeit«. Das Abbild des roten Tores selbst befindet sich auf einer Neuausgabe der japanischen 2000-Yen-Banknote und soll an den G8-Gipfel auf Okinawa im Jahre 2000 erinnern. Das historische Schloss aus dem 13. Jahrhundert, nach Originalvorlagen rekonstruiert, wurde 1992 für die Besucher freigegeben. Seit 2002 zählen einige Bereiche des ehrwürdigen Gebäudekomplexes zum Weltkulturerbe der UNSESCO.

Die Hauptstadt Naha, in der heute 300 000 Menschen leben, ist das wirtschaftliche Zentrum der Region. Die 1945 völlig zerstörte Stadt wurde in relativ schlichtem Stil wieder aufgebaut, besitzt zwei Universitäten, einige Luxushotels, Diskotheken und Kunstgalerien und die typischen roten Ziegeldächer, die mit den Dämonen abwehrenden Löwenfiguren (shishi/shisa) geschmückt sind. Die aus

FOLGENDE DOPPELSEITE:
Burganlage Shuri mit dem Shuri-Tor im Vordergrund – dramatisch eingetaucht in das Rot der Abendsonne. Shuri ist ein Viertel von Okinawa.

RECHTE SEITE:
Unter- und Überwasserimpressionen von Ishigaki-jima: Leuchtturm Kanzahki (Foto oben) und ein Rotfeuerfisch in den Gewässern vor der Küste der schönen Insel (Foto unten). Ishigaki-jima zählt rund 45 000 Einwohner und liegt nur 270 Kilomter von Taiwan entfernt.

Die Burg von Naha in der Präfektur Okinawa

Ton angefertigten Okinawa-Löwen entstehen neben Teeschalen und Reisweinflaschen in den zahlreichen Werkstätten des Töpferviertels Tsuboya. Verteilt auf die Stadt gibt es einige Werkstätten, in denen die für Okinawa typischen, mit der Bingata-Technik (mit Schablone und Batikbad) aus kräftigen Pflanzenfarben und mit dekorativen Mustern gefärbten Baumwoll- und Seidenstoffe hergestellt werden.

Die Schlacht um Okinawa in der Endphase des Pazifikkriegs im Jahre 1945 war der letzte Versuch Japans, den US-amerikanischen Vormarsch auf das 250 Seemeilen entfernte Mutterland zu stoppen. Die erbitterten Kämpfe dauerten 82 Tage und kosteten vielen amerikanischen und noch mehr japanischen Soldaten und Zivilisten das Leben. Nach Kriegsende wurde Okinawa amerikanische Besatzungszone. Im Jahre 1972 erhielt Japan von der Regierung in Washington die Verwaltungshoheit über Okinawa zurück. Die Vereinigten Staaten halten jedoch bis heute in einigen Teilbereichen der Insel an ihren Militärbasen fest. Die Beziehung der einheimischen Bevölkerung zu den von der »United States Forces Japan« etwa 25 000 stationierten Soldaten ist immer wieder Zündstoff für politische und soziale Konflikte und kann daher als durchaus problematisch bezeichnet werden. Die Einheimischen fordern seit Langem den Abzug der US-Streitkräfte. Amerikanische Strategen denken jedoch nicht daran. Diese strategisch wichtige Militärbasis in unmittelbarer Reichweite zu Taiwan und vor der Küste Chinas soll auf keinen Fall aufgegeben werden. Und außerdem: Wer gibt schon freiwillig ein erobertes Paradies auf?

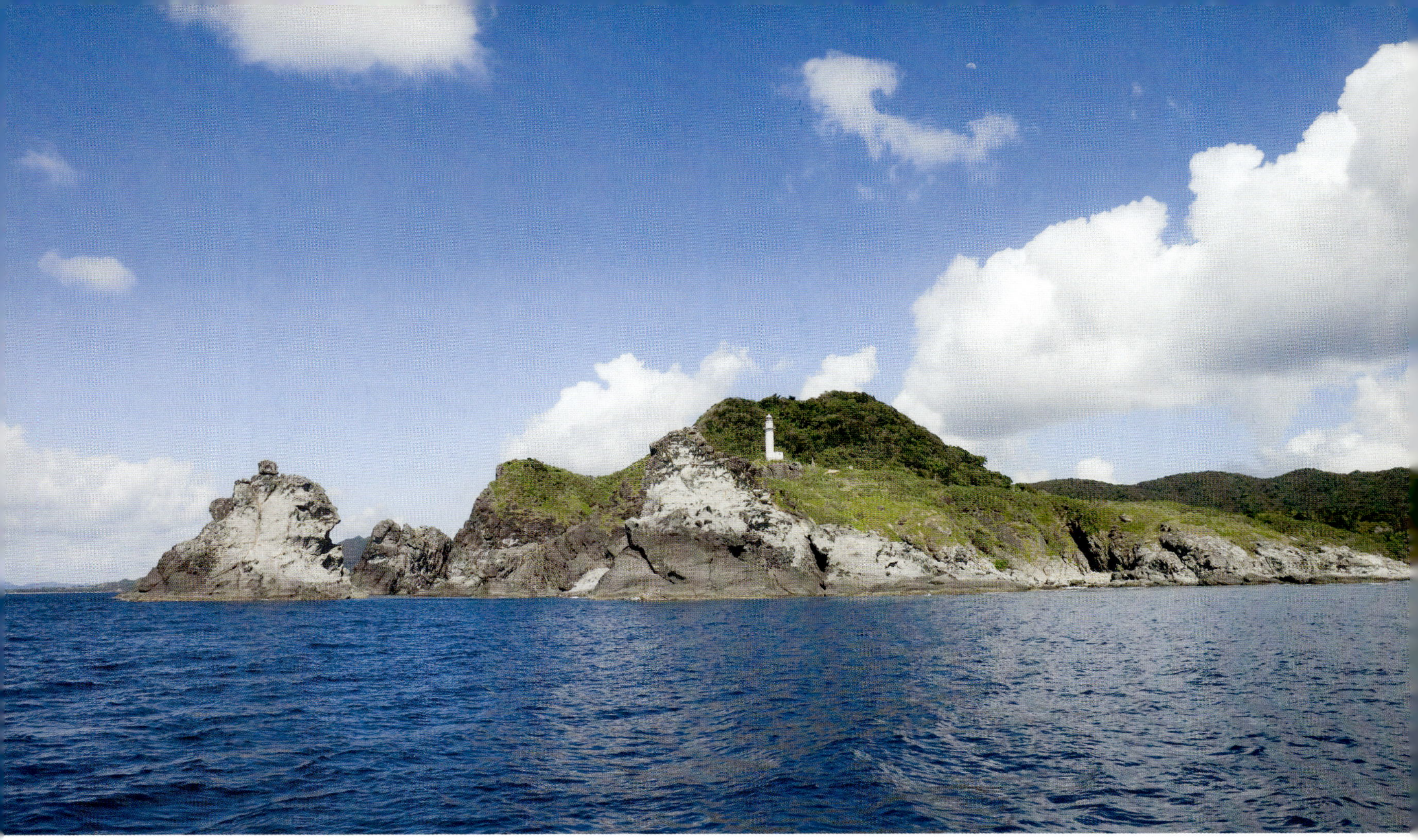

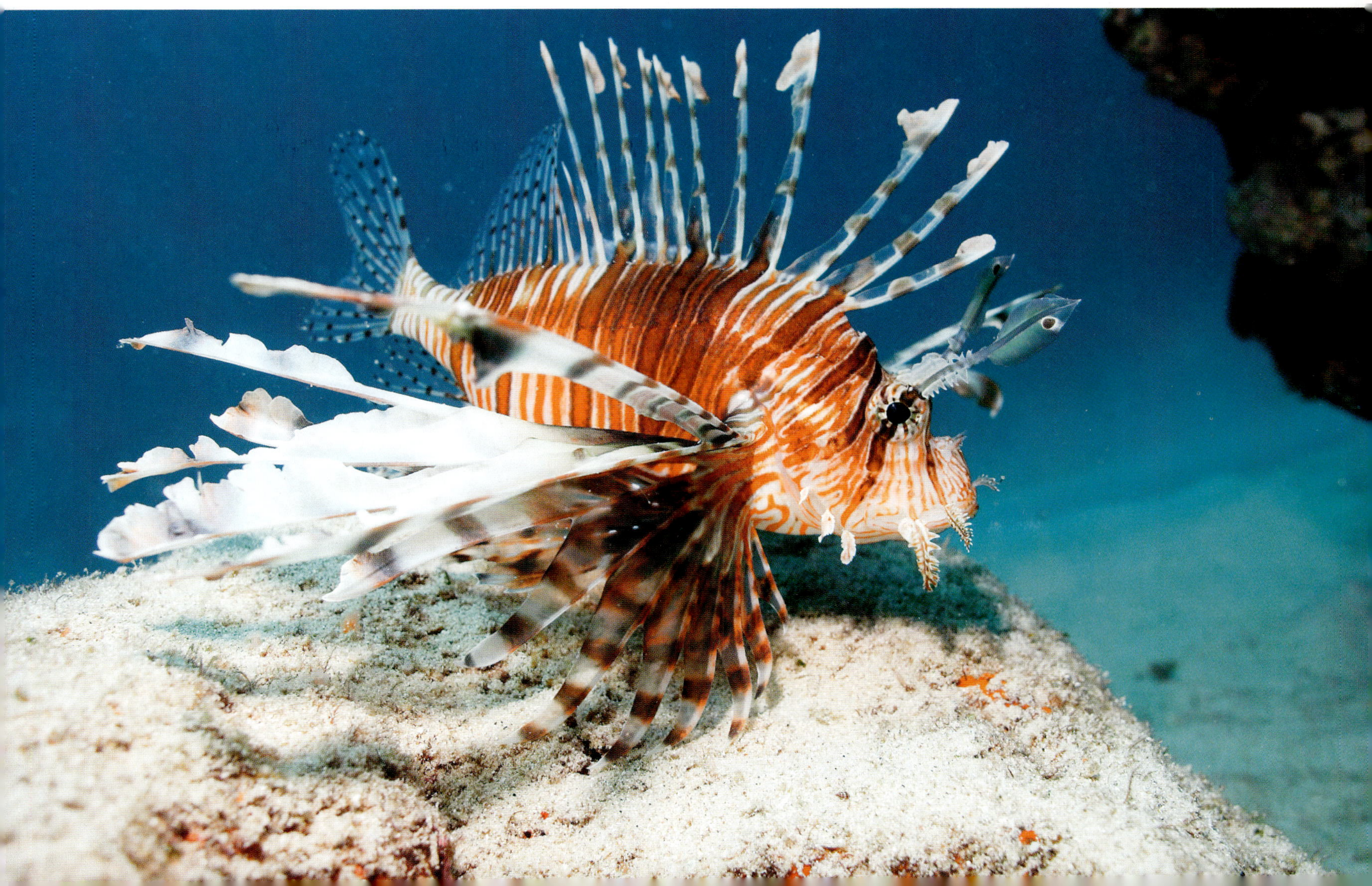

N
W   O
S

Kanazawa
Komatsu
Ryōhaku-
Haku-San
2702
Fukui
Japanisches
Oki-
Inseln
Dōgo
Dōzen
Berge
Chūbu
Meer
Wakasa
Bucht
Gifu
Matsue
Tottori
Biwa-
See
Ogaki
Zumo
Yonago
Dai-Sen
1712
Berge
Kinki
Kyōto
Ōtsu
Hikone
Kuwana
Chūgoku-
Kusatsu
Yokkaichi
Suzuka
Chūgoku
Himeji
Kakogawa
Kawanishi
Hirakata
Tsu
Okayama
Kobe
Higashiosaka
Akashi
Osaka
Nara
Matsusaka
Mi
Fukuyama
Akashi
Yao
Ise
Hagi
Harima
See
Sakai
Kashihara
Hiroshima
Onomichi
Bisan
See
Izumi
Koya-San
Hakken-Zan
Kure
Shodo
Inseln
Awaji
Wakayama
1815
Tsuno
Yamagichi
Iwakuni
Geiyo
Inseln Hiuchi
Kii-
Shimonoseki
Tokuyama
Kurahashi
See
Takamatsu
Berge
Hōfu
Aki
See
Yashiro
Imabari
Hibiki
See
Ube
Suō
Inseln Iyo
Matsuyama
Niihama
Tsurugi-San
Kumano
Kitakyūshū
Hōjo
See
See
Tokushima
See
Fukuoka
Berge
1955
Kasuga
Intane
Shikoku-
Berge
1981
Shikoku
Kōchi
Saga
Beppu
Beppu
Bucht
Tosa
Bucht
Kurume
Ōita
Kuju-San
Shikoku
Ōmuta
1783
Kyūshū-
Sukumo
Bucht
PAZIFISCHER
Shimabara
Kumamoto
Yatsushiro
Nobeoka
Kyūshū
OZEAN
Yatsu-
shiro
See
Berge
Philippinensee
Miyazaki
Kyūshū
Kagoshima
Miyakonojō
Kagoshima
Bucht
Shibushi
Bucht

0   200   400   600
km

SHIKOKU

ÜBERBLICK

Die Region Shikoku (wörtlich: vier Länder) ist identisch mit der Insel Shikoku. Sie ist mit nur 18 787 Quadratkilometern (rund 5 Prozent der Gesamtfläche Japans) und 4,5 Millionen Einwohnern die kleinste der vier japanischen Hauptinseln. Die Ost-West-Ausdehnung der Insel beträgt maximal rund 250 Kilometer, die Nord-Süd-Ausdehnung zwischen 50 und 150 Kilometer. Shikoku liegt südöstlich der japanischen Hauptinsel Honshu (südwestlich von Osaka und östlich von Kyoto) und östlich von Kyushu – der westlichste Punkt Shikokus, das Kap Sada (Sada Misaki), liegt nur 13 Kilometer von Kyushu entfernt. Im Norden der Insel liegt die Seto-Inlandsee (Seto-Naikai) und im Süden der Pazifik. Die beiden engsten Punkte zwischen Shikoku und Honshu sind ebenfalls nur wenige Kilometer voneinander entfernt. Dennoch hat die im Osten, zwischen Shikoku und der Insel Awaji

Sandstrand an der Küste der Kagawa-Präfektur, die im Norden von Shikoku liegt und an die Seto-Inlandsee grenzt.

liegende stürmische Naruto-Meerenge (Naruto-Kaikyo) in früheren Zeiten die Überfahrt von Honshu nach Shikoku stark erschwert und daher den Ruf Shikokus als abgelegene Insel gefestigt. Weiterhin liegt zwischen Awaji und Honshu die Akashi-Meerenge (Akashi-Kaikyo), und im Nordwesten der Insel die Kurushima-Meerenge (Kurushima Kaikyo).

Die Region Shikoku ist in vier Präfekturen aufgeteilt; ihren Namen »vier Länder« hat sie aufgrund der Tatsache, dass sie auch schon vor mehreren hundert Jahren in die vier alten Provinzen Awa (heutige Tokushima-Präfektur), Iyo (heutige Ehime-Präfektur), Sanuki (heutige Kagawa-Präfektur) und Tosa (heutige Präfektur Kochi) aufgeteilt war. Als Hidetoshi Toyotomi 1584 die Insel Shikoku eroberte, wurden die Lehen und damit die Provinzen neu vergeben; die Grenzen dieser Gebiete blieben jedoch gleich und erhielten ihre heutigen Namen.

Die Naruto-Brücke verbindet Shikoku mit der Insel Awajishima, die wiederum durch die Akashi-Kaikyo-Brücke mit Kobe verbunden ist. Der Bau dieser Brücke war entscheidend in dem Anbindungsprozess Shikokus an das »Kernland« Japans.

Weiterhin gehören zu Shikoku viele der Inseln – je nach Definition zwischen 700 und 3000 – der 21 827 Quadratkilometer großen Seto-Inlandsee zwischen Shikoku, Honshu und Kyushu. Die größte Insel, Awaji (600 Quadratkilometer), gehört administrativ jedoch zur Präfektur Hyogo, die zweitgrößte, Shodoshima (155 Quadratkilometer), zur Präfektur Kagawa. Daneben sind vor allem Yashima, Naoshima, Megijima, Ogijima, Omishima oder Ikuchi Jima nennenswert. Ein großer Teil der Inlandsee ist als Nationalpark ausgewiesen.

Zu Unrecht ist Shikoku im Ausland wenig bekannt und sowohl von einheimischen als auch von ausländischen Touristen relativ wenig besucht. Dabei bietet Shikoku auf kleinster Fläche eine Fülle von Highlights unterschiedlichster Art. Das Einzige, das der Besucher auf Shikoku oder den anderen dazugehörigen Inseln nicht findet, sind Großstädte und die dazugehörende Hektik. Hier kann man der Hast des Alltags entfliehen und entspannen. Auf Shikoku kennen sich die Menschen untereinander noch, der Busfahrer hat Zeit für ein Schwätzchen mit seinen Fahrgästen und die Menschen genießen und leben die Natur, während man andernorts in Japan diese bewusst suchen muss.

Die Verkehrsinfrastruktur auf Shikoku unterscheidet sich deutlich vom Rest des Landes: Erst seit 1998 gibt es überhaupt eine Brückenverbindung zwischen der Insel und Honshu; zuvor wurde aller Verkehr über zahlreiche Fähren abgewickelt, die die Reise von wenigen dazwischenliegenden Kilometern zu einer recht langwierigen Fahrt machten und Shikoku daher als weit abgelegen erscheinen ließen. Auch heute noch gibt es viel Fährverkehr. Bahnverkehr hat sich auf Shikoku erst sehr spät entwickelt – Matsuyama war 1927 die letzte Präfekturhauptstadt (mit Ausnahme von Okinawa), die eine staatliche Eisenbahnanbindung erhielt. Kleinere Strecken vor allem an der Nordküste zu den Fährhäfen wurden jedoch bereits seit 1888 von privaten Gesellschaften gebaut. Die Iyo-Railway, die im Oktober 1888 die Strecke von Mitsuhama Bay nach Matsuyama eröffnete, ist nicht nur deswegen bedeutsam, weil sie die erste Bahn auf Shikoku war, sondern sie war auch erst die dritte in ganz Japan –

noch bevor Hokkaido und Kyushu Bahnen hatten! Iyo hatte festgestellt, dass es sich lohnt, die Häfen der zahlreichen Fähren, die den Handel zwischen Honshu und Shikoku ermöglichten, zu bedienen und sowohl Fahrgäste als auch Frachten direkt dort hinzubringen und abzuholen. Der Bahnhof Takamatsu wurde sogar extra verlegt, um näher am Fährterminal und damit bequemer erreichbar zu sein. Er wurde so zu einer der wichtigsten Schnittstellen zwischen Honshu und Shikoku. Diese Fähr-Bahn-Verbindungen behielten ihre historisch wichtige Rolle für weitere 78 Jahre, bis schließlich hundert Jahre später die erste Brückenverbindung nach Honshu eröffnet wurde. Das geschah im Jahre 1988, also vor nur 20 Jahren.

Die Seto-Ohashi-Brücke, die de facto ein Brückensystem aus sechs Brücken ist und die nur 9,4 Kilometer große Meerenge zwischen Kojima auf Honshu und Sakaide auf Shikoku überwindet, ist eine Doppelstockbrücke mit einer Autobahn auf dem oberen Deck und einer doppelgleisigen Bahnspur auf dem unteren. Damit verbindet JR Shikoku nunmehr beide Inseln miteinander und konnte die Fahrzeit auf 55 Minuten verkürzen (im Vergleich zu einer Stunde und vierzig Minuten, die die Fährverbindung für die gleiche Fahrt benötigte). Straßen für den Autoverkehr kamen sogar noch später nach Shikoku – tatsächlich baute Iyo die Bahnlinie damals deswegen, weil die Straßenverhältnisse auf der Insel so schlecht waren.

Erst 1970 verschob sich der Fokus des Transports, und nach und nach wurden Schnellstraßen bzw. Autobahnen gebaut. Der Matsuyama-Expressway wurde 1985 eingeweiht – ein Zeitpunkt, zu dem auf den anderen japanischen Hauptinseln bereits seit 20 Jahren der Shinkansen in atemberaubender Geschwindigkeit die japanischen Städte miteinander verband und seit Jahrhunderten gut ausgebaute Straßen existierten. Engelbert Kämpfer beispielsweise berichtete schon 1690 von sehr gut und schnell befahrbaren Straßen! Die zentrale Bergregion von Shikoku wurde sogar erst nach 2000 per Autobahn erschlossen. Alle Schnellstraßen auf Shikoku haben nun den Vorteil, dass sie die gleichen Entfernungen bedeutend schneller überbrücken als die entsprechenden Bahnlinien, die sich meist an der Küstenlinie orientieren. Dies hat zu einem dramatischen Fahrgastverlust und einer wirtschaftlichen Bedrohung der Bahngesellschaften geführt.

Ein weiteres, ungemein bedeutsames Verbindungsstück zwischen Shikoku und Japans Hauptinsel Honshu ist die Seto-Ohashi-Brücke.

Heutzutage verfügt jede Präfektur über einen Flughafen, und mit der Hauptinsel Honshu ist Shikoku mittlerweile durch drei Brückensysteme verbunden: Dazu zählt erstens das bereits beschriebene Seto-Ohashi-Brückensystem von 1988, bestehend aus sechs einzelnen Brücken, die die Präfekturen Okayama (Kojima) und Kagawa (Sakaide) als Doppelstockbrücke miteinander verbinden. Zweitens

gibt es im Nordosten über die Insel Awaji führend das Kurushima-Kaikyo-Brückensystem aus den beiden Brücken Akashi Kaikyo und der großen Naruto-Brücke (O Naruto Kyo); Letztere ist die Brücke mit der weltweit größten Stützweite. Sie wurde bereits 1985 fertiggestellt, um Awaji mit Shikoku zu verbinden.

Das dritte Brückensystem schließlich besteht sogar aus zehn einzelnen Brücken (die sogenannten Kurushima-Kaikyo-Brücken), die über verschiedene Inseln der Inlandsee die Präfektur Ehime (bei Imabari) über die Kurushima-Meerenge mit der Präfektur Hiroshima auf einer Strecke von rund 60 Kilometern verbinden. Eine der zehn Brücken ist die Tatarabrücke, die längste Schrägseilbrücke der Welt.

Dennoch sind die Fahrtzeiten im Verhältnis zur Distanz für japanische Verhältnisse sehr lang: So dauern die rund 500 Kilometer von Tokyo nach Osaka mit dem schnellsten Shinkansen nur knapp 2,5 Stunden, die rund 35 Kilometer von Takamatsu nach Okayama aber – ebenfalls mit dem Zug, jedoch nicht mit dem Shinkansen – knapp eine Stunde.

Historisch gesehen spielten sich zwar die wesentlichen Ereignisse auf der japanischen Hauptinsel Honshu ab, aber auch auf Shikoku ereigneten sich wichtige Dinge: Während der Heian-Zeit von 794–1185, als aufgrund der hohen Besteuerung der Inseln in der Inlandsee viele Fischer zu Piraten wurden, kam ein neuer Berufszweig auf, nämlich der des seefahrenden Samurais (*suigun*), der die lebenswichtige Wasserstraße der Inlandsee schützen sollte. Bis zum Beginn der Edozeit (1603–1868) war Shikoku ein wichtiger Handelsknotenpunkt zwischen Japan und dem asiatischen Festland; erst mit der Entstehung des

Kagawa International Conference Hall in Seto. Lange Zeit blockierten schlechte Verbindungswege in die anderen Regionen den wirtschaftlichen Aufschwung.

Tokugawa-Shogunats ab 1603 wurden die Rechte der Suigun beschnitten und der Berufsstand starb aus. Während der Tokugawa-Zeit war jedoch der Herrschaftsbereich der Tosa, der den größten Teil Südwest-Kyushus einnahm, einer der mächtigsten und rebellischsten Bereiche.

Für die Gegenwart interessant ist, dass der auch im Ausland bekannte japanische Nobelpreisträger Kenzaburo Oe in Oso (Präfektur Ehime) geboren wurde. Dieses Dorf spielt auch immer wieder eine Rolle in seinen Erzählungen.

Heute ist wirtschaftlich gesehen vor allem die Nordküste besonders wichtig für Shikoku; hier befinden sich zahlreiche Häfen, und die im Vergleich zu anderen Regionen wenige Industrie konzentriert sich in diesem schmalen, stark industrialisierten Streifen. Shikoku hat dabei vor allem Zellstoff- und Papierindustrie, die von den Wäldern und der Wasserkraftnutzung Shikokus profitiert, aber auch andere Industriezweige, wie beispielsweise mit der Firma Shikoku Kakoki in Tokushima eine Verpackungsproduktionsfirma mit immerhin rund 700 Angestellten, deren weiterer Geschäftszweig die Sojabohnenverarbeitung ist.

Wesentlich für Shikoku sind aber vor allem verschiedene Handwerkskünste. So kommen 90 Prozent der japanischen Papierfächer aus Marugame in der Präfektur Kagawa, 60 Prozent der Getas (spezielle japanische Holzschuhe) aus Takamatsu (ebenfalls Kagawa) und 60 Prozent der nationalen Produktion von Handtüchern aus Ehime (Stadt Imabari). Daneben gibt es bekannte Produktionsstätten für Lack- und Tonwaren (Präfektur Ehime) sowie Perlenzucht und -schmuckverarbeitung.

Industriehäfen wie hier in Kure auf Honshu sind insbesondere an der Nordküste von Shikoku zu finden, wo sich u.a. Zellstoff- und Papierindustrie niedergelassen hat.

TOPOGRAFIE, KLIMA, FLORA UND FAUNA

Shikoku ist prozentual die am dichtesten bewaldete Gegend Japans. Berge teilen die Insel in eine schmale nördliche Teilregion an der Seto-Inlandsee und einen südlichen Teil am Pazifik. Die meisten Einwohner leben im Norden an der Küste zur Inlandsee, und mit Ausnahme von Kochi liegen alle größeren Städte der Insel ebenfalls dort. Im zentralen Inselteil ist Shikoku sehr gebirgig, aber auch an den Küsten gibt es wenig flache Ebenen. Der höchste Berg ist der Ishizuchi-Yama (1982 Meter), der in der Präfektur Ehime liegt; gefolgt vom Tsurugi-san mit 1955 Metern Höhe in der Präfektur Tokushima. Der Ishizuchi-Yama ist zwar für japanische Verhältnisse relativ klein, jedoch der größte Berg Westjapans.

Viele zum Teil unbefahrbare Flüsse durchziehen die Insel, der längste ist mit 194 Kilometer der Yoshino-Gawa, der in den Kii-Kanal mündet. Demgegenüber gibt es als Besonderheit auf Shikoku nur eine geringe Anzahl von Seen. Japan hat insgesamt 487 natürliche Seen mit einer Fläche größer als einem Hektar; auf Shikoku gibt es jedoch nur einen einzigen.

Von großen Erdbeben wird Shikoku weitgehend verschont: Trotz der Nähe zu Kobe erlitten die nahegelegenen Präfekturen Ehime und Kagawa beim großen Hanshin-Beben 1995 kaum Schäden.

Die 21 827 Quadratkilometer große Inlandsee zählt nicht nur zu den schönsten Gewässern der Welt, sondern spielt seit alters her auch eine wichtige Rolle für Shikoku und für Japan – sowohl klimatisch

Eines der landschaftlich prägnantesten Merkmale Shikokus sind die zahlreichen dicht bewaldeten Regionen der Insel wie hier im Flusstal zwischen Anan und Kochi.

Die Tempelanlage Ryozen-ji ist Start- bzw. Endpunkt der 88-Tempel-Pilgerwanderung, die auf Shikoku und Honshu verläuft.

als auch wirtschaftlich. Sie ist 500 Kilometer lang und reicht von Osaka bis Shimonoseki; die breiteste Stelle ist 65 Kilometer, die schmalste lediglich 7 Kilometer breit. Insgesamt grenzen 11 japanische Präfekturen an die Inlandsee. Da sie – von den Meerengen, die sie mit dem Pazifik verbinden, abgesehen – komplett von Land umschlossen ist, ist die See nicht nur sehr ruhig und flach (durchschnittliche 37,3 Meter), sondern weist auch ein ganzjährig mildes und sonniges Klima auf.

Ganz besonders interessant für Shikoku ist jedoch die Unterwasserlandschaft: Shikoku verfügt über 159,4 Hektar Korrallenriffe mit zahlreichen geschützten Gebieten, wie bspw. dem Muroto-Anan Kaigan Quasi-Nationalpark mit einzigartiger geologischer und subtropischer Vegetation; unterstützt durch den Kuroshio Strom. Die Ostküste von Shikoku, von Kap Gamoda bis Kap Muroto besteht aus Sedimentgestein, überzogen mit einer Schicht aus Sand und Schlamm. Erdplattenbewegungen und wiederholte eiszeitliche und zwischeneiszeitliche Wechsel formten typische Küstenterrassen in dieser Region.

Die Küste ist daher für ihre charakteristische Bogenform und vorherrschende Gesteinsküste mit Felsenriffen bekannt, die sich von Kap Gamoda bis Tokyo erstreckt. Kleine Buchten mit Inselchen unterbrechen diese Linie. Dadurch ist eine steile Unterwassertopografie mit Unterseetälern entstanden – ideal für Korallen. Diese kommen vor allem südlich von Hiwasa in der Tokushima-Präfektur vor. In Oshima, Takegashima und Bishago Rock sind über 5 Prozent des Bodens mit Korallen bedeckt, die in der Summe 7,25 Hektar, also rund zehn Fußballfelder einnehmen. In dieser reizvollen Unterwasserwelt wurden bislang 52 Spezies aus 12 Familien identifiziert. Da wundert es nicht, dass Tiefseetauchen eine der beliebtesten Sportarten an der Küste Shikokus ist, in der das Meer je nach Lage eine durchschnittliche Wassertemperatur von 21,7–22,7 °C aufweist.

Zu den auf dem Land lebenden Tieren auf Shikoku gehören – ähnlich wie auf Honshu und

Kyushu, der sogenannte japanische Dachs (eine Art Waschbär, *Nyctereutes procyonoides*, japanisch: Tanuki), der Sikahirsch (*cervus nippon*) und Mandarinenten. Der Tanuki hat eine große Bedeutung in japanischen Fabeln und gilt als Meister der Verkleidung und Gestaltänderung. Zugleich ist er auch ein Maskottchen des Restaurationsgewerbes, da er Gäste anlockt. Deshalb befindet sich vor den meisten japanischen Restaurants eine Keramikfigur, die dieses Tier auf japanisch-niedliche Weise imitiert.

Aufgrund seiner Lage hat Shikoku weitgehend heiße und feuchte Sommer, die klimatischen Bedingungen nehmen überwiegend subtropische Züge an. Lediglich Kagawa ist etwas trockener. Die Winter sind mild, Schneefälle selten. Die Präfektur Kochi weist sogar neben Okinawa die meisten Regenfälle pro Jahr auf. Daher wachsen auf Shikoku subtropische Bäume wie Kampfer- und Banyanbaum; auch Tee und Oliven werden angebaut. Das milde Klima der Gegend führte zur Spezialisierung auf die Anpflanzung von Gemüse unter Plastikplanen außerhalb der Saison. Reis kann in der südlichen Region Shikokus zweimal im Jahr geerntet werden.

SEHENSWERTES

Zu den Sehenswürdigkeiten und Besonderheiten Shikokus gehören unter anderem der 88-Tempel-Pilgerpfad; das Dogo-Onsen, die älteste heiße Quelle Japans; die Matsuyama-Burg, eine von nur vier im Original erhaltenen japanischen Burgen (von ehemals über 250); der Ritsutin-koen Garden, der neben den drei »großen« Gärten (Koraku-en, Kairaku-en und Kenroku-en) als einer der schönsten Gärten Japans bezeichnet wird; das bis 2003 einzige Korallenmuseum der Welt und das größte Planetarium der Welt in Tatsukushi; die Naruto-Strudel (auch Naruto Whirlpool genannt), der stärkste Strudel der Welt im Meerwasser zwischen Shikoku und der Insel Awaji; die doppelgeschossige Seto-Ohashi-Brücke und die Tatara-Brücke, eine der längsten Schrägseilbrücken der Welt.

Naturliebhaber kommen in allen Präfekturen voll auf ihre Kosten – sei es an den zahlreichen kristallklaren Flüssen, den Schluchten, wilden Buchten und Küsten, oder einfach nur wegen der unbeschreiblich schönen Aussicht auf die Inlandsee oder den Pazifik. Kunstliebhaber sollten sich vor allem die Insel Naoshima, die in Sichtweite der Stadt Takamatsu liegt, nicht entgehen lassen: Der Museumskomplex Benesse Art Site Naoshima sucht in der Welt seinesgleichen.

Die 88-Tempel-Pilgerwanderung, die berühmteste Pilgerstrecke Japans, verläuft durch mehrere Präfektu-

Pilgergruppe auf der 88-Tempel-Pilgerwanderung, die eine Strecke von über 1000 Kilometern umfasst.

Torii zum Tempel von Kotohira. Das im 17. Jahrhundert errichtete shintoistische Bergheiligtum Kompira ist eine der bedeutendsten Stationen auf dem 88-Tempel-Pilgerwanderweg.

ren. Sie wird nach Kukai (884–835), einem der größten Heiligen Japans, der auf Shikoku geboren wurde, auch als Kobo-Daisho-Wanderung bezeichnet. Für Buddhisten ist es erstrebenswert, alle 88 Tempel zu Fuß abzulaufen. Benötigt werden für die über 1000 Kilometer lange Wanderung rund sechs Wochen. Heutzutage werden aber zum Besuch dieser 88 Tempel fast immer Verkehrsmittel eingesetzt. Erkennbar sind die Pilger (henro) daran, dass sie einen Strohhut und weiße Gewänder tragen, auf denen sie die roten Siegel der einzelnen Tempel, die ihren Besuch nachweisen, aufstempeln. Einer der bekanntesten Tempel auf der Route ist der Kotohira-Schrein in der Präfektur Kagawa.

Kulinarisch haben alle vier Präfekturen viel zu bieten: Allein aufgrund der Lage gibt es auf Shikoku viel und vor allem sehr frischen Fisch aus der Inlandsee. Besonders beliebt sind die Meerbrasse (tai), Shrimps (ebi), Kreiselschnecken (sazae), aber auch andere Meerestiere. Als Tai-Meshi hat die Meerbrasse speziell in Ehime sogar ein eigenes Gericht. Ramen- und Udon-Nudeln, die in ganz Japan sehr beliebt sind, werden auf Shikoku geradezu enthusiastisch verzehrt: als Tokushima Ramen speziell mit gewürztem Rindfleisch, oder als Sanuki Udon, deren einzelne Zutaten man sich in dieser Region individuell bestellt. Sanuki Udon sind so beliebt, dass es allein in der kleinen Präfektur Kagawa über 700 reine Sanuki-Udon-Restaurants gibt.

DIE PRÄFEKTUREN

EHIME

Die Präfektur Ehime nimmt fast den ganzen Norden und Nordwesten der Insel Shikoku ein und umfasst 5677,53 Quadratkilometer, auf denen rund 1,4 Millionen Menschen leben. Hauptstadt der Präfektur ist Matsuyama, mit 480 000 Bewohnern die einwohnerstärkste Stadt der Insel. Hauptattraktion

Dogo Onsen –
das älteste Badehaus Japans

von Ehime sind das schöne Schloss Matsuyama-jo sowie das Dogo Onsen, die älteste heiße Quelle Japans, die bereits vor über 1300 Jahren in den Nihon-Shoki erwähnt wurde. Viele berühmte Japaner, von Künstlern bis Politikern, haben dieses Onsen bereits besucht und es fand Eingang in den Roman »Botchan« von Natsume Soseki.

Das Schloss von Matsuyama wurde 1602–1627 zunächst fünfstöckig erbaut, und obwohl es 1642 und 1784 nach einem Brand nur noch dreistöckig wieder aufgebaut wurde, zählt es zu den wenigen authentischen mittelalterlichen Schlössern, die in Japan erhalten geblieben sind. Ehime weist in der kleinen Stadt Uwajima (70 000 Einwohner) noch eine weitere japanische Besonderheit auf: Hier finden Stierkämpfe statt. Anders als in Spanien gibt es dabei jedoch keinen Matador, sondern es kämpfen jeweils zwei tonnenschwere Tiere gegeneinander. Ähnlich wie beim Sumo-Ringen gewinnt der, der den Gegner zu Boden bringt oder aus dem Ring herauskämpft. Uwajima ist außerdem eine der besten Quellen für Zuchtperlen in Japan.

Zu Ehime gehört auch die Insel Omi-Shima, die 80 Prozent der nationalen Kunstschätze alter Waffen beherbergt. Sie stammen aus den Zeiten, als japanische Daimyo auf die Insel kamen und auf Omi-Shima im Oyamazumi-Schrein, der dem älteren Bruder von Amaterasu gewidmet ist und als Beschützer der Piraten gilt, um die nötige Kraft baten. Als Tribut ließen sie ihre Waffen bzw. Schwerter zurück.

Shikokus höchster Berg, der Ishizuchi-san, liegt ebenfalls in dieser Präfektur. An seinen Fuß grenzt die größte Schlucht (Omogo kei) Shikokus. In Ehime, vor allem um die Stadt Matsuyama herum, ist der größte Teil der Industrie Shikokus angesiedelt (rund 40 Prozent der gesamten Ausfuhrmenge stammen aus dieser Präfektur), aber wirtschaftlich relevant ist Ehime vor allem wegen seiner Mandarinen- und Orangenproduktion, der Zucht von Perlen und der Fischerei.

Eine der großen Sehenswürdigkeiten der Präfektur Kagawa ist der Ritsuen-Koen-Garten.

KAGAWA

Die Präfektur Kagawa liegt im Nordosten der Insel und ist mit 1876,49 Quadratkilometern die flächenmäßig kleinste Präfektur des Landes. Rund eine Million Einwohner leben hier. Hauptstadt der Präfektur ist Takamatsu mit knapp 430 000 Einwohnern. Diese Präfektur ist neben Ehime das bedeutendste Wirtschaftszentrum der Insel. Besonders sehenswert ist hier der weitläufige Ritsuen-Koen-Garten, eine der schönsten Gartenanlagen Japans. Er wurde Mitte des 17. Jahrhunderts angelegt und besteht aus einer Serie von miteinander verbundenen Teichen, Hügeln und einem natürlichen Wald.

Ganz in der Nähe dieses Gartens liegt der Kotohiragu-Schrein, der im Volksmund auch liebevoll *Kompira-san* genannt wird. Er wurde im frühen 11. Jahrhundert erbaut und war ursprünglich ein Schrein für Fischer und Seeleute, ist heute aber dem Gott des Wohlstands gewidmet und sehr populär. Die Haupthalle liegt hoch oben und muss über 785 Stufen erklommen werden.

Die zweitgrößte Insel der Inlandsee, Shodoshima, sowie die »Museumsinsel« Naoshima gehören ebenfalls zur Präfektur Kagawa. Auf der Karte sieht Shodoshima wie eine einzige Insel aus, tatsächlich sind es jedoch zwei, getrennt durch die kleinste Meerenge der Welt (Dobuchi Kaikyo). Sie

ist an der engsten Stelle lediglich 9,93 Meter breit und sieht aus wie ein Fluss, führt aber tatsächlich Meerwasser.

Ausstellungsgebäude auf der Museumsinsel Naoshima

Shodoshima war auch der erste Ort Japans, in dem erfolgreich Oliven angebaut wurden. Um trotz der Rohstoffknappheit Öl für die Fischkonserven herzustellen und nicht zu sehr vom Ausland abhängig zu sein, wählte die japanische Regierung 1908 die drei Präfekturen Mie, Kagoshima und Kagawa aus, um Olivenbäume anzupflanzen. Lediglich eine einzige Stadt, die Stadt Nishimura auf der Insel Shodoshima, war erfolgreich. Heute werden Oliven zwar in verschiedenen Regionen angebaut, aber Shodoshima pflegt dieses Image nach wie vor: Die Fähre heißt Olive Line Ferry, es gibt einen Olivenstrand und Olivengarten sowie zahlreiche Souvenirläden, die Produkte rund um die Olive verkaufen.

Auch die nur 14,22 Quadratkilometer große und von nur 3583 Einwohnern ständig bewohnte »Museumsinsel« Naoshima liegt administrativ in der Präfektur Kagawa. Sie beherbergt zahlreiche Kunstmuseen. Seit den 1980er-Jahren entwickelte Benesse, einer der größten Bildungsverlage Japans, Museums- und andere Kunstprojekte auf der Insel. 1990 dann beauftragte die Firma den weltbekannten Architekten Tadao Ando mit der Konzeption der Museen, die 1992 offiziell eröffnet wurden. Das 2004 fertiggestellte »Chichu Art Museum« ist das derzeit neueste. Heutzutage sind diese Museen unter der Bezeichnung »Benesse Art Site Naoshima« zusammengefasst. Als Besonderheit bieten sie auch Übernachtungszimmer an und die Hotelgäste können die Museen bis abends 21 Uhr besichtigen.

FOTO RECHTS:
Shimanto-Fluss in der Präfektur
Kochi

KOCHI

Kochi ist mit 790 000 Einwohnern auf 7105,03 Quadratkilometern die flächenmäßig größte, aber am dünnsten besiedelte Präfektur Shikokus und nimmt fast den gesamten Süden der Insel ein. Hauptstadt der Präfektur ist die gleichnamige Stadt Kochi mit 328 000 Einwohnern. Kochi ist ein Paradies für Outdoor-Fans: Auf zahlreichen Flüssen kann man Wildwasserfahrten unternehmen, von der Küste starten Boote sowohl zur Walbeobachtung als auch für Korallen- bzw. Tauchausflüge. In der kleinen Stadt Tosashimizu befindet sich ein einzigartiges Korallenmuseum, das einen Besuch wert ist.

An der Südspitze von Kochi liegt das Kap Muroto, etwas weiter im Westen – gleichzeitig als südlichster Punkt der Insel – Kap Ashizuri, beide jeweils mit herrlicher Aussicht, aufregenden Ausflugsmöglichkeiten, hohen Klippen und wunderschöner tropischer Flora. Am Kap Muroto steht der einzige Leuchtturm der Welt, der komplett aus Glassteinen gebaut wurde und der unter den Leuchttürmen Japans den größten Durchmesser aufweist. In der Nähe der Kap Ashizuri Misaki liegt der Fluss Shimanto, auf dem man sehr gut Wildwasserkajak fahren kann.

Wanderfreunde können hier in dieser Präfektur die Tempel Nr. 24 bis 39 der 88-Tempel-Pilgerwanderung erlaufen. Diese werden auch Tempel zum Praktizieren der Askese genannt, weil der Weg zu ihnen besonders anstrengend ist.

Seit der Edo-Zeit wird in Kochi der Onagadori, das japanische Langschwanzhuhn, gezüchtet – eine Rasse, bei der die Schwänze der männlichen Hühner bis zu 10 Meter lang sind und daher im Guiness-Buch der Rekorde stehen.

TOKUSHIMA

Die Präfektur Tokushima schließlich liegt im Südosten der Insel und umfasst 4145,90 Quadratkilometer, auf denen rund 800 000 Menschen leben. Hauptstadt der Präfektur ist die gleichnamige Stadt Tokushima mit knapp 270 000 Einwohnern. Tokushima ist der traditionelle Startpunkt für die 88-Tempel-Wanderung. Auch in Tokushima ist es die spektakuläre Natur, die den Reiz ausmacht.

Rund 40 Minuten von der Stadt Tokushima entfernt liegt die Naruto-Meerenge, die von der gleichnamigen Brücke überquert wird. Dort gibt es die Naruto-Strudel, die stärksten Strudel der Welt, die mit über 20 Stundenkilometern und mehr die See aufwirbeln und bis zu 20 Meter Durchmesser erlangen können. Boote fahren mutige Touristen ganz in die Nähe dieser Strudel.

Etwas mehr landeinwärts liegen am Fluss Yoshino die einzigartigen Schluchten Oboke und Koboke (auch Oboke-Iya), eine wunderschöne bergige Landschaft, in der der Fluss in tiefen Schluchten verläuft. Rund 30 Minuten entfernt davon gibt es die als »important folcloric property« eingestuften spektakulären Brücken, die aus Kletterpflanzen hergestellt sind (*Kazurabashi*). In früherer Zeit nutzte man diese Brücken für die täglichen Wege. Die Einwohner verwendeten dazu das Material, das wild in den Bergen wuchs. Viele sind heute als Touristenattraktion noch immer begehbar.

LINKE SEITE:
Abenteuer und Nervenkitzel sind demjenigen garantiert, der die Schluchten Oboke und Koboke auf einer der mit Kletterpflanzen verschnürten Brücken überquert.

Viele Pilger, die den Weg der 88 Tempel beschreiten, starten in Takushima im Ryozen-ji. Dort erhalten sie den ersten der 88 Stempel, die den Besuch der heiligen Stätte nachweisen.

Hokkaidō Hakodate

Hokkaido

Tsugaru Str.

Mutsu Bucht

Ogawara-See

Aomori

Hirosaki Hachinohe

Towada-See

J a p a n i s c h e s

Iwate-San **Kitakami-**
2041
Akita Morioka

Hayachine-San
1914
Gebirge

Honshu

Chōkai-San
2230

M e e r Sakata **Tōhoku**

Tsurudka
Mogami **Ōu-**

Gas-San Ishinomaki
1980 *Ishino-*
Izumi *maki*
Yamagata *Bucht*

Sendai *P A Z I F I S C H E R*

Gebirge

Ryōtsu Niigata Higashiajima- *O Z E A N*
Bucht **San**
Mano Sado 2024
Bucht Bandai-San Fukushima
1819
Sado Aizu- Kōriyama
Nagaoka Wakamatsu *Inawa-*
shiro-
See

Joetsu

Chūbu **Echigo-** Iwaki

Toyama Shirane-San
Bucht 2578 Hitachi
Takaoka Nagano
Nördliche **Gebirge** **Kantō** Hitachinaka
Toyama **Japanische** Utsunomiya
Alpen Ueda *Kashima*
Maebashi *Bucht*
Hida- Ōta Mito
Hodaka-Dake Takasaki
3190 Matsumoto Kumagaya Oyama Tsuchiura
Gebirge **Kantō-** Ageo Kasukabe *Kasu-*
Kawagoe **Saintama** *migaura*
Berge Kawaguchi Kashiwa

0 200 400 600

km

TOHOKU

EINLEITUNG

Einer der wenigen Menschen, die es ins dunkle japanische Hinterland zog, war der berühmte Haiku-Dichter Matsuo Basho (s. Kapitel Literatur). Er wanderte im Jahre 1689 auf »fernen, abseits gelegenen Wegen« (*michinoku*, die altjapanische Bezeichnung für das nordöstliche Japan) durchs heutige Tohoku (»Nordost«) und besuchte Orte wie etwa Sendai, Matsushima, Hiraizumi, Niigata und Kanazawa. Sein Reisetagebuch »Auf schmalen Pfaden durchs Hinterland« (Übers. Dombrady 1985) gehört zu den wichtigsten Werken der japanischen Literatur und erhob dieses wenig bekannte Gebiet zum Thema klassischer Dichtung. Tohoku ist auch heute noch ein für japanische Verhältnisse dünnbesiedeltes Berggebiet mit bevorzugt ländlichem Charakter.

Der 2041 Meter hohe Iwate befindet sich in der gleichnamigen Präfektur in der Region Tohoku. Im Winter dient er als Skigebiet.

FOTO RECHTS:

Ausgedehnte Waldgebiete wie hier in der Präfektur Miyagi und unerkundete Bergwelten erwarten Besucher der Region Tohoku.

Deshalb dient es vielen berufsgeplagten Stadtjapanern als Rückzugsort vom alltäglichen Stress, den man u. a. bei einem Heißquellen-Besuch oder beim Wandern um den Towada-See abbauen kann. Wer am frühen Morgen zur Bergwanderung aufbricht, wird den aus den Wäldern aufsteigenden Nebel bestaunen können. Er verwandelt die Bergwelt in eine unwirklich anmutende, unheimliche Szenerie und es ist nicht erstaunlich, dass eine Menge von Geistern und Dämonen in Tohokus Wäldern hausen sollen.

Unzählige Anekdoten und Märchen berichten u. a. vom Flusskobold Kappa, der einsame Wanderer überfällt. Oder es ist die Rede vom zumeist langnasigen Walddämon Tengu, dessen magische Fähigkeiten und Fechtkünste sprichwörtlich sind. Wenn am frühen Morgen Bäume gefällt werden und das Geräusch der brechenden Stämme von Ferne ans Ohr klingt, spricht man hier vom »Tengulachen« (*tengu no warai*). Auch Teufelsgesindel (*oni*) treibt sich in den Wäldern herum. Vorsicht! Sie entführen und fressen gerne Jungfrauen. Zu den Teufeln zählt auch die berüchtigte »Bergalte« *yamauba*, die in Gestalt einer alten Frau den Wanderer zum Übernachten in ihre Hütte lädt, des nachts aber zum Dämon mutiert, den Armen im Schlaf überfällt und später verspeist.

Die tiefen Wälder Tohokus haben noch längst nicht all ihre Geheimnisse preisgegeben. Wie wäre es mit einer kleinen Entdeckungstour?

GEOGRAFIE

Das ländliche Tohoku ist – ähnlich wie Hokkaido – hauptsächlich von Gebirgen und Wäldern geprägt. In diesem nordöstlichen Landesteil unterscheidet man im Wesentlichen zwei Zonen: Die an den Pazifik gren-

zende Außenzone bildet eine Landschaft mit geologisch alten Rumpfschollen des Abukuma- und Kitakami-Gebirges. Das ca. 1000 Meter hoch gelegene Kitakami-Hochland fällt zum Teil mit steilen Küsten zum Meer hin ab. Dieses Hochland in der Präfektur Iwate wird auch das »Tibet Japans« genannt. Getrennt werden diese beiden Grundgebirge im Ostteil, die eher den Charakter von Hochländern haben, durch die beiden Ebenen von Sendai und Fukushima.

Die sogenannte Innenzone Tohokus wird von zwei meridional verlaufenden Vulkanreihen gebildet, die Nasu-Vulkane in der Mitte des Landesteils und die Chokai-Vulkanreihe im Westen Tohokus bis hin zur Japansee. Unterbrochen werden diese Vulkanreihen von fünf intramontanen Beckenlandschaften. Das sind von Nord nach Süd die Becken von Hirosaki, Yokote, Yamagata, Yonezawa und Wakamatsu.

Diese Innenzone Tohokus ist reich an heißen Quellen, aus denen sich viele beliebte Badeorte entwickelt haben, wie z. B. Towada-ko Onsen, Goshogake Onsen, Akiu Onsen oder die bekannten Thermalbäder rund um den Zao-san. Hier befinden sich auch zwei der insgesamt drei herrlichen Naturschutzgebiete dieser Region, der Towada-Hachimantai-Nationalpark, der mit dem Gründungsjahr 1936 einer der ältesten Parks ganz Japans ist, sowie der südlicher gelegene, 1959 ausgewiesene Bandai-Asahi-Nationalpark. Der dritte Park ist der 1955 gegründete Rikuchu-Kaigan-Nationalpark, der die zerklüftete Steilkünste an der pazifischen Seite und die dort beheimateten Seevögel unter Naturschutz gestellt hat.

Blick auf das Zao-Gebirge, das an seinem höchsten Punkt 1841 Meter erreicht

Die größeren Städte Tohokus entstanden entweder an den Küstenebenen, wie Sendai, Akita und Aomori, oder in den intramontanen Becken, wie Yamagata und Fukushima.

KLIMA

Michinoku, die altjapanische Bezeichnung für den Tohoku-Distrikt, bedeutet »fern der Wege« und ist auf die unzugängliche Landschaft und das kalte Klima zurückzuführen.

Infolge der Topografie, die Tohoku in eine Ost- und eine Westregion teilt, unterscheidet sich auch das Klima entsprechend. An der pazifischen Seite sind die Sommer warm und niederschlagsreich, vor allem während der Regenzeiten im Juni und September, die Winter kalt, trocken und oft sonnig. Die Westhälfte hingegen hat einen meist sonnigen Frühling und heiße Sommer, aber lange, kalte und schneereiche Winter. Die feuchten Luftmassen, die im Winter von der Japansee kommend

Hidetoshi Matsubara, einer der letzten traditionellen Falkner Japans, läuft mit einem seiner Falken in Asahi in der Yamagata-Präfektur entlang einer vier Meter hohen Schneewand. Jedes Jahr lösen die Schneefälle in den Regionen Hokkaido und Tohoku ein wahres Chaos aus. Grund dafür sind die feuchten Luftmassen, die von der Japansee aus über das Festland ziehen und an den Gebirgsbarrieren der Inneren Zone für äußerst hohe Schneefälle sorgen.

über Tohoku ziehen, treffen auf die Gebirgsbarrieren der Inneren Zone und verursachen hier die meisten Niederschläge. Dieser nördliche bzw. nordwestliche Teil Japans wird deshalb auch als *yuki-guni* »Schneeland« bezeichnet.

Ähnlich wie Hokkaido bietet Tohoku durch diese klimatische Besonderheit ideale Voraussetzungen für vielfältigen Wintersport in herrlichen Skigebieten. Viele Distrikte sind von Dezember bis April schneesicher.

PFLANZEN- UND TIERWELT

Wie die gesamte Hauptinsel Honshu ist auch Tohoku reich an Wäldern. Vorrangig wachsen hier sommergrüne Laub- und Mischwälder. Je weiter man in den Norden Tohokus gelangt und je höher man die Hochländer und Bergregionen erklimmt, desto größer wird der Anteil an Nadelwäldern. Als Laubhölzer gedeihen z. B. Eichen, Kastanien, Birken, Ahorn und Buchen.

So wie im »Buchenwald von Shirakami« (UNESCO-Weltnaturerbe) sah es früher in weiten Teilen Tohokus aus. An der Küste des Japanischen Meeres gelegen, über die Grenzen der Präfekturen Aomori und Akita hinweg nahe der Kleinstadt Hirosaki, wurde dieser »Buchenurwald« 1993 von der UNESCO als eine der ersten Welterbestätten Japans anerkannt. Im Shirakami-Gebirge sorgen die Dämpfe der milden Japansee für besondere klimatische Bedingungen. Da Buchen viel Wasser speichern, entspringen hier auch zahlreiche Flüsse und gestalten die Landschaft durch schmale Täler sehr abwechslungsreich. An steil abfallenden Klippen entstanden herrliche Wasserfälle. Dieses Gebiet ist der weltweit größte unberührte Buchenwald, Lebensraum von ca. 500 verschiedenen Pflanzenarten und Rückzugsraum selten gewordener Tiere.

Neben der japanischen Zypresse und der beliebten Kiefer gibt es unter den Nadelhölzern in Tohoku hauptsächlich die durch Aufforstung überall vertretene Sicheltanne.

Bis auf die Flächen der National-, Quasi-National- und Naturparks wurde die natürliche Vegetation im Laufe der Jahrhunderte von einer intensiven agrarischen Nutzung verdrängt. Reisanbau, Milch- und Viehwirtschaft, Obst- und Gemüseanbau herrschen vor. Berühmt ist Tohoku, insbesondere die Präfektur Aomori, für seine Äpfel. Um die Äpfel gegen Schädlinge zu schützen und ein makelloses Äußeres zu erreichen, werden sie im Wachstumsprozess am Baum einzeln eingepackt. So entsprechen sie nach der Ernte den anspruchsvollen Erwartungen des japanischen Marktes nach optisch einwandfreiem Obst. Aomori ist die Präfektur mit der größten Apfelproduktion Japans, aber auch Yamagata im Süden Tohokus beschert dem Markt große Mengen davon.

Die Fauna Tohokus entspricht im Wesentlichen der Honshus und ist wie diese großteils mit ostchinesischen Gattungen verwandt. Dazu gehören japanische Arten des Fuchses, der Gämse, des Wildschweins, Hirsches und Siebenschläfers. In manchen Rückzugsgebieten findet man auch noch den asiatischen Schwarzbär, auch Kragenbär genannt, so z. B. im o. g. Shirakami Buchenwald. Dort, wie auch

Biene an einer Apfelblüte. Tohoku ist bekannt für seine Obstplantagen, auf denen vor allem Äpfel geerntet werden.

in den beiden zentralen Nationalparks, leben die Japan-Makaken (Schneeaffen). Die Welt dieser japantypischen Affenart – übrigens die nördlichste Art weltweit – beginnt hier in Tohoku. Sie ist gut zu erkennen an ihren rosafarbenen Gesichtern und roten Hintern. Wer hat nicht schon einmal die lustigen Bilder der sogenannten »Onsen-Affen« gesehen, die im schneereichen Winter die heißen Bäder im Freien (*rotemburo*) besuchen und sich dort aufwärmen, während weiße Häubchen auf ihre Köpfe schneien. Diese Art des Aufwärmens sollen sich die Affen übrigens vom Menschen abgeschaut haben.

Stellvertretend für die Vögel der Region gelten der Schwarzspecht, der Haubenadler und der vom Aussterben bedrohte japanische Steinadler. Auch beginnt jenseits der Tsugaru-Meerenge der Lebensraum der Zikaden, die es in Hokkaido nicht gibt. Neben Insekten, wie Grillen und Heuschrecken, bedeuten dem Japaner vor allem die Zikaden das Gefühl von Sommer. Kinder pflücken sie gerne vom Baum und lauschen entzückt ihrem schrillen Schrei. Zikaden und Libellen wurden in der Geschichte oft besungen und in Gedichten beschrieben.

Japan-Makaken wärmen sich in einer der heißen Quellen (*onsen*).

GESCHICHTE

Tohokus Geschichte geht zurück auf das Volk der Ezo (auch Emishi), deren ethnische Verbindung mit den in Hokkaido ansässigen Ainu wahrscheinlich ist. Die Ezo bewohnten zu Beginn der Zeitrechnung den nordöstlichen Teil der Hauptinsel Honshu. Ihr Siedlungsgebiet reichte bis in die Kanto-Ebene, d.h. bis auf die Höhe des heutigen Tokyo. Dort trafen sie auf die von Süden vordringenden, besser organisierten Japaner. Letztere drängten die Ezo in zahlreichen Kämpfen mehr und mehr noch Norden bis zur Tsugaru-Meerenge ab, die die Hauptinsel Hoshu von Hokkaido trennt. Als Helden dieser in japanischen Augen erfolgreichen Pionierkriege gelten Admiral Abe no Hirofu, der im Jahr 662 wohl als einer der ersten Japaner die nördliche Insel Hokkaido betrat, und General Sakanoue no Tamura-maro, der gegen Ende des 8. Jahrhunderts die Ezo entscheidend besiegte. Im jährlichen Nebuta-Fest (1. bis 7. August) von Aomori wird heute noch sein Andenken gepflegt. Darüber hinaus ist ihm das No-Spiel »Tamura« gewidmet, das von seiner Tapferkeit und Kriegskunst berichtet.

Ein weiterer »Edler Ritter«, nämlich Minamoto Yoshitsune (1159–1189), der die Seeschlacht von Dan-no-ura (1185) gegen den rivalisierenden Taira-Clan gewann, flüchtete vor seinem machtbesessenen Bruder Yorimoto (1147–1199) in die Wälder Tohokus. Vom legendären Wanderpriester Benkei Mu-

Beim jährlich stattfindenden Ne-buta-Fest (2.–7. August) von Ao-mori wird heute noch Kriegshel-den gedacht, die den Kampf gegen die Ezo erfolgreich zu ei-nem Ende führten. Dabei sollen sie sich u. a. gewaltiger Krieger- und Pferdeattrappen bedient ha-ben, die den Mittelpunkt der Matsuri darstellen.

sashibo begleitet, kam er bis nach Hiraizumi, fand dort zunächst Zuflucht, wurde jedoch schließlich vom Feind umzingelt und in den Tod getrieben.

Die Stadt Hiraizumi, die Yoshitsune Obdach bot, wurde von Yorimotos Kriegern zerstört. Diese tragische Geschichte ist von Matsuo Basho in einem bewegenden Haiku gewürdigt worden: »Sommergras allein / ist von den Träumen / der Krieger übrig geblieben.« Das Scheitern des Helden entspricht der zutiefst japanischen Vorliebe fürs würdevoll Tragische und wird auch heute noch in einer Vielzahl von Balladen, Filmen und Comics nacherzählt.

Weitere historische Höhepunkte sind rar in Tohoku. Einige mächtige Clanfürsten machten von sich reden, wie etwa Fürst Uesugi Kenshin (1530–1578), der in der Yonesawa-Provinz Yamagata residierte, gegen den Erzfeind Takeda Shingen Krieg führte und dessen Ruf als tapferer Ritter legendär war. So wurde er als Inkarnation der shinto-buddhistischen Kriegsgottheit Bishamonten verehrt. Fürst Date Masamune (1567–1636) war treuer Kampfgefährte des Tokugawa Ieyasu. Er residierte in Sendai und ging u. a. dadurch in die Geschichte ein, dass er zu den frühen Pionieren der japanischen Globalisierung gehört. Auf sein Geheiß reiste 1613 eine japanische Gesandtschaft unter Leitung des Samurai Hasekura Tsunenaga nach Madrid und Rom. Die Reise wurde vom spanischen Missionar, Pater Sotelo begleitet. Erst im Jahr 1620 kehrte die japanische Expedition zurück. Der Schriftsteller Shusaku Endo (1923–1996) hat dieses Ereignis, als Japan über den Tellerrand seiner Inselwelt blickte, in dem Roman »Der Samurai« (1980) detailgetreu wiedergegeben.

Als Korn- und Reiskammer des Landes hatte und hat Tohoku vorwiegend nationale Bedeutung. Die wenigen Großstädte wie etwa Sendai und annähernd Morioka und Aomori beherbergen zwar die Nahrungsmittel-, Holzwaren- und Elektroindustrie, doch bleibt ihr Status provinziell (*inaka*). Japanische Geschichte spielte sich woanders ab, nämlich im mittleren und südlichen Japan. Doch sorgte die Provinzialität Tohokus dafür, dass hier die Verwestlichung viel langsamer fortschritt und heute Computerisierung und Roboterisierung noch nicht gänzlich dominieren. Sieht man von einigen Orten Kyushus ab, zeigt Tohoku das vielleicht ursprünglichste Bild Japans, und vielen liegt daran, es so zu erhalten.

Während der Festivals in Sendai treten auch Kämpfer in historischen Kostümen auf.

FOTO RECHTS:
Burg von Hirosaki. Der ursprüngliche Bau stammt aus der Zeit
des frühen 17. Jahrhunderts.

AOMORI & HIROSAKI

Aomori ist die Hauptstadt der gleichnamigen nördlichsten Präfektur Japans. Sie hat ca. 290 000 Einwohner und ist das Eingangstor zu Hokkaido. Aomori und Hokkaido sind seit 1998 durch den 53 Kilometer langen Seikan-Unterseetunnel verbunden. Trotzdem herrscht weiterhin ein reger Fährverkehr, denn die Gebühren der Tunneldurchquerung sind sehr hoch. Aomori bedeutet »blaugrüne
Wälder« und bezieht sich auf die waldreiche Umgebung der Stadt. Forstwirtschaft und die größte Äp-
felproduktion Japans sind dementsprechend ihre Haupterzeugnisse. Seit 1906 verfügt Aomori über
einen offenen Hafen und ist traditioneller Umschlagplatz für den regionalen Fischfang. Darüber hinaus sind unter den hauseigenen Erzeugnissen Lackarbeiten und Puppenschnitzereien zu erwähnen.

Eines der bekanntesten und aufregendsten Ereignisse dieser Stadt ist das Nebuta-Fest (*nebuta matsuri*), das Aomori jährlich vom 1. bis 7. August in eine Touristenhochburg verwandelt. Mit »Nebuta« sind riesige, bis zu 8 Meter hohe illuminierte Pappmaché-Figuren gemeint, die von Trommlern,
Flötisten und Tänzern begleitet auf Festwagen durch die Straßen gezogen werden. Sie stellen u.
a. heldenhafte Krieger, Kabuki-Schauspieler, Sumo-Ringer, Tiere und furchteinflößende Dämonen
dar. Das Fest geht auf eine angebliche Kriegslist des erwähnten Generals Tamuramaro zurück, der
die nach Guerillataktik kämpfenden Feinde (Ezo) mit solchen, dem Heer vorangetragenen Gebil-
den aufschrecken und aus ihrem Hinterhalt treiben wollte.

Fischerboote im Hafen
von Aomori

Ein ähnliches Festival wird zur
gleichen Zeit auch im nahe
gelegenen Städtchen Hirosaki
abgehalten. Im Zentrum dieser
Ortschaft (176 000 Einwohner)
liegt der Hirosaki-Park, in dem
sich die aus dem frühen
17. Jahrhundert stammenden
Überreste der Burg des hier
ansässigen Tsugaru-Clans befinden. Berühmt ist der Park
auch wegen seiner prachtvol-
len Kirschblüte von Ende April
bis Mitte Mai. Die Kirschblüte
ist für alle Japaner von tiefge-
hender symbolischer Bedeutung. Steht sie doch aufgrund
ihrer schnellen Vergänglichkeit
für das gefahrvolle, oft kurze
Leben des Ritters (Samurai),
dessen Pflichtgefühl und Todesverachtung nur allzu oft
Grund für ein frühes Ableben
waren. So steht die Kirschblüte

in Verbindung mit dem für Japan typischen Ethikbegriff »*mono no aware*« (»die Traurigkeit der Dinge«). Er entspricht der wehmütigen Empfindung, die den Menschen befällt, wenn er Schönes betrachtet und gleichzeitig dessen Vergänglichkeit erfühlt. Um dieses traute japanische Gefühl nachzuempfinden, sollte man sich bei bewölktem Himmel in einen kleinen, wenig besuchten Park mit blühenden Kirschbäumen begeben. Die Blüten sind bereits abgefallen und bedecken Bäume, Gebüsch und Rasen wie ein weißes, dünnes Leichentuch, das dennoch Leben bedeckt.

DER SCHRECKENS-BERG OSORESAN

Von Aomori gelangt man an der Mutsu-Bucht entlang zu dem auf der Shimokita-Halbinsel gelegenen »Schreckensberg« Osoresan. Dieser ca. 828 m hohe erloschene Vulkan zählt zu den geheimnisumwitterten Stätten Japans. Es ist der heilige Berg der Totenseelen (yurei). An zahlreichen blubbernden und dampfenden Solfataren vorbei führt der Weg zum buddhistischen Entsu-Tempel, der im 9. Jahrhundert erbaut wurde und am Nordufer des Kratersees liegt.

Hier trifft der Besucher auf die *itako* genannte blinde Schamanin, die als Medium für Gottheiten und Totengeister dient. Sie kann im Zustand der Trance Verbindung zu Verstorbenen herstellen, die aus ihrem Mund sprechen und den Lebenden Orakel, Rat und Trost spenden. Besonders zur Zeit des Totenfestes Obon, das zumeist zwischen dem 13. und 16. Juli abgehalten wird, kehrt der Japaner in seinen Geburtsort zurück, um der Verstorbenen zu gedenken. Man säubert und schmückt die Gräber, öffnet ein Fenster zu den Bergen hin, stellt Lichter auf, um die toten Seelen nach Hause zu leiten, und verabschiedet sie, indem brennende Holz- oder Papierschiffchen den Fluss hinab geschickt werden. Wer nachts, wenn alle Lichter erloschen sind, durchs Dorf schlendert und plötzlich den kühlen Hauch wehenden Windes im Nacken spürt, weiß spätestens dann, wie nah uns die Toten sind.

TOWADA-SEE

Von Aomori gelangt man in südlicher Richtung zum Towada-Hachimantai-Nationalpark. Dieser besteht aus einem Nordteil um den Towada-See und einen Südteil um das Hachimantai-Plateau. Vor allem der Towada-See gilt dem Japaner als Inbegriff von Naturliebe und Naturerhalt. Der 334 Meter tiefe Kratersee misst 59,1 Quadratkilometer. Er ist von naturbelassenen Wäldern, Bachläufen und Wasserfällen umgeben. Seine malerischen Uferklippen, die ihm zulaufenden Schluchten und die mit Pinien bestandenen Inselchen lassen ein Naturbild entstehen, das japanischer nicht sein kann. Im Gegensatz zu manch anderen touristischen Höhepunkten verlieren sich am Towada-See jedoch nach wie vor nur wenige Besucher. Einsame Pfade, der Ruf eines Kuckucks, das ewige Zirpen der Zikaden – Natur aus dem Bilderbuch. Dazu gehört natürlich eine Bootsfahrt entlang seines Ufers oder die Besteigung einer der umliegenden Berge, von denen man den weiten Blick über Land und See genießt. Wird der Ausflug im Herbst unternommen, bietet die tiefrote Laubfärbung der Wälder ein unvergessliches Erlebnis.

Höhepunkt eines Aufenthaltes am Towada-See ist der Besuch eines der zahlreichen Heißquellenbäder. Prüfen Sie zunächst den Hitzegrad des Wassers! Nicht jeder Europäer verträgt die zum Teil sehr hohen Temperaturen. Auch dient das Wasser in den oft naturbelassenen Badebecken nicht der Körperreinigung. Sie sind ausschließlich zum Relaxen geschaffen. In ihnen ruht man wunderbar entspannt, erfreut sich an der sie umgebenden Natur und wird sich der hohen Lebensqualität des nördlichen Hinterlandes bewusst. Kein Stress, kein ewiges »hartnäckiges Bemühen« (*ganbaru*), sondern Ruhe, Harmonie und ein Gefühl wie »Gott in Japan« erleben.

Fährt man an der Steilküste des Japanischen Meeres entlang in südlicher Richtung, gelangt man zunächst nach Akita, der Hauptstadt der gleichnamigen Präfektur. Die Stadt, in deren Nähe Japans einziges Erdölvorkommen von Bedeutung liegt, ist wirtschaftliches Zentrum der Region. Gerühmt werden der Reiswein (Sake) und die hier ansässigen hübschen Frauen.

Herbst am Towada-See

YAMAGATA

Über Akita führt der Weg weiter südlich nach Yamagata, auch Hauptstadt der gleichnamigen Präfektur. Yamagata ist wie Akita eher eine Industriestadt, deren Hauptprodukte Waren aus Gusseisen (wie Teekannen), Holzpuppen und Weintrauben sind. Darüber hinaus ist Yamagata als einer der führenden Wintersportorte bekannt. Hier bietet der unweit gelegene Quasi-Nationalpark des Zao-Bergmassivs reichlich Möglichkeiten zum Wandern, Skilaufen und Snowboarden. Grotesk und unheimlich sind die mit Schnee und Eis überzogenen Bäume, die von Einheimischen als »Schneemonster« bezeichnet werden.

Das Anfang August stattfindende Strohhut-Fest (*hanagasa-matsuri*), zu dem Tausende von Menschen mit blumengeschmückten Strohhüten auf den Straßen tanzen, ist eine weitere Attraktion der Stadt.

Kyokai-See in Yamagata

RECHTE SEITE:

Yamabushi – Bergmönche –, die der Religion des Shugendo angehören, während einer Zeremonie

Historische Pagode auf dem Haguro, einem der drei heiligen Berge

DIE HEILIGEN BERGE VON DEWA/HAGURO

Besteigt man den stadtnahen, dicht mit Kiefern bewachsenen Chitose-Berg, hat man einen prächtigen Blick auf die umliegende Bergwelt, zu der auch die im nördlichen Teil des Bandai-Asahi-Nationalparks liegenden »Drei heiligen Berge von Dewa« (*Dewa san zan*) namens Yudomo (1504 Meter), Gassan (1980 Meter) und Haguro (436 Meter) gehören und die ebenfalls in der Präfektur Yamagata liegen. Nähert man sich dem Städtchen Haguro, so passiert man zunächst ein riesiges Torii, das dem Besucher anzeigt, dass er heiliges Gelände betritt. Denn hier befindet sich eines der wichtigsten Zentren der »Bergmönche« (*yamabushi*).

Ihre im 9. Jahrhundert entstandene Religion ist vom Ideal des *Shugendo* (»Weg zur Beschaffung übernatürlicher Fähigkeiten«) bestimmt. Damit verbunden sind von Taoismus, Buddhismus und Shintoismus beeinflusste esoterische, magisch asketische Übungen, die u. a. das Fliegen ermöglichen. Teil des Kults ist die Verehrung von Bergen, in denen der Yamabushi Inkarnationen von Gottheiten erkennt. Zu den religiösen Handlungen zählt demnach das rituelle Besteigen der Berge, um sich dadurch mit der Gottheit zu vereinen. Spirituelle, asketische Übungen (wie Meditation) sollen zu weiteren magischen Fähigkeiten führen, wie etwa Heilsprechen und Exorzismus. So wird dem legendären Gründerahnen En no Gyoja u. a. die Fähigkeit des Fliegens zugeschrieben. Tatsächlich geht diese religiöse Schule auf den Shingon Priester Shobo (832–909) zurück und teilte sich im 12. Jahrhundert in zwei Hauptrichtungen. Vielfach wird heute noch bei Fällen von »Geisterbesessenheit« ein Yamabushi um Rat und Hilfe gebeten.

Ein Bergpriester fällt einem zunächst durch seine Kleidung auf, die aus einem Käppchen, einem karierten Obergewand, einer Pluderhose, weißen Zehensocken, Holzsandalen und einem mit Pompons bestückten Schulterband besteht. Zu seinen meistgenutzten Requisiten gehören ein Pilgerstab, ein Muschelhorn und ein Rosenkranz. Letzterer wird beim Exorzismus-Ritual unter fortwährender Rezitation von Bannsprüchen gerieben, um den Geist zu stellen und zu vertreiben. Der Laut des Mu-

RECHTE SEITE:
Wasserfall im Bandai-Asahi-
Nationalpark, in dem sich auch
die drei Heiligen Berge befinden.

schelhorns dient u.a. zur Positionsangabe. Yamabushi verehren den grimmig schauenden Schutz-
gott Fudo myoo, der das Böse aus der Welt treiben soll.

Auf ihren jahrhundertealten Wanderpfaden haben sich gemeinsame Treffpunkte wie z. B. das Städtchen Haguro gebildet, das zum größten Teil aus Pilgerherbergen (*shukuboo*) besteht. In diesen Unter-
künften mit großen Gemeinschaftsschlafräumen findet auch der ausländische Besucher mit den
freundlichen Mönchen schnellen Kontakt. Dass Toleranz und Laissez-faire zwei Tugenden sind, die im
Yamabushi-Zentrum groß geschrieben werden, zeigt sich u. a. daran, dass manch Herbergsbesitzer –
obgleich er strenger Vegetarier ist– seine Gäste am Abend wie selbstverständlich mit Fleisch bewirtet.

Am Morgen werden die Gäste durch eine Dorfsirene geweckt. Es folgte eine Messe, auf die ein aus-
gedehntes Frühstück folgt. Ab ca. 6 Uhr nehmen die ersten Pilger am Berganstieg des Haguro teil.
Über 2446 Steinstufen leitet der Weg den Pilger zum Hauptschrein, der der Shinto-Göttin *Ideha no
mikoto* geweiht ist. Der Weg über die endlos scheinenden Stufen führt vorbei an alten Steinlaternen,
Wasserfällen und Pagoden. Die Natur ist üppig und wild. Die Szenerie suggeriert die Unwirklichkeit
verwunschener Orte und man wäre wahrlich nicht erstaunt, wenn plötzlich ein Waldgeist (*tengu*)
aus dem Dickicht träte.

Buddha-Figur am Pilgerweg, der
zum Hauptschrein führt

FOTO RECHTS:

Die Tsuruga-Burg wurde im 16. Jahrhundert erbaut. Sie befindet sich in Aizu-Wakamatsu und galt einst als eine der mächtigsten Festungen im Norden des Landes.

FOLGENDE DOPPELSEITE:

Extravagante Ausflugsboote pendeln auf dem Inawashiro-See.

Fruchtbare Felder rund um den Inawashiro-See

INAWASHIRO-SEE & AIZU-WAKAMATSU

Ein weiteres Juwel des Bandai-Asahi-Nationalparks ist der Inawashiro-See und eine im Jahre 1888 durch einen Vulkanausbruch entstandene Landschaft aus Kratern und Gewässern (*ura-bandai*). Letztere leuchten, wenn die Sonne sie bescheint, in unterschiedlichen Farben. Wie diese Seen gehört auch die Stadt Aizu-Wakamatsu zur Fukushima-Präfektur. Sie ist mit ca. 120 000 Einwohnern nach der Industriemetropole Fukushima die zweitgrößte Stadt des Bezirks. Hier wurde im 16. Jahrhundert die Tsuruga-Burg erbaut. Sie galt als mächtigste Festung des nordöstlichen Japans und gelangte in den Besitz des Hoshina Masayuki (1611–1672), eines Halbruders des Shoguns Tokugawa Iemitsu. Bei Kämpfen gegen die kaiserlichen Truppen in den Jahren 1868–69 wurde die Burg wie auch die Stadt vollkommen zerstört.

Das Ende des Shogunats und der Beginn einer neuen Epoche (Meiji, 1868–1912) wurden u. a. dadurch eingeleitet. Von den Ruinen der Burg sind lediglich der rekonstruierte Hauptturm und einige Gräben und Wälle erhalten. Eindrucksvoller Beweis der Pflichterfüllung und Todesverachtung der Samurai sind die in Burgnähe auf dem Iimori-Hügel gelegenen Gräber von 19 Shogunatskriegern, die im Angesicht der Niederlage hier Selbstmord verübt hatten. Ansonsten bietet die Stadt einige alte Kaufmannshäuser sowie ehemalige Lagerhallen für Sake.

Über Japans Grenzen hinaus ist Aizu-Wakamatsu wegen seiner Lackprodukte (*aizu-nuri*) bekannt. Obwohl die Lackkunst aus China stammt, ist sie über die Jahrhunderte hinweg eine mehr und mehr japanische Domäne geworden. Der Lackbaum (*Rhus verniciflua*) ist seit der Frühzeit in Japan verbreitet. Ihm entnimmt man den Rohlack (*urushii*), eine zähflüssige milchige Flüssigkeit, die an der Luft eine bräunliche Färbung annimmt. Der Lacksaft wird gereinigt und auf das vorbereitete Material, etwa Holz, Metall, Textil, Bambus etc., mit dem Pinsel aufgetragen. Danach beginnt der Prozess des Trocknens. Je mehr Lackschichten ein Gegenstand trägt, desto kostbarer ist er. So entstehen Tabletts, Vasen, Kannen, Tassen, Dosen, aber auch Musikinstrumente, Reitsättel, Fächer etc.

Indem man die obersten Lackschichten mit einem Dekor versieht und wieder mit Lack überzieht, entsteht aus der Lackverarbeitung die Lackkunst. Neben der Herstellung von farbigen Lackgründen wie etwa des Rot- oder Schwarzlacks sind es besonders die Techniken des Schleif- und Schnitzlacks, des Streulacks und der Lackeinlegearbeit, die zu den Glanzstücken japanischer Lackkunst gehören. Beim Schleiflack wird über eine Schwarzlackgrundierung eine dünne Rotlackschicht aufgetragen und solange poliert, bis an einigen Stellen der schwarze Untergrund wieder sichtbar wird (*negroro-nuri*).

Japan ist bekannt für die Herstellung kostbarer Lackprodukte.

Bei den Schnitzlacktechniken wird die aus zahllosen Schichten bestehende Lackkruste vor dem endgültigen Trocknen eingeritzt. Es entstehen figürliche Dekors von Pflanzen, Vögeln, Drachen und Landschaftsbildern. Darüber hinaus werden Objekte mit abstraktem Kurvendekor (*guri*-Lacke) so-

Viele Schichten des gereinigten Lacksaftes werden auftragen, ehe die Produkte ihre endgültige Gestalt annehmen.

wie »Schnitzarbeiten aus Kamakura« (kamakura-bori) hergestellt. Bei letztgenannter Technik wird nicht der Lack, sondern der Holzkern vorgeschnitten. Der bestreute Lack ist wohl die für Japan typischste Technik, bei der in die obersten Lackschichten ein Dekor geritzt wird, der anschließend mit feinsten Goldpartikeln überstreut und abgerieben wird. So entstehen Lackwaren mit zarten Goldlinien, die ein Dekor von Pflanzen und Figuren zeigen. Die feinlinige Goldaderung setzt sich dabei vom schwarzen Lackgrund wirkungsvoll ab.

Unterschieden werden u.a. Bilder mit »ebener Streuung« (*hira-makie*) und Bilder mit »erhabener Streuung« (*taka-makie*). Daneben existieren eine Vielzahl weiterer Streuverarbeitungen wie beispielsweise die flächige Streuung von Gold- und Silberpartikeln (»Goldgrund« *kinji*) oder die schwierige *togidashi*-Technik, bei der das eingestreute Gold mit Schwarzlack überzogen und so lange poliert wird, bis das Gold wieder sichtbar ist. Berühmt sind auch die Einlegetechniken, bei denen Ornamente aus Gold, Silber, Perlmutt, Elfenbein oder Schneckenschalen in die noch feuchte Lackschicht eingelegt werden. Den Perlmuttlacken (*raden*) werden auch geritzte Muscheln mit feinen Sprüngen und Rissen (*warigai*) beigefügt. Hierbei entstehen in der Kombination mit zumeist schwarzer Lackschicht eindrucksvolle Dekors von Flora und Fauna. Den Lack sollte man nicht mit bloßen Händen berühren. Er ist zwar gegen Hitze, Regen und Taifune immun, menschlichen Schweiß jedoch mag der kunstvolle japanische Lack überhaupt nicht.

HIRAIZUMI

Verlässt man den Bandai-Asahi-Nationalpark in nördlicher Richtung, erreicht man das Städtchen Hiraizumi in der Präfektur Iwate. Mit ca. 10 000 Einwohnern ist Hiraizumi heute eine dahinschlummernde, am Fluss Kitagami gelegene Gemeinde. Das war sie nicht immer. Einst im 12. Jahrhundert residierte hier ein Zweig der damals allmächtigen Fujiwara-Familie. Zu dieser Zeit konkurrierte Hiraizumi mit Kyoto um Glanz und Bedeutung. Es entstanden Bauten, deren Pracht sie wie ein Spiegelbild Kyotos erscheinen ließ. Doch dann flüchtete Minamoto Yoshitsune (s. Kapitel Geschichte) in diesen Ort, wurde von seinem Bruder Yorimoto gestellt und in den Tod getrieben. Hausherr Fujiwara Yasuhira half zwar Yoritomo, doch musste er als Mitwisser sterben und die Stadt wurde von Yoritomo ebenfalls zerstört.

Der Fluch der bösen Tat scheint bis heute auf diesem Dorf zu lasten. Vielleicht nennt man sie deshalb auch »die vergessene Stadt«, und vielleicht werden deshalb jeden Januar im örtlichen Motsu-Tempel »Lebensverlängerungstänze« (*ennen*) aufgeführt. Auch lässt eine Prozession Anfang Mai, die

Kaisan-do – eine der Hallen des Motsu-Tempels in Hiraizumi

zu Ehren Yoshitsunes in historischen Gewändern stattfindet, die Gespenster der Vergangenheit wieder aufleben. Allein die Reste der ehemals mächtigen buddhistischen Tempelanlage Chusonji, die um 1109 erbaut wurde und damals mehr als vierzig Gebäude umfasste, künden vom Glanz vergangener Zeiten. Erhalten ist neben der teilweise wiederhergestellten Sutrenhalle und dem neu erbauten Schatzhaus die Goldene Halle (*konjiki-do*), die zwischen 1109 und 1124 errichtet wurde. Sie misst 5,5 Quadratmeter und war nahezu vollkommen mit Gold überzogen. Deshalb wird sie im Volksmund auch »glänzende Halle« (*hikarido*) genannt. Sie stellt das »Westliche Paradies Buddha Amidas« dar. Letzterer thront auf drei Altären inmitten von sechs Figuren des Bodhisattva Jizo und zwei Schutzgottheiten (*ten*). Unter dem Zentralaltar ruhen die Überreste dreier Fürsten der Familie Fujiwara. Die Hauptpfeiler und Dachsparren sind lackiert und mit Perlmuttintarsien verziert. Der Glanz dieses Bauwerks strahlte weit über Japans Grenze hinaus und soll den Chinafahrer Marco Polo (1254–1324) zur Vorstellung bewegt haben, dass es sich dabei um einen Teil des östlichen Goldlandes Zipangu handele.

Die Burganlage Morioka-jo, von der nur noch die Außenmauern erhalten sind, entstand zwischen 1599 und 1633.

MORIOKA

Nördlich von Hiraizumi liegt Morioka, die Hauptstadt der Präfektur Iwate. Die Stadt zählt ca. 289 000 Einwohner. Sie verfügt über eine Universität mit den Hauptfakultäten für Pädagogik, Ingenieur- und Landwirtschaftswesen. In Morioka regierte um das 17. Jahrhundert die Fürstenfamilie Nambu. Sie ließ im heutigen Iwate-Park eine Burg errichten, von der nur noch spärliche Reste erhalten sind. Im Park, der den Mittelpunkt der Stadt bildet, findet man das Denkmal des Dichters Ishikawa Takuboku (1886–1812), der als Jugendlicher hier lebte. Eine weitere geschichtliche Persönlichkeit Moriokas ist der erste bürgerliche Ministerpräsident Japans, Hara Kei, der 1921 von Rechtsradikalen ermordet wurde. Seine Gedenkstätte (Hara Kei *kinenkan*), die eine Vielzahl zeitgeschichtlicher Dokumente beherbergt, liegt in der Nähe seines Geburtshauses.

Moriokas Haupterzeugnisse sind Batikartikel und vor allem gusseiserne Teekessel (*nambu*). Darüber hinaus gilt die Stadt als ein Zentrum der Kokeshi-Puppenherstellung. Die Puppen sind ein über Japan hinaus bekanntes und typisches Kunsthandwerk Tohokus.

Die Kokeshi-Puppe ist Spielzeug, Lackware, Souvenir und Kultgegenstand in einem. Sie besteht aus einem zylindrischen, lackierten Holzkörper mit abgerundetem Kopfende, dem mit wenigen Strichen ein zumeist lächelndes Gesichtchen aufgemalt ist. Dem einen mag die Puppe als Andenken und Raumschmuck dienen, dem anderen erscheint sie gar als phallisches Fruchtbarkeitssymbol. Mancher Japaner ist stolz auf seine umfangreiche Kokeshi-Sammlung. Sie evoziert die Erinnerung an den Besuch einer in den Wäldern liegenden Kokeshi-Holzschreinerei, deren Puppenmeister zwei Finger der linken und drei der rechten Hand fehlten – das Risiko seines Handwerks ist offenbart!

Unbedingt besuchen sollte der Reisende den Hoon-Tempel. Er wurde ca. 1732 errichtet und versammelt 500 Statuen von buddhistischen Weisen (*rakan*). Unter ihnen befinden sich die Figuren des Kublai Khan und Marco Polo.

Kokeshi-Maler in Akita

RIKUCHU-KAIGAN-NATIONALPARK & JODOGAHAMA

An der Pazifikküste der Präfektur Iwate befindet sich ein weiteres Landschaftsjuwel, der Rikuchu-Kaigan-Nationalpark. Er erstreckt sich über ca. 180 Kilometer um die Stadt Miyako, von welcher Bus-fahrten zu den schönsten Landschaftspunkten ausgehen. Fährt der Besucher auf einem der vielen Aussichtsboote an der Küste entlang, entdeckt er malerische Buchten, Strände, Felsterrassen und wild zerklüftete Klippen. Die dem Festland vorgelagerten, oft mit windschiefen Kiefern bestückten Felseninseln sind so pittoresk, dass sie von Millionen Fotografen abgelichtet, von Tausenden Malern gemalt und Hunderten Dichtern beschrieben wurden.

Einer der schönsten Orte dieses Parks ist der Strand von Jodogahama, dessen dunkle Kiefern sich effektvoll vom weißen Sand absetzen. Im Anblick dieser bezaubernden Naturkulisse dünkte sich ein Mönch in Buddha Amidas Paradies und der Name »Paradiesstrand« ward geboren.

Abenddämmerung über dem Küstenabschnitt des Rikuchu-Kaigan-Nationalparks

Paradiesischer Küstenabschnitt
im Rikuchu-Kaigan-Nationalpark

Einen weiteren Besuch wert sind die nördlich von Miyako gelegenen Tropfsteinhöhlen. Dort spiegelt sich im klaren Wasser des Sees das Paradies auch unterirdisch. Jedoch hat das Küstenparadies auch seine teuflische Seite: die Tsunami-Gefahr, die in diesem Landstrich besonders hoch ist. Im Tsunami-Museum bei Kesennuma auf der Karakuwa-Halbinsel kann sich der Besucher darüber informieren.

SENDAI

Die Stadt Sendai ist mit fast einer Million Einwohnern nicht nur Hauptstadt der Präfektur Miyagi, sondern auch politisches, kulturelles und wirtschaftliches Zentrum von Tohoku. Sie liegt 10 Kilo-

meter von der Pazifikküste entfernt und wird aufgrund ihrer Hügellage auch »Stadt der Wälder« genannt. Eine Vielzahl kleiner und großer Parkanlagen sowie die Nähe zu Heißwasserquellen (u. a.
Akiu-Onsen mit Wasserfall) unterstreicht die Bewertung Sendais als »grüne Stadt«. Ihre Geschichte
geht zurück auf den Fürsten Date Masamune (1566–1636), der hier auf dem Aoba-Hügel im Jahre
1602 die mächtige Festung Aoba-Jo (»Burg der grünen Blätter«) errichtete. Fürst Date war ein Kampfgefährte des späteren Shogun und Dynastiegründers Tokuguwa Iesayu (s. Kapitel Geschichte). Er
unterstützte Letzteren in der entscheidenden Schlacht von Sekigahara (1600). Seinem Engagement
ist, wie erwähnt, auch die Entsendung einer japanischen Expedition nach Europa zu verdanken.

Erst während der Meiji-Zeit (1868–1912) wurde die Aoba-Burg zerstört. Heute bestehen ihre Überreste aus einem Turm und Steinmauern, die aufgrund ihrer Größe von vergangener Machtfülle der

Date-Fürsten künden. Neben einem Museum und einer Statue, die Date Masamune hoch zu Pferde zeigt, erinnert das 1979 wiedererrichtete Zuihoden-Mausoleum mit den sterblichen Überresten des Fürsten an Sendais ruhmvolle Vergangenheit. Die Stadt, während des Zweiten Weltkriegs durch amerikanische Bombenangriffe stark zerstört, wurde zügig wiederaufgebaut und vermittelt heute den Eindruck einer modernen, zukunftsorientierten Metropole. Dem entspricht auch das hohe Ansehen der stadteigenen Tohoku-Universität, deren Institut für Mineralogie und Hüttenwesen landesweiten Ruf genießt. Weitere Wirtschaftszweige der Stadt sind die Holz- und Elektroindustrie, die Metallverarbeitung und die traditionelle Erzeugung von Lackwaren und Puppen.

Unter einer Vielzahl von Schreinen und Tempeln ist der Komyo-Tempel hervorzuheben. Hier befindet sich das Grab des erwähnten Europafahrers Hasekura Tsunenaga nebst einer Gedenkstätte seines spanischen Begleiters, des Paters Louis Sotelo. Weitere Artefakte aus der Zeit des Date Masamune, wie etwa eine von ihm getragene Rüstung, können im städtischen Museum besichtigt werden.

LINKE SEITE:
Rinnoji-Tempel in Sendai

In dem 1979 wiedererrichteten Zuihoden-Mausoleum wird Date Masamune und der ruhmreichen Geschichte Sendais gedacht.

Bunt geschmückte Straßen während des Tanabata-Festivals in Sendai

Von Sendais Festlichkeiten ist eine besonders hervorzuheben, da sie im ganzen Land zelebriert wird. Zwar ist an jenem Tag kein gesetzlicher Feiertag, doch verleiht dieser inoffizielle Charakter dem Fest erst recht seinen Charme. Es handelt sich um das aus chinesischer Tradition stammende Sternenfest »tanabata«. Man feiert es landesweit am siebten Tag des siebten Monats. In Sendai wird es etwas später, vom 6. bis 8. August, ausgerichtet. Am Festabend überquert der Stern des Ochsentreibers (*Altair*) die Milchstraße und trifft auf den Stern der Webeprinzessin (*Vega*). Beide überdecken (*lieben*) einander für kurze Zeit. Dann trennen sie sich, bis sie – von Liebe und Treue getrieben – nach einem Jahr wieder zusammenkommen. Dieses himmlische Geschehen wird als Symbol unerschütterlicher Freundschaft und Loyalität gedeutet. Die Häuser der Stadt sind festlich bunt geschmückt, junge Menschen ziehen tanzend durch die Straßen. Man trifft sich mit Freunden, bindet Wunschzettel an Blütenäste und lässt den Reiswein (auch Bier, Whisky etc.) kreisen. Schutzpatronin und Namensgeberin ist die Göttin *Ame no tanabata-hime no mikoto*, die eine außergewöhnlich geschickte Weberin sein soll. Mit diesem lebensbejahenden Fest der Freundschaft zeigt sich Japan von seiner unbeschwerten, freundlichen Seite. Nichts ist organisiert oder verordnet. Die Freude ist natürlich, ja fast kindlich. Das Gefühl des Zusammenhalts kommt aus tiefstem Herzen.

Tanabata und Japan. Beides gehört zusammen. Beides stärkt das Gefühl für das Miteinander und die Bereitschaft, Freude und Glück zu teilen. Tanabata und Sendai sind eins. Denn Sendai huldigt der Freundschaft am intensivsten.

DIE BUCHT MATSUSHIMA

Als der erwähnte Haiku-Dichter Matsua Basho im Jahr 1689 auf seiner Reise durch Tohoku die Bucht von Matsushima sah, schrieb er folgendes, aus 17 Silben bestehende Gedicht: »Erhabenes Matsushima / Matsushima – ich habe das / erhabene Matsushima gesehen.«

Sicherlich ist die Landschaft, die Basho sah, heute noch genauso eindrucksvoll. Doch stellt sich angesichts des Touristenandrangs die Frage, ob er heute ebensolche empathischen Worte gefunden hätte. Trotzdem wird Matsushima zu den drei schönsten Landschaften Japans gezählt. Dazu gehören die »Himmelsbrücke« (*ama no hashidate*) bei Miyazu in der Präfektur Kyoto, die Schreininsel Miyajima in der Präfektur Hiroshima und die genannte »Kieferninsel« (*matsushima*) in der Präfektur Miyagi. Das Städtchen hat ca. 20 000 Einwohner, ist per Bus etwa eine Stunde von Sendai entfernt und liegt an einer ca. 12 Kilometer langen Bucht am Pazifik.

Einige der berühmten Kiefern-inseln von Matsushima

Einen guten Blick über die Bucht hat man von den nahegelegenen Tomi-, Otakamori-, Tamon- und Ogidani-Hügeln. Der Bucht vorgelagert sind mehr als 260 Inselchen unterschiedlicher Größe. Einige sind spärlich bewohnt, viele andere so klein, dass nur ein paar verwachsene, windumwehte Kiefern darauf Platz finden. Die Inseln, die aus vulkanischem Tuff- oder weißem Sandstein bestehen, sind über die Jahrtausende von Wind und Wasser geformt worden. Bizarre Gebilde von Grotten, Bögen, Brücken und Türmen aus Stein wecken beim Betrachter Assoziationen an verwachsene Kreaturen wie Riesen und Zwerge, aber auch an Schildkröten und Frösche.

Der Dichter Basho schrieb in seinem Reisetagebuch »Auf schmalen Pfaden durchs Hinterland« über sein Traumziel Matsushima: »Unerschöpflich ist die Zahl ihrer Inseln: die da aufragen, deuten wie mit dem Zeigefinger gen Himmel; die da flach sind, kriechen bäuchlings auf den Wellen. Es gibt auch welche, die doppelt übereinander liegen oder dreifach sich schichten. Wieder andere sehen von links wie gespalten aus, von rechts aber zusammenhängend. Diese scheint eine zweite auf dem Buckel zu tragen, jene wiederum ein kleines Inselchen, so, als umarme sie zärtlich ein Kind oder Enkelkind. Dunkelgrün stehen die Kiefern. Ihr Geäst, ständig vom salzigen Seewind durchrüttelt, ist durchweg verkrümmt: dies von Natur aus Knorrige und Gewundene sieht aus, als wäre es noch zusätzlich von Menschenhand geformt. Eine Landschaft von tiefinniger Anmut gleich einer Frauenschönheit mit einem Antlitz, kunstvoll zurechtgeschminkt …« (»Auf schmalen Pfaden durchs Hinterland«, Übersetzer Dombrady, Verlag Dieterich 1985).

RECHTE SEITE UND UNTEN:
Je nach Tageszeit und Lichteinfall verändert sich die Farbe der Felsen von Matsushima, auf denen die kleinen Kiefern wachsen.

Je nach Wetterlage erscheint die Landschaft milde oder rau. Doch immer bleibt ihr Anblick unvergesslich. Eine Fahrt auf den oft allzu kitschigen Touristenschiffen offenbart die Küste von der Meeresperspektive aus. Auch hier lässt diese Komposition aus kleinen Stränden, Höhlen und Kiefern das Auge nicht zur Ruhe kommen. Matsushima ist der Ort, an dem man unwillkürlich zu Bleistift und Papier greifen möchte, um sich selbst einmal im Haiku-Schreiben zu versuchen.

Einige Gebäude in Buchtnähe sind bemerkenswert, wie etwa der »Wellensicht-Pavillon« (*kanrantei*), der General Hideyoshi seinem getreuen Gefolgsmann Date Masamune schenkte. Die Schiebetüren sind von Künstlern der Kano-Schule (s. Kapitel Malerei) im Momoyama-Stil bemalt. Im Garten der Anlage befinden sich ein Museum mit Artefakten aus dem Besitz der Date-Familie sowie das nördlich vom Pavillon gelegene, mit Kiefern geschmückte Inselchen, zu dem zwei Brücken führen, und das als Wahrzeichen Matsushimas dient. Auf ihm befindet sich der von Fürst Date errichtete buddhistische Godaigo-Tempel, in dessen Innenraum fünf selten gezeigte Statuen von Schutzgöttern stehen. Eine rote Holzbrücke führt zur nahegelegenen Fukura-Insel, von der man ebenfalls einen herrlichen Blick auf die Bucht genießen kann.

Etwa einen Kilometer weiter ist die ebenfalls über eine rote Brücke zu erreichende Insel Ojima gelegen, in deren von Wind und Wasser geformten Grotten buddhistische Einsiedler lebten. Haupttempel des Ortes ist der mehr landeinwärts liegende Zen-Tempel Zuiganji. Er wurde 828 gegründet

Houshinnkutu des Zuigan-ji-Tempels von Matsushima

und im Jahr 1609 wieder aufgebaut. Ein von Zedern gesäumter Weg, in dessen felsigen Seitenwänden sich Meditationshöhlen befinden, führt zum Tempelbezirk. Unter den Gebäuden, die im typischen Momoyama-Stil (*shoin zukuri*) errichtet wurden, sind besonders die Tore, die Haupthalle und der Mönchsbereich hervorzuheben. Die Schiebetüren der Haupthalle wurden wie im Wellensicht-Pavillon von Künstlern der Kano-Schule u. a. mit Tiermotiven reich bemalt. So auch der »Pfauenraum«, in dem sich eine gepanzerte Statue des einäugigen Date Masamune befindet, der schon in frühen Ritterjahren im Kampf ein Auge verloren haben soll.

Von den nahegelegenen Dörfern Ishinomaki und Onagawa gelangt man mit der Fähre zur Insel Kinkazan, die ihren Namen »Goldblume« dem funkelnden Glimmergestein verdankt. Die Insel, die von äußerst scheuen, frei lebenden Affen, Hirschen und Rehen bewohnt wird, empfängt den Besucher mit schroffen Felsen und üppiger Vegetation.

Das Städtchen Onagawa ist Zentrum der Hochseefischerei. Insbesondere der fortgesetzte Walfang sorgt immer wieder für kritische Kommentare ausländischer Medien.

In der Bucht von Matsushima zu verweilen, einige ihrer vielen Inseln zu besuchen und Natur sowie Menschen auf sich wirken zu lassen, heißt, einen Blick auf die bunte, vielschichtige Seele Japans zu werfen.

Der Tempel von Zuigan-ji

Bildnachweis

Umschlagabbildungen: U1 oben: JNTO, U1 unten: Tomo.Yun (www.yunphoto.net/en), U4 links oben: istockphoto.com, U4 rechts oben: istockphoto.com, U4 links unten: Tomo.Yun (www.yunphoto.net/en) U4 rechts unten: bigstockphoto.com

ARTIFEX Computerkartographie & Verlag, Bad Langensalza: Seiten 6/7, 268, 324, 360, 404, 488, 528, 578, 596

Benesse Corporation, Benesse Art Site Naoshima: Seiten 591

bigstockphoto.com: Seiten 9, 22/23, 32, 33, 38, 39, 98, 130/131, 148, 152, 153, 178, 179, 214, 228, 239, 269, 270, 304, 307, 325, 369, 423, 446, 489, 494, 495, 506, 508, 510/511, 515, 597, 600, 602, 604, 608,632, 634, 635, 636

Blassen, Barbara: Seiten 215, 278, 281, 374, 400, 401, 442, 618, 620, 624, 625, 628

istockphoto.com: Seiten 8, 20, 24/25, 42, 54/55, 57, 58, 67, 72, 73, 76/77, 90, 92, 95, 99, 100, 104, 111, 122, 124 oben, 124 unten, 132, 133, 138, 146, 149, 156, 216, 225, 226, 231, 236, 261, 271, 274, 276/277, 279, 280, 296, 306, 342, 345, 354/355, 356, 357, 366/367, 368, 375, 394, 397, 406/407, 408, 411, 424, 433, 434, 435, 438, 471, 482, 483, 492, 502, 507, 522/523, 529, 532, 535, 537, 540, 560, 569, 576, 579, 594, 637

japan-photo.de: Seiten 48, 49, 56, 64, 65, 66, 69, 78, 79, 86, 87, 96, 97, 106, 107, 110, 112, 113, 128, 129, 163, 165, 167 links, 167 rechts, 168, 169, 171, 184, 185, 217, 218/219, 220, 221, 224, 226, 238, 253, 282, 283, 288, 314, 315, 322, 323, 415, 439, 463, 464, 465, 467, 470, 472, 552, 553, 554, 555, 606, 626, 627

jnto.de (Japanische Fremdenverkehrszentrale): Seiten 94: © Y. Shimizu/© JNTO, 125: © Kagoshima Prefectural Tourist Federation/© JNTO, 159: © Ishikawa Prefecture Tourist Association and Kanazawa Convention Bureau/© JNTO, 237: © Kanazawa City/© JNTO, 260: © Q. Sawami/© JNTO, 289: © Kanazawa City/© JNTO, 292: © Kanazawa City/© JNTO, 293: © Kanazawa City/© JNTO, 294: © Kanazawa City/© JNTO, 295: © Kanazawa City/© JNTO, 297: ©Ishikawa Prefecture Tourist Association and Kanazawa Convention Bureau/© JNTO, 298: © Kanazawa City/© JNTO, 299: © Kanazawa City/© JNTO, 300: © Kanazawa City/© JNTO, 301: © Kanazawa City/© JNTO, 313: © Y. Shimizu/© JNTO, 328: © Shimane Prefecture/© JNTO, 334: © Shimane Prefecture/© JNTO, 336: © Tottori Prefecture/© JNTO, 337: © Tottori Prefecture/© JNTO, 343, 350, 380: © Y.Shimizu/© JNTO, 395, 409: © Yasufumi Nishi/© JNTO, 410: © Yasufumi Nishi/© JNTO, 416/417, 425: © Y. Shimizu/© JNTO, 452: © Y. Shimizu/© JNTO, 453 oben, 453 unten, 462, 466: © Kagoshima Prefectural Tourist Federation/© JNTO, 480 u. 481: ©Edo Wonderland Nikko Edomura/© JNTO, 564, 568: © Kagoshima Prefectural Tourist Federation/© JNTO, 570: © Kagoshima Prefectural Tourist Federation/© JNTO, 571: © Yasufumi Nishi/© JNTO, 582, 583: © Takamatsu Convention & Visitors Bureau/© JNTO, 587: © Ehime Prefecture/© JNTO, 603: © Yasufumi Nishi/© JNTO, 607: © Yasufumi Nishi/© JNTO, 614: © Aomori Prefecture/© JNTO, 639

Kansai International Airport Co., Ltd., PR Group: Seiten 493

Mauritius: Seiten 14/15, 16, 17, 18/19, 21, 34/35, 40, 43, 44/45, 59, 68, 70/71, 74, 75, 81, 84, 85, 91, 101, 102/103, 105, 108/109, 118/119, 126/127, 139, 143, 145, 147, 151, 154/155, 160, 161, 164, 175, 176/177, 187, 190/191, 222/223, 229, 230, 232, 240, 241, 242/243, 244/245, 246, 247, 254/255, 266, 272/273, 275, 284/285, 290/291, 308/309, 316/317, 326/327, 329, 335, 346/347, 348/349, 359, 370/371, 385, 392/393, 396, 399, 418, 419, 426/427, 428/429, 430, 436/437, 440, 443, 444/445, 447, 448/449, 450/451, 454, 455, 456/457, 458, 459, 460, 461, 468/469, 486/487, 496/497, 501, 504/505, 512, 513, 524/525, 526/527, 538/539, 547, 550/551, 565, 566, 574/575, 589, 590, 592/593, 605, 610/611, 612/613, 615, 621, 622/623, 629, 630/631

picture alliance/dpa: Seiten 114/115, 116, 117, 142, 150, 157, 162, 166, 170, 172/173, 180, 181, 182, 183, 186, 188, 189, 192, 193, 194, 195, 196, 197, 198/199, 200/201, 202/203, 204, 205, 206/207, 208, 209, 210, 211, 212/213, 248, 249, 250/251, 252, 256, 257, 258/259, 262/263, 264, 265, 267, 287, 302/303, 305, 310/311, 312, 330, 331, 332, 338, 340, 341, 351, 352, 373, 414, 431, 432, 484, 485, 498/499, 516, 517, 534, 536, 543, 546, 549, 561, 567, 584, 585, 601, 609, 616, 617, 619

Tomo.Yun (www.yunphoto.net/en): Seiten: 10/11, 12/13, 26/27, 28/29, 30, 31, 36/37, 41 oben, 41 unten, 46, 47, 50/51, 53, 60/61, 63, 80, 82, 83, 88/89 oben, 88/89 unten, 93, 120/121, 123, 134/135, 136/137, 140, 141, 144, 233, 234/235, 318/319, 333, 344, 353, 361, 362/363, 364, 365, 376/377, 378/379, 381, 382/383, 384, 386/387, 388, 389, 390, 391, 402/403, 405, 412/413, 420/421, 473, 474, 475, 476 oben, 476 unten, 477, 478/479, 490/491, 503, 509, 514, 518, 519, 520, 521, 530/531, 533, 541 oben, 541 unten, 544, 545, 548, 556/557, 558, 559, 562/563 oben, 562 unten, 563 unten, 572/573, 577 oben, 577 unten, 580/581, 586, 588, 595, 598/599, 633, 638